ASEAN 企業地図

第2版

インベストメント・バンカー 桂木麻也

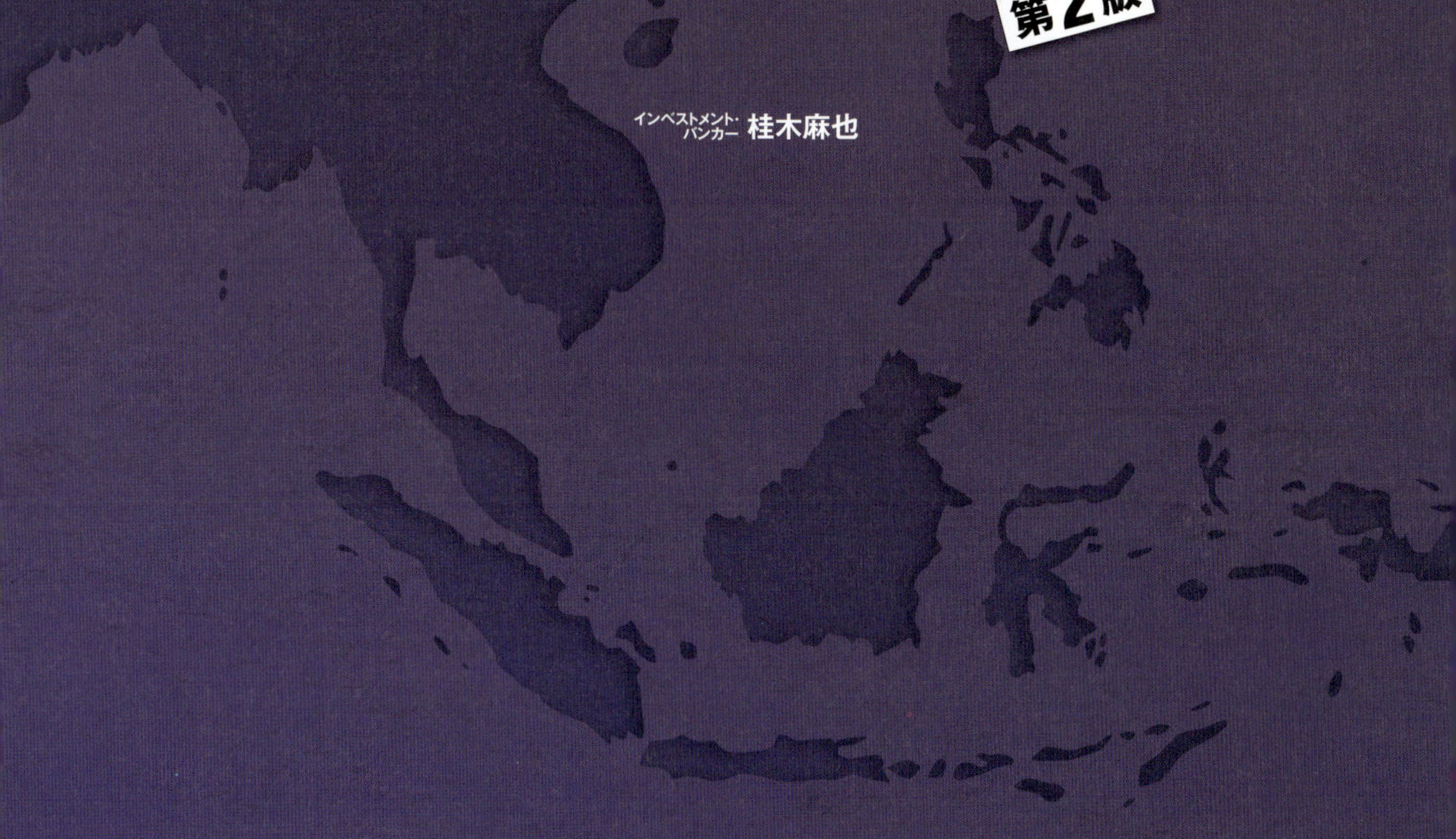

SE
SHOEISHA

ASEAN最大のコングロマリットを率いる

アンソニー・サリムの視点から読み解くASEANの行く末

「20年先を見据えることだ」言葉の主はアンソニー・サリム。
ASEAN最大の財閥サリム・グループを率いる総帥だ。

今まで多くのタイクーンと接してきたが、「20年先を見据えることだ」という言葉ほど私の胸に残っているものはない。

20年という時間軸とはどういうものか。20歳の若者は40歳の働き盛りのビジネスマンに成長する。家庭を持って子供がいるかもしれない。ビジネスキャリアの最終形のデザインをしつつ、子供の受験にも悩み始める時期だ。40歳の人間なら、次の20年間で子供を育て上げ、またその帰結として自分が老境の扉を開ける年齢となる。併せて親の終活も本格化していることであろう。10年という現状の先に見えそうな浅い時間ではなく、また100年という法螺話のタイムラインとも違う。リアルな姿を想像するのが難しく、しかし決してSFではない世界観であるはずの20年後。そんな時間概念の中でアンソニー氏はビジネスを行っている。

創業者である父スドノ・サリムから事業を引き継ぎ、アンソニー氏がビジネスの前面で活躍するようになったのは、ASEAN通貨危機の頃からだ。ドルにペッグされて実力以上に割高となっているタイバーツに目を付けたヘッジファンドが、バーツの大規模な売りを仕掛けた。タイ中央銀行の防戦むなしくバーツは大暴落。その流れはマレーシア、インドネシアにも波及し、ASEAN通貨が全面安となった。その結果、ドル建ての債務額面が跳ね上がり、多くの企業で利払いができなくなるデフォルトが発生。企業は破綻し、解雇された雇用者が路頭に迷った。これがASEAN通貨危機だ。サリム・グループも中核企業のバンク・セントラル・アジアの売却など、大いなる痛みを伴った。時に1998

サリム・グループの中核企業、インドフード社の本社ビル
（©Bloomberg/ Getty Images）

国民食「インド・ミー」を箱買いする人
（©Bloomberg/ Getty Images）

アンソニー・サリム
（©Getty Images News/Getty Images）

年。まさに20年前のことだ。

時は流れ、現在のサリム・グループは、食品・小売り事業をコアに、自動車、不動産、金融と非常に広範な事業領域をカバーするASEAN最大のコングロマリットに成長した。足元では再び金融に注力し、銀行の買収、電子マネーライセンスの取得など、デジタルエコノミーへの参画を企図しているようにも見える。父から事業を引き継いだ時、今日の在り様を予見していたのであろうか？

そしてこれからの20年を、どのように設計しようとしているのだろうか？　M&Aアドバイザリーを生業とする私からすると、サリム・グループのエコシステムは非常に興味深く、成長の裏にあるアンソニー氏の戦略を深く理解したいという欲求は大きい。セブン-イレブンが撤退するという大事件が起きたインドネシアのコンビニ業界。そこで店舗を1万7000まで増やし、独り勝ちを続けるインドマレット。その強さの秘訣は何なのか？　最近取得した電子マネーのライセンスとコンビニのシナジーをどう作るのか？　フィンテックを用いたP2Pファイナンスまで踏み込むのか？　セイノーと組んでいる物流事業でコールドチェーン※を導入する予定は？　などさまざまな疑問が頭に浮かぶ。

「GDPの成長にいかに寄与できるか」

一方でアンソニー氏の経営観は、細かい事業戦略の集積ではなく、GDPへの貢献という極めてスケールの大きなものである。インドネシアは3億人に迫る人口を有し、国土も広い。しかし1人当たりのGDPはまだ3800ドル程度とASEANの中でも低いグループに位置する。いかに国民の経済的地位を向上させるか。アンソニー氏はそれを自らの使命と考えているようだ。私はここにも他のタイクーンとの大きな差異を感じるのである。

さて再び金融に注力する中、アンソニー氏は中堅銀行のバンク・イナを買収した。2017年のことだ。現在のインドネシアの銀行口座保有率はわずか15％だ。給与を銀行口座で受け取り、クレジットカードで支払いを済ませ、住宅ローンで家を買う。個人が銀行を介した経済活動を行う時、その状態を指して「バンカブル（Bankable）だ」という言い方をする。インドネシアにおいてバンカブルなのはわずか15％なのだ。人々は日払いの給与を現金で受け取り、そして日々の糧を得るために現金を支出する。そのような世界では信用情報が蓄積されることはなく、

※ 温度帯管理物流、低温物流とも言う

デジタルはインドネシアにTransformationをもたらす
(©Moment/ Getty Images)

銀行からのローン供与にはつながらない。ローンがなければ、車や住宅の購入はできない。バンカブルでないがゆえに、インドネシアの国民経済は、3800ドル程度のGDP水準で長らく足踏みしている。

しかし国民は若く、ゆえにスマートフォンで世界とつながる術を知っている。だからこそ、デジタルテクノロジーがインドネシアを大きく変えるとアンソニー氏は考えている。実際、スマートフォン上で、給与を受け取り、日々の支払いを済ませ、ローンを借りるという状況が発生してきている。金融の1つひとつのサービスが全てつながる。まさにコネクティビティ(Connectivity)こそが、デジタルテクノロジーがもたらす本質であり、銀行口座を持たない85%の人をいきなりバンカブルに変容(Transformation)させる可能性を与える。コネクティビティによってさまざまなビジネスを1つの大きな仕組みとし、トータルで機能させる。これこそがデジタルエコノミー時代におけるアンソニー氏の大きな戦略なのである。現在インドネシアでは、さまざまなデジタルビジネスが花盛りだ。アリババ、ラザダ、アリペイ、ウィーチャット、ゴジェック、オヴォ。それら1つひとつはユニークで面白い。そして利益を上げているものも少なくない。しかし彼の興味は、それをどうつないでトータルとして何を提供できるか、ということだ。インドネシアの国民を豊かに変容させる何かを。留意しなければならないのは、デジタルといわれるさまざまな事業が、人にお金を使わせる仕組み(For Consumption)であるということだ。いかにお金を使わせるかではなく、いかに付加価値を作り出すか、つまり製造・生産する仕組み(For Production)をアンソニー氏は構築しようとしている。デジタルテクノロジーとはトレンドだ。そしてトレンドに乗ることは電車に乗る行為と同じだ。乗ればある方向に運んでくれる。ただし、流れに乗っていること自体で自分が何かをなしていることにはならない。重要なのは、その途中途中の駅で、そして電車に乗っていった先で何をするかなのだ。

この経営観は、サリム・グループが手掛ける他の事業にも貫かれている。例えば不動産開発。サリム・グループでは、住宅開発、工業団地開発、リゾート開発、リゾートに海外から人を招くための空港インフラ整備、既存の空港とのリンケージのための鉄道や有料道路の整備など、さまざまなプロファイルの開発事業を手掛けている。個々の事業だけで成立するものばかりだが、アンソニー氏はそれらを有機的にコネクトして、トータルで機能させるためにどうしたら良いかを考えている。そしてここにあるのは、インドネシア国民にお金を使わせる仕組みではなく、彼らが事業を回す主体となって付加価値を提供する、まさにGDPを底上げする方向の事業なのだ。

このように考えると、M&Aバンカーとして私が思い浮かべるような先述の疑問は、アンソニー氏の事業的スケールと時間的スケールの大きさの前では、些末で取るに足らないものである。自らが手掛ける事業の、そして事業の構成員であるインドネシア同胞の20年後の絵姿を見据えながら、アンソニー氏は今日も経営の陣頭指揮を執るのであろう。

アジア・ASEANマーケット概況

6億人超の巨大市場を攻略せよ

縮小に転じたマザーマーケット

　2015年という年が日本企業にとってどういう意味を持つか、皆さんはご存じであろうか？　実は総務省が1920年に国勢調査を開始して以来、初めて人口減少を記録した年なのである。2015年を機に日本の人口は減少し始め、2065年には1億人を大きく割り込んで、約8800万人まで減少すると総務省は予測している※1。今後40年間で、関東地方がまるまる消失するに匹敵するという、驚愕的な規模で日本人口の縮小が始まった。縮小する自国市場のみに依拠していれば、過当競争に巻き込まれ、競争優位のない企業が淘汰されるのは必定。大規模な産業再編も発生するであろう。このような事態を避けるためには、新たなフロンティアへの進出は不可避であり、新規に海外進出を企図したり、既存の海外事業の強化を志向したりする企業は非常に多い。

　欧米先進国においては外資規制が少なく、単独でも進出は可能であり、またM&Aが盛んであるため、時間を買うという観点から、M&Aを積極的に活用して海外進出を果たしている日系企業も少なくない。ただし市場は成熟していて競争環境は厳しく、成長機会は限定的だ。その意味で海外フロンティアを目指す場合、人口と所得がダブルで増えている新興国市場を検討することは必然となる。

　6億人超の人口を有するASEANは、代表的な新興市場である。2050年の人口は8億人に迫る※2と予想されている。日本との時差が小さく、親日国も多数あるため、ASEANでの事業拡大を目指す日系企業は非常に多い。

「アジアでの売上倍増を今後5年の最重要戦略と位置付けます」

「アジアでM&Aを加速させます」

決算説明会に行けば、「猫も杓子も」と言いたくなるほど、アジアを連呼する経営者たちの姿がある。実際、1990年代後半に発生した通貨危機が収束して以降、各国は政治的にも安定し、経済は順調に成長してきた。消費の牽引役である中間層も大きく育ってきている。これを商機と捉えた企業が、勢いアジアを指向するのも道理である。コーポレートファイナンス、M&Aアドバイザリーを生業とする私であるが、アジア進出、買収ターゲットや提携パートナーの選定でアドバイスを求める企業が後を絶たないという、非常にありがたい状態が続いている。

　冒頭、2015年という年の意義について述べたが、この年はアジア経済にとって歴史に残る年であった。ヒト・モノ・カネという経済資源のより自由な流通を目指し、ASEAN経済共同体が発足したのだ。

ASEAN経済共同体の創設

　ASEAN（Association of South East Asian Nations）は、東南アジアの政治的安定・経済成長促進などを目的に1967年に設立された。当初はインドネシア、マレーシア、フィリピン、シンガポール、タイの5カ国による加盟であったが、域内各国の経済成長や政治の安定に合わせ、その後加入が相次いだ。

　1984年のブルネイを皮切りに、ベトナム、ラオス、ミャンマー、カンボジアが加盟し、現在では10カ国が加盟メンバーである。その結果、ASEANは総人口6億3000万人を誇る巨大なマーケットを構成するに至った。

　ASEAN経済共同体の創設合意は、すでに2003年になされていた。以降、この10年における行動は迅速で、2007年1月のASEAN首脳会合において、「2015年までにASEAN共同体を設立する」との「セブ宣言」が署名されている。2009年に制定された「ASEAN共同体ロードマップ」には、ASEAN経済共同体の創設に向けて、次の4つの戦略目標の実施計画が盛り込まれている（参照：経済産業省HP「東アジア経済統合に向けて」）。

1 単一の市場と生産基地（物品・サービス・資本・投資・熟練労働者の自由な移動）
2 競争力ある経済地域
3 公平な経済発展
4 グローバル経済への統合

※1 出所：国立社会保障・人口問題研究所「日本の将来推計人口（平成29年推計）」http://www.ipss.go.jp/pp-zenkoku/j/zenkoku2017/pp29_gaiyou.pdf
※2 出所：7ページのグラフ「日本とASEANの人口動態予測」で算出された推計値を基としている

国名	面積	人口	首都	言語	主な宗教	人口当たりGDP
日本	37万7,961㎢	1億2,650万人（2018年）	東京 人口：1,335万人	日本語	神道、仏教	$38,894
インドネシア	191万931㎢（2017年、日本の5.1倍）	2億5,871万人（2017年）	ジャカルタ 人口：1,047万人（2016年）	インドネシア語	イスラム教（約90%）	$3,876
タイ	51万3,115㎢（日本の約1.4倍）	6,910万人（2017年）	バンコク 人口：852万人（2013年）	タイ語	上座部仏教（約95%）	$6,591
フィリピン	30万㎢（日本の0.8倍）	1億98万人（2015年）	マニラ首都圏（NCR） 人口：1,288万人（2015年）	フィリピノ語、英語、セブアノ語など	キリスト教（約93%）	$2,976
マレーシア	33万290㎢（日本の0.87倍）	3,205万人（2017年）	クアラルンプール 人口：179万人（2017年）	マレー語、英語、中国語、タミル語	イスラム教（約61.3%）	$9,818
シンガポール	719.2㎢（東京23区［626.7㎢］をやや上回る規模）	561万人（2016年）	シンガポール	英語、中国語（北京語）、マレー語、タミル語	仏教、キリスト教、イスラム教	$57,713
ミャンマー	67万6,578㎢（日本の1.8倍）	5,148万人（2015年）	ネピドー 人口：116万人（2014年）	ミャンマー語、シャン語、カレン語、英語	仏教（87.3%）	$1,264
ベトナム	33万1,690㎢（日本の0.88倍）	9,270万人（2016年）	ハノイ 人口：732万8,000人（2016年）	ベトナム語、他に少数民族語	仏教（約80%）	$2,389
カンボジア	18万1,035㎢（日本の約2分の1弱）	1,576万人（2016年）	プノンペン 人口：183万5,000人（2015年）	クメール語（97.05%）他に少数民族言語（2.26%）、ベトナム語（0.42%）等（2013年）	仏教（97.9%）	$1,390
ラオス	23万6,800㎢（ほぼ本州の面積、出所：ラオス統計局）	668万人（2017年）	ビエンチャン 人口：82万1,000人（2015年）	ラオス語（公用語）	仏教	$2,542
ブルネイ	5,765㎢	42万3,000人（2016年、外国人在留者含む）	バンダル・スリ・ブガワン	マレー語	イスラム教（78.8%）	$26,950（2016年）
香港	1,106.4㎢（東京都の約半分）	739万人（2017年）	香港	中国語（一般には広東語が多い）と英語	仏教、道教、キリスト教	$46,109
中国	960万㎢（日本の約25倍）	13億9,008万人（2017年）	北京市 常住人口：2,170万7,000人（2017年）	中国語（公用語）	仏教、イスラム教、キリスト教	$8,113（2016年）
インド	328万7,263㎢（日本の約8.8倍）	12億1,019万人（2011年センサス）※	ニューデリー 人口：1,675万人（2011年）	ヒンディー語、英語、ウルドゥー語、ベンガル語	ヒンズー教（79.8%）（2011年センサス）	$1,983

出所：JETRO資料、各国政府統計資料を用いて著者作成　※センサス（国勢調査）は10年ごとに発表

例えば、域内で経済資源の移動がより容易になれば、特に製造業において生産拠点の最適化等によるコスト削減効果が見込まれる。また経済資源の移動量が増加すれば、特に物流と関連サービス分野での事業機会が拡大するだろう。物流や関連事業がしっかり機能するためには、鉄道・空港・道路・港湾などのハードインフラはもちろん、決済・情報管理・リスク管理などのソフトインフラの整備も必須となり、域内外からの大型の投資を呼び込むことになるであろう。このような経済の好循環による域内経済成長の押し上げは、各国においてさらなる中間層の増加や域内での消費性向・消費構造の大きな変化をもたらすはずである。つまり、各戦略目標が実現すれば、ASEAN域内におけるヒト・モノ・カネという経済資源の移動はより自由になり、ASEAN経済のさらなる発展が期待されるというわけだ。

多様性が大きいASEAN

しかしASEAN経済共同体がスムーズにテイクオフしていくのはそんなに簡単ではなく、長い時間がかかると考えられている。その最大の要因は、加盟各国の多様性・個別性である。

本ページの表を見ていただきたい。たしかに6億3000万人を擁する巨大マーケットであるが、その構成要素は決して均一ではない。人口は特定地域に偏在し、大きな所得格差が存在し、宗教による生活やビジネスの習慣に違いがあり、そして外資の投資に対して規制の濃淡がある。また表には記載していないものの、インフラの整備状況には歴然とした差があり、整備に向けた政府の能力や姿勢にもバラつきがある。ASEAN経済共同体は、EUのような共通ガバナンス機能や強制執行能力が存在せず、ユーロのような共通通貨もない。ASEAN経済共同体の取り組みは各国単位で進められ、必然、各国・各産業において進捗にバラつきが生じることとなるのである。

ASEANの人口は伸びていくと書いたが、実はこれも注意が必要だ。人口のグラフの中で日本同様、人口が減少に転じると予想されている国が1つだけある。タイである。タイは自動車産業をはじめとする製造業の進出の歴史が長く、1人当たりのGDP水準は6591ドルと、近隣国であるベトナム、カンボジア、ミャンマー、ラオスに比べるとはるかに高い水準となっている。しかしながら、人口は減少に転じることが予測されており、後述するようにタイの企業の中にはベトナムやミャンマ

ーへの進出を加速する動きが出始めている。彼らにとってのフロンティアを目指しているというわけだ。このようにASEANの全体像に加えて、構成国の個別性にも同時に注意を払う必要があるのだ。

日本とASEANの人口動態予測

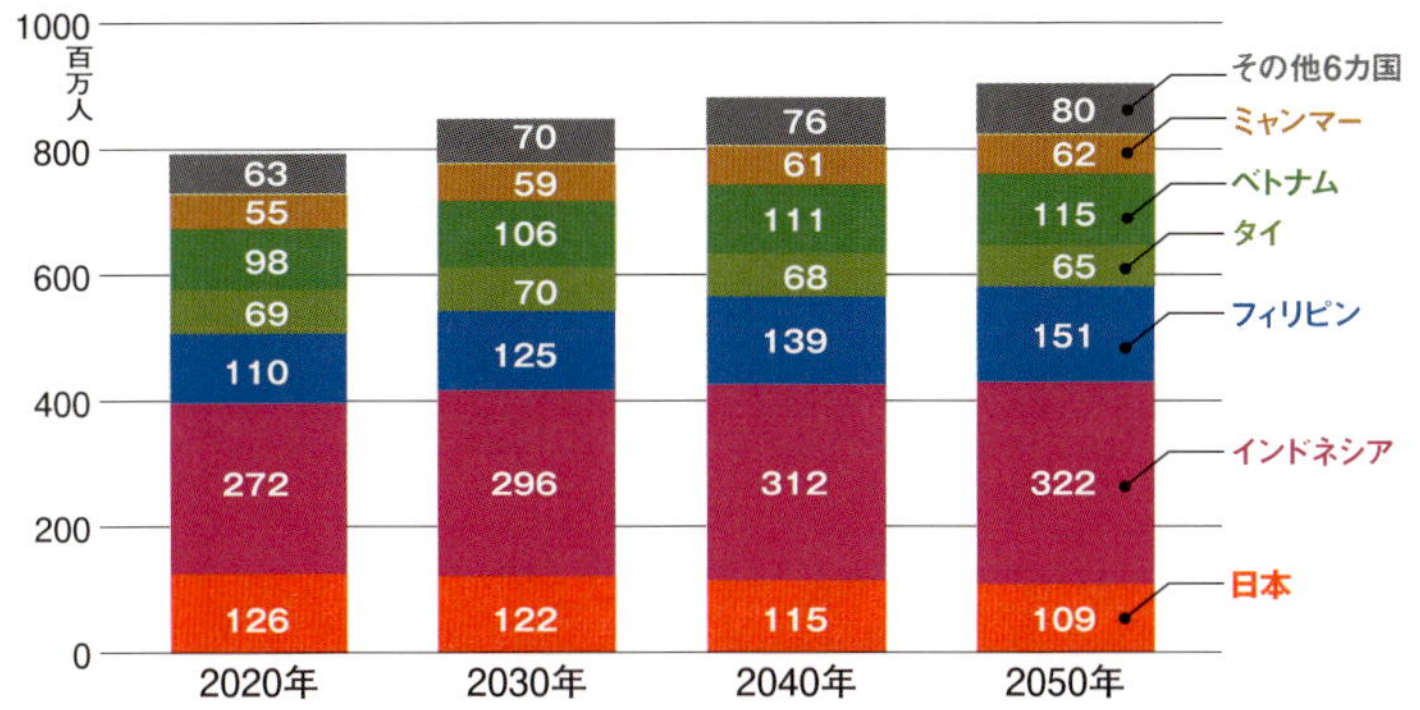

出所：Worldometers　http://www.worldometers.info/world-population/#table-forecast

ビジネスの設計に必要なもの

ところで、新しいマーケットへの参入というものは、フロンティアとしての魅力が大きい反面、リスクもとても大きい。市場の規模が大きければそれはなおさらである。だから、そのマーケット全てを網羅するようなビジネスプランは現実的でなく、どこか特定の地域かセグメントにフォーカスした参入を検討することになる。例えば中国本土に初めて進出を検討する場合、最初の拠点として北京か上海かのいずれかを選ぶ企業が多いであろう。いきなり地方の第3級都市に進出したりしないだろうし、まして中国全土を包括するビジネスプランなどを描いたりはしないものだ。ASEANも同じである。ヒト・モノ・カネの経済資源は自由に移動するようになるが、現実には国境が存在し、法律の整備状況は異なり、地域間・人種間での所得格差が存在し、宗教による独特の選好がある。その多様性は中国以上であり、だからこそビジネス設計の巧拙が問われることになる。

シンガポールは全国民が中間層以上の所得水準を持つが、人口はたかだか600万人。法律は整備され、汚職も存在せず、英語が公用語になっていて便利だが、いかんせんマーケットが小さい。

インドネシアは2億5800万人の人口を誇り、国全体の所得水準は低いが、ジャカルタの1人当たりGDPは1万5000ドルを超えていると言われている。また、ジャボタベックと呼ばれる広域ジャカルタ地区は、人口が2500万人も居住していてミニ関東圏のような規模を誇っている。ここでは、中間層は堅調に育っていて、非常に大きなマーケットを形成している。ただし、ビジネスを遂行する上でのインフラはハード・ソフトの両面で脆弱である。

信頼できるパートナーが必要

シンガポール、インドネシアの例が物語るように、それぞれのマーケットにはメリット・デメリットが混在している。自分のビジネスにとって、最適なマーケットは一体どこなのか？　とりわけASEANは、その多様性ゆえに、マーケットを絞り込む判断が難しく、ビジネスプランを立てるまでに、相当な時間と労力を必要とするのだ。これらに加えて、原料の調達や販売ルートの確保、人材の獲得・教育、役所との折衝などなど、ビジネス立ち上げのためにやるべきことは多い。

海外での業歴が長く、経験値の高い人材を揃えている大企業であればいざ知らず、社内のリソースが足りなくて現地の情報を十分に取ることができず、一歩を踏み出せない企業は多いはずである。魅力的なASEANマーケットを絵に描いた餅で終わらせることなく、しっかりとその実を刈り取り、自らの成長・生き残りにつなげていくためには、目指すマーケットの事情に精通した現地パートナーがどうしても必要となってくる。逆の言い方をすれば、信頼できるパートナーを見つけることができたマーケットで、ビジネスを開始するのが早道ということになる。

それでは、アジア・ASEANにはどんなパートナーの候補がいるのであろうか？

そもそも現地の情報が取れない中でパートナーを探すというのも、土台無理な話である。このような場合、取引のある銀行や商社に情報提供を依頼するというのが一般的であろう。

しかし、銀行も商社も現地の全ての企業と取引しているわけではない。情報提供や紹介をしてくれる企業は、当然ながら彼らが取引をしている現地企業に限られる。そうして紹介された先がベストのパートナー候補かと言うと、必ずしもそうでないことは自明である。銀行や商社をうまく活用しながらも、彼らの足りないところを補完する情報ベースを持ちたいものである。

本書がその役割を果たしつつ、以下のセクションで最適なパートナー選定のための考察をしていきたい。キーワードは「タイクーン」である。

ビジネスで成功した大富豪たち

「タイクーン」とは何か？

幅広いビジネスを展開

　タイクーン（Tycoon）は、「大物」や「実力者」を意味する英語である。「日本国大君」の略である「大君」に由来すると言われる。ＡＳＥＡＮにおいては、ビジネスで大成功した大富豪やスーパービジネスマンを指すのが一般的だ。

　タイクーンのすごさを形容するにはいくつかのアングルがあるが、なんと言っても個人資産の額である。フォーブス誌が毎年発表している国別の富豪ランキングで言えば、タイクーンはランキング上位に位置するその国きっての大富豪である。個人資産で数千億円を保有している者はざらで、中には１兆円を超える資産家まで存在する。

　またタイクーンは、ビジネスマン、もしくはアントレプレナーとしてさまざまなビジネスに携わっている。財を成すきっかけになった祖業だけでなく、多角化した多種多様のビジネスを手掛けており、壮大なコングロマリットを形成している。食品製造会社、デパート、コンビニ、銀行、不動産、放送局、携帯電話会社、航空会社、はたまたＦ１チームにヨーロッパのサッカーチームまで、そのビジネスの範囲はとてつもなく広い。

　前項で、ビジネスのパートナー候補について言及したが、タイクーンは、その保有するビジネスにおいて、独占的シェアを持っていたり、川上から川下までのサプライチェーンをコントロールしていたり、全国津々浦々をカバーする販売チャネルを有していたりする。そのような彼らの特性をうまく活用することで、理想的なアジアビジネスの設計ができるかもしれない。

タイクーンの類型

　ところでアジアのタイクーンは、どのような出自・背景を持った人々なのであろうか。彼らの成功は、時代背景や個々の努力・運などの個別性が強いが、それでも次のようないくつかの類型がある。

キーワード１

【華僑】

　彼らの多くは中国福建省や広東省出身の華僑である。本書で取り上げているタイクーンも、本人もしくはその父・祖父が中国本土から移住してきており、その移住時期は１８８０年頃から１９３０年にかけてが多い。中国での生活が貧しく、フロンティアを求めてＡＳＥＡＮに渡ったケースや、親と死別して先にＡＳＥＡＮに渡っていた親族を訪ねたケースなど、移住の理由はさまざまだが、概して裕福ではない生活環境に育った者が多い。中には小学校すら行くことができなかった者もいる。

　移住先における華僑は当然マイノリティであり、貧しさと併せて苦労多き人生を送った者が少なくない。苦労の中、それを共にする同郷者コミュニティーと、これを基にした同業者の集団が自然と形成されていったと思われる。華僑は容易に相手を信頼しない代わりに、いったん信頼

タイクーンの個人資産ランキング　トップ10

No.	氏名	居住国	業種	個人資産額
1	リー・カシン	香港	コングロマリット	4兆774億円
2	ロバート&マイケル・ハルトノ	インドネシア	たばこ・銀行	3兆9,641億円
3	チャラワノン・ファミリー	タイ	コングロマリット	3兆3,978億円
4	チラティワット・ファミリー	タイ	コングロマリット	2兆4,011億円
5	リュー・ジーホー	香港	カジノ・不動産	2兆1,519億円
6	ヘンリー・シー	フィリピン	コングロマリット	2兆727億円
7	トーマス&レイモンド・クオック	香港	コングロマリット	2兆160億円
8	チャロン・シリワダナバクディ	タイ	飲料・不動産	1兆9,707億円
9	ロバート・クオック	マレーシア	コングロマリット	1兆6,762億円
10	ロバート&フィリップ・ンー	シンガポール	不動産	1兆3,478億円

したらとことん信頼すると言われ、それが彼らの団結力の背景にもなっている。彼らのベースは家族であり、それに加えて信頼できる友を非常に大切にする。

キーワード2
【再投資】

決して裕福ではない生活環境の中で、彼らは生きるために若い頃から働かざるを得なかった。当時、欧米列強の植民地支配の下で、裕福ではない現地人は無数にいたであろうが、タイクーンとそうでない者との違いは、天性の商才と、そこで得た資金のタイムリーな再投資にある。若くして才能を認められて幹部に抜擢されたり、事業でひと財産を築いたりするのは当たり前。だが真骨頂はその財産に満足せずに、積極的に再投資を行っていることだ。「機を見るに敏」。この能力こそ後の事業の多角化と資産形成につながっているケースが多い。

キーワード3
【人脈】

本書で取り上げているタイクーンがビジネスの礎を築いたのは、第2次世界大戦中から戦後20年にかけてであることが多い。そのような時期は政情も不安定であったが、タイクーンたちは時の政権の中枢と積極的に関わりを持った。例えば、インドネシア最大のコングロマリットであるサリム・グループを作り上げたスドノ・サリム（29ページ）の成功の原点は、後に30年の政権を担ったスハルト大統領の知遇を得たことである。またマレーシアの賭博王リム・ゴートン（１４０ページ）のカジノライセンスの独占的運営権は、カジノで生まれた潤沢なキャッシュを、マレーシア政府が国として成長させたい分野に再投資することで担保されてきた。今日においてはコンプライアンスの観点で問題になるようなアプローチもあったであろうが、国の中枢との深く広い人脈が、そのまま彼らのビジネスの広がりを支えてきたのであった。

キーワード4
【不動産と株で大化け】

いつの時代においても、資産形成で大きなインパクトをもたらすのが不動産と株式である。再投資で述べた箇所とも重複するが、タイクーンをタイクーンたらしめるのは積極的な再投資である。香港系のタイクーンは、文化大革命で香港の地価が下がった時に手金で不動産を買い漁り、その後市況が回復した時点で不動産開発を行って巨額の利を得ている。まさに「機を見るに敏」を地で行く再投資術である。

また投資した企業がＩＰＯを果たした際の利益も大きい。シナルマス・グループ（36ページ）のセクションで、工業団地のＩＰＯについて述べているが、保有する原野をパートナーとともに開発して付加価値を付け、それをＩＰＯさせることで保有資産の価値は大幅に上昇する。市場で価値が付くことにより換金が可能となり、新たな投資に振り向けるキャッシュを用意したり、市場価値の付いた株を担保に資金調達したりすることも可能になる。まさにタイクーンならではの王道の資産形成モデルがＩＰＯなのである。

キーワード5
【ファミリービジネス】

本書で紹介しているタイクーンは、裾野の広いコングロマリットを支配している。前述のようにＩＰＯは資産形成の王道モデルなので、数多くの傘下企業を上場させているタイクーンがいるが、上場後も彼らはその企業の支配権を手放すことは決してしない。ファミリーオフィスと呼ばれる資産運用会社が、過半数の議決権を握っているのだ。

ファミリーオフィスを支配しているのは、もちろんタイクーン自身である。どんなに事業の規模が大きくなっても、また上場を果たしても、タイクーンとその家族によるファミリービジネスとして事業は運営されていく。タイクーンが高齢になり引退する際には、議決権は子供たちに承継されていく。外部の人間がつけ入る隙は基本的にはない。

ただ、ファミリービジネスが売却対象になることもごくまれにある。アジア通貨危機のような大規模なクライシスが発生した時だ。90年代後半のアジア通貨危機の際は、タイクーン傘下の多くの企業が日米欧の企業に買収された。また、ごくまれにお家騒動が発生することがある。タイクーンには複数の妻による多くの子供がいるケースがあり、その子供の代で、引き継ぐビジネスを巡って争いが起きることがあるのだ。また、タイクーンの兄弟が争った例もある。一度、お家騒動に発展すれば、家族だけに愛憎も激しいものになることが多い。だが争いが長引けば、事業に悪影響を及ぼすのは必定。ファミリービジネスにおいて、事業承継は鬼門なのである。

近時、タイのＣＰグループや香港の長江グループで世代交代の発表があったが、彼らがいかに周到にその準備をしてきたかは１００ページのコラムをご参照いただきたい。

支配する傘下企業数と日系企業との提携数に注目

本書で取り上げるタイクーン

本書においては、インドネシア、タイ、フィリピン、マレーシア、シンガポール、ミャンマー、ベトナムのASEAN7カ国に香港を加え8カ国のタイクーンを取り上げる。選考にあたっては、以下の要素を考慮した。

フォーブスランキング

国ごとのフォーブスランキングのないミャンマー、ベトナムを除き、6カ国におけるフォーブスランキングの上位50名をベースにした。フォーブスランキングは、本書執筆時（2018年10月末時点）において最新の2018年版のリストを使用している。

支配する企業数

フォーブスランキングの上位者の中には、ビジネスを全て売却することによって資産を得た者も存在する。本書の目的は、アジアのコングロマリットを分析し、日系企業がアジアでビジネスを推進する際に、パートナー候補を模索する助けとなることである。従って、タイクーンの中でも、より裾野の広いコングロマリットを支配している者を優先して選定した。

日系企業との関係の深さ

一般的に日系企業が提携をする際には、厳しい与信審査を行い、レピュテーションの評価にも大変神経質になる。タイクーンの中には、日系企業と数多くの提携をしているものが少なくないが、それは日系企業の厳しい審査・選定基準をクリアしていることに他ならない。このような観点から、日系企業との提携の有無にも注目した。

これらにより、8カ国で49人のタイクーン※（ファミリー）を取り上げた。またシンガポールにおいては、政府自身が運用する投資会社（ソブリン・ウエルス・ファンド）が存在し、内外の有力企業に投資を行っている。それは、タイクーンが企業を支配してコングロマリットを形成する様に類似しており、参考として掲載した。

またタイにおいては、国王が筆頭株主である企業があり、やはりタイ内外でさまざまな投資を行うことでコングロマリットに類似した形態を持っている。国王はタイクーンとは区別される存在であるが、これも参考までに掲載している。これらにより、全54の企業集団を掲載した。

本書の最大の特徴は、タイクーンが支配しているコングロマリットを一目で理解するために、傘下の企業群の相関図を作成したことだ。企業名、業種を明記し、上場企業においては、2018年10月末時点の時価総額、その時点で最新の売上、営業利益を掲載した。それらのデータ取得にあたっては、各社の公表データを基にしている。

各ページにおいては、「概要」としてタイクーンの出自・背景やグループ発展の軌跡を解説し、日系企業との関係性や、グループ発展の方向性についても述べている。また、相関図の随所に「吹出し」や「ここに注目」を挿入して、各社のユニークな取り組みや各タイクーンに関連する業界の注目ポイントについて補足説明を施した。

とりわけ、M&Aを積極的に行っているタイクーンについては、「近時のM&Aおよび戦略的提携」でその概要をまとめ、著者による次の展開予測を付した。

さらに、「企業研究」として、グループの中核をなす傘下の有力企業の概要や企業価値の同業他社比較も掲載し、事業概要が把握できるように工夫した。M&Aや企業概要の情報掲載にあたっては、各社の公表データを取得し、著者により作成した。

本書で取り上げる主なトピック

全54の企業集団を厳選

- インドネシア、タイ、フィリピン、マレーシア、シンガポール、ミャンマー、ベトナムおよび香港における注目度の高いものをピックアップ
- 企業集団の全体像が一目でわかる相関図（読み方は22ページ参照）を掲載
- 企業集団を率いるタイクーンのプロフィールも紹介
- 上場企業の財務データを掲載

※ ミャンマーのUMEHLとMECは、国営企業のため除く

タイクーンの特性を理解する

さて、本書で取り上げたタイクーンをパートナーにするには、どうしたら良いであろうか？　それを考える前に、タイクーンの特性をいま一度理解しておく必要がある。

タイクーンの特性 1
日本が大好き

ここで取り上げているタイクーンの多くは、日本に対してとても好意的である。日系企業と関わりを持っていることから日本への出張・旅行の回数も多く、日本の四季を楽しみ、日本食の大ファンである人が多い。日本の景勝地や歴史的名勝地に関して、日本人より造詣の深い人もいる。また戦後の荒廃から立ち上がってきた日本と、それを支えてきた日本企業に大きな尊敬の念を持っている人が多い。特に日本の製品の品質やオペレーションの効率性などは、彼らの尊敬のベースになっている。また彼らは、日系企業のパートナーシップに対する姿勢をとても高く評価する。ポイントは2点だ。

1点目のポイントは、パートナーシップが長期的視点に基づいて築かれることだ。欧米企業は株主に対する還元を重視するあまり、短期で成果を出すことに傾倒しがちである。その結果、パートナーシップの築き方も短期的になる。ところが日本企業は、昨今、株主の声が大きくなってきたとはいえ、ゴーイング・コンサーンの前提のもと、超長期的視野に基づいて企業運営がなされる。

先に述べたように、タイクーンのファミリービジネスにおいて、事業とは何世代にもわたって継承していくものであり、視野はやはり超長期的なのである。ここに日本企業の経営方針と、大きな適合性が存在する。

2点目のポイントは、日本企業が経営権に対して、欧米企業に比べて柔軟な姿勢を取ることだ。やはり先述のように、ファミリービジネスにおいて経営権を相手に渡すことをしないタイクーンにあっては、そのような柔軟性はとてもありがたい。もちろん、日本企業においても提携企業の経営権を持ちたいという希望はある。

一方で、経営権に固執していてはタイクーンとのビジネスが始まらない以上、そこに柔軟性を持たせざるを得ないのが実情だ。特に日本市場が長期的に縮小し、アジア・ASEANのフロンティアを開拓せねばならない状況下ではなおさらだ。ここにタイクーンと日本企業との間のもう1つの適合性があるのである。

タイクーンの特性 2
アントレプレナーである

タイクーンがその経済的基盤を確立したのは、積極的な再投資にあることは先に述べたとおりである。タイムリーな投資判断ができる彼らは、事業拡大に積極的で、天性の起業家・アントレプレナーであると言ってよい。ファミリービジネスにおける事業承継がタイクーンの悩みの種であるがゆえに、ファミリービジネスを拡大し、ファミリー間の関係を円満に保つためにも、常に新しい事業領域を開拓していかねばならない。係累が多いファミリーは言わずもがなであるし、石油・たばこ・プランテーション、不動産など、オールドエコノミーと言われる業種を生業と

タイクーンの考える日系企業との提携メリット

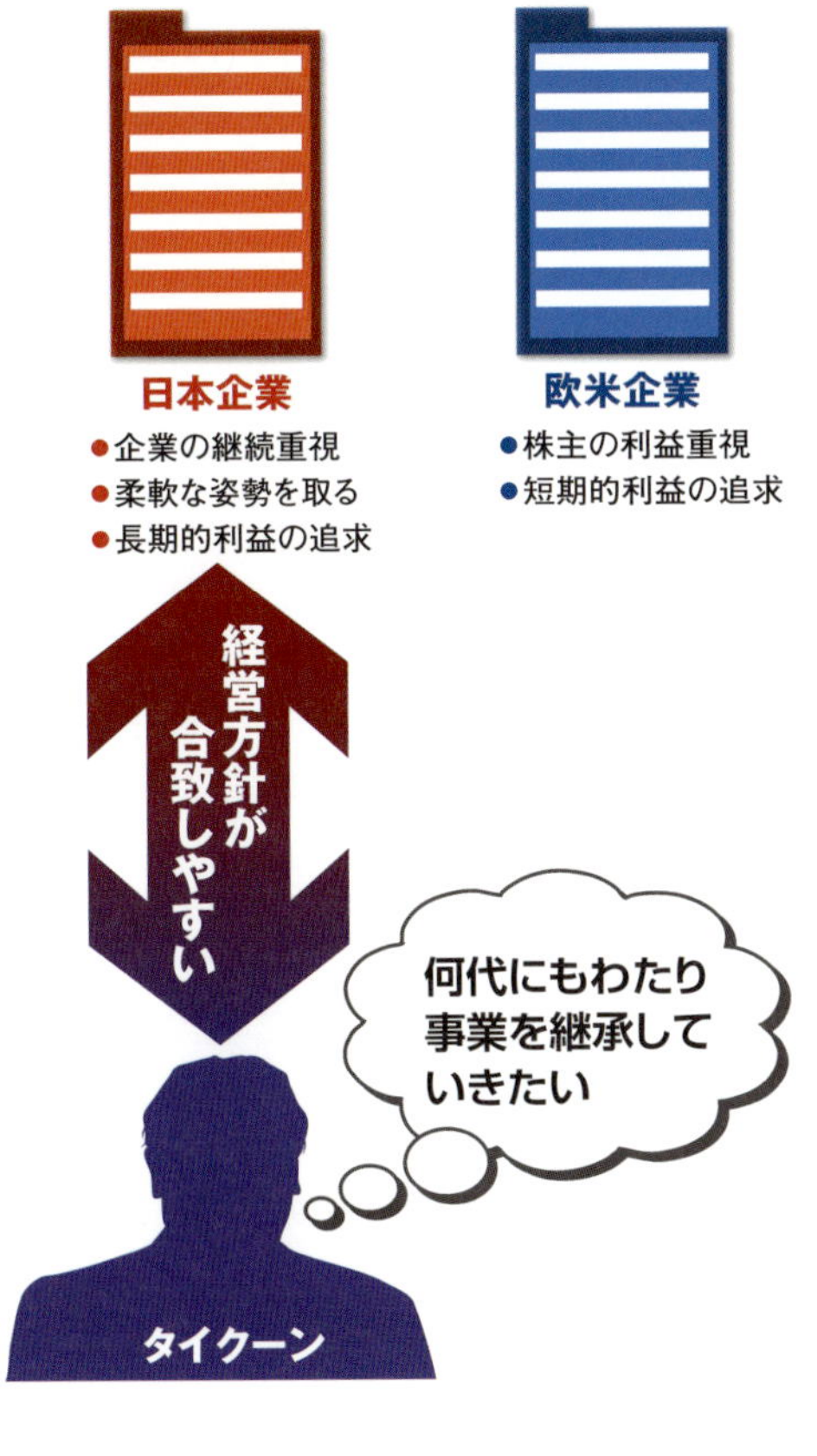
日本企業
●企業の継続重視
●柔軟な姿勢を取る
●長期的利益の追求
欧米企業
●株主の利益重視
●短期的利益の追求
経営方針が合致しやすい
何代にもわたり事業を継承していきたい
タイクーン

しているタイクーンにも、新事業への転換意欲がある。

例えばIT企業の買収や、Eコマースのプラットフォーム構築などがその典型だ。次の世代を見据えた事業展開だと言っても良い。アジア各国においてもプライベート・エクイティ・ファンドやベンチャーキャピタルが次々と勃興しているが、タイクーンがそのスポンサーになっているケースも多い。有力企業に投資して、その発展とともに自分のグループに取り込む戦略であろう。

そんな中で、やはり日本企業の持つユニークなビジネスの発想はタイクーンから評価される傾向にある。日本の優れた製品、アイデア、オペレーションノウハウを自分のビジネスの中に導入したい、それにより、新しい方向性を見出したいと考えているタイクーンは多い。

経済産業省が主導するクールジャパン政策というものがある。優れた日本のコンテンツやビジネスを海外に広げ、日本の外で稼ぐ仕組みの構築をサポートしようとするものだ。実際、ASEANの多くの国では日本というものがまさにクールな存在・イメージとして捉えられている。食材やファッションは言わずもがなだが、住宅開発においても日本的な街並みを求める声があるようで、タイクーン傘下のデベロッパーも知恵を絞っている。

タイクーンの特性3

ビジネスの選別はシビア

ではタイクーンが、日系企業との提携に無条件に飛びついてくるかというとそうではない。彼らは基本、満ち足りているのである。何か新しいもの、面白いものに対するアンテナは常時張っているが、今日明日で何かをやらねばならないほど追い込まれてはいない。だからビジネスの選別に対する目は非常に厳しい。

あなたがタイクーンを活用してビジネスをクリエイトしたい場合、あなたの提供するビジネスが、タイクーンにとってどんなメリットをもたらすのかを明確に示さなくてはならない。彼らは大富豪ではあるが、慈善事業家ではない。むしろ、事業リターンに非常に大きなこだわりを持った冷徹なビジネスマンである。

タイクーンの事業を鳥瞰し、時代の趨勢の中で彼らの事業に欠けているパーツを理解し、事業承継上の要請まで考えた上で、リターンを明確にし、あなたとビジネスをやることの意義を示せるか。それがポイントなのである。言い換えれば、Win－Winの関係を提案できるかが鍵なのである。

タイクーンの特性4

判断が早い

スーパービジネスマンであるタイクーンは、アクセスが難しいイメージがある。だが、日本が好きで、新しいビジネスのアイデアを常に求めている。提案内容がしっかりしていれば、突然の連絡であっても、アポイントは意外に取れたりするものである。だから大切なのは、Win－Winの提案をしっかり準備し、アクセスした後、いかに早く次の行動に移れるかである。

彼らの辞書に表敬訪問などという言葉はない。だが日本企業の場合、初めて会った時にビジネスの突っ込んだ話をするのは失礼だと考える傾向がある。これはタイクーンにとっては全くナンセンスだ。非常に多忙な彼らである。面談の第一声は、“What can you do for me today?”「今日はどんないい話を持ってきたのか？」ということだ。これに対する準備ができていなければ、ゲームオーバーである。彼の貴重な時間を無駄にさせる企業に対して、二度と面談をすることはないであろう。そして二言目は、“How can I make money by this?”「それで私のメリット・儲けは何なのか？」ということだ。

先述のWin－Winの具体性を聞いてくる。そしてそれに具体的なタイムラインとともに明確に答えることができれば、そこでビジネス成立である。まさに即断即決である。また興味がなければ、その理由とともにやはりその場で答えてくれる。非常にオープンでフェアな人種なのである。

一方の日系企業は、後述のように判断に時間がかかるケースが多く、タイクーンと商談を進める場合のネックになることがある。

タイクーンとの面談でよく聞かれる質問

“What can you do for me today?”
「今日はどんないい話を持ってきたのか？」

“How can I make money by this?”
「それで私のメリット・儲けは何なのか？」

➡ **この質問に対して明確に回答できれば、ビジネスチャンスが生まれる**

ASEANでのビジネスを成功させよう②

Win-Winを設計する

さて前項で、Win-Winという言葉を何度か使った。ビジネスシーンで非常に多く使われる言葉であるが、これほど言うに易く行うに難い言葉もないだろう。

表に列挙したのは、海外事業を展開する企業から私に寄せられる「悩み」の例である。いずれのケースでも、当初想定していたパートナーとの共同経営における理想から、乖離してしまった様子が見て取れる。利益相反が発生するようなケースでは、Win-Winどころか敵対的な関係にすらなってしまう。このような事態は何が原因で生じているのであろうか。パートナーと提携して海外展開を企図する企業にとっては、①パートナーの選定、②提携契約（合弁契約）の設計、③現地事業の運営という3つのステージがある。それぞれにおいてWin-Winを阻害する要因の発生原因は何であろうか？

海外事業におけるパートナー関連の「悩み」の例

- パートナーが力不足で期待通りの役割を果たしてくれない。逆にパートナーが強力過ぎてコントロールできない
- 提携時に目的・ビジョンの共有が不十分であったため、時間の経過とともに事業運営にギャップが生じてきた
- 提携後のPMI（Post Merger Integration）が不十分であったため、曖昧なKPI設定などさまざまな非効率性が残る
- そもそも提携関係における役割・責任が不公平である（一緒に汗をかいてほしかったのに期待外れだ……）
- 事業運営会社が、その運営を巡って日本本社とパートナーの板挟みになる
- 技術移転や知的財産の扱いに関わる議論が不十分かつ契約書にも規定がないため、重大な利益相反が生じてしまった
- 事業運営会社におけるリスク管理が不十分で、事故や不祥事に発展しないか心配だ

① パートナー候補の選定

パートナー候補の選定は、特定の市場に参入する際の戦略に基づいて行うのが基本だ。まず自社の付加価値（差別化要因）をしっかり認識した上で、訴求するセグメントを定義することから始まる。次にそのセグメントを攻略する際、パートナーの「何を活用するべきか」を定義する。

その後、あまた存在するその国のパートナー候補を絞り込んでいくわけだが、提携が成立する蓋然性を見極めなければならない。ここで肝心なのは、パートナーにとってもメリットを設計できるかということだ。大きな財閥傘下の隆々たる企業でも、必ず経営課題が存在する。日系企業が思い描くビジネスが、パートナー候補の経営課題の解決に資するようであれば提携に向けた対話は大きく動き出すことになるのである。このステージでは、パートナー候補とビジネスの在り方やビジョンを議論することになる。ここでボタンを掛け違えると、後々「想定外」の事態が惹起してくる原因となってしまうのである。

Point 1　パートナー選定における留意事項

- ◆自らの付加価値（差別化）の定義
- ◆パートナーの何を活用するかの定義
- ◆パートナー候補の経営課題の理解と分析
- ◆パートナーにとってのメリットの設計

② 提携契約（合弁契約）の設計

パートナー候補との対話の中で、協業のコンセプトに対するWin-Winが確認できれば、次に互いの役割を明確に規定して契約に落とし込む作業が必要となる。役割は責任を伴い、その責任の大きさによって出資比率は自ずと決まってくる。合弁会社を本社の財務に連結する目的から、過半数の取得を主張するケー

スはある。ただし提携における役割・責任と出資比率がバランスしていなければ、後々、事業運営上の軋みとなって顕在化してくる。期待外れとか、汗をかいてくれないという「想定外」はこのようなところに原因があると言える。

ただ、政治・経済環境によって、それぞれの企業が果たすことができる機能も変化することがあり得る。このような場合、互いの役割について見直しができる柔軟性を契約に盛り込むことが重要になる。具体的には、合弁事業のパフォーマンスの評価と利益配分について明確なルールを定め、毎期モニタリングを行うのである。果たすべき機能を提供できない場合には（すなわち、パフォーマンスを上げられない場合には）、役割を見直し、またそれに呼応して出資比率の変更があり得ることを契約に規定しておくことが肝要なのである。

Point 2

提携内容の設計における留意事項

- ◆**役割分担の明確化とそれに呼応した出資比率の決定**
- ◆**パートナーの何を活用するかの定義**
- ◆**パフォーマンスを評価するルールの策定**
- ◆**パフォーマンス次第で役割変更が起こり得る柔軟性**

③ 現地事業の運営

そもそも海外進出の検討を行う際には、パートナーとの合弁事業の経営を任せられる人材を社内に有していることが前提となる。

欧米やアジアの企業においては、経営職階は外部から登用した、いわゆるプロ経営者が担うケースが多く見られる。かかる人材は経営職としての経験を積むことで成長し、また新たな活躍の場を見出していく。一方、日本の企業においては、サラリーマンの出世の到達点として経営職階が存在する。経営に関与し、そのスキルを若い時期に身につけることは現実的には不可能である。ところで、日本企業に独特な合議制・稟議システムというものがある。非常に時間を要するので、日本贔屓のタイクーンからも不満を寄せられることが多い。稟議システムの問題は、単に時間を浪費するだけではなく、事業のリスク・リターンに対する判断の責任の所在を曖昧にすることである。そのような環境に慣れたサラリーマンは、自分で判断するトレーニングをしなくなり、結果、事業家・起業家としてのマインドとスキルを得られないことが多い。つまり日本企業のサラリーマン文化の中で、海外の現地法人の経営を担う人材はなかなか育ちにくい現状がある。

派遣されてきた人間に力量がなければ、自信を持って海外現法の経営を推進することができず、勢い本社の指示待ちとなる。タイクーンは起業家であり辣腕の経営者である。彼らから尊敬など到底勝ち得ることはできない。その際、パートナーと十分な意思疎通ができ、場合によっては経営哲学まで語れる人材を派遣すること。そしてそのような人材をきっちり社内で育成すること。これこそがとりわけタイクーンとの提携を成功させる最も根源的な秘訣だと言えるのである。

短期的には解決が難しい問題であるが、マザーマーケットの縮小が本格化した今こそ、経営者を育てる社内教育はどうあるべきかを再考する良い機会だと思う。

今回、改訂版を出すにあたり、旧版と比べて相関図に大きな変更点が2つある。それは、中国企業の躍進である。アリババやテンセントなど中国のネット系企業は世界を席巻しているが、旧版の中に彼らの姿はなかった。しかし改訂版では、タイやインドネシアの大手財閥との積極的な提携が目立つ。一方、その領域における日系企業の存在感は薄い。ネット・ITの世界の動きは非常に速い。また中国企業の動きも速い。迎えるのは即断即決ができるタイクーン。稟議システムの日系企業が入り込む間もなく、有力財閥との陣取りゲームが完成しつつある。

Point 3

事業運営に関わる留意事項

- ◆**経営観をパートナーと共有できる人材の派遣**
- ◆**スピード感のある経営判断**

ここまでタイクーンの特性を示し、Win-Winを設計するための留意点を述べてきた。まさに「言うは易く行うは難し」であるが、マザーマーケットの縮小の中で、日系企業がフロンティアを開拓するのは待ったなしの状況である。厳しい航海に旅立つ企業の皆様に、少なからずアドバイスが提供できるよう、私のような専門家が存在することは申し上げておきたい。

さあそれでは、これからあなたの最適なパートナーを探す旅を始めることにしよう。

ASEAN企業地図 第2版

guide

■会員特典データのご案内

会員特典として、ASEAN進出を考える方に役立つ情報ツールをプレゼントしています。会員特典データは、以下のサイトからダウンロードして入手なさってください。

https://www.shoeisha.co.jp/book/present/9784798156729

※会員特典データのファイルは圧縮されています。ダウンロードしたファイルをダブルクリックすると、ファイルが解凍され、ご利用いただけるようになります。

●注意

※会員特典データのダウンロードには、SHOEISHA iD（翔泳社が運営する無料の会員制度）への会員登録が必要です。詳しくは、Webサイトをご覧ください。

※会員特典データに関する権利は著者および株式会社翔泳社が所有しています。許可なく配布したり、Webサイトに転載することはできません。

※会員特典データの提供は予告なく終了することがあります。あらかじめご了承ください。

●免責事項

※会員特典データの記載内容は、2018年10月末時点の法令等に基づいています。

※会員特典データに記載されたURL等は予告なく変更される場合があります。

※会員特典データの提供にあたっては正確な記述につとめましたが、著者や出版社などのいずれも、その内容に対してなんらかの保証をするものではなく、内容やサンプルに基づくいかなる運用結果に関してもいっさいの責任を負いません。

※会員特典データに記載されている会社名、製品名はそれぞれ各社の商標および登録商標です。

ASEAN企業地図 第2版

CONTENTS

巻頭特集

第1章 インドネシア

第2章

タイ

第3章

フィリピン

第4章

マレーシア

第5章

シンガポール

第6章 ミャンマー

第7章 ベトナム

第8章

香港（番外）

巻末特集

凡例

※社名表記で、PCL、リミテッド、inc、LTDは省略しています。

※日本になじみのある日系企業などは、日本語で表記しています。

※人名や社名などは、現地での呼称に基づく片仮名書きを原則にしています。慣用が固定しているものなどは、それに従っています。

※「近時のM&Aおよび戦略的提携」と「企業研究」の企業情報、「相関図」に記載の各企業の財務データの出所については、公開情報により著者が作成したものです。それ以外の出所については、各表などの欄外に注記しています。

COLUMN

タイクーン

企業グループの創業者や現在の後継者を英語も併せて表記。親子や夫婦、兄弟で事業領域を分担して統括していることもある

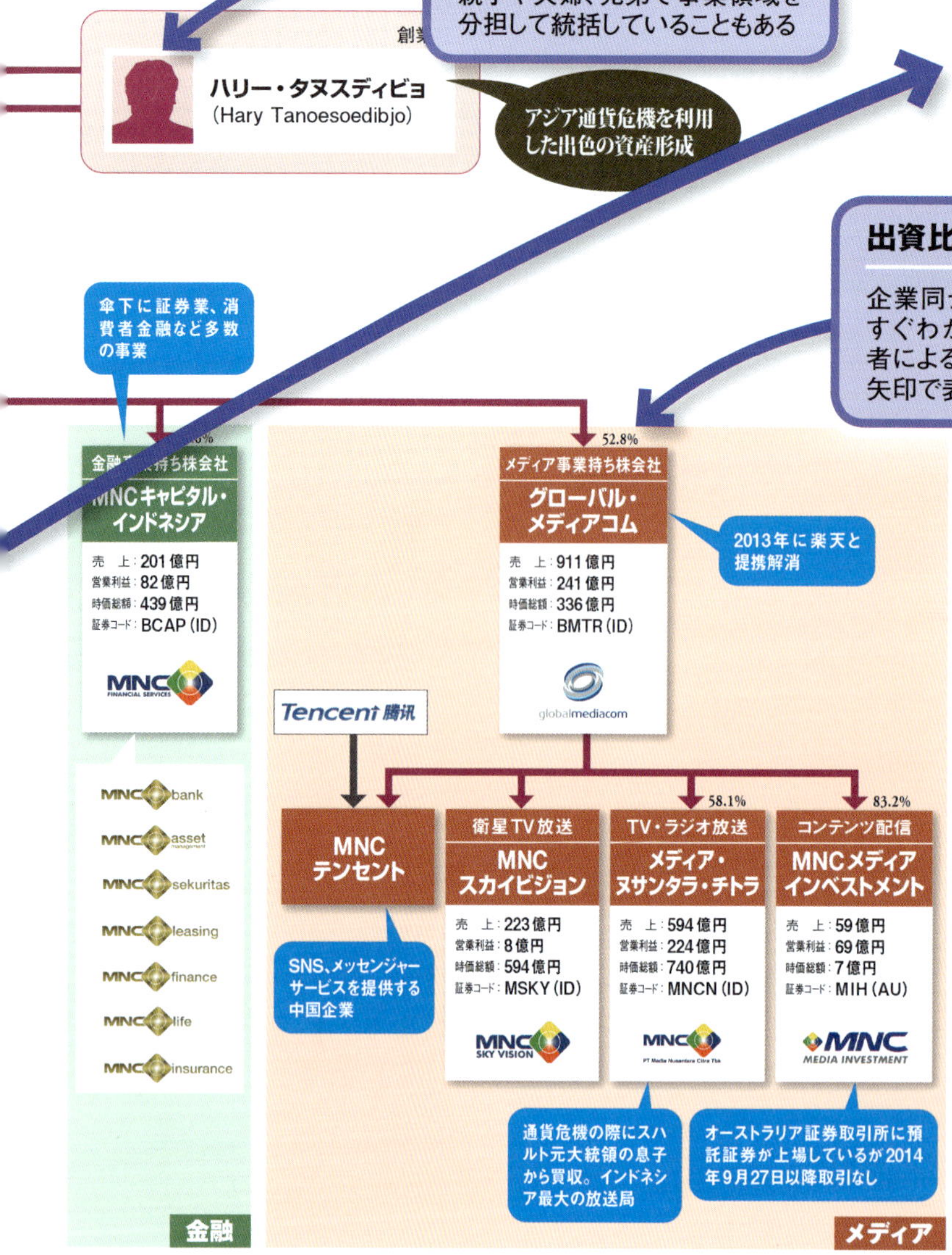

出資比率

企業同士の資本関係がすぐわかる。共同出資者による出資は、灰色の矢印で表している

Hary Tanoesoedibjo/MNC Group

ハリー・タヌスディビョ（フォーブス第31位・純資産額1…

MN…グループ

新時代の若…トランプとも連携。将来の大統領の座も視野か？

主要業種と今後の重点業種

企業グループの状況・動向がわかる。企業グループの現時点での中心的な業種と、今後重点的に伸ばしていくであろう業種を表記

主要業種
メディア
今後の重点業種
メディア・コンテンツ

評価シート	
規模	C
注目度	B
成長性	
日系企業提携可…	

評価シート

企業グループの総合的な評価をA〜Dで表記

概要

政界への進出意欲も旺盛

ハリー・タヌスディビョはスラバヤ出身。1965年生まれの若きタイクーンだ。インドネシアのメディア王とも称されるが、その資産形成は他のタイクーンとは一線を画している。スラバヤの実家では、父が証券会社を営んでおり、その影響で1989年にMNCインベスタマという投資会社を立ち上げた。そしてこの投資会社をビークルにして、アジア通貨危機で瀕死の状態に陥った企業や資産を買収していったのである。

通貨危機が発生すると多く…がデフォルト状態に陥り、そ…にローンを出していた銀行は…を行使して企業の資産や株式…していった。ただし、回収の…たない資産である。銀行はバ…シートを軽くするため、IB…ンドネシア・バンキング・リス…チャリング・エージェンシー）…の下、それらの不良資産をバルクで…

企業グループの概要

創業までの道のりや事業の全体像を解説

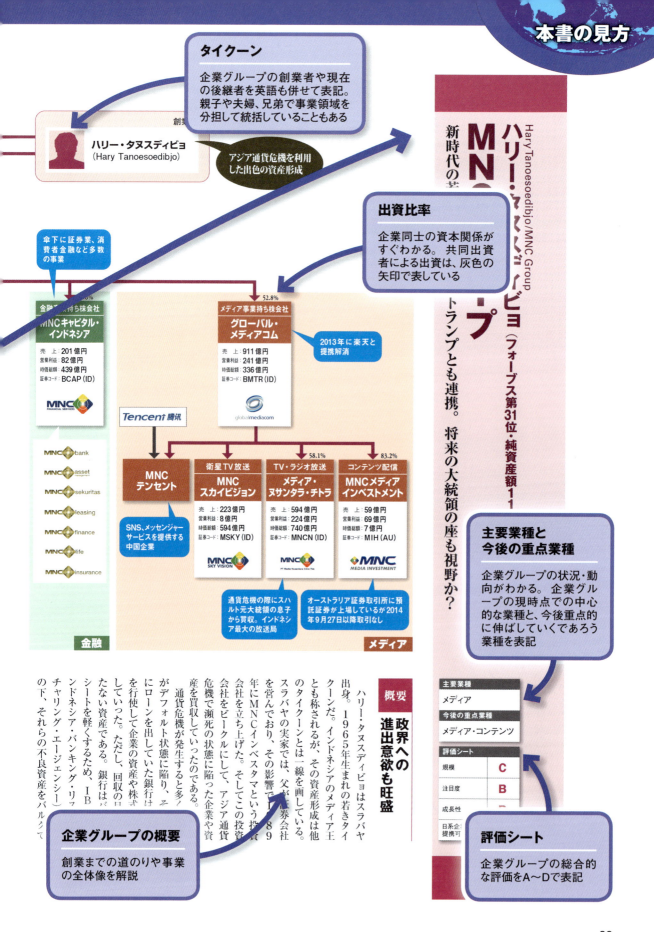

注目ポイント

企業グループの注目すべき事業や環境をワンテーマで解説

事業統括会社

グループ全体を統括している企業はトップに掲載。持ち株会社の形態を取ることが多い

財務情報

2018年10月末時点における上場企業の財務データを掲載

相関図

複雑な企業グループの全体像も一目でわかる。グループ会社が多数の場合は、主要なものをピックアップ

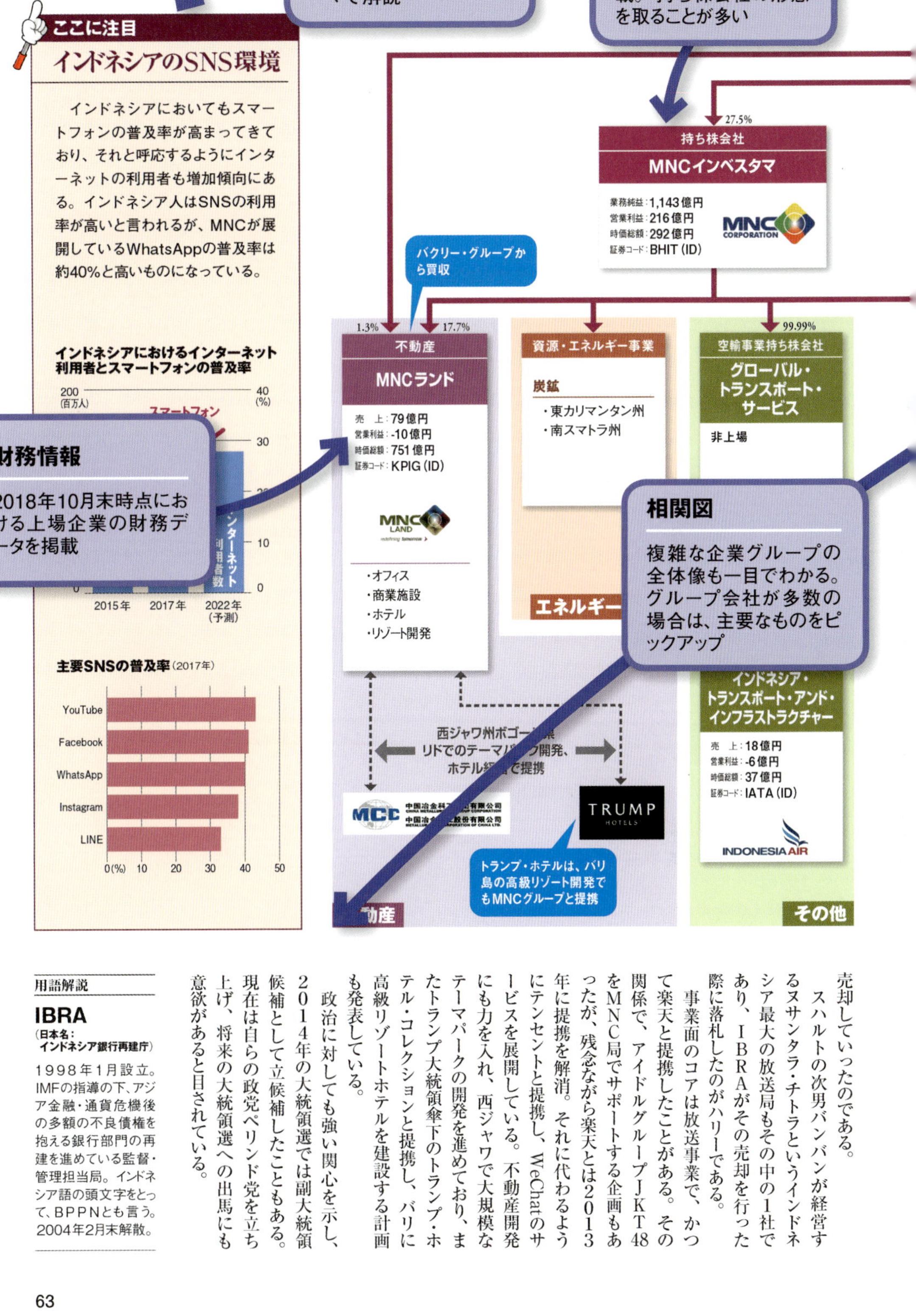
ここに注目
インドネシアのSNS環境
インドネシアにおいてもスマートフォンの普及率が高まってきており、それと呼応するようにインターネットの利用者も増加傾向にある。インドネシア人はSNSの利用率が高いと言われるが、MNCが展開しているWhatsAppの普及率は約40%と高いものになっている。
インドネシアにおけるインターネット利用者とスマートフォンの普及率
2015年
2017年
2022年（予測）
主要SNSの普及率（2017年）
YouTube
Facebook
WhatsApp
Instagram
LINE
27.5%
持ち株会社
MNCインベスタマ
業務純益：1,143億円
営業利益：216億円
時価総額：292億円
証券コード：BHIT (ID)
バクリー・グループから買収
1.3%
17.7%
不動産
MNCランド
売上：79億円
営業利益：-10億円
時価総額：751億円
証券コード：KPIG (ID)
・オフィス
・商業施設
・ホテル
・リゾート開発
資源・エネルギー事業
炭鉱
・東カリマンタン州
・南スマトラ州
エネルギー
99.99%
空輸事業持ち株会社
グローバル・トランスポート・サービス
非上場
インドネシア・トランスポート・アンド・インフラストラクチャー
売上：18億円
営業利益：-6億円
時価総額：37億円
証券コード：IATA (ID)
トランプ・ホテルは、バリ島の高級リゾート開発でもMNCグループと提携
その他
用語解説
IBRA
（日本名：インドネシア銀行再建庁）
1998年1月設立。IMFの指導の下、アジア金融・通貨危機後の多額の不良債権を抱える銀行部門の再建を進めている監督・管理担当局。インドネシア語の頭文字をとって、BPPNとも言う。2004年2月末解散。
売却していったのである。
スハルトの次男バンバンが経営するヌサンタラ・チトラというインドネシア最大の放送局もその中の1社であり、IBRAがその売却を行った際に落札したのがハリーである。
事業面のコアは放送事業で、かつて楽天と提携したことがある。その関係で、アイドルグループJKT48をMNC局でサポートする企画もあったが、残念ながら楽天とは2013年に提携を解消。それに代わるようにテンセントと提携し、WeChatのサービスを展開している。不動産開発にも力を入れ、西ジャワで大規模なテーマパークの開発を進めており、またトランプ大統領傘下のトランプ・ホテル・コレクションと提携し、バリに高級リゾートホテルを建設する計画も発表している。
政治に対しても強い関心を示し、2014年の大統領選では副大統領候補として立候補したこともある。現在は自らの政党ペリンド党を立ち上げ、将来の大統領選への出馬にも意欲があると目されている。
63

お問い合わせについて

このたびは翔泳社の書籍をお買い上げいただき、誠にありがとうございます。弊社では、読者の皆様からのお問い合わせに適切に対応させていただくため、以下のガイドラインへのご協力をお願いいたしております。下記項目をお読みいただき、手順に従ってお問い合わせください。

● ご質問される前に

弊社Webサイトの「正誤表」をご参照ください。これまでに判明した正誤や追加情報を掲載しています。

正誤表
https://www.shoeisha.co.jp/book/errata/

● ご質問方法

弊社Webサイトの「刊行物Q&A」をご利用ください。

刊行物Q&A
https://www.shoeisha.co.jp/book/qa/

インターネットをご利用でない場合は、FAXまたは郵便にて、下記"翔泳社 愛読者サービスセンター"までお問い合わせください。
電話でのご質問は、お受けしておりません

● 回答について

回答は、ご質問いただいた手段によってご返事申し上げます。ご質問の内容によっては、回答に数日ないしはそれ以上の期間を要する場合があります。

● ご質問に際してのご注意

本書の対象を超えるもの、記述個所を特定されないもの、また読者固有の環境に起因するご質問等にはお答えできませんので、あらかじめご了承ください。

● 郵便物送付先およびFAX番号

送付先住所　〒160-0006　東京都新宿区舟町5
FAX番号 03-5362-3818
（株）翔泳社 愛読者サービスセンター

※本書に記載されたURL等は予告なく変更される場合があります。

※本書の出版にあたっては正確な記述につとめましたが、著者や出版社などのいずれも、本書の内容に対してなんらかの保証をするものではなく、内容やサンプルに基づくいかなる運用結果に関してもいっさいの責任を負いません。

※本書に記載されている情報は2018年10月末執筆時点のものです。

第1章
インドネシア

サリム・グループ
シナルマス・グループ
リッポー・グループ
ジャルムBCAグループ
CTコープ・グループ
バリトー・パシフィック・グループ
ラジャワリ・グループ
ウイングス・グループ
アルファマート・グループ
MNCグループ
サラトガ・インベスタマ・セダヤ

インドネシア

人口約2億6000万人。世界第4位の人口にして、世界最大のイスラム人口を誇るインドネシア。近年高い経済成長を実現し、中間層の所得の向上が顕著だ。2020年代には人口が3億人を超えることも予想される。人口ボーナスが享受できるまさに有望なフロンティアだ。

歴史

ASEAN通貨危機後の混乱を経て民主化を実現。現在は政治・経済ともに安定

インドネシアの国名を初めて聞いたのは、小学校で「ジャワ原人」の化石のことを聞いたときであった。今の小学生はデヴィ夫人の嫁いだ地でありJKT48が活躍する地としてその国名を理解している。何とも時代は変わった。実際インドネシアの現代史は、大きな変化の連続で構成されている。

1602年にオランダが東インド会社を設立。香料とコーヒーの輸出を独占しながら、オランダの支配は第2次世界大戦まで約300年という長きにわたって続いた。

オランダからの独立後、独立運動のリーダーであったスカルノが初代大統領に就任。ナショナリズムを鼓舞する政策を取り続けた。しかし結果として米英との関係が悪化。国連を脱退し国際社会からの援助を停止された結果、経済の疲弊を生み出してしまった。そのような状況下、軍のクーデター（9月30日事件）が発生。スカルノの命を受けたスハルトが事態を収拾。スカルノは政治責任を問われ、スハルトが第2代大統領に就任した。

スハルトは悪化した西側諸国との関係の改善を図り、国連にも復帰した。スハルトはスカルノ以上に独裁的な権力を行使して国家建設を進め、以後30年に及ぶ長期政権を担った。

しかし、1997年のアジア通貨危機に端を発してインドネシア経済が壊滅的打撃を受けると、国民の不満が爆発。ジャカルタ暴動の最中の1998年5月、スハルトは大統領を辞して副大統領のハビビに職を譲った。

ハビビは政党結成の自由を含む民主化政策を実行。ワヒド第4代大統領を経て、スカルノの長女であるメガワティが大統領に就任。このころから政治・経済は安定し、続くユドヨノ大統領政権2期・10年の間に経済は大きく発展した。

2014年の大統領選では、ジャカルタ特別州知事であったジョコ・ウィドドが政治変革や汚職撲滅を公約に掲げて出馬し、見事に当選した。2019年の選挙でも再選を狙う。

車の売行きは好調。ただし交通インフラの整備は待ったなし（©Sipa USA/amanaimages）

国名	インドネシア共和国 Republic of Indonesia
面積	191万931km² （2017年、日本の5.1倍）
人口	2億5,871万人 （2017年）
首都	ジャカルタ 人口1,047万人（2016年）
言語	インドネシア語
宗教	イスラム教、ヒンズー教、キリスト教　ほか

出所：JETRO
https://www.jetro.go.jp/world/asia/idn/basic_01.html

インドネシアの歴代大統領

代	氏名	就任	退任
初代	スカルノ	1945年	1967年
2	スハルト	1968年	1998年
3	バハルディン・ユスフ・ハビビ	1998年	1999年
4	アブドゥルラフマン・ワヒド	1999年	2001年 罷免により失職
5	メガワティ・スティアワティ・スカルノプトゥリ	2001年	2004年
6	スシロ・バンバン・ユドヨノ	2004年	2014年
7	ジョコ・ウィドド	2014年	—

出所：外務省のHPなどを参照して著者作成

経済

中間層は堅実に成長 インフラの整備がさらなる成長の鍵

ジョコ・ウィドド大統領は就任後、インフラ整備や法制・税制等の手続き改善などさまざまな施策を掲げているが、とりわけ国民福祉の向上とインフラの整備は最重要課題として位置付けられている。実際、２０１５年に打ち出された中期国家開発計画（RPJMN2015-19）においては、食料自給率の向上、各所帯への電力供給率の向上、および地方の上下水道の完備やそれに伴う公衆衛生水準の向上などに対し、具体的な数値目標を掲げて実践している。また周りを海に囲まれた地理的な特徴に鑑み、海洋資源の開発、島嶼部のインフラ整備、海軍力の強化などを含む海洋国家構想も掲げている。

一方、道路インフラの脆弱性は長きにわたり指摘されており、慢性的な渋滞が大きな社会問題になっている。この打開策として都市間高速鉄道と地下鉄の整備計画が進行中である。前者はジャカルタ-バンドン間１４０キロを結ぶ新幹線計画で、日本と中国が激しく競り合った末に中国が落札した。日本は入念なフィージビリティスタディを行い、ジャカルタ-バンドン間を35分で結ぶ新幹線計画を50兆ルピアの低利円借款にて工事費を賄うパッケージで提案した。当初、技術力に勝る日本の提案が有利と目されたが、財政負担の大きさにインドネシアが難色を示し、これに付け入った中国がインドネシアの財政支出や債務保証を求めないプランを提案。インドネシアがこれを採択するという大サプライズ劇が演じられた。ただし計画予定地の収用が進まないことから建設は大幅に遅れており、当初計画の２０１９年開業はすでに２０２０年に先送りされた。これに対して中国は、土地収用はインドネシア側の問題として取り合わず、両国間の関係の軋みも顕在化している。一方で地下鉄の整備計画は、ジャカルタ市内の15.7キロの区間に13駅を建設する第1期工事を日本が受託した。こちらは予定通り２０１９年の開業が見込まれ、新幹線も日本に任せるべきであったという声が、インドネシア政府筋から今更ながらに上がってきている。新幹線は将来的にバンドンからスラバヤまでの延伸が計画されているが、日本待望論が沸き起こっており、日本の巻き返し受注につながるか注目されている。

１人当たりＧＤＰは国全体では３８７６ドル程度とＡＳＥＡＮの中でも低い部類に入るが、ジャカルタを中心に中間層は着実に育ってきている。実際、ジャカルタ市内には近代的な大型ショッピングモールが数多く建設され、週末にはブランド品のショッピングを楽しむ人の姿が多く見られる。モールには日本食レストランも多数進出しており、日本と同じメニューを、日本よりむしろ高い値段で提供しているが、どこも活況を呈している。ジャカルタだけの1人当たりＧＤＰは1万５０００ドルを超えていると主張するエコノミストもいる。交通インフラの今後の発展で、消費市場の一層の拡大が期待できるが、セブン-イレブンがインドネシアから撤退するなど、ビジネスの難しさも顕在化している。今後、どの日系企業がどのような現地企業とのパートナーシップの下で事業展開していくか注目していきたい。

GDP産業別構成（名目）　単位：兆ルピア

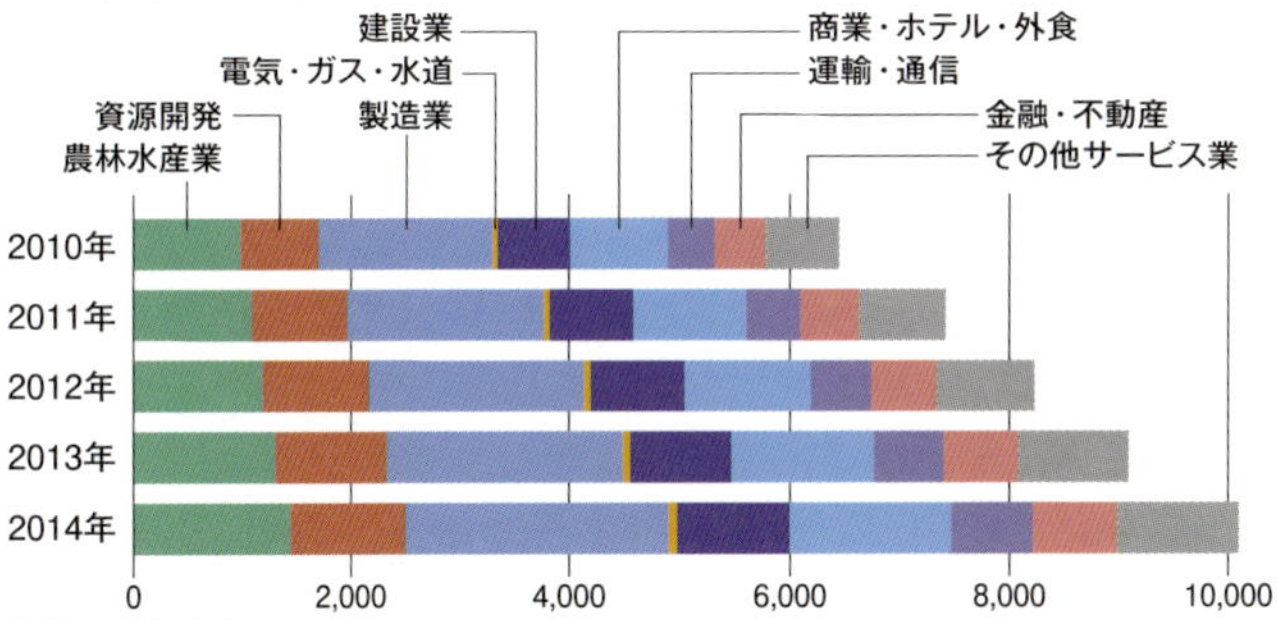

出所：Statistics Indonesia
https://www.bps.go.id/statictable/2009/07/02/1199/-seri-2000--pdb-atas-dasar-harga-berlaku-menurut-lapangan-usaha--miliar-rupiah---2000-2014.html

インドネシアの基礎的経済指標

対象年月	2013年	2014年	2015年	2016年	2017年
実質GDP成長率（単位：%）	5.6	5.0	4.9	5.0	5.1
名目GDP総額（単位：10億ドル）	917	891	861	932	1,015
1人当たりのGDP（名目）＝米ドル	3,684	3,534	3,371	3,604	3,876
消費者物価上昇率（前年度比、期中平均値、単位：%）	8.4	8.4	3.4	3.0	3.8
失業率（単位：%）	6.2	5.9	6.2	5.6	5.5
為替レート（期中平均値、対米ドルレート）	10,460	11,869	13,392	13,307	13,398

（現地通貨：ルピア）　出所：JETRO「基礎的経済指標」（2018年10月24日）

注目グループ

サリム・グループ

アンソニー・サリム（フォーブス第5位・純資産額6003億円）

Anthoni Salim/Salim Group

圧倒的な事業の広がりを持つASEAN最大のコングロマリット

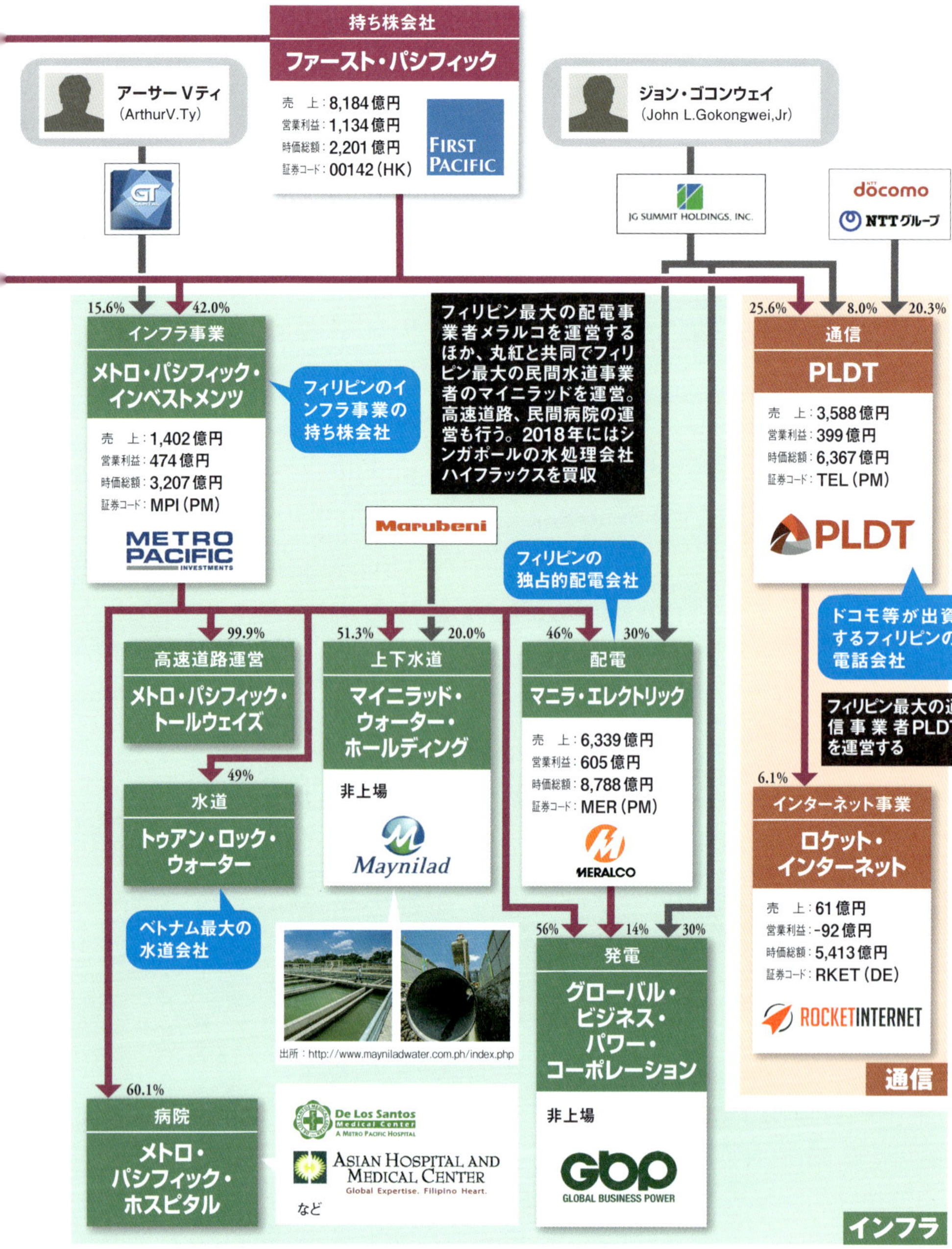

概要

国の成長に歩調を合わせて飛躍

サリム・グループの創業者は、スドノ・サリム。1916年に中国福建省海口に生まれ、1938年に雑貨店を営む叔父を頼ってインドネシアに移住した。第2次世界大戦後、インドネシアはオランダと独立を懸けて武力闘争を行ったが、その際スドノは、衣類、食料、たばこ等をインドネシア軍に供給し、一財産を成したという。しかしその財産より大切なものをスドノは得ることに成功した。人脈である。後に大統領になるスハルトが、当時中佐としてインドネシア国軍に在籍していた。スハルトをはじめ多くの軍幹部と知遇を得たことが、サリム・グループ成長の大きな起点になったのである。

　スハルトは1968年に第2代大統領に就任するが、アジア通貨危機で失脚するまでの30年の間に、国民経済を大きく成長させた。汚職・腐敗などへの批判も多くあるが、「開

主要業種
食品
今後の重点業種
食料・インフラ

評価シート	
規模	A
注目度	A
成長性	A
日系企業との提携可能性	A

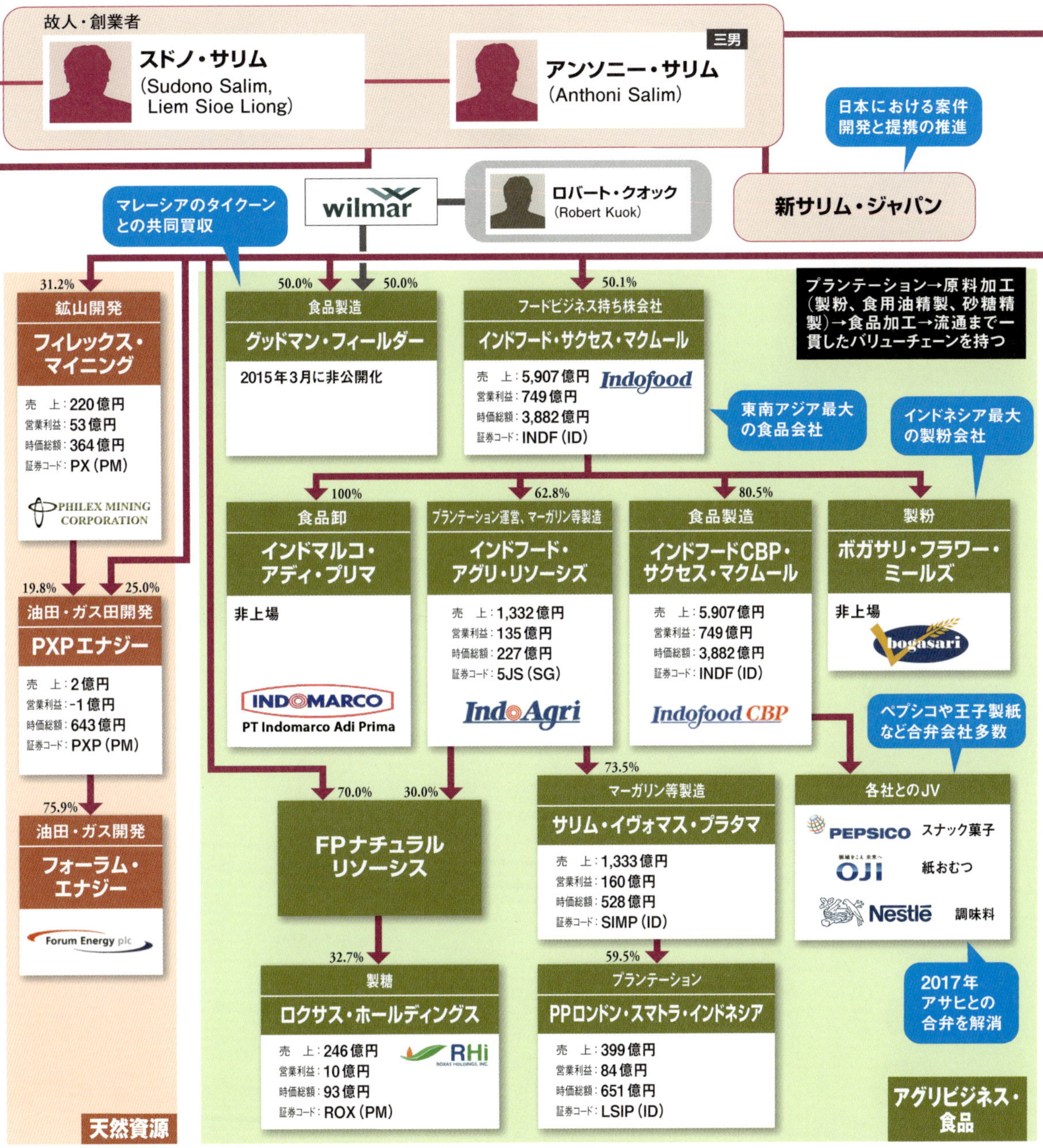

発経済」を推し進め、国家と2億人以上の国民の生活を豊かにしてきたのも事実である。その間にサリムが手掛けた事業は、セメント、自動車、社会インフラ、資源、農業、食料、食品、小売り、金融と、インドネシア財閥の中でも圧倒的な広がりを持つ。スハルトをはじめ国の中枢内の多くの人脈により、国家建設のさまざまな事業の請負などで独占的な権益を掌中にし、圧倒的な財力を築く基盤になったのである。まさにスハルトと、二人三脚で成長してきたのである。

　アジア通貨危機では、多くのサリム・グループ企業の財務体質が悪化し、中核銀行のバンク・セントラル・アジア（BCA）を含むかなりの資産売却を余儀なくされた。反政府デモで国が混乱する中、スドノはインドネシアを出国してシンガポールに移住。三男のアンソニーが事業を継承した。スドノは後にアメリカに移住し、2012年に逝去した。

　アンソニーは食品事業を強化し、パームプランテーション、精油、砂糖、製粉、パスタ・麺、菓子と、川上から川下まで網羅した強力なサプライチェーンを構築した。食品事業の中核企業はインドフード・サクセス・マクムールで、即席麺85%、スナック菓子60%、ベビーフード40%

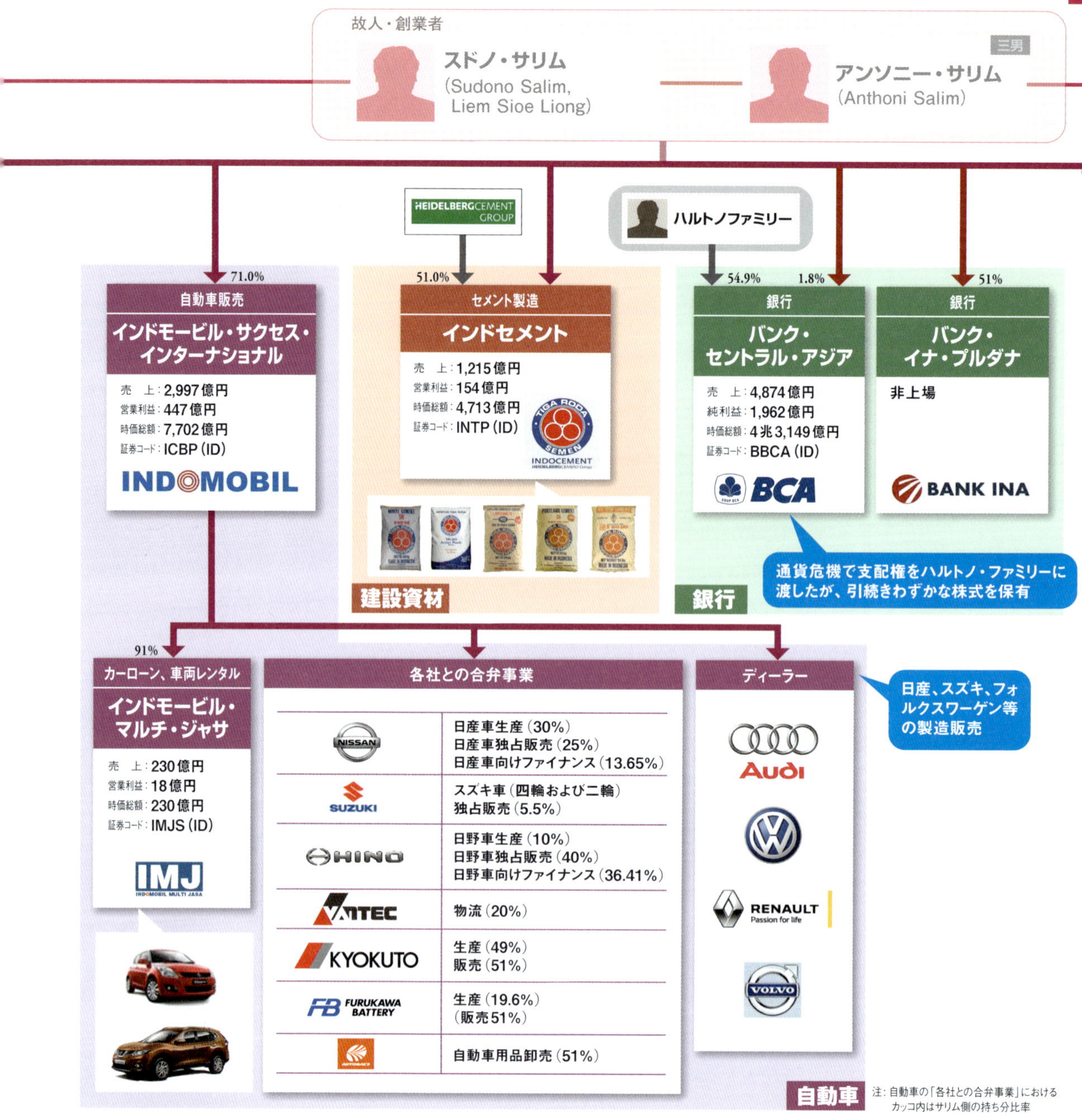

など、圧倒的なシェアを誇る。即席麺のブランドであるインドミーは、世界で最も認知され、流通している即席麺と言われている。このセグメントにおいては、日清オイリオやアンデルセンなど複数の日系企業との提携を行っている。

また小売り・流通部門では、KFCのフランチャイズ、パスコと組んだ製パン、インドマレットというブランドでのコンビニエンスストア事業などを展開。2013年に持ち株会社のインドリテール・マクムール・インターナショナルを頂点に体制を変更し、本セグメントの強化姿勢が顕著になっている。インドマレットの店舗数は、小規模店舗まで含めると約1万7000店舗あり、ファミリーマートの101店、ローソンの37店を大きく引き離している。

近年Eコマースに注力しており、2017年に電子マネーのライセンスを取得し、電子マネーのアプリ制作企業に出資もした。食品事業などの既存事業とコンビニエンスストアにおけるリアル店舗を用いていかにEコマース事業を立ち上げていくか検討しているものと思われる。サリムはアジア通貨危機でBCAを手放して以来、金融から遠ざかっていたが、2017年に中堅のバンク・イナを買収。フィンテックを活用して

次男
アンドレ・ハリム
（Andree Halim）

創業者の次男のアンドレ・ハリム氏がシンガポールで経営

46.2%

食品
QAF

売　上：690億円
営業利益：29億円
時価総額：343億円
証券コード：Q01（SG）

QAF Limited

小売り

小売ビジネス持ち株会社
インドリテール・マクムール・インターナショナル

売　上：5億円
営業利益：-6億円
時価総額：3,485億円
証券コード：DNET（ID）

Indoritel

化学品製造
インドケミカ・ジャヤタマ

非上場

INDOKEMIKA GROUP

化学

合弁・提携しているその他の企業

NISSHIN Oillio
JC COMSA Corp.
月島食品工業株式会社 Tsukishima Foods Industry Co.,Ltd
DUSKIN
ANDERSEN GROUP
和食さと
お口の恋人 LOTTE
LIQUID
SEINO
trans cosmos
AB
elevenia

フィリピンのインフラ事業の持ち株会社

KKR　Pasco　sojitz

インドネシア最大級のコンビニエンスストアを経営

35.8%　25.8%　15.2%　8.5%　3.5%　40.0%　71.9%

外食
ファストフード・インドネシア

売　上：446億円
営業利益：13億円
時価総額：237億円
証券コード：FAST（ID）

KFC

製パン
ニッポン・インドサリ・コルピンド

売　上：210億円
営業利益：22億円
時価総額：481億円
証券コード：ROTI（ID）

SARI ROTI

ミニマートチェーン
インドマルコ・プリスマタマ

非上場

Indomaret

光ファイバー網プロバイダー
メガ・アクセス・プルサダ

非上場

FIBERSTAR Connecting Indonesia

出所：http://kfcindonesia.com/community/

出所：http://indomaret.co.id/karir/

小売り

どのような金融事業を創設していくのか注目される。このような動きの中で課題となるのが、物流機能の高度化である。コンビニエンスストアビジネスの高付加価値化やEコマースのためには、温度帯管理（コールドチェーン）や宅配のノウハウが必須となってくる。2015年にセイノー・ホールディングスと立ち上げた合弁会社がグループの今後の成長に果たす役割は大きいと思われる。

サリムは、近年フィリピンでのインフラ・天然資源分野での投資にも注力している。サリムのフィリピンにおける事業領域は、高速道路、電力配電、上下水道、通信、病院と幅広く、現地でも大きなプレゼンスを誇っている。かつてインドネシアで築いた圧倒的な資産が、通貨危機で大きく毀損したのを教訓として、インドネシア国外での分散投資を行っているものと推察されるが、自国外の投資としてはきわめて大規模なものだ。

アンソニーの後継者は三男のアクストン（Axton Salim，1974年〜）と目されている。2002年にコロラド大学ボルダー校を卒業。その後、クレディ・スイス勤務を経て、2004年からサリム・グループの中核企業インドフードに入社。2009年から現在に至るまでインドフードの取締役を務めている。

サリム・グループのコア事業は食品と小売りで、これらの2事業で売り上げの約75%を占める。中心企業であるインドフードやインドマレットと提携している日本企業も多く、その提携ストラクチャーをここにまとめた。

各社のプレスリリースを読めば、インドネシア市場の大きさに対する期待がよくうかがえる。

合弁会社における持ち分は、それぞれの役割に応じてどちらが過半を握るかが決まってくるが、ジェーシー・コムサの例では、サリムはジェーシー・コムサ本体にも出資している点で特徴的である。

また、アサヒの提携ストラクチャーは非常に複雑である。ここでは製造担当の合弁会社と販売担当の合弁会社を作り、製造側でアサヒがマジョリティーを、販売側でサリムがマジョリティーを取るかたちになっている。

ところで、アサヒとサリムの合弁は、インドネシアの清涼飲料市場の成長を見込んでのものであり、設立は2012年である。しかし、市場の成長が当初の思惑とは異なったようで、2017年に合弁を解消。事業はサリムが引き継ぎ、持ち分を100%とした。

アサヒ・グループとの合弁事業

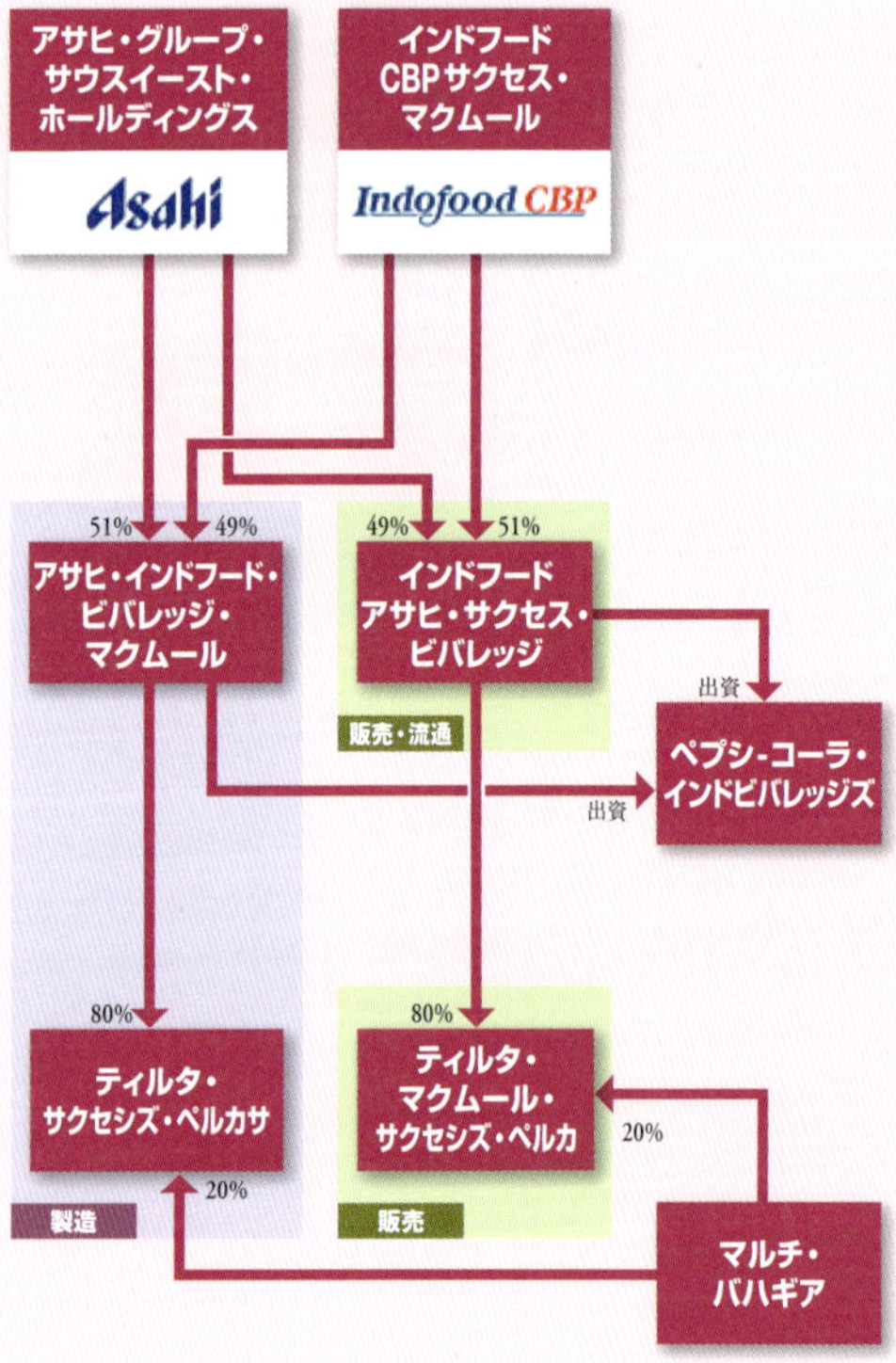

サリム・グループの近時のM&Aおよび戦略的提携

2015年	9月	セイノー・ホールディングスと物流事業における合弁会社を設立。Eコマースにおける宅配事業を強化
	11月	インドマルコとアンデルセンが、製パン用冷凍生地の製造販売の合弁会社(タカキ・インドロティ・プリマ)を設立
	12月	マレーシアの養鶏・鶏肉加工大手のCABチャラカンとインドネシアで合弁会社設立
2016年	2月	資源大手のリオ・ティントが豪州に保有する石炭鉱山を約270億円で買収
		インドネシアに進出しているロッテとEC事業を立ち上げ、スーパーマーケットのリアル店舗を持つロッテにネットを融合し、オムニチャネル戦略を加速
	5月	フィリピンのインフラ事業の推進母体であるメトロ・パシフィック社は、現地のGTキャピタルと資本業務提携を行い、インフラ事業を強化。GT社がメトロ社の株式15.6%を保有(710億円)し、メトロ社はGT傘下の電力会社 グローバル・ビジネス・パワー社の56%を524億円で買収
	8月	日清オイリオの子会社である大東カカオと、インドネシアのチョコレート事業の合弁設立に向けて協議を開始
2017年	5月	中堅銀行バンク・イナ・プルダナの株式の5割強を取得し、アジア通貨危機以来、約20年ぶりに銀行業に再参入。CVSやIT事業と連携させて、電子決済などに力を注ぐ考え
	8月	ECサイト「エレベニア」の運営会社XLプラネットを買収。中国のEC最大手のアリババ集団のような強力で国際的に勢力を広げるECとの戦いに備える狙い。また同時に金融当局より電子マネーのライセンスも取得
	10月	KKRがニッポン・インドサリ・コルピンドの株式12.64%を7,400万ドルで取得
	12月	2012年にアサヒ・グループホールディングスと設立した清涼飲料事業のJVにおける持ち分を全て買い取り、100%子会社化した
2018年	4月	メトロ・パシフィックがベトナムの水道会社トゥアン・ロック・ウォーター・リソーシズ・インベストメントの株式49%を取得
	8月	電子マネーのアプリを提供するユータップ社に出資
	10月	経営危機に陥っているシンガポールの水処理大手ハイフラックスに約430億円の出資と融資。本件後ハイフラックスの株式の60%を取得

今後の注目ポイント

- フィンテックを活用した決済・マイクロファイナンス事業の取り組み
- 食品事業・金融事業とのシナジーによるコンビニ事業の高付加価値化
- コンビニ事業の高付加価値化に必須である物流体制(コールドチェーン)の構築
- ハイフラックスへの出資とフィリピン・ベトナムのインフラ事業のシナジーの構築

ここに注目

日系企業との提携スタイル詳細

インドマルコ・プリスマタマとの合弁事業

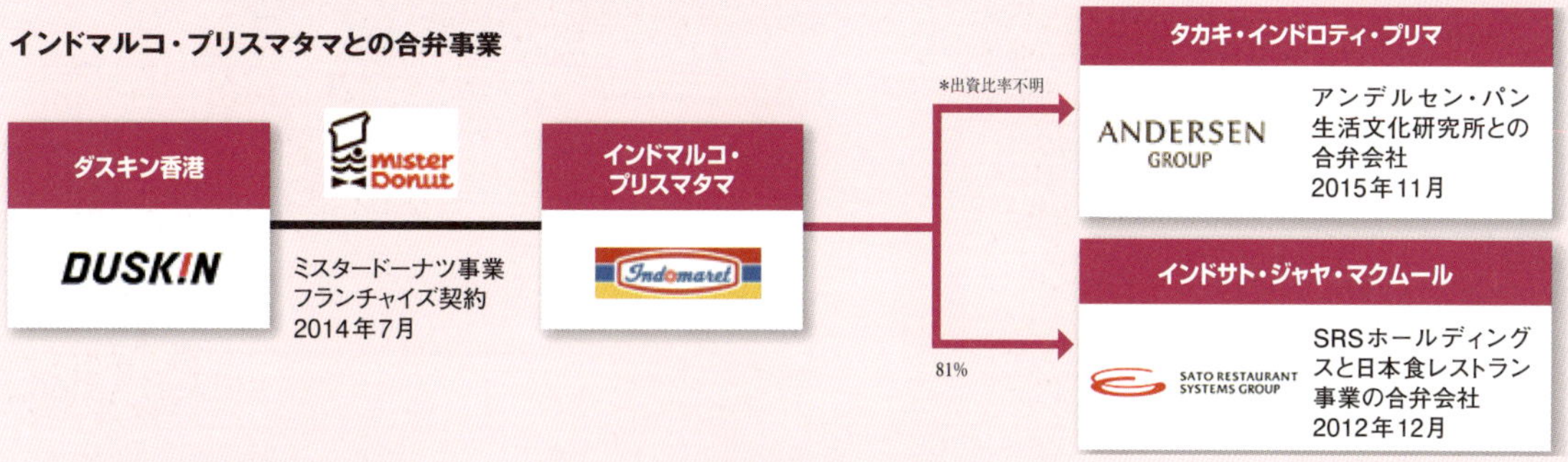

サトレストランシステムズ プレスリリース（2012/12/25）

「経済成長著しい、東南アジア市場への足掛かりとして、世界４番目の人口を有するインドネシア市場において『より多くのインドネシアの方々に本物の日本食をよりリーズナブルなお値段で提供し、豊かな食文化に貢献する』ことを目指します。」

ダスキン プレスリリース（2015/5/11）

「インドネシアは世界第4位の人口を有し、経済も継続的に成長。外食市場も拡大を続けており、東南アジア各国で展開しているミスタードーナツ事業はインドネシアの皆様からもご支持をいただけるものと考えております。」

「2015年末までにインドマレット展開での出店含め約50店舗、3年で約200店での販売を目指します。」

アンデルセン プレスリリース（2015/11）

「東南アジアにおけるベーカリー事業展開のため、インドネシアの財閥のひとつであるサリムグループ傘下のインドマレットグループと、インドネシアを拠点とする冷凍パン生地製造事業について基本合意しました。今後、インドネシア国内外のベーカリーへ高品質な冷凍パン生地を供給し、インドネシアにおける新しい食文化の発展への貢献をめざします。」

日清オイリオ・グループとの合弁事業

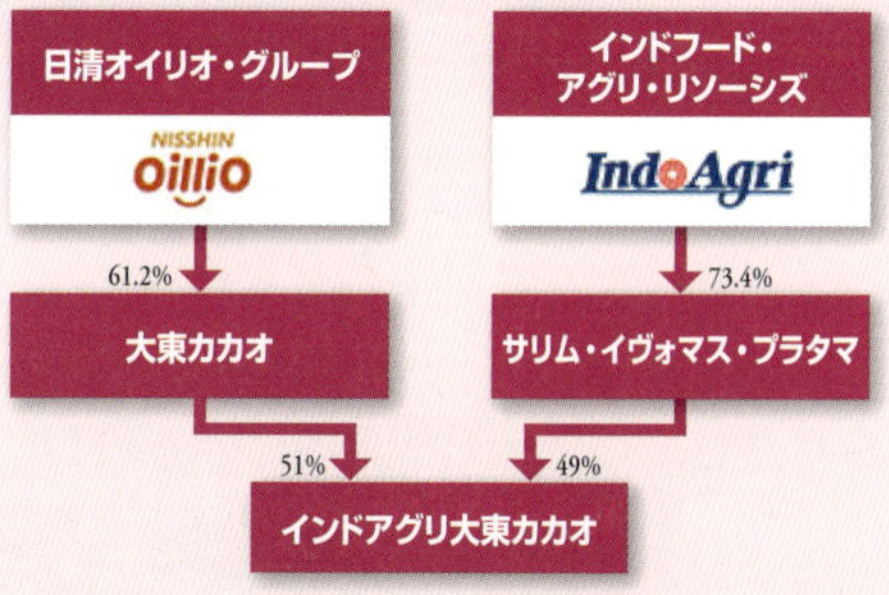

ジェーシー・コムサとの合弁事業およびM&A

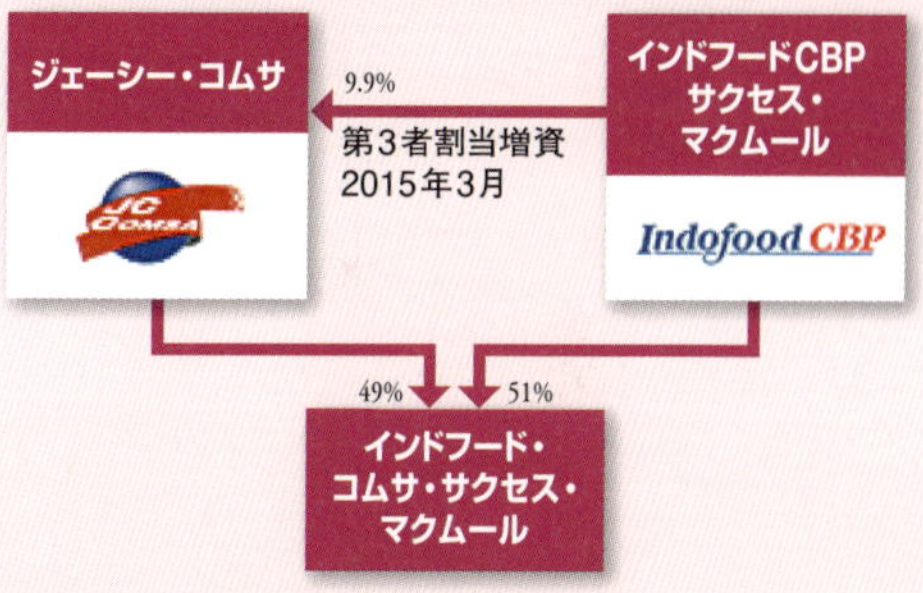

日清オイリオ・グループ プレスリリース（2017/2/8）

「インドネシアをはじめとする東南アジア各国では中間所得層の拡大と購買力の高まりにより、チョコレート市場の裾野が確実に広がってきております。大東カカオは、かねてよりこの有望市場でのチョコレート事業への参入を検討しており、2016年8月3日にSIMP社との間で基本合意書（MOU）を締結して以来、合弁会社設立に向けての協議を進めて参りました。

今般、合弁会社を設立することにより、高度なチョコレート製造技術を有する大東カカオと、インドネシアをはじめ東南アジアにおいて高い市場プレゼンスと強固な事業基盤を有するサリムグループが、互いの強みを発揮することにより、同地域におけるチョコレート事業への参入を効果的に実現できるものと考えております。」

ジェーシー・コムサ プレスリリース（2014/3/28）

「インドネシアでピザ並びにパスタを主体とする各種小麦粉製品の生産・供給体制を構築、整備し、外食事業の展開を通じて急速に伸びつつある同国内での中間所得層のニーズに応えるために、合弁会社を設立いたしました。JCCOMSAが半世紀に亘って培ってきた小麦粉製品に関する経験と、アジアでも有数の規模で行っているインドフード社の製粉事業及びICBP社の高い市場認知を結び付けるものであり、急成長が見込まれるインドネシアの市場確保を目指します。 」

企業研究――インドフード・サクセス・マクムール

基本情報

企業名	PT Indofood Sukses Makmur Tbk
証券コード	INDF
業種	製糖、製粉、製油、米飯・惣菜ベンダー、酒類・食品卸
代表者	Anthoni Salim（Chief Executive Officer）
	Manuel Velez Pangilinan（Chairman）
住所	27th Floor, Jl. Jend. Sudirman Kav 76-78 Sudirman Plaza, Indofood Tower Jakarta Indonesia
電話番号	+62 2157958822
URL	http://www.indofood.com
設立年	1990
上場年月日	1994/7/14
上場市場	インドネシア証券取引所、OTCピンクシート、OTCピンクシート（ADR）、ミュンヘン証券取引所
資本金	61百万米ドル（2018/06期）
従業員数	87,605人（2018/06連結）

株式所有構造

順位	大株主	保有株式（千株）	保有割合（%）
1	First Pacific Co. Ltd.	4,396,103	50.07
2	The Vanguard Group, Inc.	151,637	1.73
3	PT Schroder Investment Managem	138,228	1.57
4	Dimensional Fund Advisors LP	137,333	1.56
5	BlackRock Fund Advisors	103,207	1.18
6	Macquarie Funds Management Hon	52,679	0.6
7	SSgA Funds Management, Inc.	28,823	0.33
8	BlackRock Advisors（UK）Ltd.	28,801	0.33
9	EARNEST Partners LLC	26,326	0.3
10	FIL Investment Management（Sin	26,003	0.3
—	その他	3,691,285	42.04
	合計	8,780,426	100

業績推移

単位：百万米ドル	2015/12期 連結決算 実績	2016/12期 連結決算 実績	2017/12期 連結決算 実績	2018/12期 — コンセンサス予想
売上高合計	6,453	5,002	5,242	5,050
EBITDA	—	—	—	801
EBITDAマージン	—	—	—	15.90%
営業利益	717	641	665	—
営業利益率	11.10%	12.80%	12.70%	—
親会社株主に帰属する当期純利益	299	311	311	302
親会社株主に帰属する当期純利益率	4.60%	6.20%	5.90%	6.00%
資産合計	6,621	6,097	6,481	—
株主資本等合計	1,966	2,150	2,298	—
株主資本比率	29.69%	35.26%	35.45%	—
有利子負債	1,990	1,664	1,792	—
D/Eレシオ	1.01倍	0.77倍	0.78倍	—
ROE	11.33%	14.74%	13.86%	—
ROA	3.34%	4.76%	4.90%	—
投資活動によるCF	-571	-64	-452	—
財務活動によるCF	-14	-436	-12	—

地域セグメント（所在地）

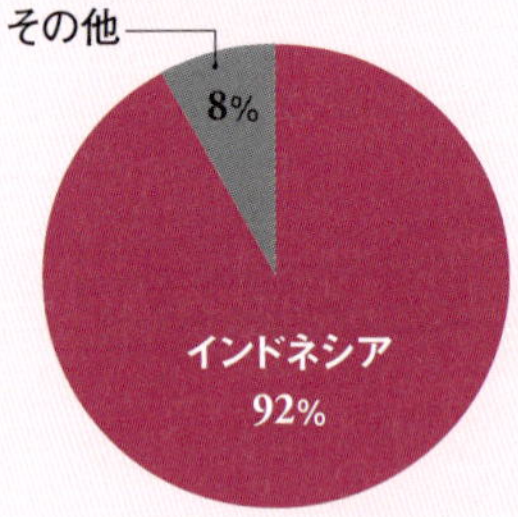

事業セグメント

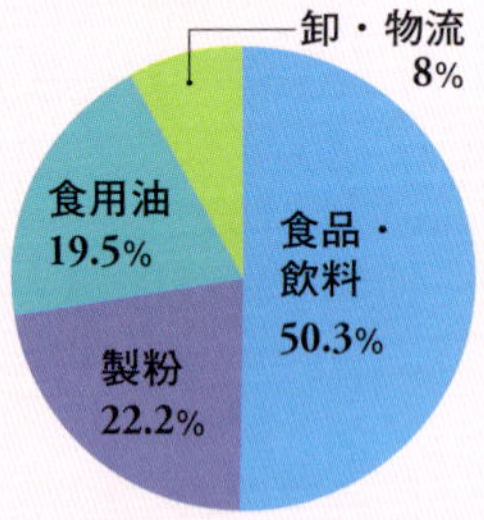

注：2017年12月期の事業セグメントと地域セグメントの売上高

企業価値の同業他社比較

証券コード	企業名	時価総額 直近終値（百万米ドル）	企業価値 LTM（百万米ドル）	PER 直近年度（倍）	PER LTM（倍）	PBR LTM（倍）	企業価値/EBITDA 直近年度（倍）	企業価値/EBITDA LTM（倍）	企業価値/売上高 直近年度（倍）	企業価値/売上高 LTM（倍）
INDF	PT Indofood Sukses Makmur Tbk	3,581	5,356	12.8	13.7	1.71	N/A	N/A	1.12	1.13
NESN	Nestle SA	250,500	281,639	33.7	29.9	4.3	19.6	18.7	2.9	2.99
PEP	PepsiCo Inc	162,520	185,094	33.5	35.4	16.07	14.2	14.3	2.87	2.87
ADM	Archer-Daniels Midland Co	28,166	34,940	17.7	14.5	1.51	12.6	11.5	0.57	0.55
UNA	Unilever NV	150,189	179,937	21.3	21.5	11.11	14.3	14.9	2.78	2.94
ULVR	Unilever PLC	152,376	182,124	21.6	21.8	11.27	15.1	15.6	2.84	2.98
F34	Wilmar International Ltd	14,462	34,799	11.9	10.8	0.9	12.8	12.4	0.75	0.78
WN	George Weston Ltd	9,750	26,042	17.6	19.2	1.61	6.9	8	0.62	0.7
BN	Danone SA	50,397	65,700	17.6	16.1	2.85	12.8	11.9	2.35	2.25
	平均値	91,327	110,626	20.8	20.3	5.7	13.5	13.4	1.87	1.91
	中央値	50,397	65,700	17.7	19.2	2.85	13.5	13.3	2.35	2.25
	最小値	3,581	5,356	11.9	10.8	0.9	6.9	8	0.57	0.55
	最大値	250,500	281,639	33.7	35.4	16.07	19.6	18.7	2.9	2.99

企業研究―― インドモービル・サクセス・インターナショナル

基本情報

企業名	PT Indomobil Sukses Internasional Tbk
証券コード	IMAS
業種	自動車販売、自動二輪車販売、カーリース・レンタカー
代表者	Jusak Kertowidjojo (President Director)
住所	Jalan MT Haryono Kav. 8 Wisma Indomobil 1, 6th Floor Jakarta Indonesia
電話番号	+62 218564850
URL	http://www.indomobil.com
設立年	1987
上場年月日	1993/11/15
上場市場	インドネシア証券取引所
資本金	48百万米ドル（2018/06期）
従業員数	7,297人（2018/06連結）

業績推移

単位：百万米ドル	2015/12期 連結決算 実績	2016/12期 連結決算 実績	2017/12期 連結決算 実績
売上高合計	1,823	1,129	1,147
営業利益	27	51	85
営業利益率	1.50%	4.50%	7.40%
親会社株主に帰属する当期純利益	-5	-22	-8
親会社株主に帰属する当期純利益率	-0.30%	-1.90%	-0.70%
資産合計	1,792	1,902	2,312
株主資本等合計	405	418	605
株主資本比率	22.62%	21.98%	26.18%
有利子負債	1,083	1,227	1,383
D/Eレシオ	2.67倍	2.94倍	2.28倍
ROE	-0.81%	-5.14%	-1.58%
ROA	-0.19%	-1.15%	-0.38%
投資活動によるCF	-98	-101	-84
財務活動によるCF	37	112	110
営業活動によるCF	609	884	509
投資活動によるCF	-1,515	-1,776	-663
財務活動によるCF	898	838	-74

事業セグメント

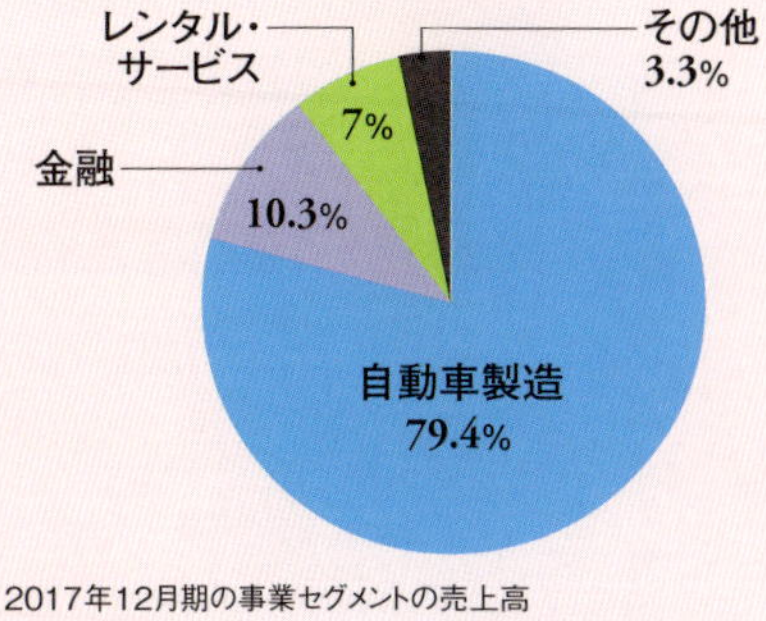

注：2017年12月期の事業セグメントの売上高

企業研究―― インドセメント・トゥンガル・プラカルサ

基本情報

企業名	Indocement Tunggal Prakarsa Tbk
証券コード	INTP
業種	セメント
代表者	Christian Kartawijaya（Chief Executive Officer） Kevin Gerard Gluskie（Chairman）
住所	Jalan Jenderal Sudirman Kavling 70-71 Wisma Indocement, Lantai 13 Jakarta Indonesia
電話番号	+62 218754343
URL	http://www.indocement.co.id
設立年	1985
上場年月日	1989/12/5
上場市場	インドネシア証券取引所、OTCピンクシート、OTCピンクシート（ADR）、ミュンヘン証券取引所
資本金	128百万米ドル（2018/06期）
従業員数	5,949人（2018/06連結）

業績推移

単位：百万米ドル	2015/12期 連結決算 実績	2016/12期 連結決算 実績	2017/12期 連結決算 実績	2018/12期 — コンセンサス予想
売上高合計	1,793	1,153	1,078	1,033
EBITDA	—	—	—	181
EBITDAマージン	—	—	—	17.50%
営業利益	496	267	137	—
営業利益率	27.70%	23.10%	12.70%	—
親会社株主に帰属する当期純利益	439	290	139	104
親会社株主に帰属する当期純利益率	24.50%	25.20%	12.90%	10.10%
資産合計	1,993	2,237	2,127	—
株主資本等合計	1,721	1,939	1,810	—
株主資本比率	86.35%	86.69%	85.08%	—
有利子負債	9	8	8	—
D/Eレシオ	0.01倍	0.00倍	0.00倍	—
ROE	17.99%	15.48%	7.34%	—
ROA	15.42%	13.39%	6.30%	—
投資活動によるCF	-272	-73	-57	—
財務活動によるCF	-503	-116	-256	—

事業セグメント

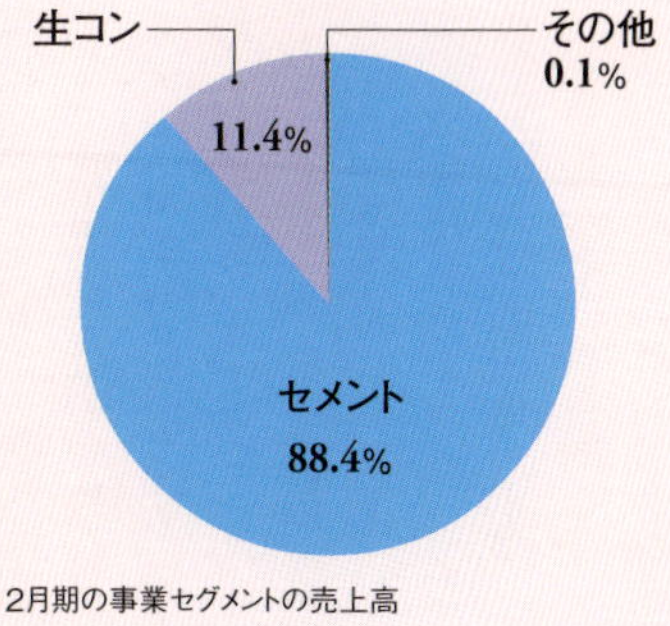

注：2017年12月期の事業セグメントの売上高

注目グループ

エカ・チプタ・ウィジャヤ（フォーブス第3位・純資産額9740億円）

Eka Tjipta Widjaja Sinar Mas Group

シナルマス・グループ

製紙業から不動産まで多角的に事業を広げるインドネシア最大級のコングロマリット

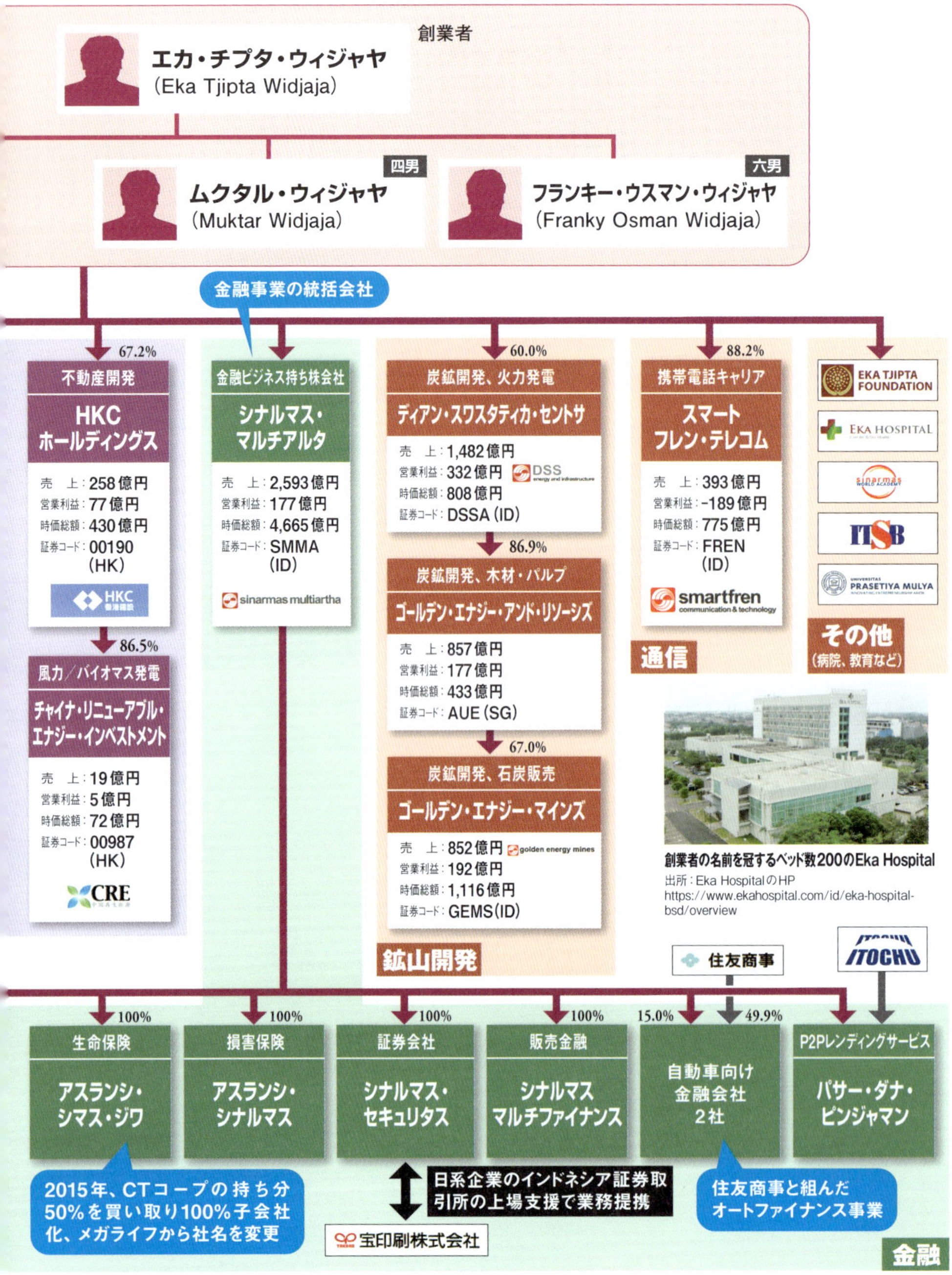

創業者の名前を冠するベッド数200のEka Hospital
出所：Eka HospitalのHP
https://www.ekahospital.com/id/eka-hospital-bsd/overview

概要

世界最大級の製紙会社

グループの創業者であるエカ・チプタ・ウィジャヤは、9歳のときに両親とともに中国からインドネシアに移住。決して裕福な家庭ではなく、17歳のときにはビスケットの販売を行って家計を助けていたという。

シナルマス・グループの最大のビジネスは、アジア・パルプ・アンド・ペーパーによる紙パルプの製造である。製紙ではインドネシア市場の70％を握るなど、世界最大級の製紙会社である。食用油事業の中核会社はゴールデン・アグリ・リソーシズで、世界最大級のパームプランテーションを有し、グローバルな食品会社にパームオイルを供給している。

不動産開発はシナルマス・ランドが中核会社で、工業団地、オフィス、住宅、ホテルなど、総合的な開発能力を有する。近時の最も大きな開発案件は、BSDプロジェクトであろう。これはジャカルタ中心部から南

主要業種
製紙・不動産
今後の重点業種
アグリ・不動産

評価シート	
規模	A
注目度	B
成長性	B
日系企業との提携可能性	A

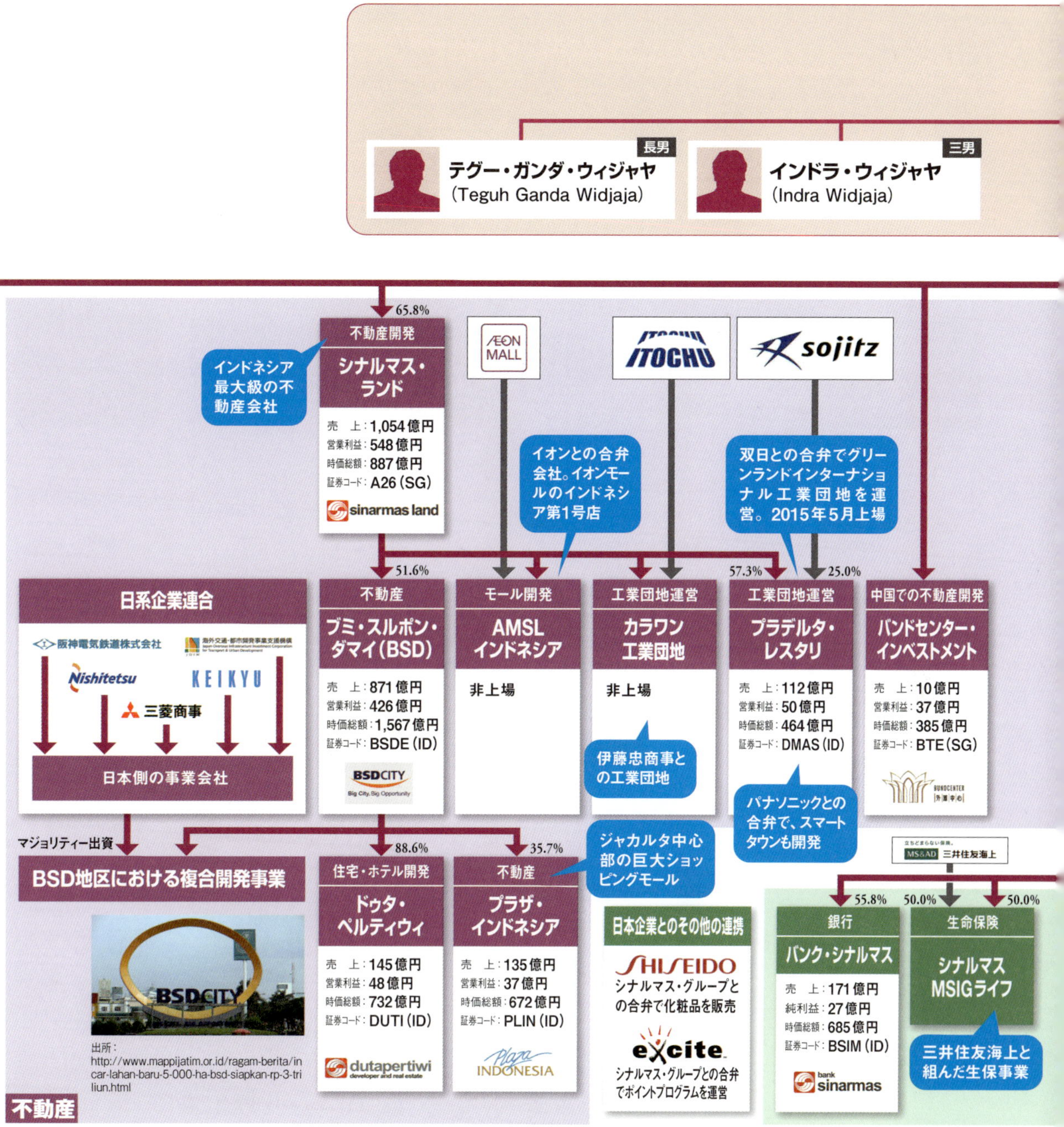

西約25キロに位置する約６０００ヘクタールの大規模都市開発だ。三菱商事、都市開発支援機構などの日系コンソーシアムが開発に参画している。敷地内にはイオンモールのインドネシア1号店が２０１３年に開店し、また東急不動産もＢＳＤ内で分譲マンションの建設・販売を行う。オフィス開発ではアップルの招聘《しょうへい》も決まり、同地区をＩＴ産業都市にしようとする構想もある。双日と組んだ都市開発はデルタマス・シティである。こちらも３２００ｈａの広大な土地で、１６００ｈａを住宅に、残りを工業団地として開発した。２０１５年にＩＰＯを果たしているが、広大な土地を持つタイクーンが日系企業との連携で土地に付加価値を付けてＩＰＯまで果たすという、まさにタイクーンならではの王道モデルと言える。ＢＳＤシティも今後の展開が注目される。

　金融事業は、持ち株会社の傘下に、銀行、ノンバンク、証券会社、損保、生保とフルラインを有する。このうち、オートファイナンスは住友商事と、生保は三井住友海上との合弁である。近時の特筆事項は、ＩＴと金融を融合したフィンテック事業に伊藤忠商事と参入したことである。スマートフォンを活用して、資金を借りたい個人と貸したい個人をつなぐ

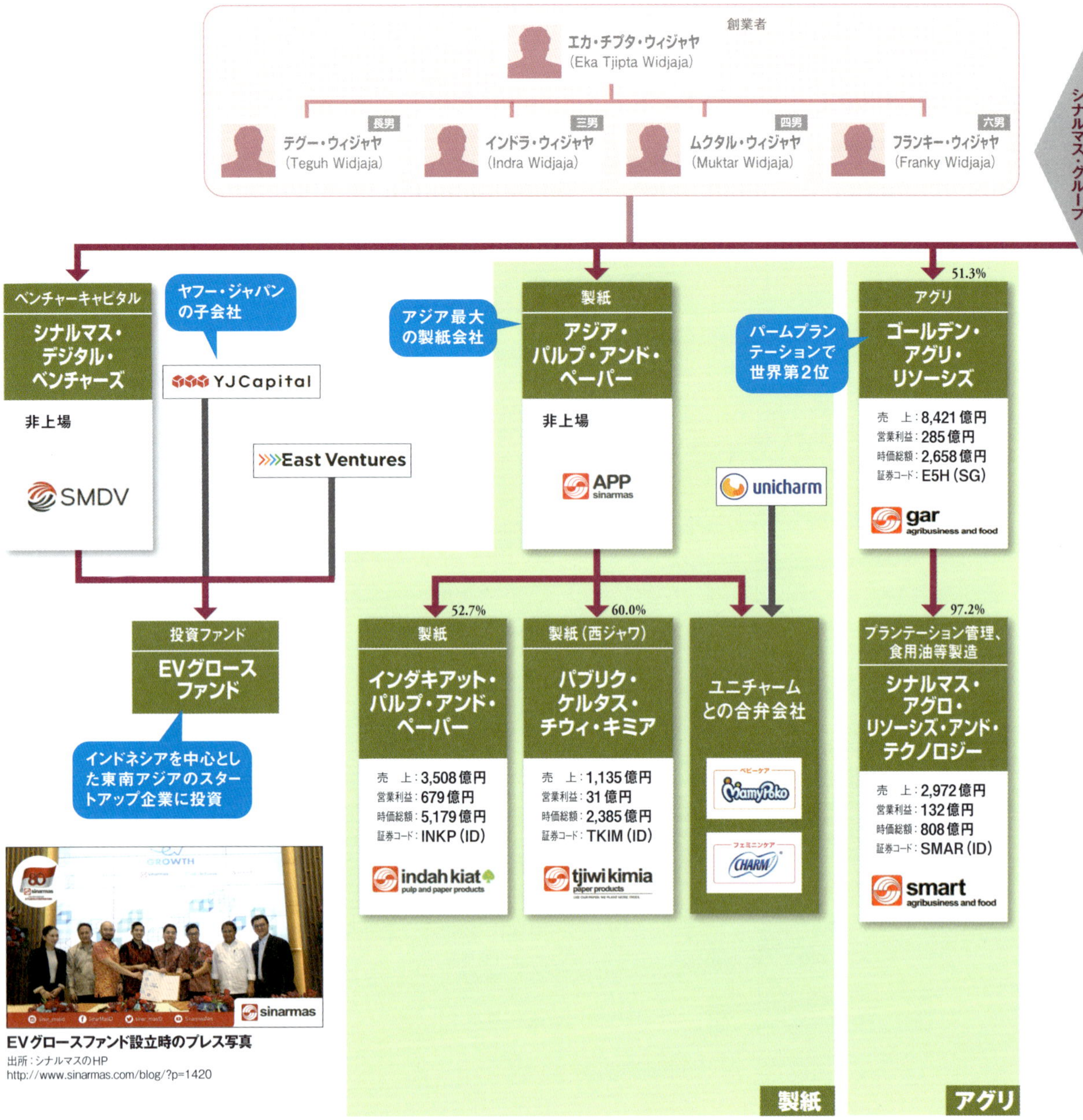

EVグロースファンド設立時のプレス写真
出所：シナルマスのHP
http://www.sinarmas.com/blog/?p=1420

ピア・ツー・ピア（P2P）融資を提供する。インドネシアでは銀行口座を持たない個人が多いが、スマートフォンの普及率が高いのでこのような形態の金融事業が実現することとなった。インドネシアではSNSの利用者が多いと言われるが、投稿の頻度や「いいね」の件数などから与信スコアを算出する技術も確立されつつあるという。店舗もATMも審査部も必要としないP2P融資は、これまでの銀行業の在り方を根本的に変える可能性がある。そのようなビジネスが、フルラインの金融業を持つシナルマスから出てくるところも興味深い。

さらに注目したいのは、ヤフーと組んでASEANのスタートアップ企業に投資をするファンドを立ち上げたことだ。フィンテックをはじめとするITスタートアップはインドが強い印象があるが、地場で活動するベンチャー投資家によると、インドネシアのスタートアップ企業数はASEANの他国比で多い傾向にあるという。銀行や通信インフラが未だ脆弱であり、不便を克服するためにアイデアを練る企業が少なくないことが背景にあるという。

目利きのヤフーとの連携で、どのようなユニコーンを発掘するのか興味が持たれる。

シナルマス・グループの近時のM&Aおよび戦略的提携

2012年	6月	エキサイトとの間で折半出資の合弁会社を設立。インドネシア初のポイントプログラムサイトである「エキサイトポイント」を核とするデジタルマーケティング事業の展開を目的
2014年	4月	資生堂と合弁会社を設立。保有比率はシナルマス35%、資生堂65%。ボリュームゾーン向けの販売を共同で促進
2015年	2月	宝印刷と業務提携。インドネシアで株式上場を目指す日系企業に対し、シナルマス証券が幹事証券会社を務め、併せて宝印刷が関連書類を作成する布陣
2016年	10月	三菱商事、海外交通・都市開発事業支援機構、西日本鉄道、阪神電気鉄道、京浜急行電鉄らで結成する合弁会社が、シナルマス傘下のBSD社が進める5,950haの都市開発への参画を発表。約19haの敷地にて、計約1,000戸の戸建住宅および商業施設を複合開発する計画
2017年	6月	シナルマスの100%子会社であるパサー・ダナ・ピンジャマン（PDP）に伊藤忠商事が資本参加。PDP社はインドネシアにおいて、「資金を借りたい人」と「資金を貸したい人」をネット上で結びつける融資仲介のP2Pレンディングサービスを運営。PDP社はフィンテックライセンス（P2Pレンディング）を取得後、本格展開に向けて伊藤忠商事をパートナーとして迎え入れたもの
	7月	東急不動産と三菱商事は共同でシナルマス傘下のBSD内に分譲マンションを建設。3,000戸を供給予定
	11月	シナルマス・ランドがロンドンでオフィスと商業施設の複合不動産を取得。延べ床面積約1万7,000㎡。価格は約50億円
2018年	3月	シナルマスは、ヤフー子会社のベンチャーキャピタル（VC）であるYJキャピタルとVCのイーストベンチャーズと共同で、ファンド「EVグロースファンド」を立ち上げ。インドネシアを中心に、シンガポールやマレーシアなどでもITや関連事業の企業に投資する。ファンドの規模は150億～200億円で、IT（情報技術）企業を中心に1社当たり数億円以上の投資を見込む。投資による利益を狙うほか、ヤフーの事業と親和性のある企業の発掘を目論む

今後の注目ポイント

- ジャカルタの南西に位置する都市開発 BSD には、すでに三菱商事や東急不動産などの日系大手が参画しているが、開発面積は約 6,000ha と巨大であり、さらなるデベロッパーが参画する余地もある。また BSD の都市機能を充実させるには、商業施設、スポーツ・カルチャー施設、教育施設、医療・介護施設などが必須である。このような機能の提供は日系企業が得意とする領域なので、どのような企業が参画を果たすか注目したい。また都市機能の高度化には物流機能も併せて高度化する必要があり、コールドチェーンを含めてどのような物流事業者が機能提供をするかにも注目したい
- インドネシアはスタートアップ企業が多いことで知られるが、シナルマスが、フィンテックを活用した P2P レンディングという最先端の取り組みを開始したことは大いに注目に値する。シナルマスはリアルな銀行も保有するが、インドネシアの銀行口座保有率は 15% 程度と低く、今後も銀行口座保有が爆発的に増える可能性は低い。むしろ P2P という新たな領域で、他社に先駆けて収益機会をどこまで囲い込めるかがポイントだ
- 加えてヤフーとのベンチャー投資にも注目している。ヤフーの目利き力も併せ、どれだけのユニコーンを発掘できるか

企業研究——インダキアット・パルプ・アンド・ペーパー

基本情報

企業名	PT Indah Kiat Pulp & Paper Corp Tbk
証券コード	INKP
業種	製紙・パルプ、段ボール、包装資材（紙類）
代表者	Hendra Jaya Kosasih（President）
住所	Sinar Mas Land Plaza, Menara 2, Lantai 7 Jl. M.H. Thamrin No. 51 Jakarta Indonesia
電話番号	+62 2129650800
URL	http://www.asiapulppaper.com
設立年	1976
上場年月日	1990/7/16
上場市場	インドネシア証券取引所、OTCピンクシート、ミュンヘン証券取引所
資本金	2,189百万米ドル（2018/03期）
従業員数	13,000人（2018/03連結）

業績推移

単位：百万米ドル	2015/12期 連結決算 実績	2016/12期 連結決算 実績	2017/12期 連結決算 実績	2018/12期 — コンセンサス予想
売上高合計	2,834	2,720	3,128	3,644
EBITDA	—	—	—	1,330
EBITDAマージン	—	—	—	36.50%
営業利益	330	290	605	—
営業利益率	11.60%	10.60%	19.40%	—
親会社株主に帰属する当期純利益	223	203	413	670
親会社株主に帰属する当期純利益率	7.90%	7.50%	13.20%	18.40%
資産合計	7,038	6,879	7,634	—
株主資本等合計	2,623	2,819	3,217	—
株主資本比率	37.26%	40.98%	42.14%	—
有利子負債	3,926	3,749	4,015	—
D/Eレシオ	1.50倍	1.33倍	1.25倍	—
ROE	8.87%	7.45%	13.69%	—
ROA	3.29%	2.91%	5.69%	—
投資活動によるCF	-231	85	-367	—
財務活動によるCF	121	-210	110	—

株式所有構造

順位	大株主	保有株式（千株）	保有割合（%）
1	PT Purinusa Eka Persada	2,884,473	52.72
2	Dimensional Fund Advisors LP	89,346	1.63
3	The Vanguard Group, Inc.	79,669	1.46
4	BlackRock Fund Advisors	52,668	0.96
5	BlackRock Advisors（UK）Ltd.	8,461	0.15
6	Dimensional Fund Advisors Ltd.	6,506	0.12
7	Sjunde AP-fonden	4,365	0.08
8	Geode Capital Management LLC	4,332	0.08
9	Parametric Portfolio Associate	4,098	0.07
10	Numeric Investors LLC	3,624	0.07
—	その他	2,333,441	42.65
	合計	5,470,983	100

出所：https://goldenagri.com.sg/timing-everything-comes-harvesting/

企業価値の同業他社比較

証券コード	企業名	時価総額	企業価値	PER			PBR	企業価値/EBITDA			企業価値/売上高		
		直近終値（百万米ドル）	LTM（百万米ドル）	直近年度（倍）	LTM（倍）	当期会社予想（倍）	LTM（倍）	直近年度（倍）	LTM（倍）	当期会社予想（倍）	直近年度（倍）	LTM（倍）	当期会社予想（倍）
INKP	PT Indah Kiat Pulp & Paper Corp Tbk	6,887	9,726	16.7	14.3	N/A	2.04	N/A	N/A	N/A	3.12	3.02	N/A
IP	International Paper Co	22,128	32,564	10.3	7.4	N/A	3.23	11.4	9.5	N/A	1.48	1.44	N/A
KMB	Kimberly-Clark Corp	40,579	47,817	17.8	23.4	N/A	N/A	11.8	14.3	N/A	2.61	2.58	N/A
3861	王子ホールディングス	7,350	13,720	22.9	17.2	16.6	1.25	10.7	9.7	8.9	1.04	1.02	1.01
SCC	Siam Cement PCL	16,955	22,695	10	11.2	N/A	2.02	7.2	7.5	N/A	1.65	1.58	N/A
STERV	Stora Enso Oyj	15,034	18,091	20.6	15	N/A	2.13	11	N/A	N/A	1.52	1.51	N/A
UPM	UPM-Kymmene Oyj	21,013	21,593	18.5	16.3	N/A	2.06	11	N/A	N/A	1.84	1.82	N/A
SKG	Smurfit Kappa Group PLC	9,859	13,400	20.3	15.8	N/A	3.4	9.8	8.6	N/A	1.33	1.31	N/A
3863	日本製紙	2,104	8,017	30.2	N/A	N/A	0.56	11.3	11	10.5	0.84	0.86	0.84
MNDI	Mondi PLC	10,438	13,690	13.3	13.3	N/A	2.8	7.7	8.4	N/A	1.49	1.62	N/A
02689	Nine Dragons Paper（Holdings）Ltd	5,505	8,571	8.6	5.5	N/A	1.15	7.3	N/A	N/A	1.57	1.28	N/A
SAP	Sappi Ltd	3,333	4,936	9.9	10.5	N/A	1.81	6	6.3	N/A	0.88	0.87	N/A
	平均値	13,432	17,902	16.6	13.6	16.6	2.04	9.6	9.4	9.7	1.61	1.58	0.92
	中央値	10,149	13,705	17.2	14.3	16.6	2.04	10.7	9.1	9.7	1.51	1.47	0.92
	最小値	2,104	4,936	8.6	5.5	16.6	0.56	6	6.3	8.9	0.84	0.86	0.84
	最大値	40,579	47,817	30.2	23.4	16.6	3.4	11.8	14.3	10.5	3.12	3.02	1.01

企業研究——
プラデルタ・レスタリ

基本情報

企業名	PT Puradelta Lestari tbk
証券コード	DMAS
特色	A real estate development company
業種	戸建住宅開発、工業団地開発・運営
代表者	Hongky Jeffry Nantung (President)
住所	Jl. Kali Besar Barat No. 8 Roa Malaka district, Tambora Sub-district West Jakarta Jakarta Indonesia
電話番号	+62 216908684
URL	http://www.kota-deltamas.com
設立年	1993
上場年月日	2015/5/29
上場市場	インドネシア証券取引所
資本金	335百万米ドル（2018/06期）
従業員数	497人（2018/06連結）

業績推移

単位：百万米ドル	2015/12期 連結決算 実績	2016/12期 連結決算 実績	2017/12期 連結決算 実績	2018/12期 — コンセンサス予想
売上高合計	230	120	100	77
EBITDA	—	—	—	40
EBITDAマージン	—	—	—	51.50%
営業利益	118	52	44	—
営業利益率	51.10%	43.80%	44.30%	—
親会社株主に帰属する当期純利益	138	57	49	40
親会社株主に帰属する当期純利益率	59.80%	47.50%	49.10%	51.50%
資産合計	577	579	551	—
株主資本等合計	516	548	516	—
株主資本比率	89.39%	94.63%	93.72%	—
ROE	20.19%	10.41%	9.13%	—
ROA	17.53%	9.58%	8.60%	—
投資活動によるCF	-4	-5	-11	—
財務活動によるCF	-125	-40	-77	—

企業研究——
ゴールデン・アグリ・リソーシズ

基本情報

企業名	Golden Agri-Resources Ltd
証券コード	E5H
特色	Processes & merchandises palm base products
業種	製油、農場運営・支援
代表者	Franky Oesman Widjaja (Chief Executive Officer,Chairman),Muktar Widjaja (President)
住所	108 Pasir Panjang Road No. 06-00 Golden Agri Plaza Singapore Singapore (Corporate)
電話番号	+65 65900800
URL	http://www.goldenagri.com.sg
設立年	1996
上場年月日	1999/7/9
上場市場	シンガポール証券取引所、OTCピンクシート、OTCピンクシート（ADR）、ミュンヘン証券取引所、ロンドン証券取引所
資本金	321百万米ドル（2018/06期）
従業員数	173,700人（2017/12連結）

業績推移

単位：百万米ドル	2015/12期 連結決算 実績	2016/12期 連結決算 実績	2017/12期 連結決算 実績	2018/12期 — コンセンサス予想
売上高合計	6,510	7,209	7,508	7,175
EBITDA	402	585	556	595
EBITDAマージン	6.20%	8.10%	7.40%	8.30%
営業利益	177	178	254	—
営業利益率	2.70%	2.50%	3.40%	—
親会社株主に帰属する当期純利益	10	400	74	109
親会社株主に帰属する当期純利益率	0.20%	5.50%	1.00%	1.50%
資産合計	8,036	8,306	8,138	—
株主資本等合計	3,710	4,054	4,007	—
株主資本比率	46.17%	48.80%	49.24%	—
有利子負債	3,045	3,066	2,992	—
D/Eレシオ	0.82倍	0.76倍	0.75倍	—
ROE	0.28%	10.29%	1.84%	—
ROA	0.13%	4.89%	0.90%	—
営業活動によるCF	465	102	533	—
投資活動によるCF	-458	-169	-315	—
財務活動によるCF	-104	-37	-213	—

解説

環境保護方針

世界最大級の製紙会社を持つシナルマス・グループは、2013年に環境NGOの協力を得て、持続可能性（サステナビリティ）にかかわる4つの誓約を発表。

- 自然林の保護
- 泥炭地の最善管理
- 地域社会との協力
- 持続可能なサプライチェーン

この施策に則り、シナルマス・グループではパルプ生産のための木材調達において、パルプ材サプライヤーによる自然林の伐採を中止し、木材原料の全てを植林材からの調達に移行。またサプライチェーンが森林伐採に関与していないことを、第三者機関によって検証する仕組みを導入した。これにより、APPの木材サプライヤーが保護する地域における、第三者による森林伐採を原因とした自然林の減少率は0.1%（2017年3月～2018年1月）となったとしている。

これらに加え、シナルマス・グループは近代的な農業技術の知識を地域住民に伝えることで、その生活の継続的な改善に貢献する意向だとしている。

出所：APPジャパンのHP　http://www.app-j.com/topics/1089.html

Mochtar Riady/Lippo Group

モフタル・リアディ（フォーブス第12位・純資産額2605億円）

リッポー・グループ

希代の銀行家モフタル・リアディが作り上げたグローバル・コングロマリット

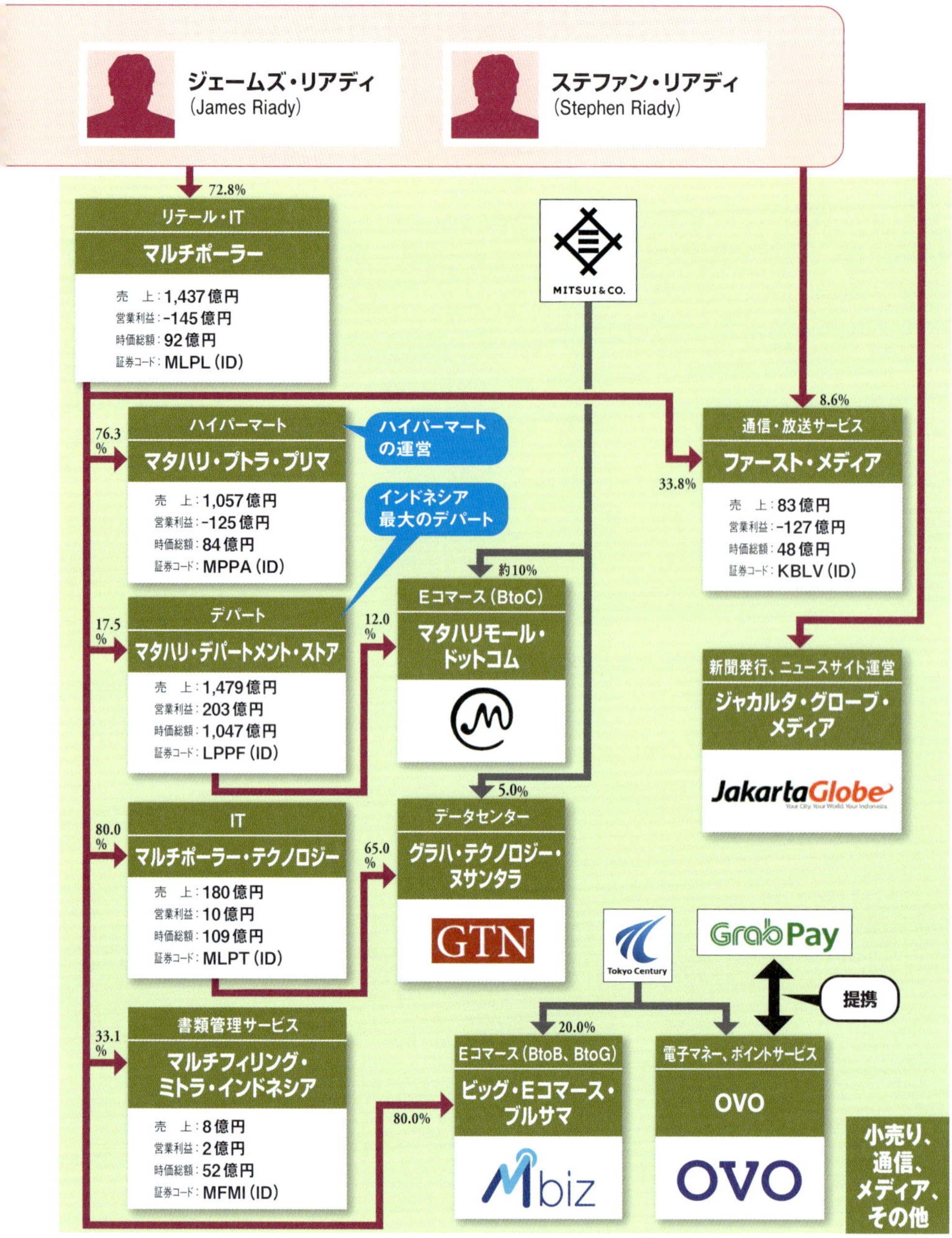

概要

あらゆる事業領域で日系企業と協働

リッポー・グループは、リアディファミリーが率いる、金融、不動産、ライフスタイル系企業からなるコングロマリットだ。

創業者はモフタル・リアディ。日本経済新聞の私の履歴書に登場したのは記憶に新しい（2018年5月）。ブアナ銀行、パニン銀行で経営職を経験し、その手腕をサリム・グループ（28ページ）の当主スドノに見込まれ、サリムの旗艦銀行であるBCAの経営を担った。スハルト政権による開発経済の追い風に乗り、BCAは民間最大の銀行にまで成長。しかし1980年代にモフタルはBCAの株を売却し、その資金でアメリカの銀行を買収して自らのリッポー銀行を設立した。しかしながら、アジア通貨危機で不良債権を増大させてしまい、マレーシアの最大手銀行であるCIMBと提携した。CIMBは三菱UFJ銀行と提携関係に

主要業種
金融

今後の重点業種
不動産

評価シート	
規模	A
注目度	C
成長性	B
日系企業との提携可能性	B

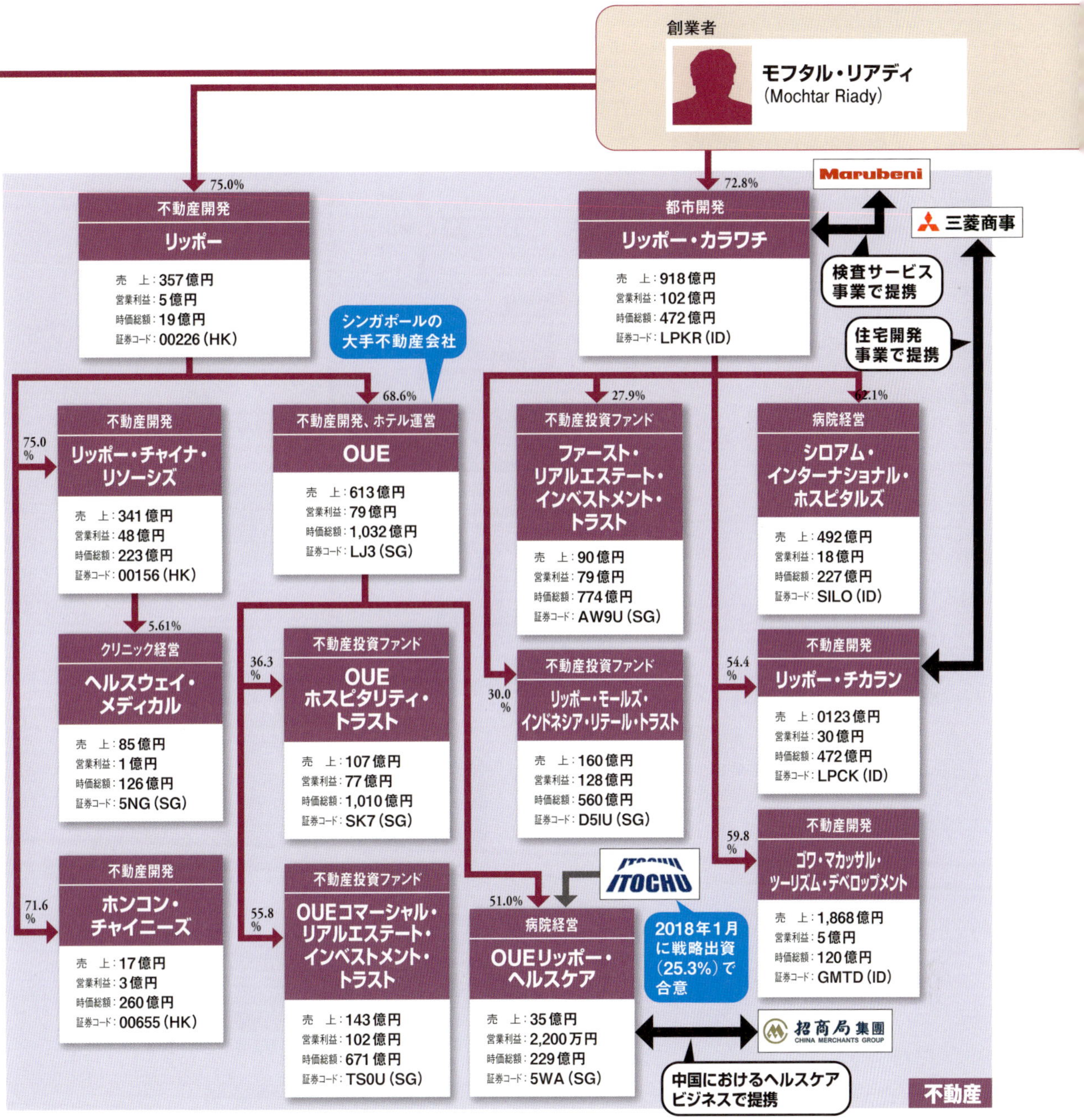

ある。ファミリー持ち分は大幅に低下したが、日本、マレーシアそれぞれの最強銀行と組んだかたちだ。

現在は不動産事業、ヘルスケア、小売り、フィンテックとさまざまな業態で日系企業と事業を展開している。不動産事業においては、オレンジ・カウンティという都市開発プロジェクトで三菱商事と協働する。総工費2兆3000億円をかけて、5000haの土地に住宅・オフィス街・教育施設などを建設するインドネシア最大級の都市開発だ。

伊藤忠とはヘルスケア領域で提携の覚書を結んだ。リッポーはすでに国内で30近い数の病院を経営しているが、ASEAN全体で所得が向上し、医療サービスへのニーズが高まることへの期待から、伊藤忠とインドネシアに加えて、ベトナム、ミャンマー、フィリピンまでカバーして、病院・医療関連施設への投資とそれらの運営を行うとしている。また丸紅とは日本の高度な検体検査サービスをASEANに展開する事業を行うとしている。

三井物産とはEコマースで連携する。リッポーはマタハリ・デパートを展開する小売りの雄であるが、ネット市場の拡大を追い風にEコマース事業に参入する。インドネシアのEコマースでは、中国のアリババ集

ここに注目
インドネシアのEコマース

　Eコマースは ASEAN各国で伸長し始めているが、2017年におけるEコマースの利用実額はインドネシアが約7,000億円と群を抜いて高い。人口の多さが寄与したかたちであるが、その利用率はまだ10%程度であり、今後ますますの伸長が期待される。ショッピングの領域は、衣類やホビー用品で半数を超えているが、家具・家電などの大物の購入にもEコマースがよく利用されているようだ。

Eコマース産業の売上と利用率

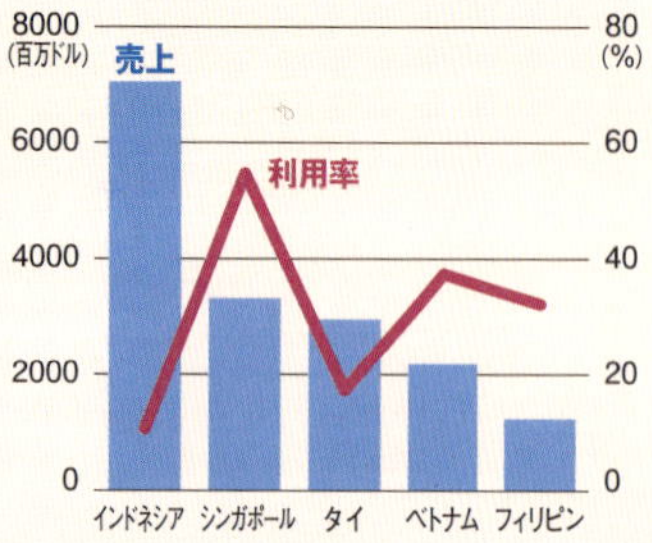

Eコマース利用セグメント（2017年）

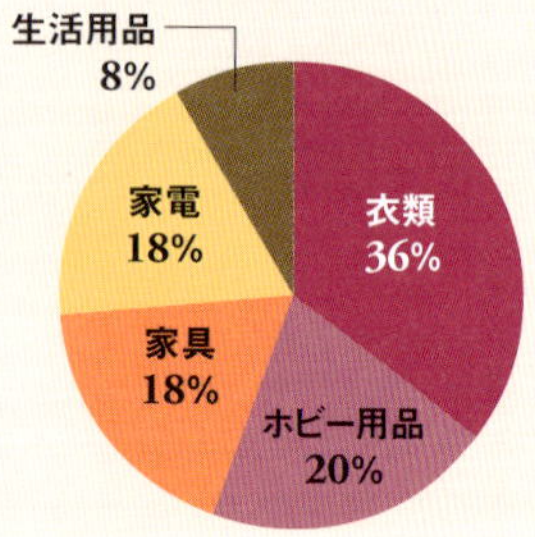

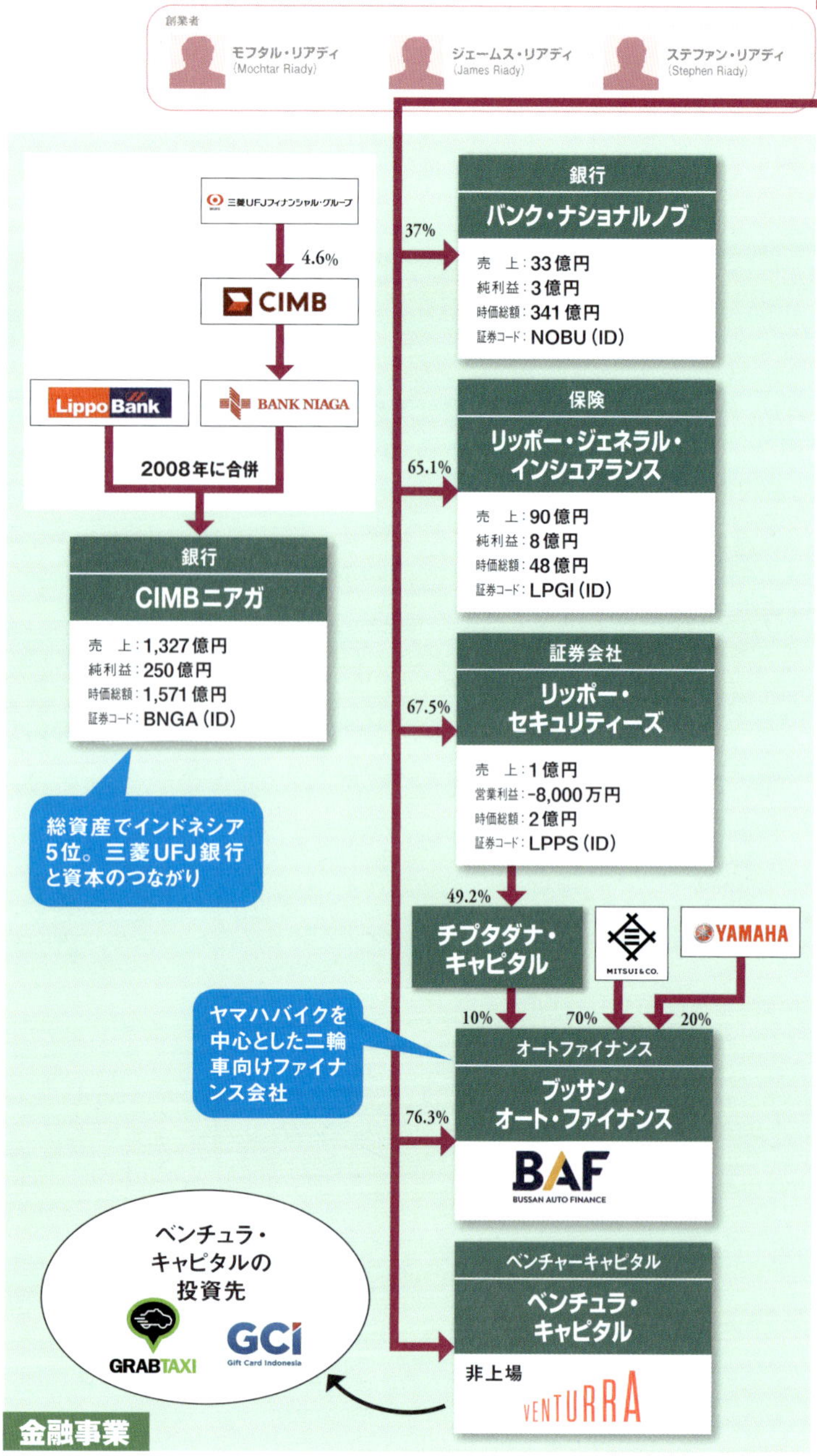

団が買収したラザダ、ソフトバンクが出資したトコペディアなどが有力だが、マタハリモールは三井物産から調達した資金を宣伝広告やシステム強化に振り向け、競争力を高める目算だ。またインドネシアではスマートフォンの普及によりデータトラフィックが急速に増大していることから、三井物産はリッポーとデータセンターの運営も行っている。

　東京センチュリーは、デジタル事業・フィンテックで包括的な提携をすることで合意した。先述のマタハリモールはB2Cビジネスであるが、共同経営のMbiz社においては、B2BおよびB2G（ガバメント：企業と政府間のEコマース取引）をカバーするとしている。またリッポーは電子マネーのOVOを運営しているが、東京センチュリーはOVOの事業会社にも出資を行っている。

　このようにデジタルエコノミーにおいてさまざまな取り組みを行っているが、金融事業の一環としてベンチャー投資も行っている。ユニコーンに成長したB2CマーケットプレイスのZilingoを含め、2018年9月末時点で20社に投資している。かつてはタクシーアプリのグラブにも出資しており、その目利き力は実証済みである。今後、どのような企業を発掘するか注目したい。

リッポー・グループの近時のM&Aおよび戦略的提携

2014年	7月	データセンター事業において、三井物産および三井情報と資本業務提携を締結。傘下のグラハ・テクノロジー・ヌサンタラの株式35%を日系側に譲渡。譲渡金額は約20億円。スマートフォンの普及が急速に進んでいること等からデータトラフィックが急増しており、高速データ処理を可能とするデータセンターやクラウドサービスの需要が増大していることに対応
2015年	10月	三菱商事がリッポー・チカラン社が推進する大規模開発事業「オレンジ・カウンティプロジェクト」内の分譲住宅開発（G/H棟）に参画。参画するのは、プロジェクト第1期開発（敷地面積:13.5ha、用途：分譲住宅12棟、商業、オフィス、病院等）における分譲住宅2棟。合弁会社の出資比率はリッポー51%、三菱商事49%。総事業費は約90億円
2016年	11月	東京センチュリーとの間で、デジタル事業、フィンテック事業において包括的な提携を行うことに合意し、戦略的パートナーシップ協定を締結。東京センチュリーは、リッポー・グループが推進するEコマース、電子マネーサービス、ポイントサービス、ビッグデータを活用したファイナンスサービスなどのデジタル事業ならびにフィンテック事業に、総額US1億ドル程度の出資を行い協働していく予定。まず、B2G、B2BのEコマース事業会社の持ち株会社である、ビッグ・Eコマース・ブルサマに対して約US1,700万ドルの出資を行い、株式の2割を取得
	12月	インターネット通販サイト「マタハリモール・ドットコム」を保有するグローバル・Eコマース・インドネシア社へ、三井物産が約10%出資
2017年	11月	インドネシア最大の民間病院グループであるシロアム・インターナショナル・ホスピタルズを保有するリッポー・カラワチが、伊藤忠商事とアジアの医療・健康関連ビジネスの協業に向け意向書を締結。インドネシアでの医療・健康関連ビジネスでの協業、並びにアジア諸国での医療・健康関連ビジネスでの協業を目指す
	11月	リッポー・カラワチが、丸紅とインドネシアにおける集約型検体検査サービス事業の展開を共同で検討する業務提携を締結
	12月	電子マネー「オボ（OVO）」の運営会社の株式約2割を東京センチュリーに譲渡。譲渡金額は約130億円
2018年	3月	伊藤忠商事が、カタリスト市場上場企業であるOUEリッポー・ヘルスケア（OUELH）の持ち分25.3%を取得。アジア市場における医療・健康関連ビジネスを共同展開。OUELHはさらに、中国、ミャンマー、ベトナム、タイ等で現地の有力パートナーを発掘して、これらの国で医療・健康関連ビジネスを推進
	5月	東京センチュリーはリッポー傘下の地場NOBUの株式の5%分を約14億円で取得。今後の追加出資も検討

今後の注目ポイント

- 開発中のオレンジ・カウンティには、すでに三菱商事が参画しているが、開発面積は約5,000haと巨大であり、さらなるデベロッパーが参画する余地もある。また都市機能を充実させるには、商業施設、スポーツ・カルチャー施設、教育施設、医療・介護施設などが必須である。このような機能の提供は日系企業が得意とする領域であるので、どのような企業が参画を果たすか注目したい。また都市機能の高度化には物流機能も併せて高度化する必要があり、コールドチェーンを含めてどのような物流事業者が機能提供するかにも注目したい

- リッポーの特徴として病院事業が挙げられるが、所得の上昇とともに、ヘルスケア関連のさまざまなビジネスチャンスが発生しているが、それらを日系企業と取り込み始めている点は注目だ。特にOUEリッポー・ヘルスケアはミャンマー、中国など多国籍展開をする計画であり、いかなる現地パートナーと組むのか、あるいは買収するのか興味が持たれる

- 傘下にマタハリ・デパートを有するため、マタハリ・モール・ドットコムのようなEコマースは早くから手掛けていたが、Eマネーの運用の開始などデジタルエコノミーにおける布石を着々と打っている。またその領域で三井物産や東京センチュリーと提携しているが、彼らとの共働業がどこまで広がりを持つのかにも注目したい

企業研究――リッポー・カラワチ

基本情報

企業名	PT Lippo Karawaci Tbk
証券コード	LPKR
業種	総合ディベロッパー、資産運用、不動産投資信託(REIT)、ホテル・旅館
代表者	Ketut Budi Wijaya(President Director)
住所	7 Boulevard Palem Raya No. 22-00 Menara Matahari Lippo Karawaci Central Tangerang Indonesia
電話番号	+62 2125669000
URL	http://www.lippokarawaci.co.id
設立年	1990
上場年月日	1996/6/28
上場市場	インドネシア証券取引所、OTCピンクシート、ミュンヘン証券取引所
資本金	168百万米ドル(2018/03期)
従業員数	9,725人(2018/03連結)

業績推移

単位：百万米ドル	2015/12期 連結決算 実績	2016/12期 連結決算 実績	2017/12期 連結決算 実績	2018/12期 — コンセンサス予想
売上高合計	877	807	814	861
EBITDA	—	—	—	153
EBITDAマージン	—	—	—	17.80%
営業利益	144	116	90	—
営業利益率	16.40%	14.40%	11.10%	—
親会社株主に帰属する当期純利益	54	66	46	51
親会社株主に帰属する当期純利益率	6.2%	8.2%	5.6%	6.0%
資産合計	2,980	3,384	4,184	—
株主資本等合計	1,182	1,378	1,683	—
株主資本比率	39.67%	40.73%	40.21%	—
有利子負債	892	1,014	1,020	—
D/Eレシオ	0.75倍	0.74倍	0.61倍	—
ROE	3.35%	5.05%	2.97%	—
ROA	1.35%	2.03%	1.20%	—
投資活動によるCF	33	36	-155	—
財務活動によるCF	76	101	438	—

株式所有構造

順位	大株主	保有株式(千株)	保有割合(%)
1	Riady Family	12,092,984	53.11
2	PT Metropolis Propertindo Utam	2,012,280	8.84
3	Itradiaz Investment Ltd.	1,950,000	8.56
4	Crescendo Investment Ltd.	1,690,000	7.42
5	Boston Investment Ltd. /Pt Lip	1,351,000	5.93
6	Bullion Investment Ltd.	1,252,500	5.50
7	The Vanguard Group, Inc.	738,555	3.24
8	Dimensional Fund Advisors LP	625,741	2.75
9	BlackRock Fund Advisors	299,186	1.31
10	Fidelity Management & Research	218,734	0.96

事業セグメント

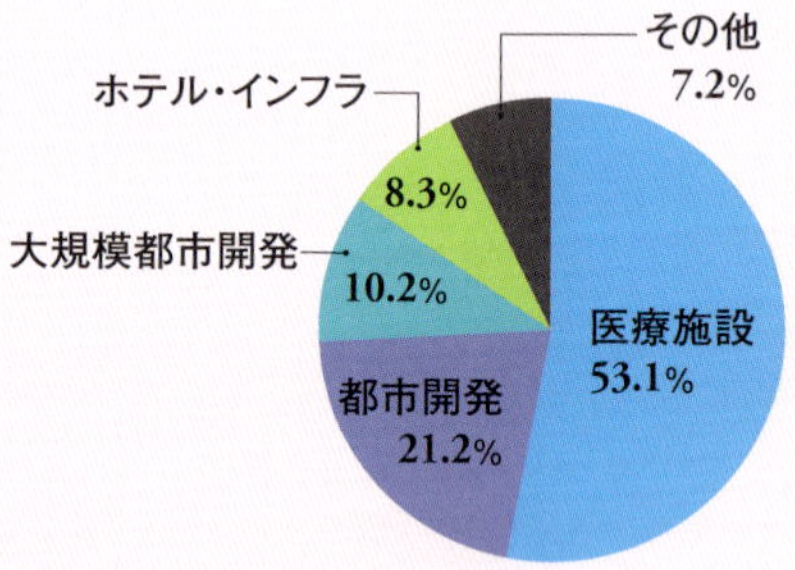

注：2017年12月期の事業セグメントの売上高

企業価値の同業他社比較

証券コード	企業名	時価総額 直近終値(百万米ドル)	企業価値 LTM(百万米ドル)	PER 直近年度(倍)	PER LTM(倍)	PER 当期会社予想(倍)	PBR LTM(倍)	企業価値/EBITDA 直近年度(倍)	企業価値/EBITDA LTM(倍)	企業価値/EBITDA 当期会社予想(倍)	企業価値/売上高 直近年度(倍)	企業価値/売上高 LTM(倍)	企業価値/売上高 当期会社予想(倍)
LPKR	PT Lippo Karawaci Tbk	517	1,328	12.5	12.7	N/A	0.34	N/A	N/A	N/A	1.73	1.84	N/A
03333	China Evergrande Group	44,447	147,155	12.5	12.5	N/A	2.65	12.1	12.1	N/A	3.24	3.24	N/A
000002	China Vanke Co Ltd	41,459	61,149	10.1	9.5	N/A	2.1	6.4	6.7	N/A	1.46	1.50	N/A
600153	Xiamen C & D Inc	3,428	14,330	7.0	6.6	N/A	0.95	10.1	10.8	N/A	0.38	0.40	N/A
600048	Poly Real Estate Group Co Ltd	22,770	54,252	10.0	9.5	N/A	1.42	11.9	11.4	N/A	2.35	2.45	N/A
8801	三井不動産	24,088	48,289	17.4	16.9	17.7	1.21	16.8	16.9	16.9	3.03	3.00	2.91
LLC	Lendlease Group	8,103	8,969	14.0	14.0	N/A	1.73	N/A	N/A	N/A	0.75	0.75	N/A
8802	三菱地所	23,933	42,271	22.4	21.1	21.9	1.6	15.8	15.6	16	3.93	3.86	3.69
00960	Longfor Group Holdings Ltd	17,347	33,914	9.4	8.7	N/A	1.63	7.8	8.0	N/A	2.85	2.88	N/A
00813	Shimao Property Holdings Ltd	9,244	25,156	6.0	5.6	N/A	1.02	8.7	N/A	N/A	2.23	2.23	N/A
00016	Sun Hung Kai Properties Ltd	43,162	49,426	8.1	6.3	N/A	0.64	7.2	N/A	N/A	4.85	4.46	N/A
601992	BBMG Corp	5,753	20,838	13.9	11.6	N/A	0.73	11.9	11.5	N/A	2.04	2.05	N/A
	平均値	20,354	42,256	11.9	11.2	19.8	1.33	10.9	11.6	16.4	2.4	2.39	3.3
	中央値	20,058	38,092	11.3	10.5	19.8	1.32	11	11.4	16.4	2.29	2.34	3.3
	最小値	517	1,328	6.0	5.6	17.7	0.34	6.4	6.7	16.0	0.38	0.40	2.91
	最大値	44,447	147,155	22.4	21.1	21.9	2.65	16.8	16.9	16.9	4.85	4.46	3.69

企業研究——マルチポーラー

基本情報

企業名	Multipolar Tbk
証券コード	MLPL
業種	百貨店, GMS, 書店, CATV・衛星放送, インターネットサービスプロバイダ
代表者	Eddy Harsono Handoko（President Director）
住所	Berita Satu Plaza（d/h Citra Graha）Lantai 7 Jl. Jend. Gatot Subroto Kav. 35-36 Kel. Kuningan Timur, Kec. Setiabudi Jakarta Indonesia
電話番号	+62 215277966
URL	http://www.multipolar-group.com
設立年	1975
上場年月日	1989/11/6
上場市場	インドネシア証券取引所、OTCピンクシート、ミュンヘン証券取引所
資本金	173百万米ドル（2018/03期）
従業員数	13,327人（2017/12連結 ）

業績推移

単位：百万米ドル	2015/12期 連結決算 実績	2016/12期 連結決算 実績	2017/12期 連結決算 実績
売上高合計	1,787	1,337	1,276
営業利益	-81	-81	-129
営業利益率	-0.045	-0.06	-0.101
親会社株主に帰属する当期純利益	-119	18	-93
親会社株主に帰属する当期純利益率	-0.067	0.014	-0.073
資産合計	1,620	1,790	1,685
株主資本等合計	513	570	475
株主資本比率	0.3164	0.3187	0.2817
有利子負債	342	342	389
D/Eレシオ	0.67倍	0.60倍	0.82倍
ROE	-0.1532	0.0329	-0.1765
ROA	-0.0525	0.0105	-0.0531
投資活動によるCF	-84	68	-77
財務活動によるCF	15	-8	99

株式所有構造

順位	大株主	保有株式（千株）	保有割合（%）
1	Riady Family	11,430,067	78.08
2	Dimensional Fund Advisors LP	245,798	1.68
3	BlackRock Fund Advisors	66,302	0.45
4	PT Manulife Asset Management I	63,127	0.43
5	APS Asset Management Pte Ltd.	56,371	0.39
6	APG Asset Management NV	38,018	0.26
7	Mitsubishi UFJ Kokusai Asset M	25,494	0.17
8	TIAA-CREF Investment Managemen	19,569	0.13
9	Polunin Capital Partners Ltd.	19,503	0.13
10	Teachers Advisors LLC	16,466	0.11
—	その他	2,658,918	18.16
	合計	14,639,632	100

事業セグメント

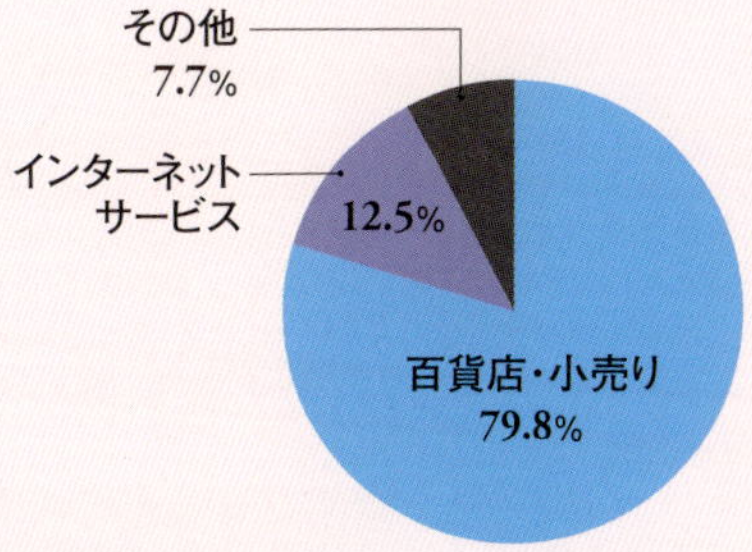

注：2017年12月期の事業セグメントの売上高

企業価値の同業他社比較

証券コード	企業名	時価総額	企業価値	PER			PBR	企業価値/EBITDA			企業価値/売上高		
		直近終値（百万ドル）	LTM（百万ドル）	直近年度（倍）	LTM（倍）	当期会社予想（倍）	LTM（倍）	直近年度（倍）	LTM（倍）	当期会社予想（倍）	直近年度（倍）	LTM（倍）	当期会社予想（倍）
MLPL	Multipolar Tbk	85	253	N/A	N/A	N/A	0.21	N/A	N/A	N/A	0.21	0.22	N/A
3382	セブン&アイ・ホールディングス	39,926	40,433	24.8	23.6	21.4	1.88	7.0	7.3	7	0.72	0.74	0.68
M	Macy's Inc	10,956	15,402	7.1	6.6	N/A	1.85	5.5	5.5	N/A	0.62	0.62	N/A
KSS	Kohl's Corp	12,650	15,516	14.7	13.3	N/A	2.31	6.6	6.4	N/A	0.84	0.8	N/A
SHLD	Sears Holdings Corp	138	5,246	N/A	N/A	N/A	N/A	-22.3	-5.2	N/A	0.26	0.37	N/A
023530	Lotte Shopping Co., Ltd	5,255	11,111	N/A	N/A	N/A	0.48	13.2	30.1	N/A	0.64	0.96	N/A
JWN	Nordstrom Inc	10,171	11,562	23.3	19.8	N/A	8.92	7.4	7.6	N/A	0.76	0.72	N/A
MKS	Marks & Spencer Group PLC	6,111	8,177	180.9	180.9	N/A	1.57	8.4	8.4	N/A	0.58	0.58	N/A
FALABELLA	SACI Falabella	19,948	26,484	26.6	26.7	N/A	3.06	19.6	19.5	N/A	2.01	2.00	N/A
	平均値	11,693	14,909	46.2	45.2	21.4	2.54	5.7	9.9	7.0	0.74	0.78	0.68
	中央値	10,171	11,562	24	21.7	21.4	1.87	7.2	7.4	7.0	0.64	0.72	0.68
	最小値	85	253	7.1	6.6	21.4	0.21	-22.3	-5.2	7.0	0.21	0.22	0.68
	最大値	39,926	40,433	180.9	180.9	21.4	8.92	19.6	30.1	7.0	2.01	2.00	0.68

インドネシアの大規模不動産開発

Marubeni　MM2100

特徴	丸紅とマヌンガル・グループにより開発。2017年に大和ハウス工業が参画
ロケーション	ジャカルタ市内：約30km スカルノ・ハッタ空港：約60km タンジュン・プリオク港：約35km
総開発面積	1,200ha
パートナー	Daiwa House
入居企業数	158社（うち、日系109社） 主要日系企業 DENSO、mandom、YAMAHA、JFE、SUNSTAR、UNITIKA

LIPPO GROUP　三菱商事　オレンジ・カウンティ

特徴	ジャカルタ東部チカラン地区において、約3,000haの工業団地を中心とした開発エリアの中心に、ジャカルタ東部の新都心として開発する322haの大規模タウンシップ。オフィス・住宅・商業施設・学校・病院などの都市機能を充実させ、居住人口7.2万人、昼間人口15万人が集う都市を新たに創造
ロケーション	ジャカルタ市内：約37km スカルノ・ハッタ空港：約60km タンジュン・プリオク港：約50km
総開発面積	5,000ha
パートナー	三菱商事：プロジェクト第1期開発（敷地面積:13.5ha、用途:分譲住宅12棟、商業、オフィス、病院等）における分譲住宅2棟に、参画。出資比率はリッポー社51%、三菱商事社49%を予定、総事業費は約90億円となる見込み

ブカシ

ウェストカラワン

sinarmas　GIIC工業団地

特徴	双日との共同事業デルタマス・シティ3,200ha内の工業団地。マネジメントオフィスには日本人スタッフが常駐。日系銀行・日本食レストラン・日系デベロッパーによるサービスアパート・イオンモール（近年開業予定）など、日系企業に利便性の高い環境を提供
ロケーション	ジャカルタ市内：約37km スカルノ・ハッタ空港：約60km タンジュン・プリオク港：約50km
総開発面積	1,600ha
パートナー	sojitz
入居企業数	91社（うち、日系71社） 主要日系企業 MITSUBISHI MOTORS、PILOT、キユーピー、YKK、TAKATA、SUZUKI

sinarmas　カラワン工業団地

特徴	マネジメントオフィスには日本人スタッフが常駐。日系銀行・日本食レストラン併設。2013年、インドネシア政府工業省より“最優秀工業団地”として認定・表彰
ロケーション	ジャカルタ市内：約50km スカルノ・ハッタ空港：約70km タンジュンプリオク港：約60km
総開発面積	1,200ha
パートナー	ITOCHU
入居企業数	155社（うち、日系126社） 主要日系企業 TOYOTA、DAIHATSU、unicharm ユニ・チャーム、AJINOMOTO、meiji、Kao

土地と株式がタイクーンの経済的な成功パターンであると8ページの「タイクーン」とは何か？の項で書いた。広大な土地を保有するタイクーンが、工業団地の造成や大規模なタウンシップ開発で土地に付加価値を付け、後にその運営事業体を上場させるというのがタイクーンお得意のマネーゲームだ。このページに載せているのは、インドネシアにおける大規模不動産開発の例である。外務省によると、インドネシア進出企業数は2017年10月現在で1911社となっている※。進出企業の中には相応の数の製造業が含まれていると思われるが、メーカーにとって製造拠点の確保は海外進出を検討する際の重要な問題である。港や空港からのアクセスの良さ、電力や水源の安定供給などハード面の選定するポイントに加え、工業団地運営会社に日本人が駐在していて、細やかな対応をしてくれるかどうかというソフト面も重要だ。このようなニーズに応えるべく、大手商社が運営する大型の工業団地がいくつか存在しているが、シナルマスやリッポーが日系商社と組んで、大規模な不動産開発をしている様がよくわかる。シナル

※出所：海外在留邦人数調査統計（平成30年要約版）　https://www.mofa.go.jp/mofaj/files/000368753.pdf

sinarmas **BSDシティ**

特徴	ジャカルタ中心部から南西約25kmのエリアにおける約6,000haの大規模都市開発
ロケーション	ジャカルタ市内：　約37km スカルノ・ハッタ空港：　約60km タンジュン・プリオク港：　約50km
総開発面積	6,000ha
パートナー	三菱商事、JOIN、西日本鉄道、阪神電気鉄道、京浜急行電鉄：BSDシティ内の約19haの敷地にて、計約1,000戸の戸建住宅および商業施設（店舗付き住宅）を複合開発する計画 三菱商事、東急不動産：BSDシティ内で分譲マンション3,000戸を供給

住友商事 **イーストジャカルタ工業団地**

特徴	インドネシアで民間で最初に開発運営された工業団地。1990年会社設立、総開発面積320ha、住友商事60％出資。1996年に完売。全103社が入居（うち、日系企業78社）
ロケーション	ジャカルタ市内：　約50km スカルノ・ハッタ空港：　約70km タンジュン・プリオク港：　約60km
総開発面積	1,200ha
パートナー	スピニンド・ミトラダヤ

入居企業数
103社（うち、日系78社） 主要日系企業
Panasonic YANMAR CALPIS AISIN GUNZE EKK

マスに関しては、双日と組んだデルタマス・シティでＩＰＯを果たしている。３２００ｈａの広大な土地で、１６００ｈａを住宅に、残りを工業団地として開発した巨大都市開発である。

これらの工業団地や土地開発プロジェクトは、ジャカルタの東側ブカシ地区に点在しているが、アクセスする道路が１つしかないために渋滞が慢性化している。ジャカルタに駐在している人で工業団地とジャカルタ市内を往復する人は少なくないが、１日仕事になってしまう。道路インフラの整備、もしくは都市機能の分散が必要である。

そんな中でシナルマスが近時開発しているのが、ジャカルタの南西部に位置するＢＳＤシティプロジェクトである。約６０００ｈａの大規模都市開発で、三菱商事、都市開発支援機構などの日系コンソーシアムが開発に参画している。敷地内にはイオンモールのインドネシア１号店が２０１３年に開店し、また東急不動産もＢＳＤ内で分譲マンションの建設・販売を行う。

将来的には当然ＩＰＯを狙ってくるであろう。

注目グループ

ロバート&マイケル・ハルトノ（フォーブス第1位・純資産額3兆9641億円）ジャルムBCAグループ

Hartono Family/Djarum BCA Group

インドネシアで最も富裕なファミリー。たばこと銀行をコアにベンチャー投資も積極的

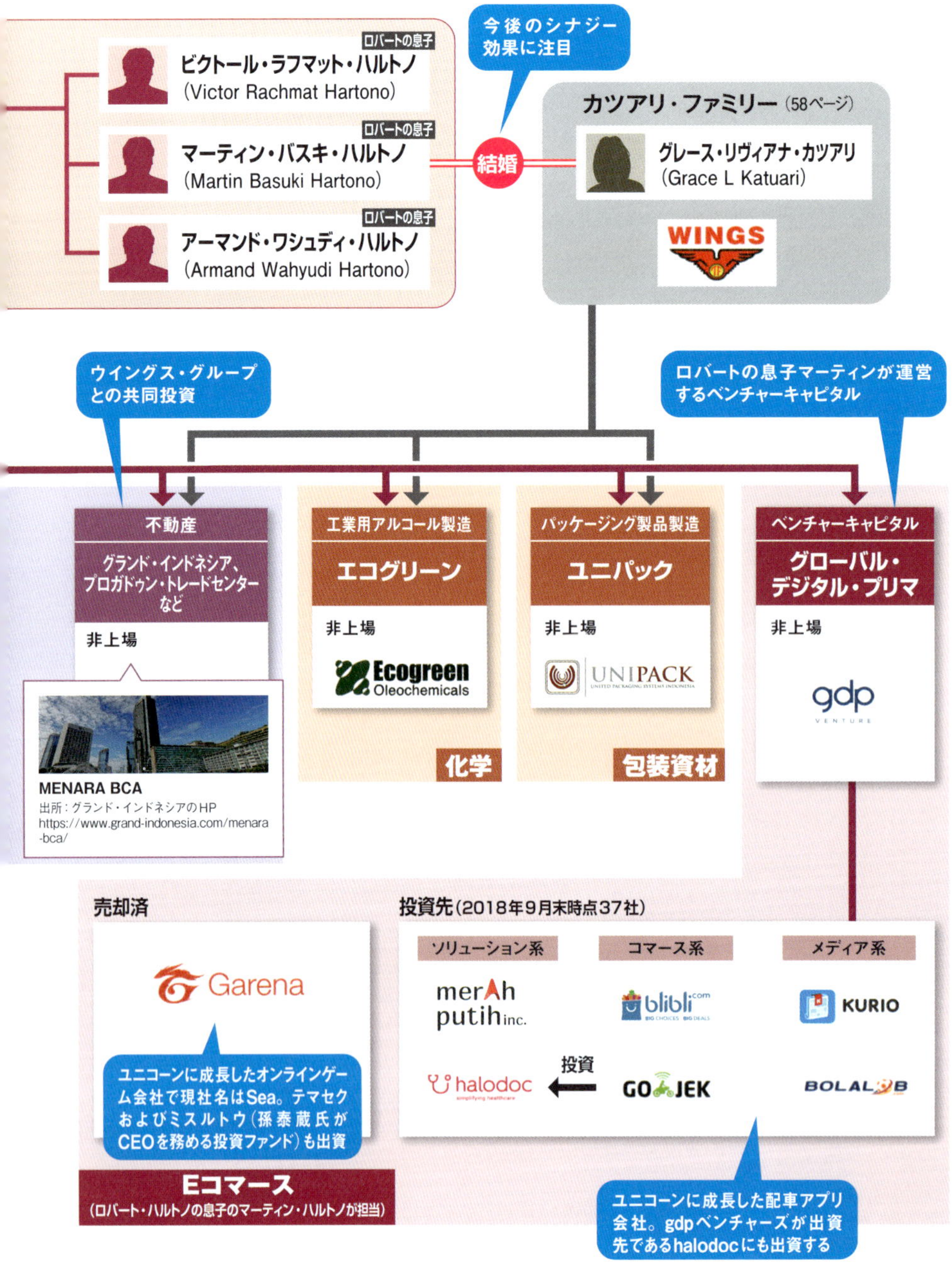

概要

通貨危機時にBCAを買収

ハルトノ・ファミリーの創業者は中国福建省出身で、中国姓は黄（オイ）。1951年にオイ・ウィー・グアンが業績不振であったジャルムタバコを買収したのが事業の嚆矢《こうし》。ウィー・グアンの2人の息子であるロバートとマイケルは、製造技術の近代化と規模の拡大に取り組み、たばこ事業の基盤を整えた。また彼らは、家電、不動産、通信、プランテーションと、事業の多角化にも取り組んできた。家電事業では、ポリトロンというローカルブランドで、テレビや冷蔵庫などを製造・販売している。不動産事業ではジャカルタ中心部に位置するグランド・インドネシア・ショッピングモールを、BOT方式で政府と共同運営している。25万m²の広さと5スターホテル（ケンピンスキー）、57階建てのオフィスという大規模複合モールである。

ファミリーに大きなチャンスが訪

主要業種
たばこ・銀行
今後の重点業種
IT

評価シート	
規模	B
注目度	B
成長性	B
日系企業との提携可能性	C

ここに注目

インドネシアのたばこ業界

インドネシアは喫煙率の高い国である。下のグラフを見てもわかるように、全国民の36.3%が喫煙者とのデータがある。成人男性の喫煙率は約70%に上る。加えて人口が多いため、たばこ消費の絶対数が非常に大きい。JTを含むたばこのグローバルプレーヤーにとっては非常に魅力的なマーケットで、買収による参入意欲は高い。

ASEAN6カ国における対人口喫煙比率

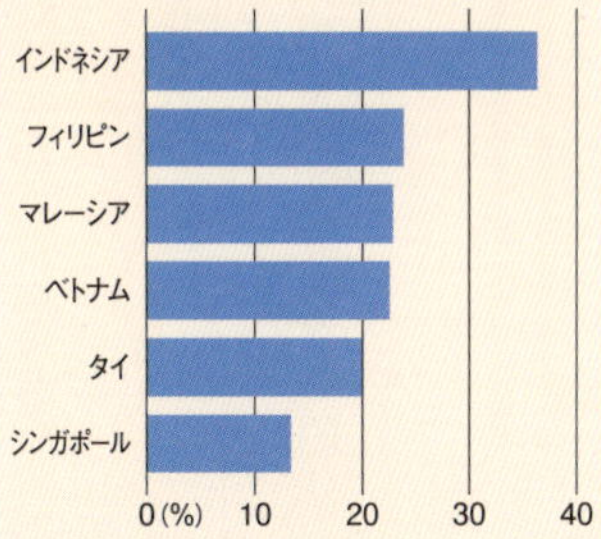

インドネシア主要たばこメーカーのシェア

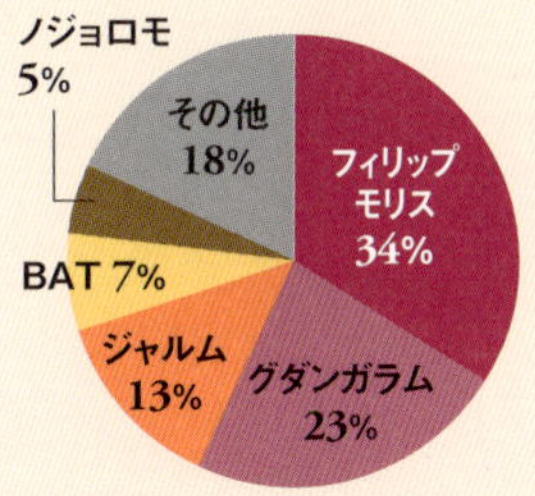

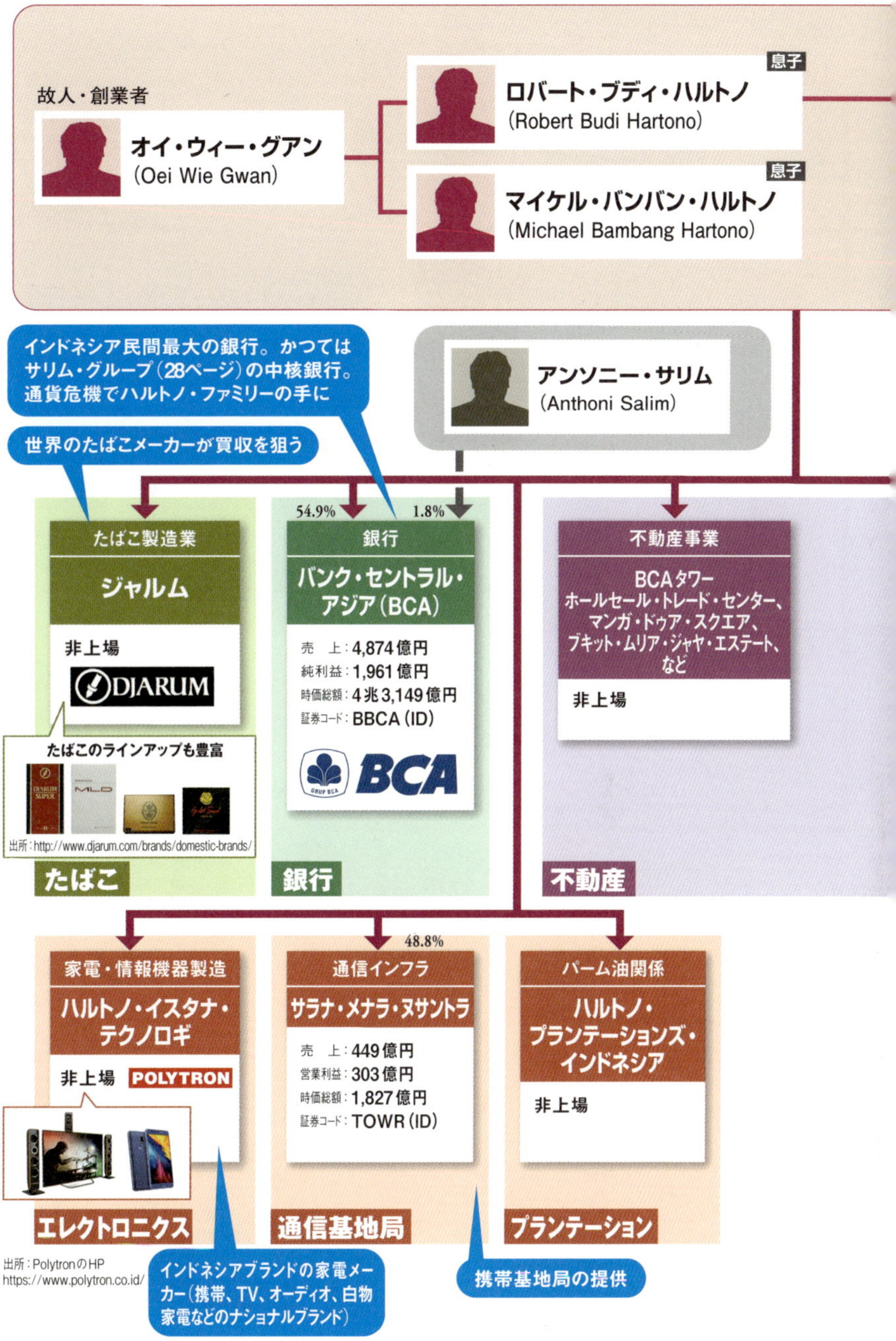

れたのは、1998年のアジア通貨危機の時である。バンク・セントラル・アジア(BCA)はサリム・グループ(28ページ)の中核銀行であったが、通貨危機によって国営化。後にファミリーが政府より持ち分を買い取って筆頭株主となった。BCAは民間最大の銀行で、三井住友銀行、あおぞら銀行と業務提携を結んでいる。

ファミリーでは、第3世代へのビジネスの移行も進んでおり、ロバートの息子であるビクトール、アーマンドはそれぞれジャルム、BCAの経営に携わっている。もう1人の息子であるマーティンは、ベンチャーキャピタルを立ち上げ、Eコマース系の企業に積極投資を行っている。出資先にはオンラインゲームのGarenaやニュースキュレーターのKurioが含まれる。GarenaはASEAN最大のユニコーンにまで成長しており、テマセクやミスルトウからの資金調達にも成功している。

用語解説

BOT方式

民間事業者が自らの資金で対象施設を建設(Build)し、管理運営を行って投資を回収(Operate)し、一定期間後に所有権を公共に移転(Transfer)する方式。大型のインフラ開発によく用いられる手法。

Chairul Tanjung/ CT Corpora Group

ハイルル・タンジュン（フォーブス第7位・純資産額3964億円）

CTコープ・グループ

メディア、金融、小売り、プランテーション、不動産など幅広い事業分野を有する新興財閥

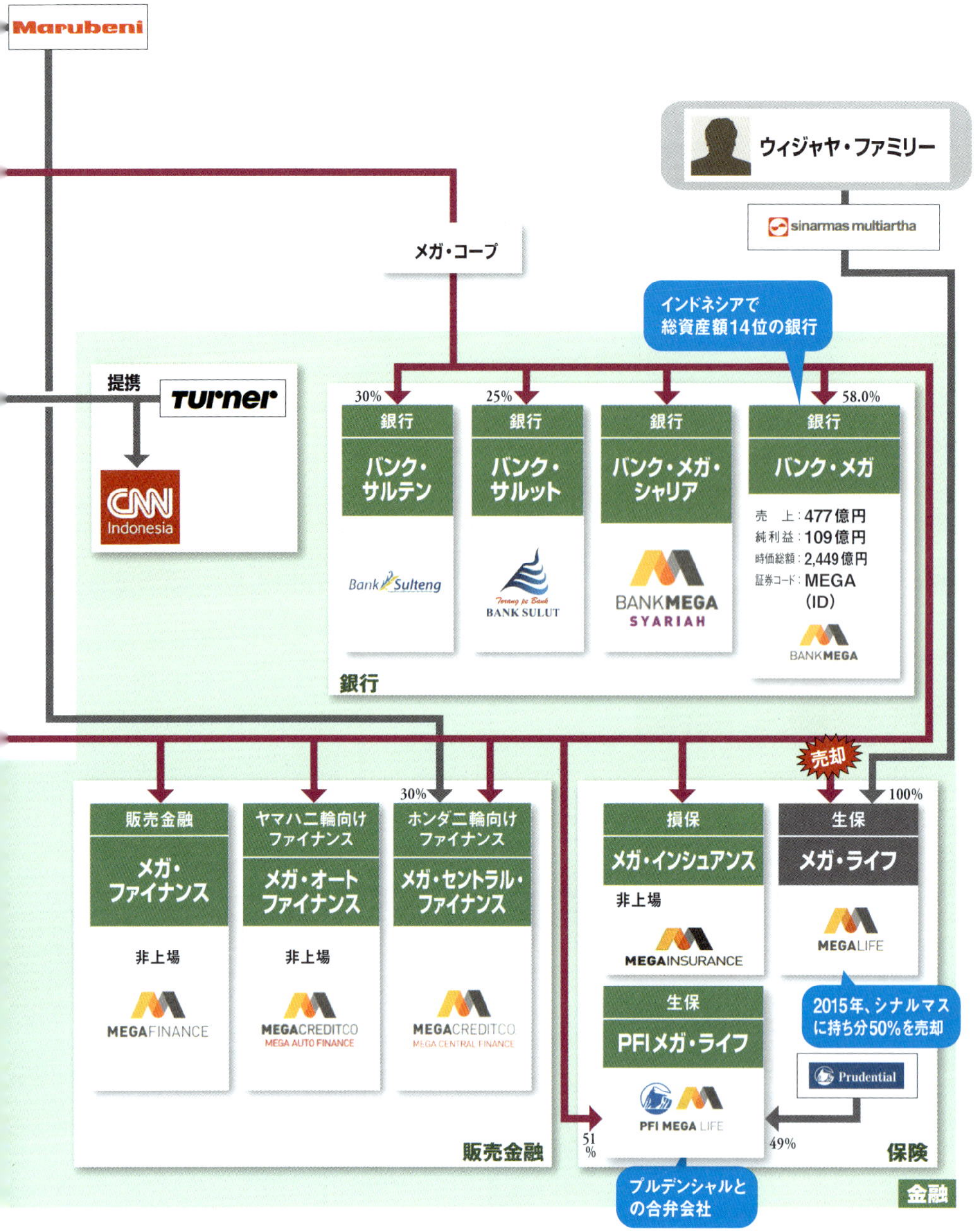

主要業種
メディア

今後の重点業種
金融・ライフスタイル

評価シート	
規模	A
注目度	A
成長性	A
日系企業との提携可能性	B

概要

丸紅との戦略的提携の展開に注目

CTコープを率いるのは、ハイルル・タンジュン。1962年生まれの若きタイクーンだ。父親は新聞社を経営していたが、当時のスハルト政権に批判的な記事を書いたため弾圧を受け、廃刊に追い込まれた経緯がある。創業は1987年。靴の製造が最初のビジネスである。1995年に消費者金融事業を開始し、翌1996年に現在のバンク・メガの前身の銀行を買収したあたりから事業拡大のスピードが上昇。2001年のトランスTV、2010年のカルフールと大型買収も含めて、急速に今日の業容を整えてきた。

現在、CTコープという持ち株会社の下に、トランス・コープ、メガ・コープ、CTグローバル・リソーシズという3つの事業持ち株会社を配し、それぞれメディア・小売り・ライフスタイル、金融、資源ビジネスを行っている。

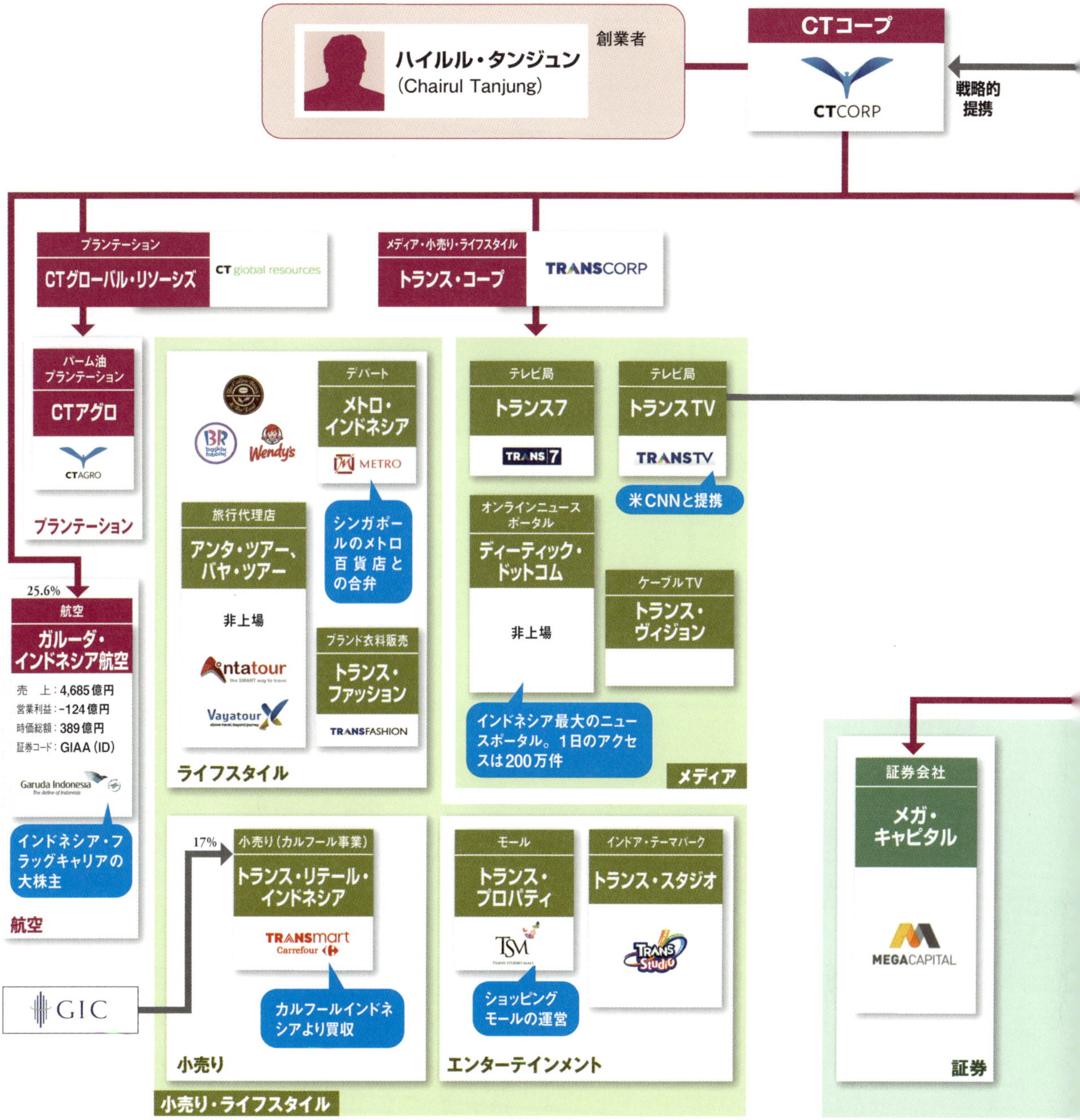

メディア事業の核はトランスTV。父親が政権から迫害された経験から、言論の自由に関しては強い信念を持つと言われる。2014年にCNNと組んで、CNNインドネシアを立ち上げたのはその証左であろう。

小売り・ライフスタイル部門のコアはカルフール。2013年に約700億円という巨額の資金を投じて買収した。2016年にはシンガポールのGICに株式の17％を約400億円で一部売却している。シンガポールの上場百貨店メトロと提携して、デパートも9店舗運営する。

金融事業では、バンク・メガをコアに、消費者金融・保険と一通りのラインアップを揃えている。従前、生保事業ではシナルマス（36ページ）と共同経営していたが、持ち分をシナルマスに売却。米プルデンシャルと新たな保険事業を開始した。

近時の注目点は、2016年の丸紅との戦略的提携の発表だ。中間層が増加するインドネシアにおいて、小売り・金融に強みを持つCTコープとの提携により、インドネシアの内需関連の新規事業開発をしていきたいとしている。ASEAN財閥との戦略的提携では、伊藤忠とタイ・CPグループの例があるが、丸紅もCTコープとの間で資本提携にまで進展するか注目される。

Prajogo Pangestu/Barito Pacific Group

プラジョゴ・パンゲツ（フォーブス第10位・純資産額3398億円）

バリトー・パシフィック・グループ

インドネシアの林業王。近時、地熱発電の領域で存在感をアップ

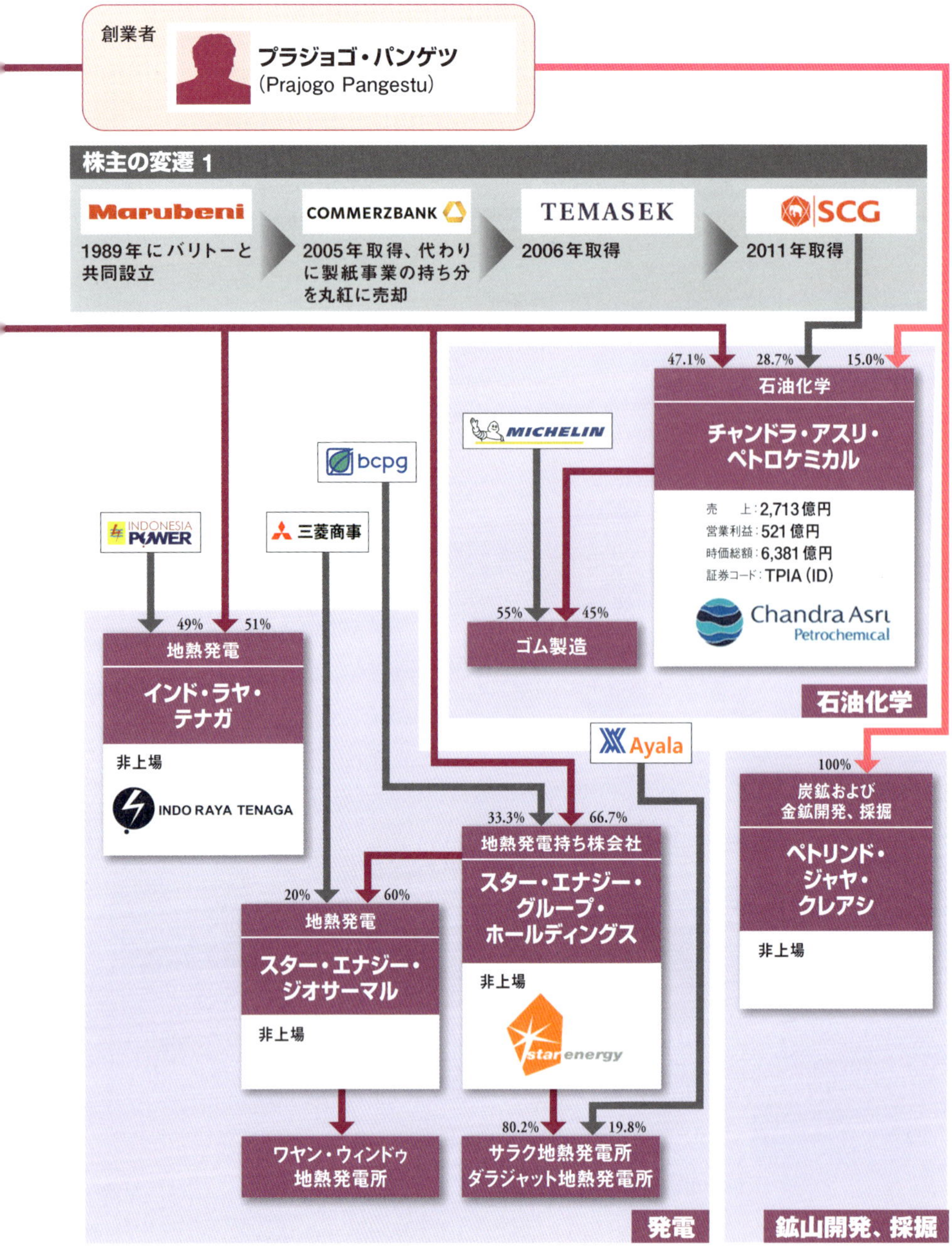

概要

モンゴレ島の開発で政府との関係を築く

プラジョゴ・パンゲツは1944年インドネシア・カリマンタン州生まれ。生活苦から中学を出ると働き始め、工場の見習工、店員、運転手などを転々としたという。1969年に当時の材木王と言われた黄双安(Burhan Uray)の下に弟子入りし、山林の租借、木材加工、貿易、企業経営などを学んだ。1977年に独立したが、グループ発展の大きなきっかけは、ジャワ東部に位置する未開の島モンゴレ島の開発だ。東部の開発が遅れていたことで国民から非難を浴びていた政府は、パンゲツによる開発を後押しした。これでパンゲツは、時のスハルト政権と太いパイプを築くことに成功。創業からわずかな期間で小規模な木材会社から、採伐、合板、造林、製紙等を含む一大林業グループに成長した。

1990年になると、多角化として石油化学の分野に参入する。チャ

主要業種
木材・石油化学
今後の重点業種
エネルギー

評価シート	
規模	C
注目度	B
成長性	C
日系企業との提携可能性	B

ンドラ・アスリ・ペトロケミカルを設立し、エチレン製品を生産する石油化学コンビナートの建設を計画した。バリトー・グループが75％出資し、残りの25％を日本インドネシア石油化学投資（丸紅85％、昭和電工10％、TEC5％）が出資した。プラントは1995年に完成するも、1997年にはアジア通貨危機に見舞われ、バリトー・グループの持ち分はIBRA（インドネシア・バンキング・リストラクチャリング・エージェンシー）の管理下におかれた。2004年にチャンドラ・アスリは黒字化したが、翌年、丸紅はチャンドラ・アスリからの撤退を発表。持ち分を独コメルツ銀行に譲渡し、代わりにコメルツが差し押さえていたバリトーのパルプ・製紙企業の株と交換した。コメルツは持ち分をシンガポールのテマセクに売却、テマセクは2011年にタイのサイアム・セメントに売却して今日に至る。

近時では地熱発電に戦略的注力を深めている。中核のスターエナジー・グループ・ホールディングスは、三菱商事やフィリピンのアヤラなどとの合弁会社を立ち上げている。またタイのエネルギー大手BCPGに株式33・3％を売却して資本業務提携を結んだ上で1000億円を超える増資計画を発表している。

Peter Sondakh/Rajawali Group

ピーター・ソンダ（フォーブス第14位・純資産額1925億円）

ラジャワリ・グループ

アジア通貨危機をリストラで乗り切り、次の展開を図る若きタイクーン

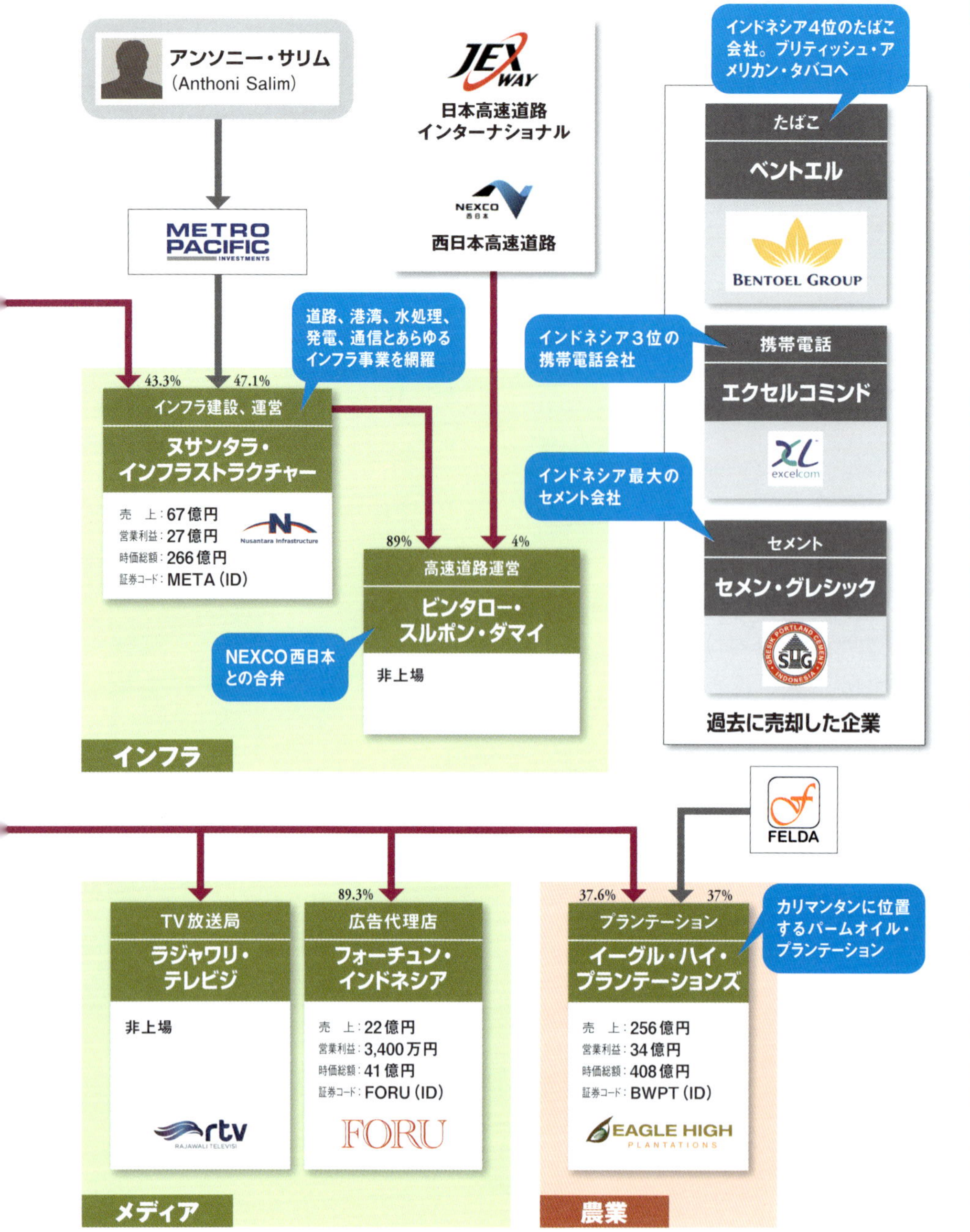

概要

インフラと資源開発に注力

ラジャワリ・グループを率いるピーター・ソンダ。1953年、スラウェシ島マナドに生まれ。1代で成り上がった若きスーパータイクーンである。父親はマナドでパーム油や材木の輸出を行っていたが、ピーターが若い頃に亡くなり、父の事業を引き継ぐかたちで彼のビジネスマンライフが始まった。

不動産、ホテル、旅行業と事業を拡大し、それに続いて百貨店、放送局、携帯電話会社、たばこ会社を傘下に収めた時、事業規模はピークを迎えた。ただしいずれの事業も相応の設備投資を必要とすることから、アジア通貨危機の際には携帯電話事業、たばこ事業の売却を余儀なくされた。

しかしピーターは、そういう苦境にも負けず、常に投資機会を探していた。そして、通貨危機後の2005年には、インドネシア最大

主要業種
インフラ

今後の重点業種
インフラ・資源開発

評価シート	
規模	B
注目度	B
成長性	B
提携可能性	B

ここに注目

インドネシアのタクシー業界

ラジャワリが傘下に有するエクスプレス・グループは、最大手ブルーバードに次いで業界2位の地位を誇る。2015年におけるインドネシアのタクシー普及率は0.24台/千人と、マレーシアの3.1台、シンガポールの5.2台に比べて相当低い水準にある。それだけ成長の伸び代があるはずであったが、近時のアプリベースのタクシーの急成長は、タクシービジネスの在り方を根底から変える可能性がある。

タクシーアプリビジネスの伸長予測

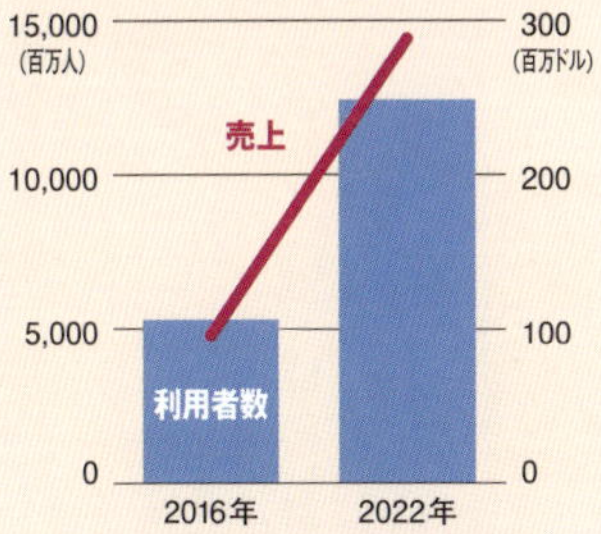

インドネシアのタクシーマーケットシェア

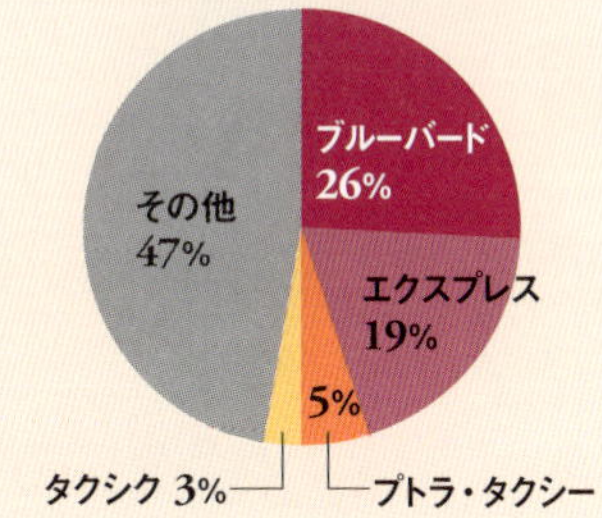

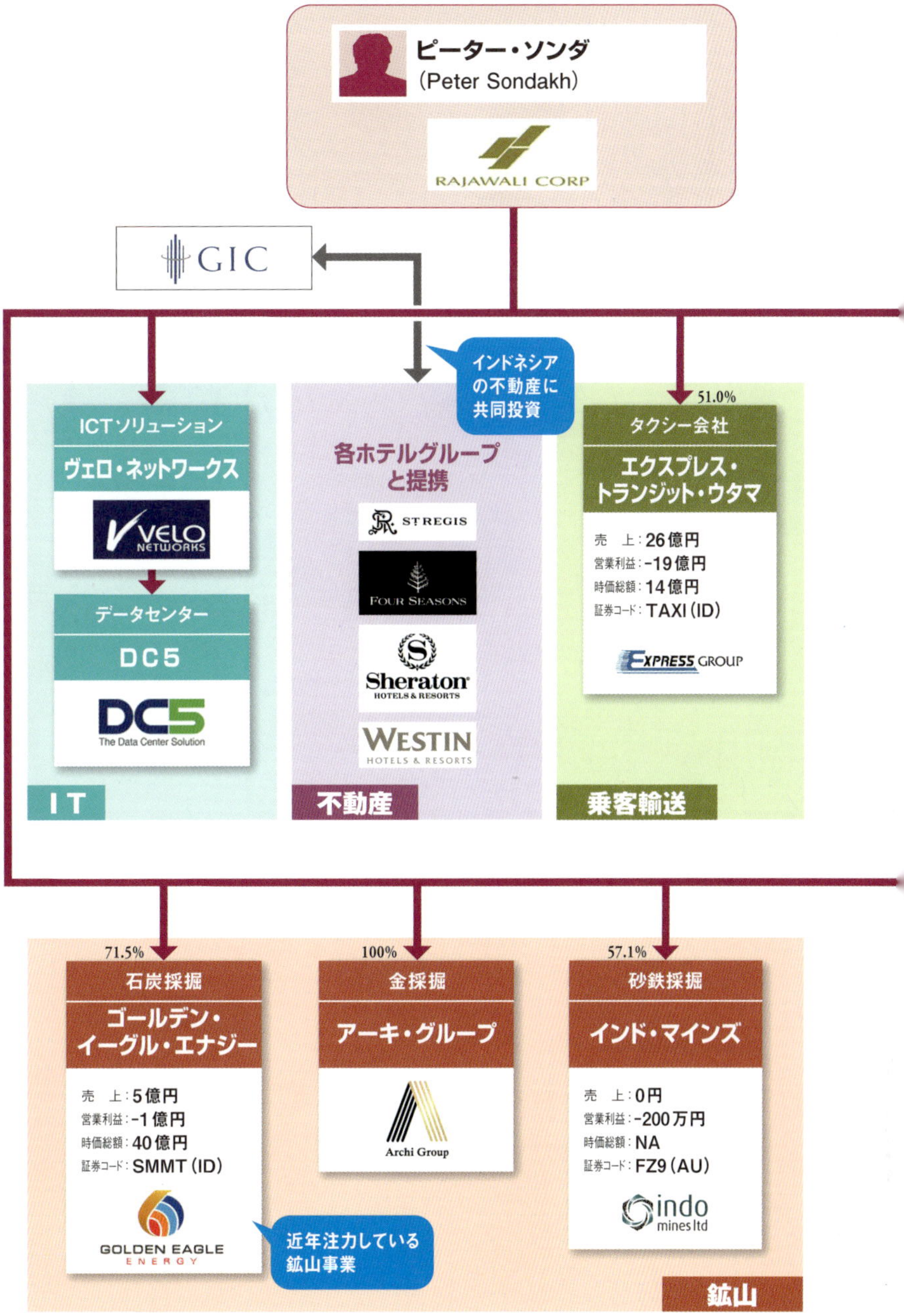

のセメント会社セメン・グレシックの株式25％を約400億円で取得した。その後、インドネシア経済が回復した2010年に1200億円で売却して、巨額の投資利益をものにしたのである。

現在のグループのフォーカスは、インフラと資源開発だ。ヌサンタラ・インフラストラクチャーをコアに、道路、港湾、通信基地局などのインフラ事業を行っている。NEXCO西日本およびJEXWAYは、2014年11月、ジャカルタ近郊のビンタロー・スルポン有料道路を運営するビンタロー・スルポン・ダマイの株式の約4％を取得。インドネシアでの高速道路事業を共同展開したいとしている。NEXCO西日本の合弁事業パートナーであるヌサンタラ・インフラストラクチャー社であるが、2017年にサリム・グループが株式の47％を取得した。NEXCO西日本は間接的にサリム・グループの協力も得ることになったわけで、事業発展の行方に注目したい。

また不動産投資事業においてシンガポールのGICと提携。ジャカルタ中心部の不動産を中心に、約600億円を投資していくとしている。GICの資金とネットワークで、どれだけポートフォリオの積み上げを果たせるか注目したい。

Eddy Katuari/Wings Group

エディ・カツアリ（フォーブス第23位・純資産額1529億円）
ウイングス・グループ

日系企業と数多い提携を持つ消費財系最大のコングロマリット

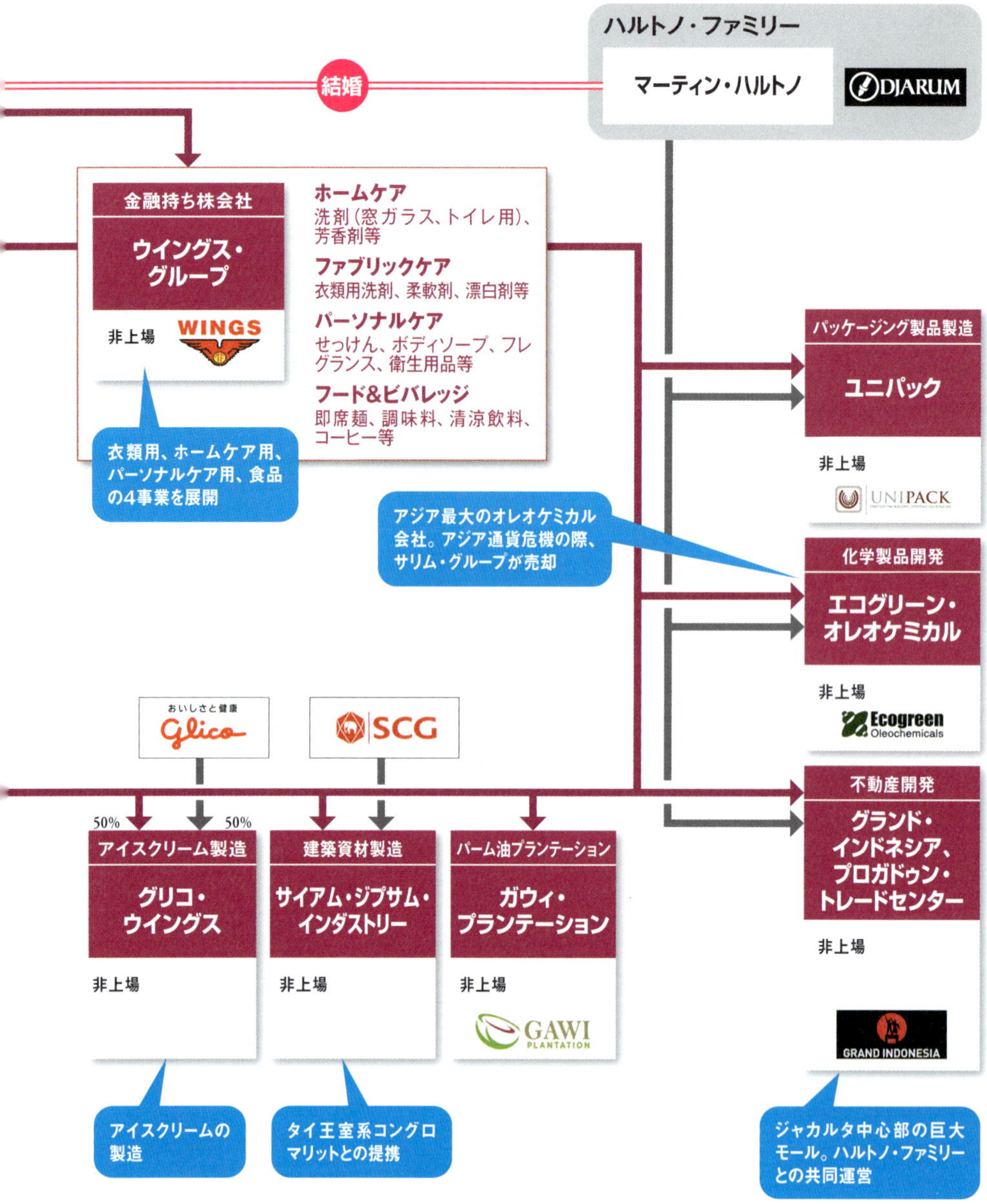

主要業種
化学・トイレタリー
今後の重点業種
食品・コンシューマー

評価シート	
規模	C
注目度	B
成長性	B
日系企業との提携可能性	A

概要
コンビニ事業の行方に注目

エディ・カツアリはスラバヤ出身。せっけん工場を家業とする家に生まれ、インドネシア最大の消費財グループを作り上げた。グループの大きな成長のきっかけとなったのが、1981年のライオンとの提携である。洗剤のみならず、ホームケア用品、パーソナルケア用品で多様な製品群を持つライオンとの提携で、1990年代から業容を拡大し、ユニリーバ、P&Gに匹敵する生活用品・トイレタリーメーカーに成長した。

食品・外食・小売りの分野で、日系企業との提携も盛んだ。2009年に吉野家のフランチャイズを開始したのを皮切りに、2012年にカルビー、ファミリーマートと提携。2014年にはグリコとアイスクリームを製造するジョイントベンチャーを立ち上げた。インスタントラーメンの世界では、サリム・グループ

ここに注目

インドネシアの即席麺市場

インドネシアは世界第2位のインスタントラーメン消費国である。年間126億食が消費されている。人口が約2億6,000万人であるので、国民1人当たり年間48食を食べている。これはラーメン王国である日本に匹敵する消費量だ。マーケットシェアは巨人インドフードが圧倒的に大きいが、ウイングスも15%のシェアを有する。主力ブランドはMie Sedaapだ。

世界の即席麺消費量(2017年)

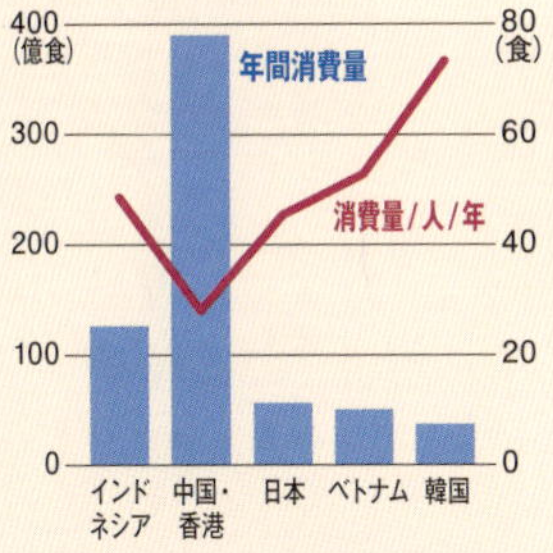

出所：World Instant Noodle Association
https://instantnoodles.org/jp/noodles/market.html

即席麺のシェア(2014年)

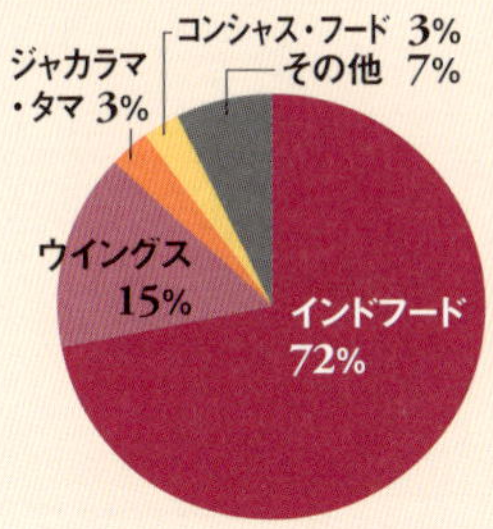

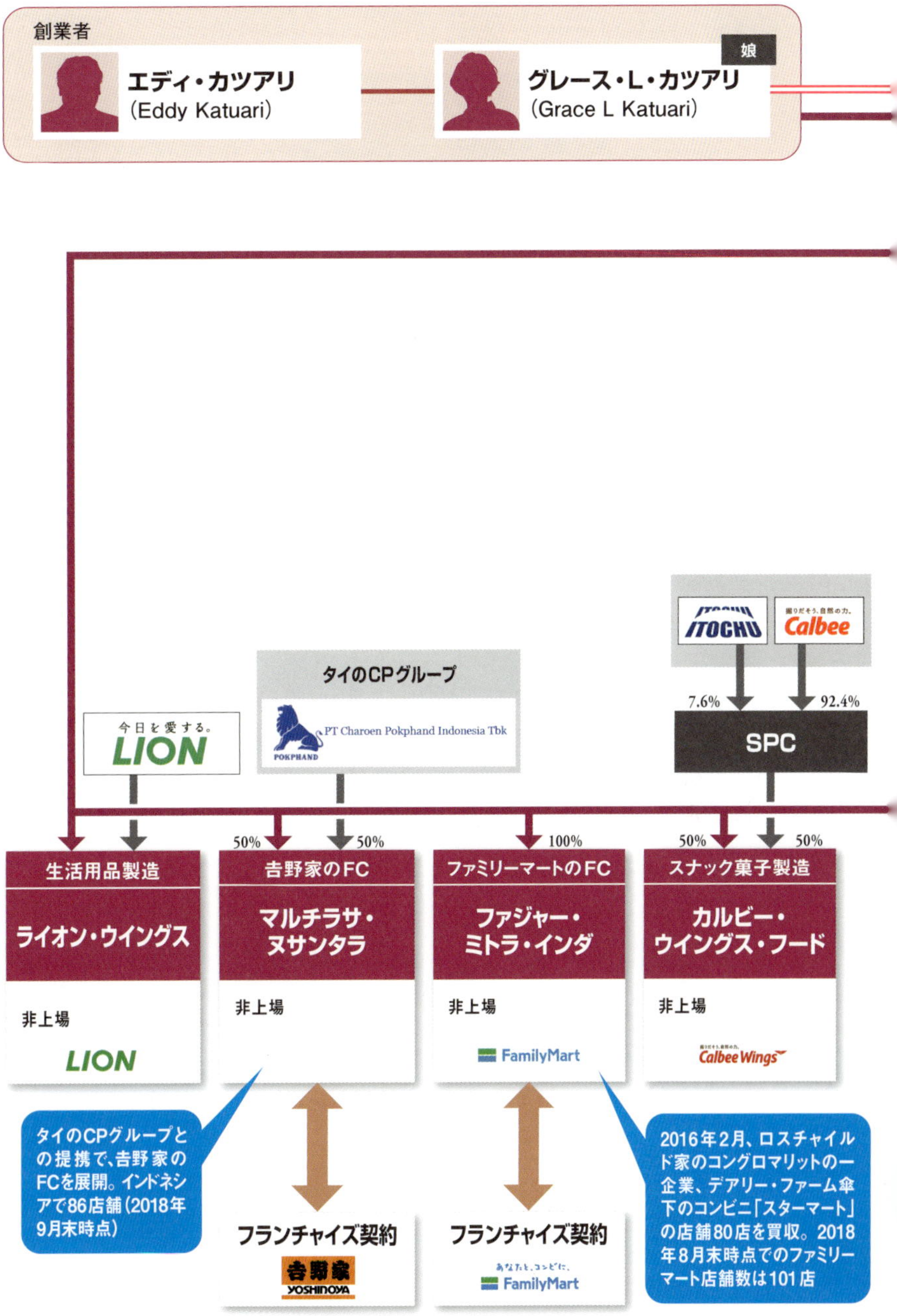

(28ページ)傘下のインドフードが圧倒的なシェアを誇るが、ミースダップ(Mie Sedaap)というブランドでサリムの牙城を崩しつつある。ユニークなのは、吉野家のフランチャイズの母体であるマルチラサ・ヌサンタラである。これはタイの最大手財閥CPグループ(74ページ)との合弁で、吉野家事業を行うために設立された。インドネシアにおいて日系のコンビニはアルコールに対する販売規制などがあって苦戦を強いられているが、ウイングスは2016年にデアリー・ファーム系の地場コンビニ80店舗を買収。セブン-イレブンが撤退した現況、どのように勢力を拡大できるか注目される。また、タイ最大級のコングロマリットであるサイアム・セメント・グループ(84ページ)と提携して、建材の販売も行うなど、タイの企業とも親交が深い。

ファミリーに目を向けると、エディの長女グレースが、ハルトノ・ファミリー(50ページ)の次男マーティンと結婚。グレースもマーティンも、ファミリー内では第3世代である。ジャルム(50ページ)で紹介の通り、マーティンはインドネシアを代表するベンチャーキャピタリストである。若い感性が、ウイングス・グループにどのような新しいディレクションをもたらすか注目したい。

Djoko Susanto/Alfa Mart Group

ジョコ・スサント（フォーブス第24位・純資産額1506億円）

アルファマート・グループ

日系企業との連携で、インドネシアの小売セグメントの覇権を狙う

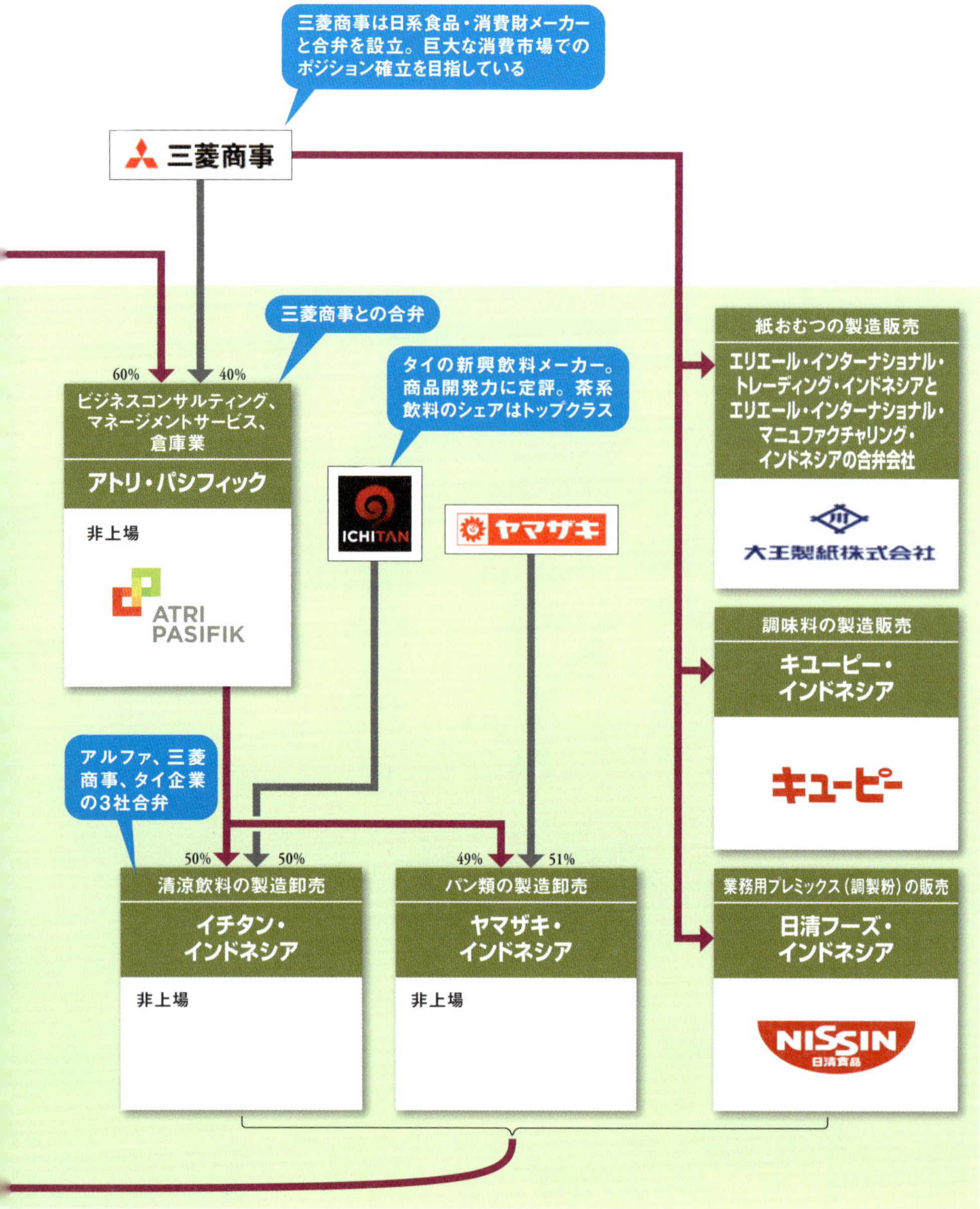

主要業種
小売り
今後の重点業種
コンビニ・飲料

評価シート	
規模	D
注目度	A
成長性	A
日系企業との提携可能性	A

概要

三菱商事との戦略的な結び付きに注目

ジョコ・スサントは、1950年、日用品を売る零細小売店を営む両親の下に生まれた。幼い頃は家が貧しく、10人兄弟の6番目として生まれたジョコは、小学校も卒業していないと言われる。

17歳の頃より家業を手伝っていたが、ジョコのアイデアでたばこの販売を主とするキオスク形式に店を変えることで、客足が増えたという。徐々にたばこの卸も手掛けるようになり、大手たばこメーカーに成長するサンポエナのオーナーの知遇を得て、共同で今のビジネスの前身であるミニマート形式の店舗展開をするようになる。1985年にはジャカルタに15の店を持つに至り、その協力体制の下でスーパーマーケット事業へも拡大する。

転機が訪れたのは、2005年にサンポエナがフィリップモリスに身売りをした時だ。フィリップモリス

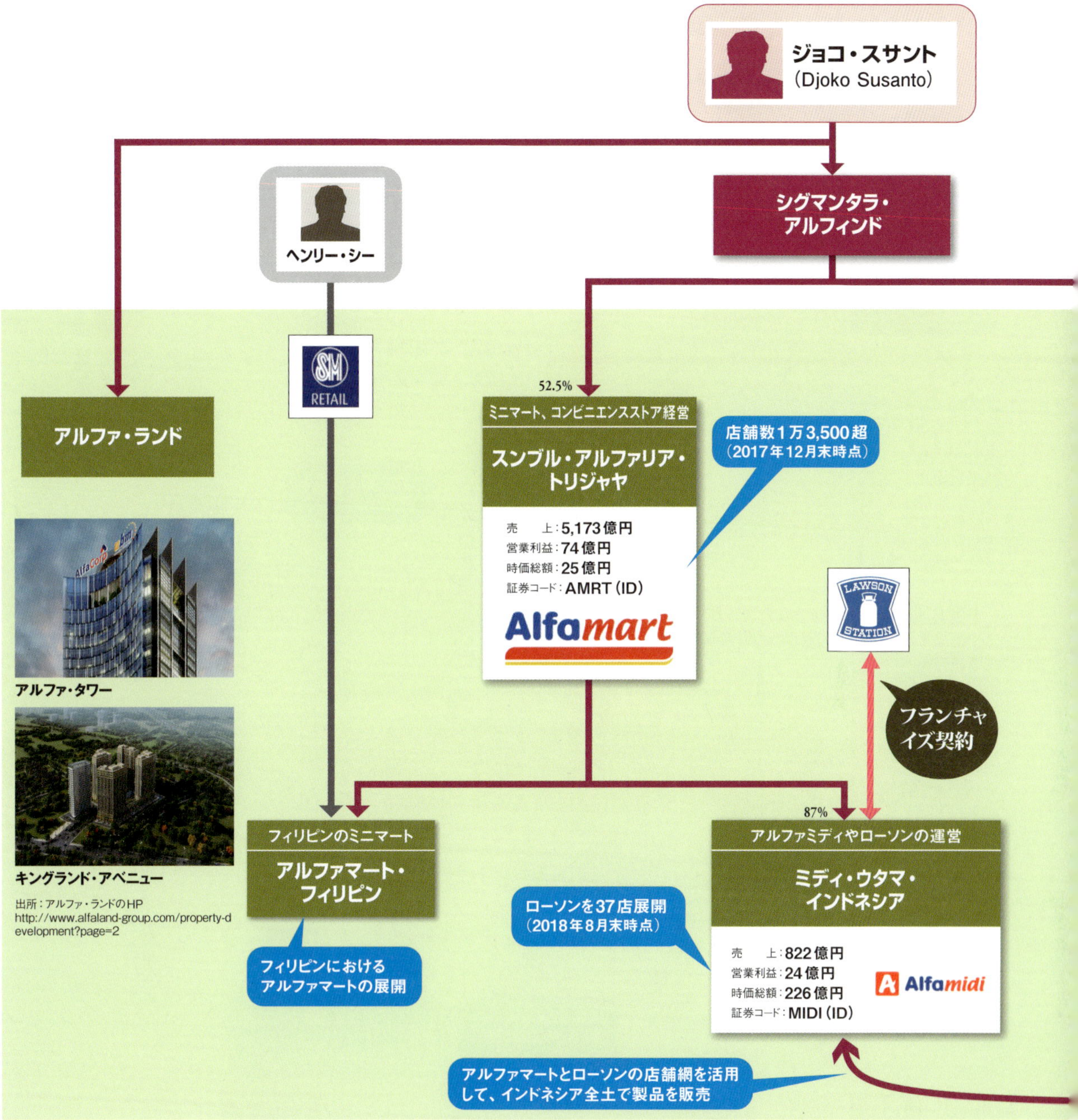

はインドネシアでの小売事業に興味がなかったため、ジョコは提携を解消し、サンポエナの持ち分を買い取った。

その後、ミニマート、スーパーマーケット、ハイパーマートとさまざまな業態を手掛けたが、競合が激しく、スーパーマーケット、ハイパーマート事業は撤退を余儀なくされる。ジョコは当時、競合の少なかったミニマートに特化することで、今日の成長の礎を築いた。また、三菱商事傘下のローソンとはフランチャイズ契約を締結し、インドネシアにおけるローソン店舗37店（2018年8月末時点）を展開。インドネシアでニーズの高い日系コンビニを展開している。

アルファマート・グループと三菱商事とは、ローソン以外でも戦略的な結び付きを強めている。三菱商事は人口と所得がダブルで増えていくインドネシアを重要市場と位置付け、関係の深いコンシューマー関連日系企業と組んで「国攻め」の体制を整えている。相関図に登場する山崎製パン、大王製紙、キユーピー、日清食品は、ローソン店舗に加えてアルファマート（1万3500超、2017年12月末時点）を有効に活用することで競合他社に比較して優位なポジションを築けていると言える。

Hary Tanoesoedibjo/MNC Group

ハリー・タヌスディビョ（フォーブス第31位・純資産額1110億円）

MNCグループ

新時代の若きタイクーンはトランプとも連携。将来の大統領の座も視野か？

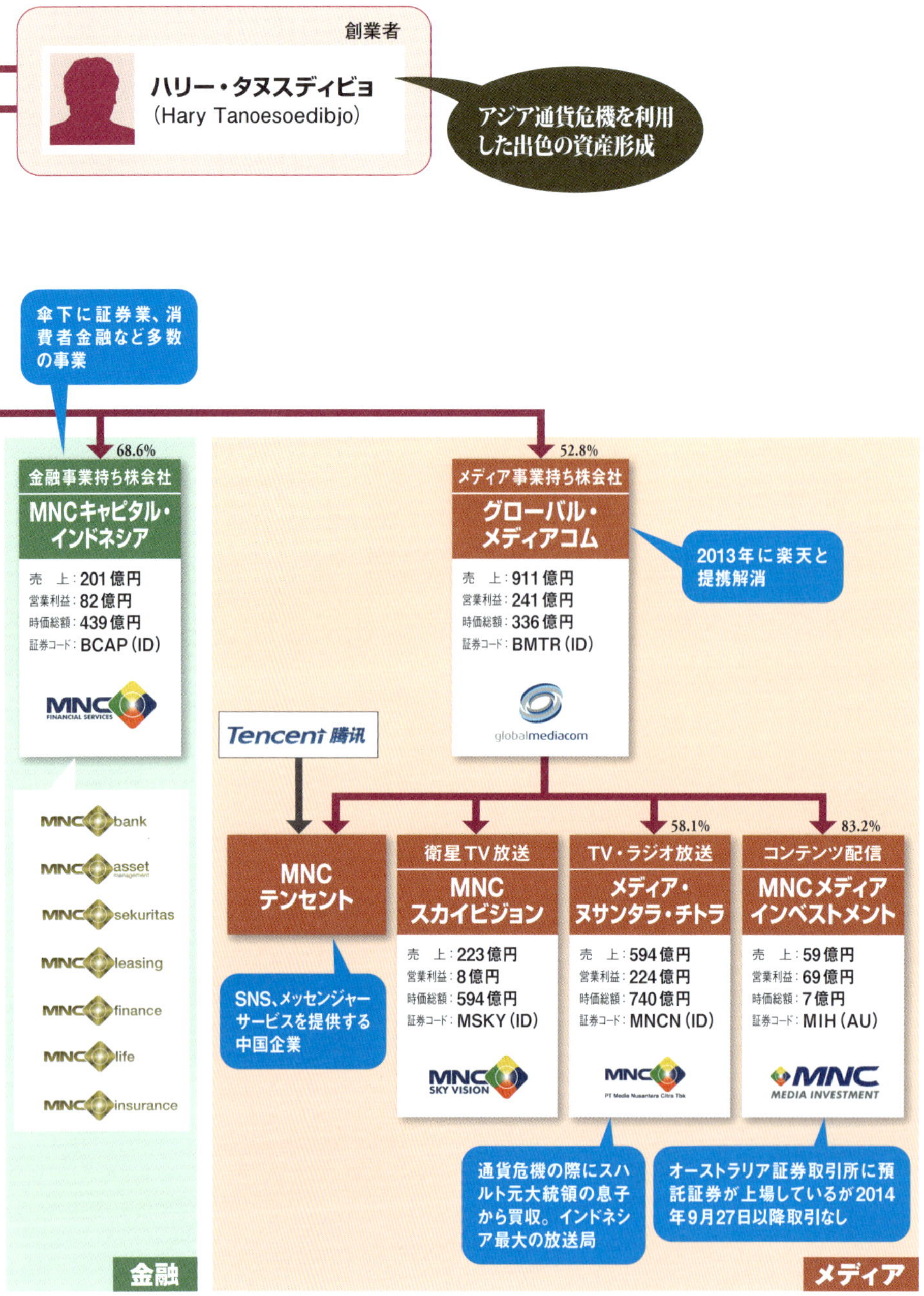

主要業種
メディア

今後の重点業種
メディア・コンテンツ

評価シート	
規模	C
注目度	B
成長性	B
日系企業との提携可能性	B

概要

政界への進出意欲も旺盛

ハリー・タヌスディビョはスラバヤ出身。1965年生まれの若きタイクーンだ。インドネシアのメディア王とも称されるが、その資産形成は他のタイクーンとは一線を画している。スラバヤの実家では、父が証券会社を営んでおり、その影響で1989年にMNCインベスタマという投資会社を立ち上げた。そしてこの投資会社をビークルにして、アジア通貨危機で瀕死の状態に陥った企業や資産を買収していったのである。

通貨危機が発生すると多くの企業がデフォルト状態に陥り、その企業にローンを出していた銀行は担保権を行使して企業の資産や株式を接収していった。ただし、回収の目処の立たない資産である。銀行はバランスシートを軽くするため、IBRA（インドネシア・バンキング・リストラクチャリング・エージェンシー）の指導の下、それらの不良資産をバルクで

ここに注目

インドネシアのSNS環境

インドネシアにおいてもスマートフォンの普及率が高まってきており、それと呼応するようにインターネットの利用者も増加傾向にある。インドネシア人はSNSの利用率が高いと言われるが、MNCが展開しているWhatsAppの普及率は約40%と高いものになっている。

インドネシアにおけるインターネット利用者とスマートフォンの普及率

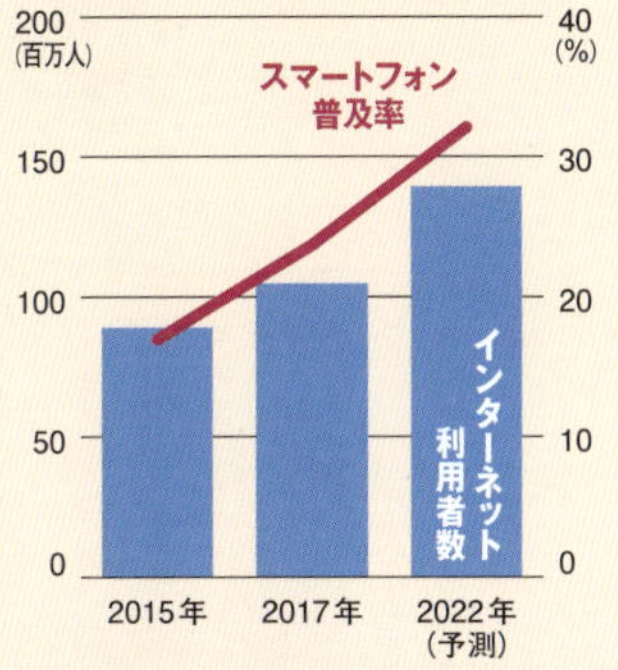

主要SNSの普及率（2017年）

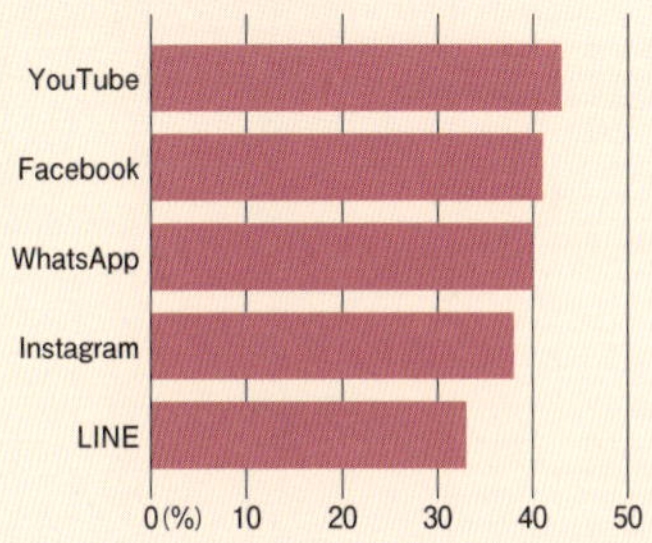

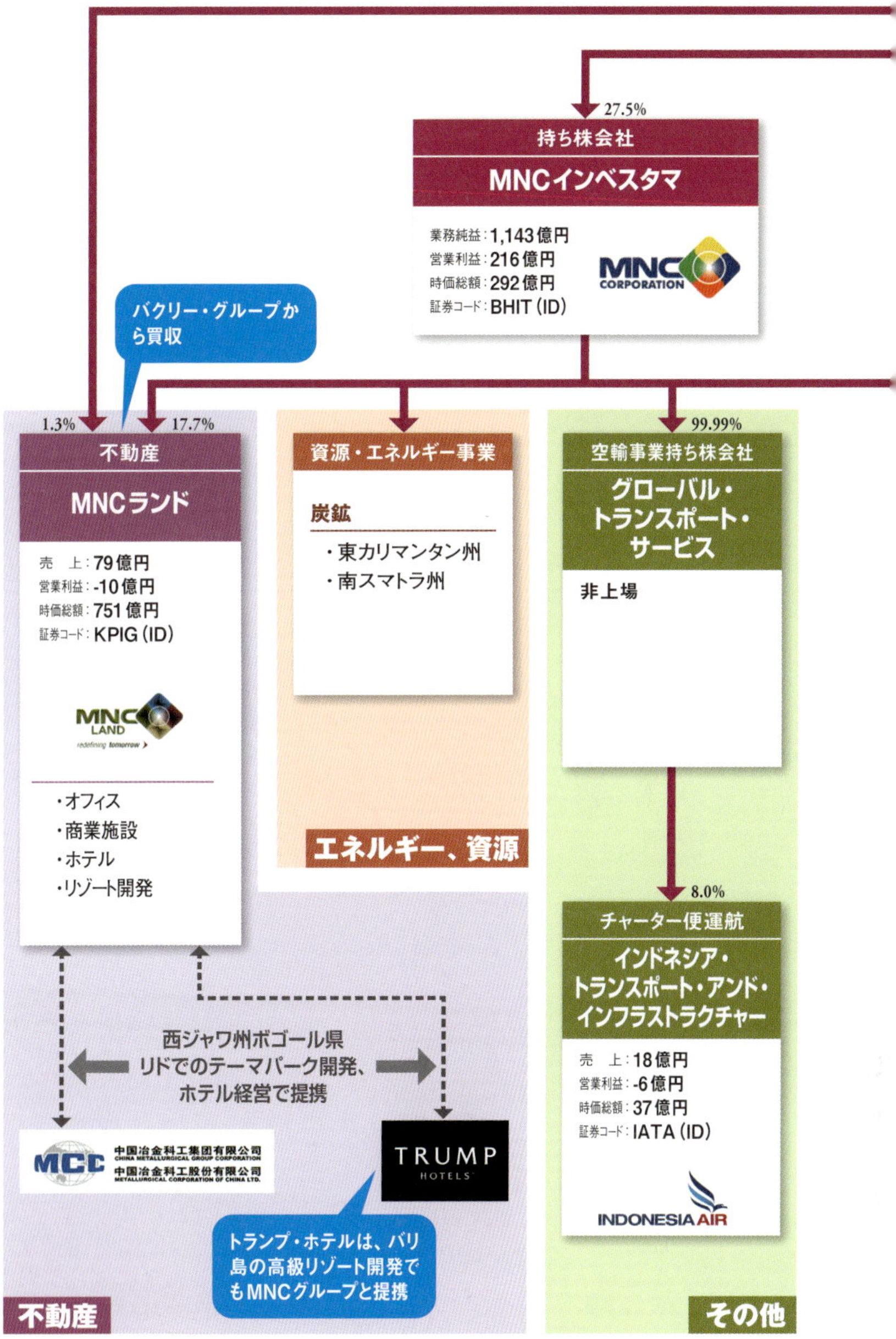

売却していったのである。

スハルトの次男バンバンが経営するヌサンタラ・チトラというインドネシア最大の放送局もその中の1社であり、IBRAがその売却を行った際に落札したのがハリーである。

事業面のコアは放送事業で、かつて楽天と提携したことがある。その関係で、アイドルグループJKT48をMNC局でサポートする企画もあったが、残念ながら楽天とは2013年に提携を解消。それに代わるようにテンセントと提携し、WeChatのサービスを展開している。不動産開発にも力を入れ、西ジャワで大規模なテーマパークの開発を進めており、またトランプ大統領傘下のトランプ・ホテル・コレクションと提携し、バリに高級リゾートホテルを建設する計画も発表している。

政治に対しても強い関心を示し、2014年の大統領選では副大統領候補として立候補したこともある。現在は自らの政党ペリンド党を立ち上げ、将来の大統領選への出馬にも意欲があると目されている。

用語解説

IBRA
（日本名：インドネシア銀行再建庁）

1998年1月設立。IMFの指導の下、アジア金融・通貨危機後の多額の不良債権を抱える銀行部門の再建を進めている監督・管理担当局。インドネシア語の頭文字をとって、BPPNとも言う。2004年2月末解散。

Edwin Soeryadjaya/ Saratoga Capital (Ex Astra)

エドウィン・スルヤジャヤ（フォーブス第45位・純資産額748億円）

サラトガ・インベスタマ・セダヤ（アストラ・グループの創業ファミリー）

元インドネシアの自動車王、今はプライベート・エクイティ・ファームを運営

主要業種
投資会社

今後の重点業種
投資会社

評価シート

規模	B
注目度	B
成長性	A
提携可能性	B

概要　かつて自動車産業を牽引したファミリー

エドウィン・スルヤジャヤは、インドネシア初のプライベート・エクイティ・ファンド（PEファンド）であるサラトガ・インベスタマ・セダヤの設立者だ。消費財、インフラ、資源分野のさまざまな企業に投資をしている、国内屈指のPEファンドである。しかし彼を語るとき、アストラ・グループに言及しないわけにはいかない。アストラは、インドネシア最大の自動車会社である。すでにファミリーはアストラの株を手放したが、インドネシアの自動車産業の近代化に貢献した。

　アストラの創業者はエドウィンの父、ウィリアム。1922年、西ジャワの生まれである。12歳で両親を亡くしたウィリアムは、兄弟と食品や雑貨の販売をして生計を立てたという。1957年にアストラ・インターナショナルを設立。1968年にシボレーの輸入販売権を獲得。ま

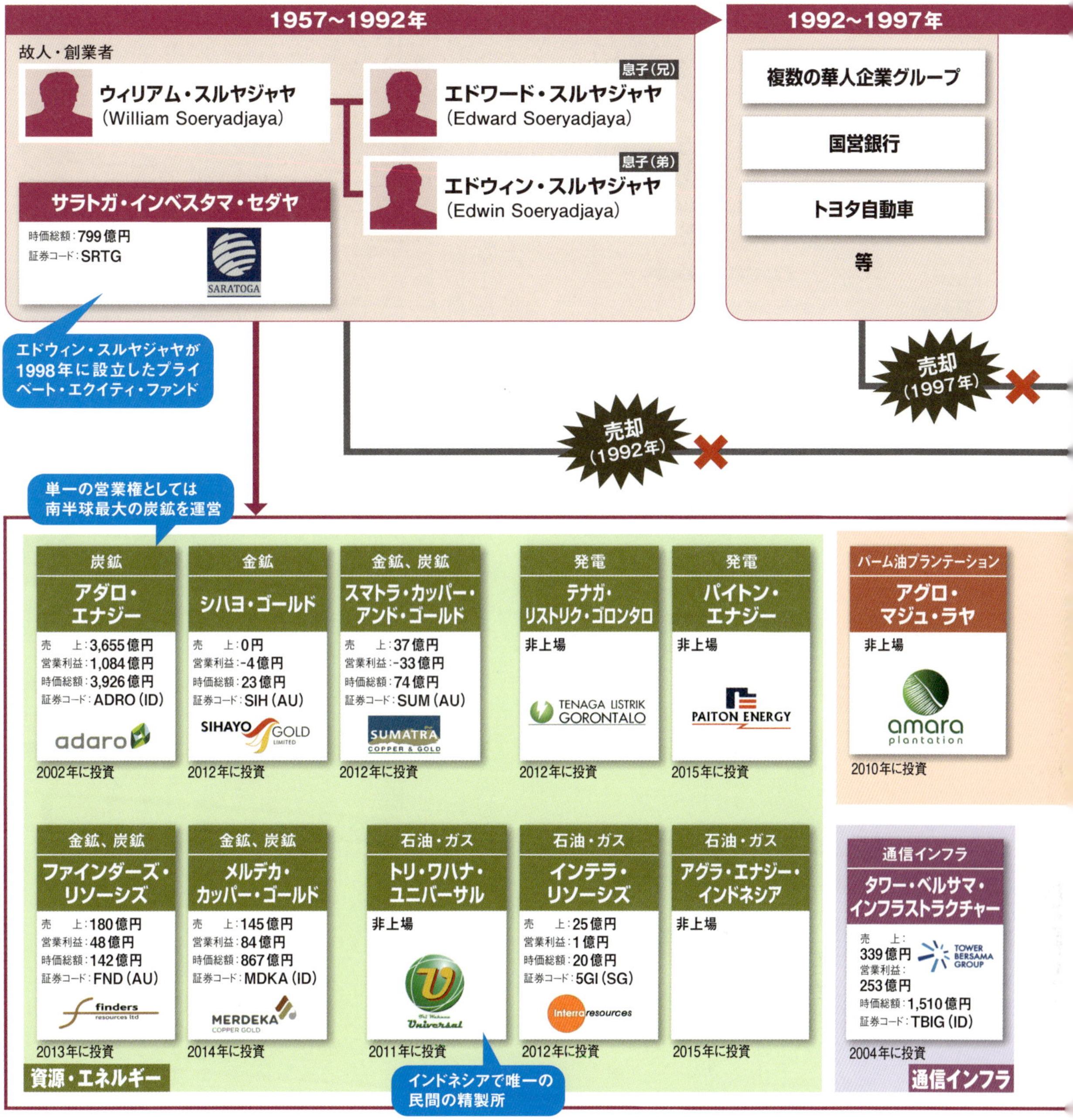

た同時期にトヨタ総代理店となり、1971年にはトヨタ・アストラ・モーターを設立した。

スハルト政権と懇意であり、自動車産業の育成を図りたい政権の庇護を受けて業容を拡大。輸入から組み立てへ、そしてコマツ、ダイハツ、ホンダ二輪等も扱うようになった。政権と一緒に急成長し、1990年には上場を果たして絶頂を極めた。しかし、多角化の一環として長男エドワードに経営させていたスンマ銀行が破綻し、一部の株を手放した。さらにアジア通貨危機で、今のオーナーであるジャーディン・サイクル・アンド・キャリッジにファミリーの株を全て売却するという事態に陥った。

エドウィンがサラトガ・インベスタマ・セダヤを設立したのは、1998年にさかのぼる。ファミリービジネスが、資本の論理に翻弄される渦中で、まさに資本の論理の上に立つファンドビジネスを立ち上げたのだ。投資先は多岐にわたるが、資源・エネルギー系の企業が多い。また近時はヘルスケア領域にも注力しているようだ。

インドネシア自動車産業の父とも言える創業者ウィリアムは2010年に死去。その息子はインドネシアPEファンドの先駆者として走り続けている。

新しいビジネスの潮流とタイクーン

本書に掲載している相関図が旧版と大きく変わった要因の1つに、中国企業の躍進がある。アリババやテンセントなど中国のネット系企業は現在デジタルエコノミーの世界を席巻しているが、2015年12月発売の旧版の中に彼らの姿はなかった。しかし本書では、インドネシアやタイの大手財閥との積極的な提携が目立つ。それを俯瞰したのが次ページの左上の図である。そしてこの領域における日系企業の存在感は非常に薄い。

ネット・ITの世界の動きは非常に速い。また中国企業の動きも速い。

迎えるのは即断即決ができるタイクーン。タイにおいてはCP、セントラル、サハという小売りを牛耳る大手3グループが、アリババ・テンセントのいずれかと組むかたちになっている。これら財閥と日系企業の関係は深く、小売り・流通事業でさまざまな提携がなされている。にもかかわらず、デジタルエコノミーの領域で、何ら有意義なアライアンスを築くことができないまま、中国企業と有力財閥との陣取りゲームが完成しつつある。

左下の図は、インドネシアにおける財閥傘下のベンチャーキャピタルの動きである。リッポー、ジャルム・タバコを率いるハルトノ・ファミリーなどはベンチャー投資の実績を増やしつつある。ハルトノ・ファミリー傘下のgdpベンチャーズはゴジェック(Gojek)、ガレナ(Garena、現社名Sea)というユニコーンへの出資を果たしており、その目利き力を証明している。

アジアのテック領域でのベンチャー投資家である佐藤輝英氏(BEENEXT※社創業者兼代表)によると、インドネシアのテック系のスタートアップの質は高く、特にフィンテック領域ではユニークな企業が多いらしい。インドネシアの銀行口座比率はわずか15%程度。国民の多くが銀行とは無縁の生活をしている。しかし、スマートフォンを介在した給与支払い、決済、ローンなど新たなサービスを提供する企業が生まれてきている。まさに必要は発明の母と言ったところか。近時、シナルマスがヤフーと組んでベンチャー投資事業を開始したが、ヤフーの目利き力と併せてどんなユニコーンを発掘するか今から楽しみである。

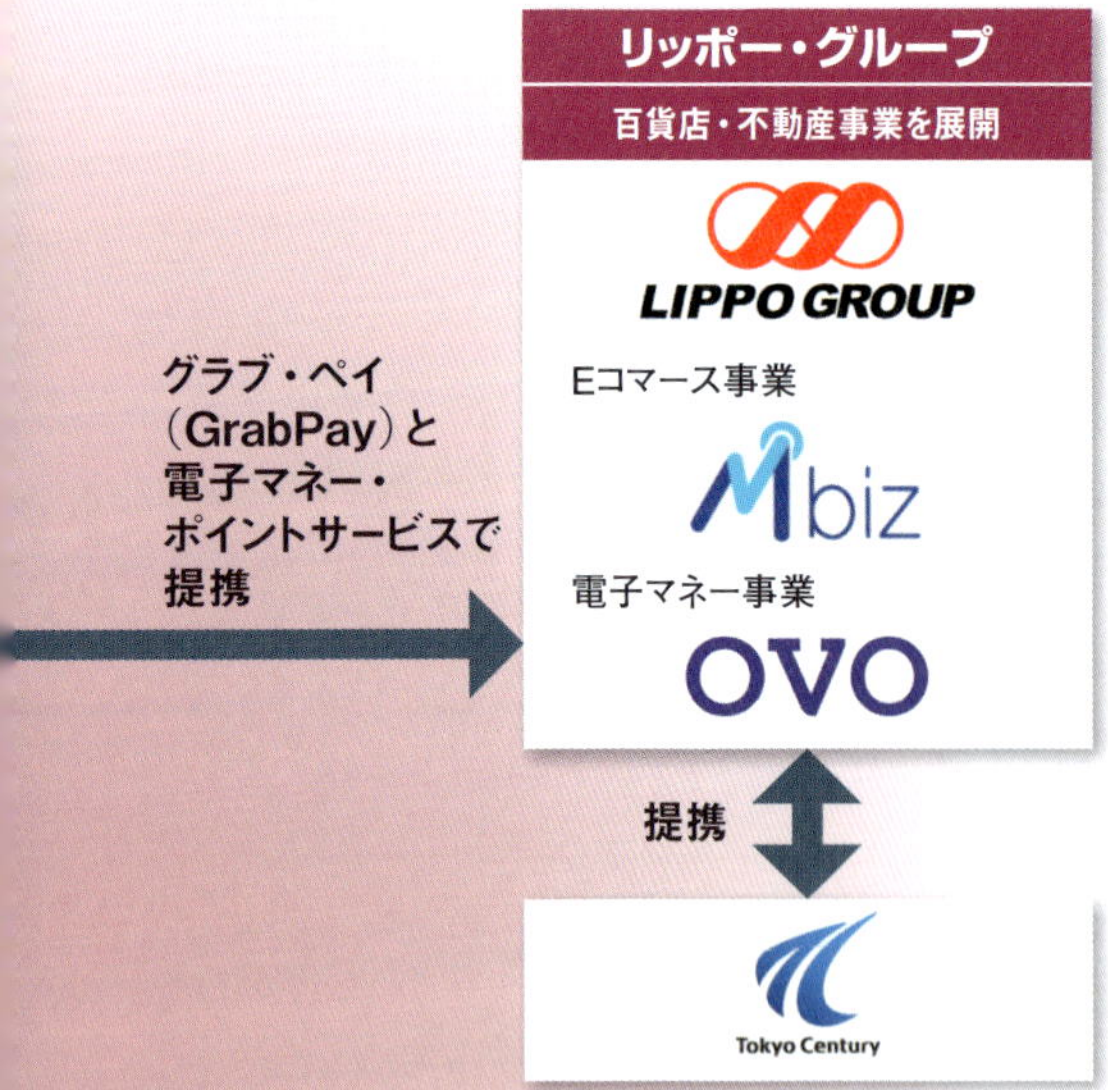

※BEENEXTのHP https://www.beenext.com/

インドネシア・タイにおけるEコマース関連プレーヤー相関図

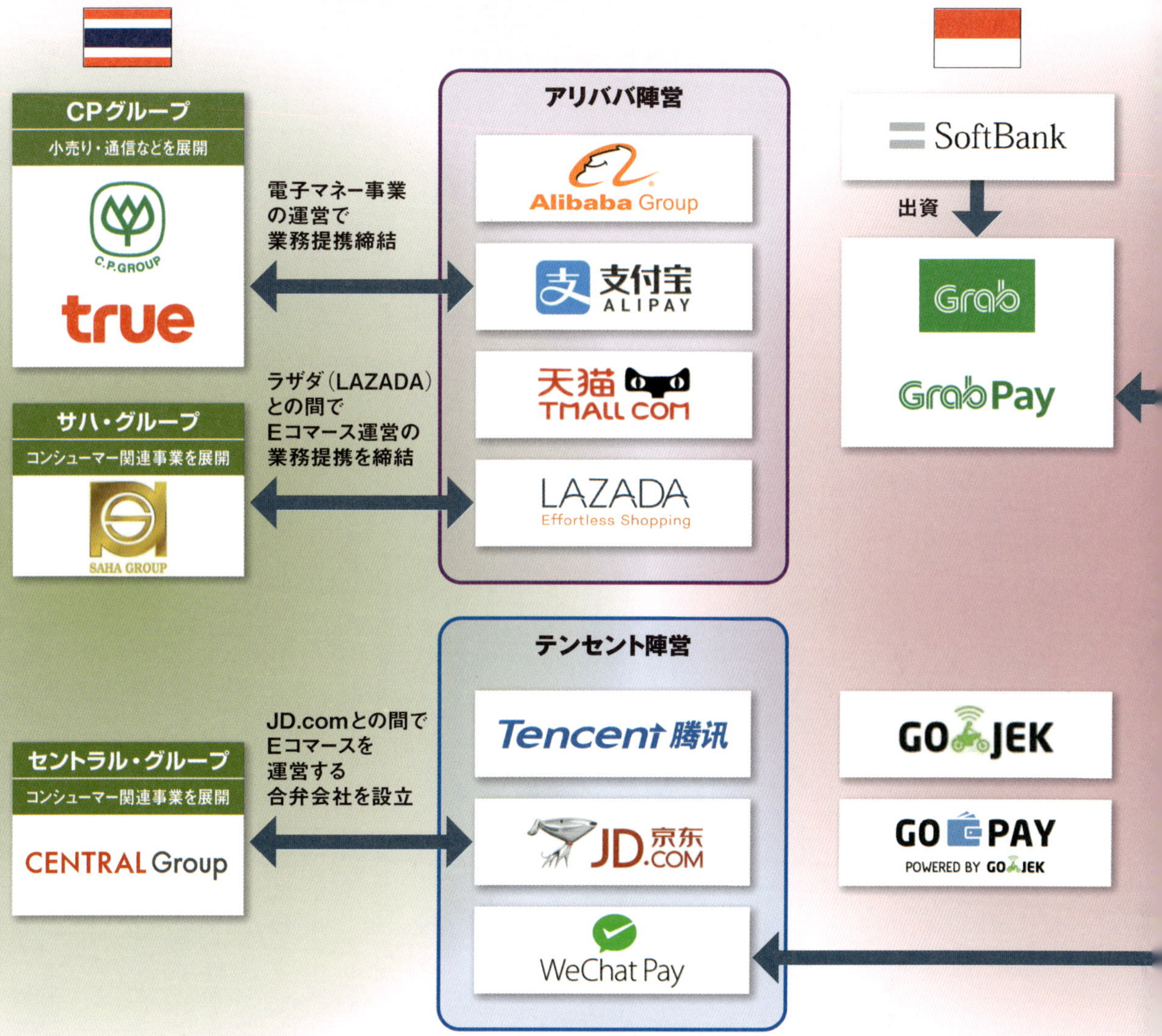

インドネシアおけるベンチャーキャピタル・プレーヤー

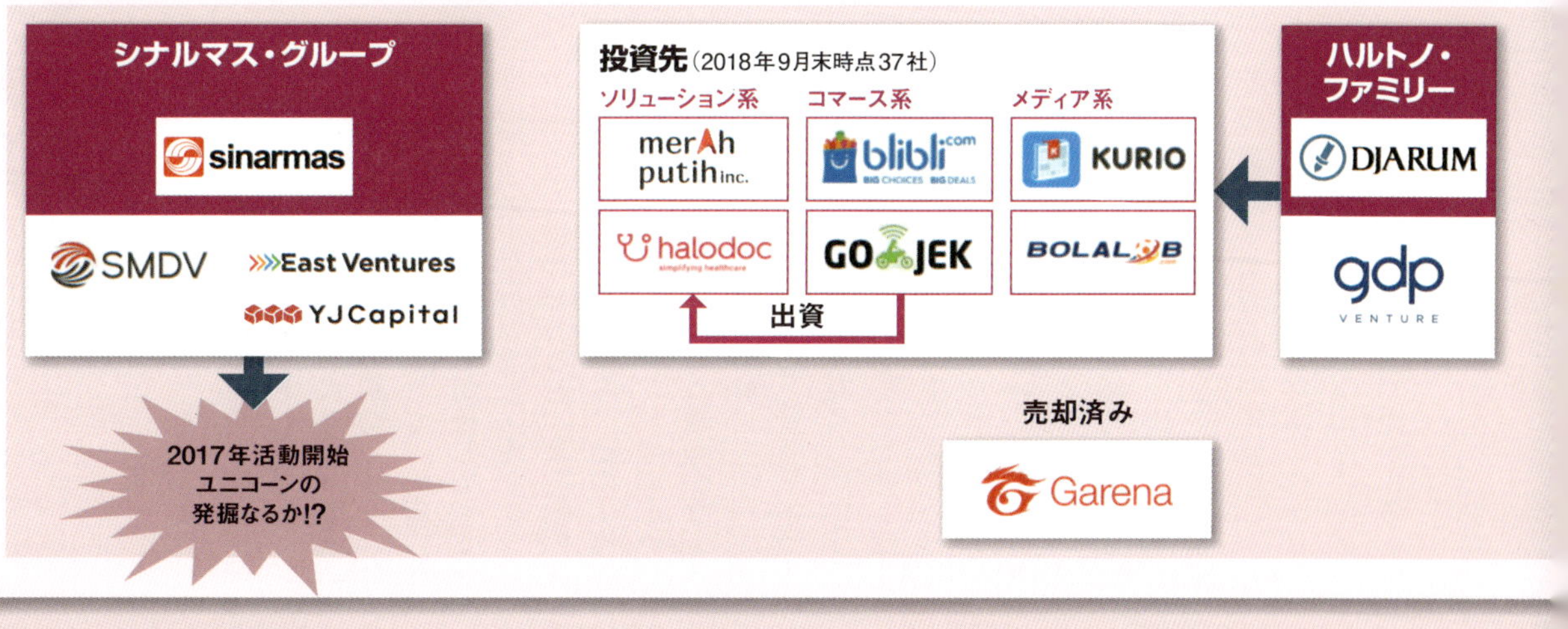

COLUMN

インドネシアのコンビニエンスストア業界の動向

　コンビニエンスストアはアメリカで生まれた小売形態だが、24時間体制のセントラルキッチンの構築や、ジャストインタイムの配送を前提にした物流の整備、ITを駆使した顧客情報分析など、日本ならではの精緻さを伴って発展を遂げてきた。日本の人口が減少していく中、大手コンビニ各社はＡＳＥＡＮ展開を活発にしており、各国のタイクーンとの提携で出店を加速させようとしている。ただし、各社間で成長のスピードには差があり、同じコンビニエンスストアの中でも国によって出店のペースが異なる。

　人口が所得と並行して増加していく世界においては、小売業が伸びる余地が大きい。ただしスマートフォンの普及によるＥコマースの伸長や、Ｅマネーやフィンテックによる新たな金融サービスの登場、グラブ（Grab）とゴジェック（Gojek）のような新しい形態の宅配サービスなどの出現で、ＡＳＥＡＮにおける消費者の行動が大きく変わりつつある。劇的な変化にどう対処するか、小売り各社は経営の手腕を問われている。

　そんな中、衝撃的だったのはセブン-イレブンのインドネシアからの撤退である。人口と所得がダブルで増える市場から撤退せざるを得なかった原因は何か？　他の日系コンビニへの影響はどうか？

　このような疑問に答えるために、インドネシアのコンビニ業界の事情に詳しい人物に話を聞いた。業界に精通しているがゆえ、取材は匿名が条件となった。Ｘ氏の本業は、ハラル認証済みのベーカリーをコンビニに供給するセントラルキッチンの経営者だ。

桂木　インドネシアの消費動向について教えてください。

Ｘ氏　スマートフォンを利用したＥコマースの利用が盛んだ。特に衣料などの非食品アイテムは、オンラインで買う人が爆発的に増えた。これにより消費者はスーパーやデパートに行かなくなった。特に食品を扱わないデパートの閑散ぶりはひどいものだ。

桂木　コンビニエンスストアも影響を受けていますか？

Ｘ氏　コンビニエンスストアは、今消費したいものを買う場所であるので、注文してから商品が手元に届くまで時間を要するオンラインショッピングとは、棲み分けができる業態だ。Ｅコマースの影響で、スーパーマーケットや、より大型のハイパーマーケットでは閉店するところが出てきており、その分、コンビニの出店余地が増えてきている。今後も成長は続くだろう。

桂木　インドネシア最大手のインドマレットやアルファマートでは店舗が増えているようですが、日系コンビニの店舗は伸びがありません。セブン-イレブンは撤退してしまいました。

Ｘ氏　コストの問題が大きい。外資のコンビニは規制上、レストランという形態で営業しなくてはならない。イートインスペースの分、店舗が大きくなり、好立地物件を確保するのが難しい。当然、取得のコストも大きい。また日本のオペレーションの基準に合わせるため、デリを製造する機械のスペックもいきおい高くなる。さらにローカルコンビニには無縁の本社に対するロイヤルティーもある。このような高コスト体質をものともしない好立地物件はまず出てこないし、あったとしても競争が激しい。よってコストの制約が少ないローカルコンビニに対して、出店のスピードがどうしても劣後してしまうのだ。最大手のセブン-イレブンが去るのも道理であるし、また他の日系も当然苦戦している。そのような状況下、地場大手コンビニにとっての競争環境は、むしろ緩やかなものになっている感がある。

桂木　インドネシアではゴジェック・グラブの躍進が目覚ましいですが、コンビニにとってインパクトはありますか？　日系コンビニにとっての影響はどうでしょうか？

Ｘ氏　インパクトは大いにある。交通渋滞の激しいインドネシアにおいて、バイク便は非常に便利なサービスだ。今や2ドルのコーヒーを買うのにゴジェックを使う者さえいる。そのような消費行動に対して、1万5000の店舗を有するコンビニと100店しか持たないものでは、消費者からのアクセスに差が出るの

コンビニエンスストア企業の各国におけるパートナーと店舗数

数字は各国の店舗数	インドネシア	タイ	マレーシア	フィリピン	ベトナム	シンガポール
7 ELEVEN 合計**15,994**店	撤退	CPグループ CP ALL 10,902店	ベルジャヤ・グループ BERJAYA 2,259店	ユニプレジデント 统一企业 2,386店	IFBホールディング SUBWAY 19店	直営 ELEVEN 378店
FamilyMart 合計**1,496**店	ウイングス・グループ WINGS 101店	セントラル・グループ CENTRAL Group 1,099店	QLリソーシズ QL Resources Berhad 74店	フェニックスペトロリアム PHOENIX 66店	VIDグループ VID Group 156店	未進出 0店
LAWSON STATION 合計**181**店	アルファ・グループ Alfamart 37店	サハ・グループ 109店	未進出 0店	ピュアゴールド PUREGOLD 35店	未進出 0店	未進出 0店
その他企業	インドマレット（サリム） Indomaret 15,000店	ミニビッグC（TCC） mini Big C 585店	99スピードマート 99 SPEEDMART 1,256店	ミニストップ MINI STOP 492店	ミニストップ MINI STOP 120店	チアース Cheers 120店
	アルファマート Alfamidi 13,477店	テスコロータスエクスプレス TESCO Lotus express 出店数不明		アルファマート Alfamidi 348店	ビンマート VinMart+ 約1000店	

※出店数の出所は各社のHP　※フィリピンのアルファマートの店舗数は2017/12/31時点。出所はSMインベストメンツ・コーポレーションの年次報告書（2017）
※セブン-イレブン2018/9/30時点、ファミリーマート2018/11/30時点、ローソン2018/8/31時点、ミニストップ2018/8/31時点

は自明であろう。このような新しいサービスが、既存の大手コンビニのさらなる成長をサポートしている側面もある。

桂木　ところであなたはパンをコンビニに卸していますが、ハラル認証の取得をアピールしている印象を受けます。インドネシア国民の90％がムスリムで、食品製造業者がハラル認証を取得することは一般化していると理解していますが、前面に押し出している理由は何ですか？

X氏　最大の理由は、インドネシア政府が2019年に全ての食品と化粧品にハラル認証を付けることを義務付けたことだ。製造業が脆弱なインドネシアにおいて、多くの消費財は輸入で賄われている。食品、トイレタリー、化粧品も相当数が輸入されているが、これら全てにハラル認証が必要になる。インドネシアに製品を輸出している海外の製造者の負担は大きくなるだろう。

桂木　その背景は何ですか？

X氏　ジョコウィ大統領は、市井の人たちの生活水準の向上を政策として掲げている。桂木さんがご指摘の通り、インドネシアでは国民の90％がムスリムであり、彼らに向き合うことが政策の中心になる。2019

年の大統領選挙においてジョコウィが副大統領候補として指名しているマルフ・アミン（Ma'ruf Amin）は、MUIのチェアマンをしているような人物だ。ハラル認証の義務化で、全てのムスリムが安心して買い物ができる環境を作るというアピールになる。実はインドネシアの食品製造業者の中にはハラル認証を取得していない者も少なからず存在する。そのような事業者にプレッシャーをかける狙いもある。

桂木　ハラル認証を与えるのは誰になるのですか？

X氏　MUIだ。これまでインドネシアにおけるハラルの認証は民間のボランタリーベースで行われていた。その結果、インドネシアでハラル認証されても、他のイスラム社会では必ずしも認められなかった例がある。ムスリム人口は全世界で19億人という規模であり、この巨大なマーケットにインドネシアからリーチしたいという思惑がある。マレーシアのハラルの認証基準は厳しいので、マレーシアのハラルは全てのイスラム社会で通用するという話を聞くが、インドネシアもその地位を狙っている。

桂木　規制の導入によってインドネシア企業は混乱しないのですか？

X氏　ハラル認証取得基準を満たしていない地場企業からは当然反対の声は聞こえてくるが、インドネシアがハラルを戦略的に活用するためには、地場企業の努力も必要だ。またこのような機運を捉えて、ハラル認証済みの商品しか扱わないコンビニも登場してきた。「Podjok Halal（ポジョック・ハラル）」というブランドでまだ10店舗に満たない規模であるが、今回の規制を追い風にプレゼンスを上げるとみている。新しいトレンドの下には、必ず新しいビジネスチャンスがあるものだ。

桂木　日系企業を含めた外資にとっての影響はありますか？

X氏　インドネシアでは今後ますます人口が増え、市場規模が大きくなる。インドネシアにおけるハラル認証が厳格化されれば、他国で製造してインドネシアに輸出するより、インドネシア国内で製造することを選択する企業が出てくるだろう。実際インドネシア政府もそうなることを狙っている。雇用の創出機会は国民に対する最大のアピールだ。

桂木　あなたにとってもビジネスチャンスがありそうですね。

X氏　すでに、ハラルのノウハウのある当社に製品供給の引き合いが増えている。日系企業を中心に、アドバイザリーを提供する機会も増えるかもしれない。

この認証マークがビジネスのカギになる

ハラルに特化したコンビニエンスストアのポジョック・ハラル

出所：https://wartapena.com/podjok-halal-resmikan-outlet-di-bei/

【本章の主な参考文献】

外務省のHP　インドネシア共和国　https://www.mofa.go.jp/mofaj/area/indonesia/index.html

JETROのHP　インドネシア　https://www.jetro.go.jp/world/asia/idn/

JETRO：2017年の経済見通し（世界56カ国・地域）（2017年5月）　https://www.jetro.go.jp/world/reports/2017/01/86316a1635568bc9.html

JETRO：2018年の経済見通し（世界54カ国・地域）（2018年5月）　https://www.jetro.go.jp/world/reports/2018/01/55b33e7af57031de.html

OKB総研 調査部：2018年東南アジア主要国経済の見通し　2017年11月22日　https://www.okb-kri.jp/_userdata/pdf/report/168-focus1.pdf

Bappenas：Director of Forestry and Water Resources Conservation：MEDIUM TERM DEVELOPMENT PLAN: RPJMN 2015-2019　http://www.lse.ac.uk/GranthamInstitute/wp-content/uploads/laws/1328_presentation.pdf

みずほ総合研究所：任期折返しを迎えるインドネシア現政権の改革は道半ば　2017年2月14日　https://www.mizuho-ri.co.jp/publication/research/pdf/insight/as170214.pdf

Asian Development Bank: Country Partnership Strategy 2016–2019: Towards a Higher, More Inclusive and Sustainable Growth Path https://www.adb.org/sites/default/files/institutional-document/202126/cps-ino-2016-2019.pdf

国際機関日本アセアンセンター：インドネシアの工業団地リスト https://www.asean.or.jp/ja/invest/country_info/indonesia/industrialestate/

あずさ監査法人：海外赴任前研修　インドネシア　2017年12月14日

『徹底検証　アジア華人企業グループの実力』（朱炎編著/ダイヤモンド社）

『一目でわかる　アジアの財閥と業界地図』（藤原弘・田中恒編著/日本実業出版社）

その他、各社のHP、各社アニュアルレポート、各社報道、ウィキペディアなど幅広く参照した。

第2章

タイ

CP（チャロン・ポカパン）グループ
TCCグループ
サイアム・セメント・グループ
セントラル・グループ
アユタヤ銀行グループ
シンハー・グループ
バンコク銀行グループ
サイアム・モーター・グループ
サハ・グループ

タイ

2016年10月13日、プミポン国王（ラーマ9世）の崩御によって「微笑みの国」の民は悲しみの涙にくれた。在位実に70年。自国の歴史を見守り、全ての国民に敬愛され、まさにタイの象徴であった。未だに軍政の政治が続くが、新国王のリーダーシップに注目したい。

歴史

植民地化を逃れ工業国としての地位を築いたが、政治は混乱の歴史をたどる

「サワディーカ」。胸の前で手を合わせ、笑顔で挨拶をしてくるタイ人。微笑みの国として名高いこの地だが、裏腹に争いと混乱の連続の歴史を持っている。

映画『王様と私』にも登場するラーマ4世の統治時代（1851～68年）、周辺地域の大半は欧米の植民地となっていた。タイは英仏両勢力圏の緩衝地帯として植民地化を免れていたが、近隣では列強各国がしのぎを削っていた。

第2次世界大戦後の東西冷戦期は、ベトナムやカンボジアが共産主義化。アメリカの大々的な支援で「共産主義の防波堤」となったが、ここでもイデオロギーの対立の最前線に位置していた。

国の工業化にはいち早く取り組み、日系の自動車産業や製造業が進出。1967年には東南アジア諸国連合（ASEAN）に結成時から加盟。域内の優等生としての地位を保ってきた。一方で所得の格差が徐々に広がり、国民の不満から政情不安につながっているのは皮肉である。タクシンが2001年に首相に就任すると、その政策を巡ってタクシン派と反タクシン派との政治的対立が激化。2006年に発生したクーデターでタクシンは政権を追われた。

2011年に実施された総選挙では、タクシン元首相派のタイ貢献党が大勝し、妹のインラックが首相に就任した。だがその後も混乱が続き、2014年5月、憲法裁判所はインラック政権の政府高官人事を違憲として、インラック首相を失職させる司法クーデターを起こした。また同年5月22日に国軍は軍事クーデターを決行。インラック前首相他、政府高官を相次いで拘束した。インラック氏は2017年に有罪判決を受けるも、その直前にタイを出国。現在は兄タクシン氏とともに国を転々とする「逃亡生活」を送っている。

現在もプラユット陸軍大将を首班とする軍事政権の下で政治が行われているが、民政復帰のための選挙は、再三引き伸ばされている。民主化に向けてまだ紆余曲折が予想される。

ラーマ9世の崩御を悼む人々
（©Sipa Press/amanaimages）

国名	タイ王国 Kingdom of Thailand
面積	51万3,115km² （日本の約1.4倍）
人口	6,910万人 （2017年）
首都	バンコク 人口852万人（2013年）
言語	タイ語
宗教	人口の約95%が上座部仏教、その他イスラム教（4%）、キリスト教（0.6%）　など

出所：JETRO
https://www.jetro.go.jp/world/asia/th/basic_01.html

タイの歴代首相

代	氏名	就任	退任
31	タクシン・チナワット	2001年	2006年
32	スラユット・チュラーノン	2006年	2008年
33	サマック・スントラウェート	2008年	2008年
34	ソムチャーイ・ウォンサワット	2008年	2008年
35	アピシット・ウェーチャチーワ	2008年	2011年
36	インラック・シナワトラ	2011年	2014年
37	プラユット・チャンオチャ	2014年	—

出典：外務省のHPなどを参照して著者作成

経済

「中所得国の罠」を脱出できるか？ インフラ整備とイノベーションがカギ

タイの産業別のGDP構成比を見てみると、製造業の占める比率が圧倒的に大きい。実際、トヨタ、日産、ホンダ等、主要自動車関連企業が進出している他、家電メーカーも数多く進出している。これら日系企業の製品は、タイ国内市場はもちろん、関税特典があるASEAN諸国内でも販売されている。その意味で、タイは日系製造業にとっての重要な製造・輸出の拠点となっている。

またタイは農業国でもあり、GDPに占める比率も高い。米、砂糖、タピオカなどが主要産物で、エビの養殖や鶏の育成・加工も盛んだ。当然それらの輸出も多い。そんな農業国のタイであるが、日本のとある農業法人が日本の農産物を直接タイに持ち込んで販売して話題になっている。実際、日本の野菜や果物は品種改良の成果で、現地品に比べると味や甘みが格段に優れている。航空輸送するために単価は高いが、富裕層を中心に人気を博しているという。日本の地方創世にもつながるビジネスシーズであり、今後の取り組みに注目したい。

2017年のタイの名目GDPは約4550億ドルであり、東南アジアではインドネシアに次ぐ経済規模である。また同年の1人当たりのGDPは6591ドルであり、隣国のカンボジア、ラオス、ミャンマーより遥かに高い。しかしタイに関しては、すでに中所得国の罠に陥っているとの指摘がある。中所得国の罠とは、自国経済が中所得のレベルで停滞し、先進国入りができない状況を指す。これは、新興国が低賃金の労働力を原動力に経済成長して中所得国の仲間入りを果たした場合によく見られる。その後、自国の人件費が上昇し、さらに先進国同様の先端イノベーションも持てないことで競争力を失い、経済成長が停滞するという流れだ。

この罠を回避するためには、規模の経済の実現と産業の高度化が不可避とされる。そのためにはハード・ソフト両面でのインフラ整備、社会慣習の変革（汚職腐敗の根絶）、ITリテラシーの向上（理系人材の育成や確保）などが必須である。またタイは、ASEANの中でも高齢化のスピードが速い国の1つといわれる。すでに生産人口は2013年にピークを打っており、「豊かになる前に老いる」の典型で、これも罠を越えるためのハードルといえる。

そのような中、JETROでは経済産業省と連携し、デジタル、ヘルスケア、IoT、サービス等の新産業分野において、日本企業とASEAN企業の連携により新産業創出事業のためのマッチング・ネットワークイベントを実施している。実はタイを含むASEAN各国で、起業の動きが加速している。「起業イベント」が連日のように開催され、成功を夢見る若者が独自のアイデアや技術をプレゼンしている。JETROの取り組みは、まさに現地スタートアップと日系企業がコラボレーションするための橋渡しである。このような取り組みの中から、ユニコーン企業が登場して中所得国の罠をも脱出するようなビジネスイノベーションが生まれるかもしれない。それに呼応するようにインフラ整備が進んでいくことも期待したい。

GDP産業別構成（実質）

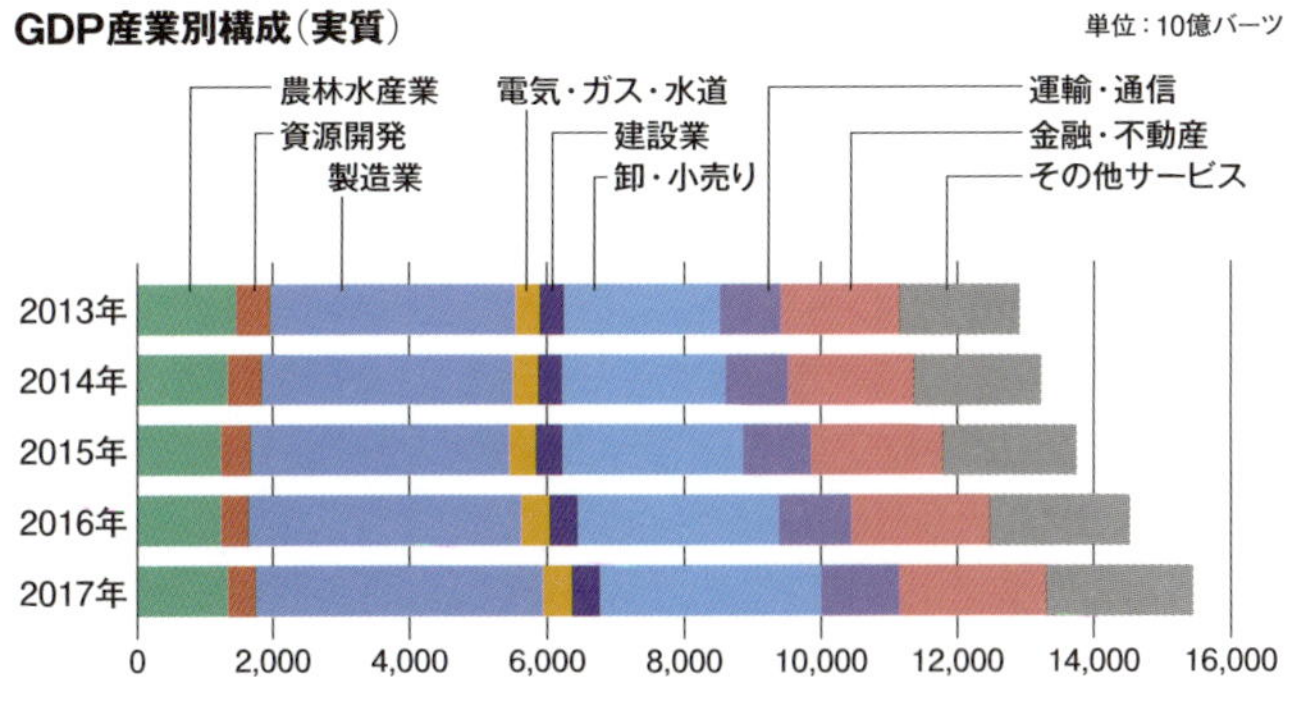

出所：Office of the National Economic and Social Development Board
http://www.nesdb.go.th/nesdb_en/ewt_news.php?nid=4361&filename=index

タイの基礎的経済指標

対象年月	2013年	2014年	2015年	2016年	2017年
実質GDP成長率（単位：%）	2.7	0.9	2.9	3.2	3.9
名目GDP総額（単位：10億ドル）	421	407	399	407	455
1人当たりのGDP（名目）＝米ドル	6,157	5,921	5,799	5,899	6,591
消費者物価上昇率（前年比、単位：%）	2.2	1.9	−0.9	0.2	0.7
失業率（単位：%）	0.7	0.8	0.9	1.0	1.2
為替レート（期中平均値、対米ドルレート）	30.73	32.48	34.25	35.30	33.94

（現地通貨：バーツ）　出所：JETRO「基礎的経済指標」（2018年10月24日更新）

注目グループ

チャラワノン・ファミリー（フォーブス第1位・純資産額3兆3978億円）

Chearavanont Family / CP Group

CP（チャロン・ポカパン）グループ

伊藤忠と対等提携したタイ最大級のコングロマリット

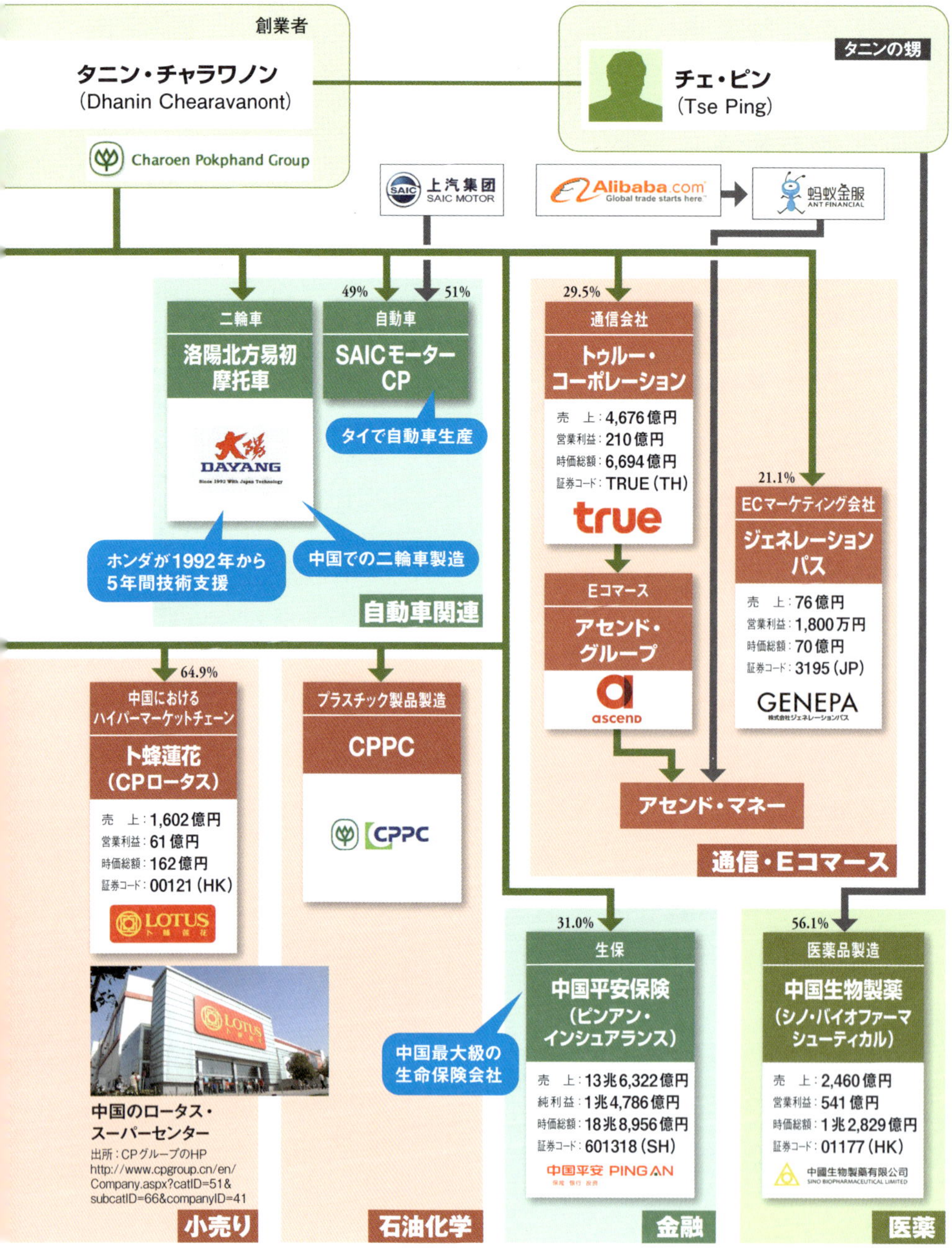

概要

アリババとの事業展開に注目

チャラワノン・ファミリーは、広東省東部の潮州出身。エクチョー・チャラワノンと弟のチョンチャルーンが、1920年頃にタイに移り住んで野菜の種苗の販売を行ったのがビジネスの起源とされる。エクチョーの長男チャランが、1957年に家畜飼料の販売店チャロン・ポカパンを開店したのが、CPグループの発祥だ。

チャランの弟タニンがグループCEOに就任して以降、CPグループは多角化を進め、小売り、不動産、通信、保険など、数多くの事業を手掛けるタイ最大のコングロマリットに成長した。タニンの実績で出色なのは、2014年における伊藤忠商事との資本業務提携であろう。相互に株を持ち合い、日系大企業との対等なパートナーシップを実現した。また翌2015年には、伊藤忠商事と共同で中国最大級のコングロマリ

主要業種
食品・小売り

今後の重点業種
シティックを通じた金融投資

評価シート

規模	A
注目度	A
成長性	A
日系企業との提携可能性	A

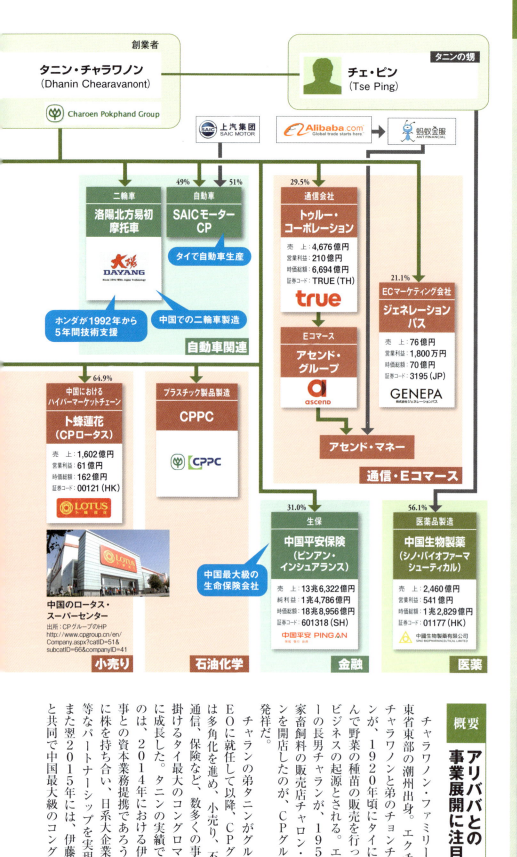

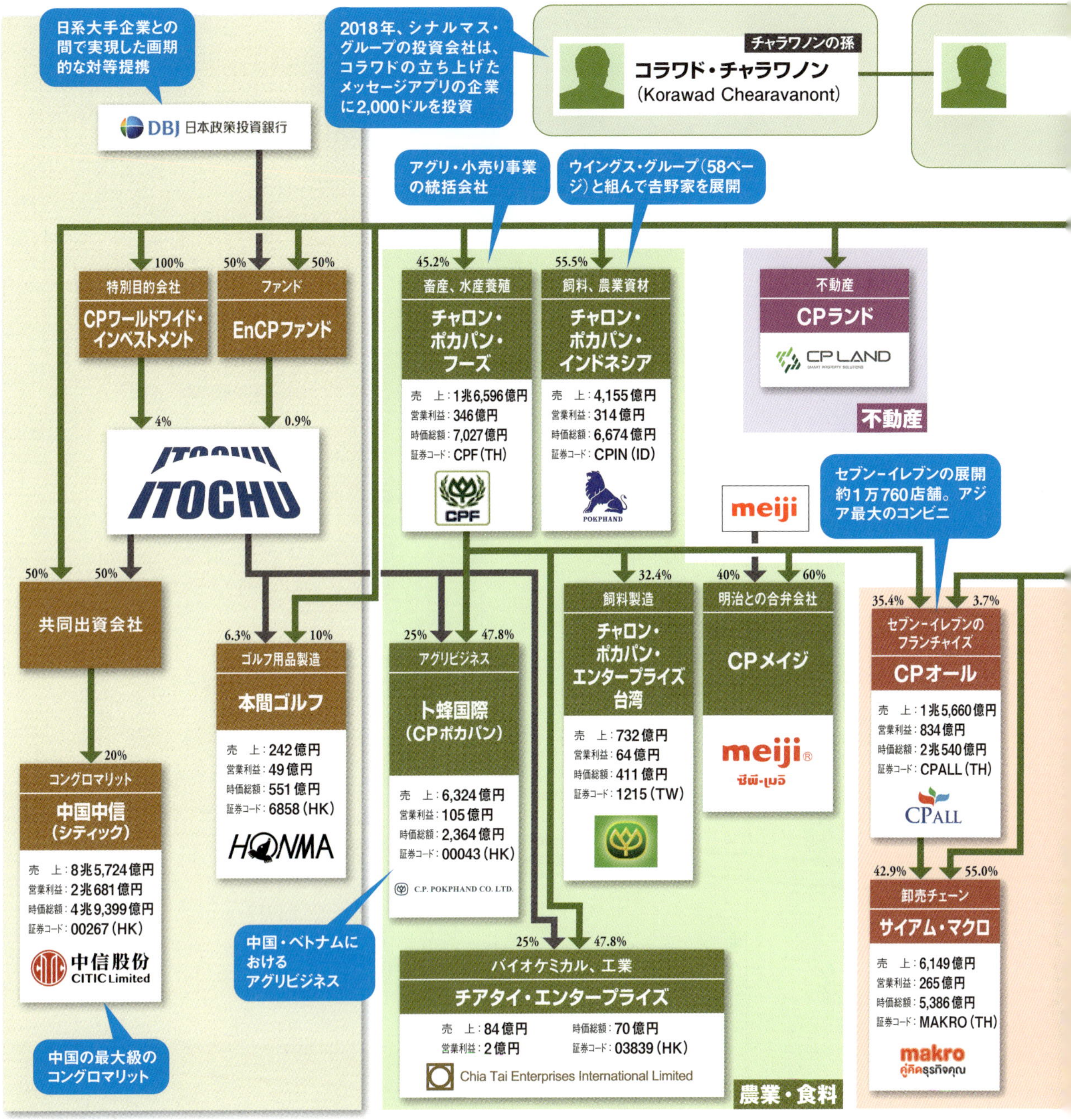

ット中国中信（シティック）に1兆円を投じて株式20％を取得した。

伊藤忠商事の拠出額5000億円は、日系企業が中国に投資する額としては過去最大のものである。CPと提携した最も古い日系企業は明治乳業だ。1989年、CPメイジを設立して、タイにおける牛乳・乳製品の製造・販売を行っている。また小売りでは、セブン-イレブンが1万902店舗を展開している（2018年9月末時点）。さらに先述の伊藤忠商事と協働で、本間ゴルフにも出資するなど、さまざまな業種の日系企業と提携関係にある。

足元における注目事項はアリババと組んだEコマースの展開である。アリババはASEAN各国での事業展開を加速しているが、タイでは最大のコングロマリットCPを選ぶあたりさすがと言わざるを得ない。日系企業とのゆかりが深いCPだけに、アリババとの提携が日系企業のビジネスにどのような影響を与えるか注目していきたい。

このように多くの実績を残したタニンであるが、高齢化に伴い、長男スパキット、三男スパチャイに事業を承継した。長らくカリスマが支配してきたが、グループが巨大化したため、複数の経営者を育てて連邦運営に移行する模様だ。

2017/12期 連結決算 実績	2018/12期 ― コンセンサス予想
14,781	16,288
1,480	1,054
10.00%	6.50%
309	―
2.10%	―
450	422
3.00%	2.60%
18,143	―
4,678	―
25.78%	―
3,965	―
0.85倍	―
10.64%	―
2.60%	―
509	―
-663	―
-74	―

事業セグメント

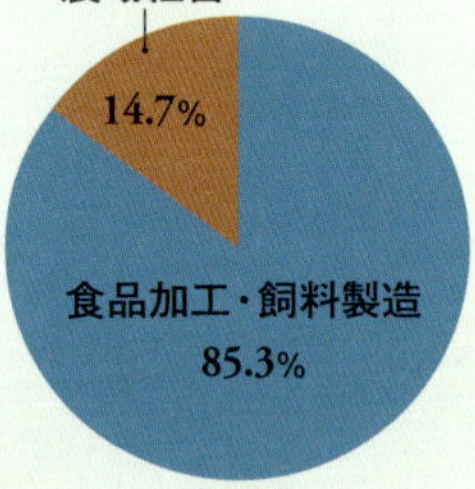

企業価値/売上高	
直近年度（倍）	LTM（倍）
0.74	1.07
0.3	0.37
0.59	0.58
0.68	0.68
1.07	1.01
1.06	1.03
1.85	1.79
0.68	0.61
0.68	0.65
0.85	0.87
0.68	0.68
0.3	0.37
1.85	1.79

CPグループの近時のM&Aおよび戦略的提携

2013年	2月	中国の生命保険大手平安保険の株式約30%を取得
	4月	CPオールがディスカウントストア大手サイアム・マクロを1,889億バーツ（約6,470億円）で買収すると発表。オランダのSHVホールディングスが保有する株式64%を1,215億バーツで取得し、残る株式を公開買い付け（TOB）にて取得し、子会社化した
2014年	6月	上海汽車集団と組んでタイで自動車の生産に参入
		携帯サービス3位のトゥルー・コーポレーションに、中国最大の携帯通信業者である中国移動（チャイナ・モバイル）から18%（約900億円）の資本受け入れ
	7月	日本政策投資銀行と200億円ずつ出資してファンドを組成。食品・外食・消費財・農業などに強みを持つ日系企業に対し、資金とCPグループが持つ販路をセットで提供することで有望企業の掘り起こしを行う
		伊藤忠と相互出資による資本業務提携を締結。食料・流通を主に協業を進め、アジアにおけるビジネスを取り込む計画
2015年	1月	伊藤忠と共同で、中国最大の国有複合企業の中国中信（シティック）の傘下企業に1兆2,040億円を折半出資すると発表。中国や新興国市場の開拓を狙う
	6月	インターネット通販サイト「リコメン堂」を運営するジェネレーションパスに10億円の出資。上海の経済特区でCPグループが開始するEC事業に、ノウハウの提供を受ける
	9月	ベルギーのトップスフーズの株式80%を取得。1日10万食の弁当製造能力でヨーロッパの食品事業を拡大
2016年	11月	中国のEコマース最大手のアリババと電子決済分野で提携
2017年	1月	チャロン・ポカパン・フーズ（CPF）が、ポーランドの食品会社のスーパードロブに出資
	4月	チャロン・ポカパン・インドネシアが、インドネシアでコンビニエンスストアのセブン-イレブンを展開する現地商社モダン・インターナショナルの子会社モダン・セベル・インドネシアの買収を発表。ただし後に撤回し、これによりセブン-イレブンはインドネシア事業から撤退
2018年	9月	CPと伊藤忠が本間ゴルフに120億円を出資。出資後の持ち分はCPが10%、伊藤忠が6.3%

今後の注目ポイント

- インドネシアにおけるコンビニエンスストア事業進出の可能性。インドネシアでは、セブン－イレブン事業の買収提案をするも、後に撤回した経緯があり、現在インドネシアはセブン－イレブンにとって空白地帯。今後の展開にCPグループが関与するのか要注目
- また、ファミリーマートを運営するウイングス・グループは伊藤忠と懇意にしており、自身も吉野家運営で関係がある。コンビニ事業で何らかの協業を模索する可能性
- アリババとの提携でEコマース事業を強化すると思われるが、決済代行、P2P型マイクロファイナンスへの参入をどのようなタイミングで果たすか。またその際に日系企業の参画の余地はあるか
- Eコマースには宅配機能を持った物流会社との提携が不可欠であるが、どの日系物流会社との提携を果たすか

企業研究――チャロン・ポカパン・フーズ

基本情報

企業名	Charoen Pokphand Foods PCL
証券コード	CPF
業種	配合飼料、農場運営・支援、食肉、調味・レトルト食品
代表者	Adirek Siprathak（President）
住所	Silom Road 313 C.P. Tower Silom Bangrak Bangkok Thailand
電話番号	+66 27668000
URL	http://www.cpfworldwide.com
設立年	1978
上場年月日	1987/12/21
上場市場	タイ証券取引所、OTCピンクシート、OTCピンクシート（ADR）、ミュンヘン証券取引所
資本金	260百万米ドル（2018/06期）
従業員数	25,028人（2006/12連結）

株式所有構造

順位	大株主	保有株式（千株）	保有割合（%）
1	Chearavanont Family	3,894,041	47.1
2	Social Security Office of Thai	260,697	3.15
3	GIC Pte Ltd.（Investment Manag）	246,179	2.98
4	The Vanguard Group, Inc.	107,802	1.3
5	Prinya Tieanworn	90,000	1.09
6	Walaiporn Jiraphummin	65,000	0.79
7	Dimensional Fund Advisors LP	57,758	0.7
8	TMB Asset Management Co., Ltd.	30,991	0.37
9	Causeway Capital Management LL	18,412	0.22
10	TOBAM SAS	12,308	0.15
—	その他	3,483,959	42.14
	合計	8,267,148	100

業績推移

単位：百万米ドル	2015/12期 連結決算 実績	2016/12期 連結決算 実績
売上高合計	12,307	13,140
EBITDA	1,029	1,590
EBITDAマージン	8.40%	12.10%
営業利益	438	809
営業利益率	3.60%	6.20%
親会社株主に帰属する当期純利益	323	416
親会社株主に帰属する当期純利益率	2.60%	3.20%
資産合計	13,706	16,220
株主資本等合計	3,227	3,725
株主資本比率	23.54%	22.97%
有利子負債	5,106	3,773
D/Eレシオ	1.58倍	1.01倍
ROE	9.46%	11.76%
ROA	2.43%	2.73%
営業活動によるCF	609	884
投資活動によるCF	-1,515	-1,776
財務活動によるCF	898	838

地域セグメント（所在地）

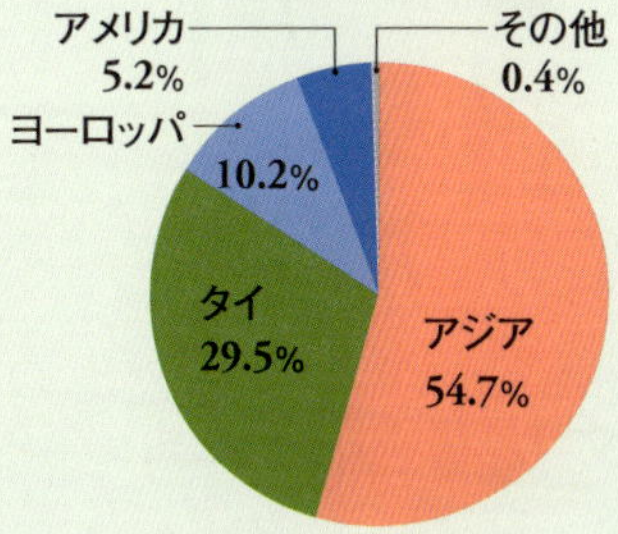

注：2017年12月期の地域セグメントと事業セグメントの売上高

企業価値の同業他社比較

証券コード	企業名	時価総額	企業価値	PER		PBR	企業価値/EBITDA	
		直近終値（百万米ドル）	LTM（百万米ドル）	直近年度（倍）	LTM（倍）	LTM（倍）	直近年度（倍）	LTM（倍）
CPF	Charoen Pokphand Foods PCL	6,439	16,969	13.7	13	1.22	7.4	10.3
BG	Bunge Ltd	9,414	17,033	74.7	N/A	1.53	12.8	16.9
000876	New Hope Liuhe Co Ltd	3,706	5,440	11.1	12.7	1.22	7.8	7.8
00043	C.P. Pokphand Co Ltd	2,148	3,810	51.3	51.3	1.74	13.7	13.7
002311	Guangdong Haid Group Co Ltd	4,898	5,264	27.8	26	4.9	17.8	16.9
600438	Tongwei Co Ltd	3,640	4,138	12.4	11.6	1.83	7.8	7.4
CPIN	PT Charoen Pokphand Indonesia Tbk	5,863	6,022	35	25.6	5.08	N/A	N/A
BACHOCO B	Industrias Bachoco SAB de CV	2,724	1,980	10.3	9.5	1.36	6.1	5.1
002157	Jiangxi Zhengbang Technology Co Ltd	1,267	2,268	16.5	144.6	1.41	10.1	15.1
	平均値	4,455	6,992	28.1	36.8	2.25	10.4	11.6
	中央値	3,706	5,264	16.5	19.3	1.53	8.9	12
	最小値	1,267	1,980	10.3	9.5	1.22	6.1	5.1
	最大値	9,414	17,033	74.7	144.6	5.08	17.8	16.9

注目グループ

チャロン・シリワダナパクディ（フォーブス第4位・純資産額1兆9707億円）

Charoen Sirivadhanabhakdi / TCC Group

TCCグループ

タイの国土の1%を保有する不動産キングは隣国ベトナムへも積極進出

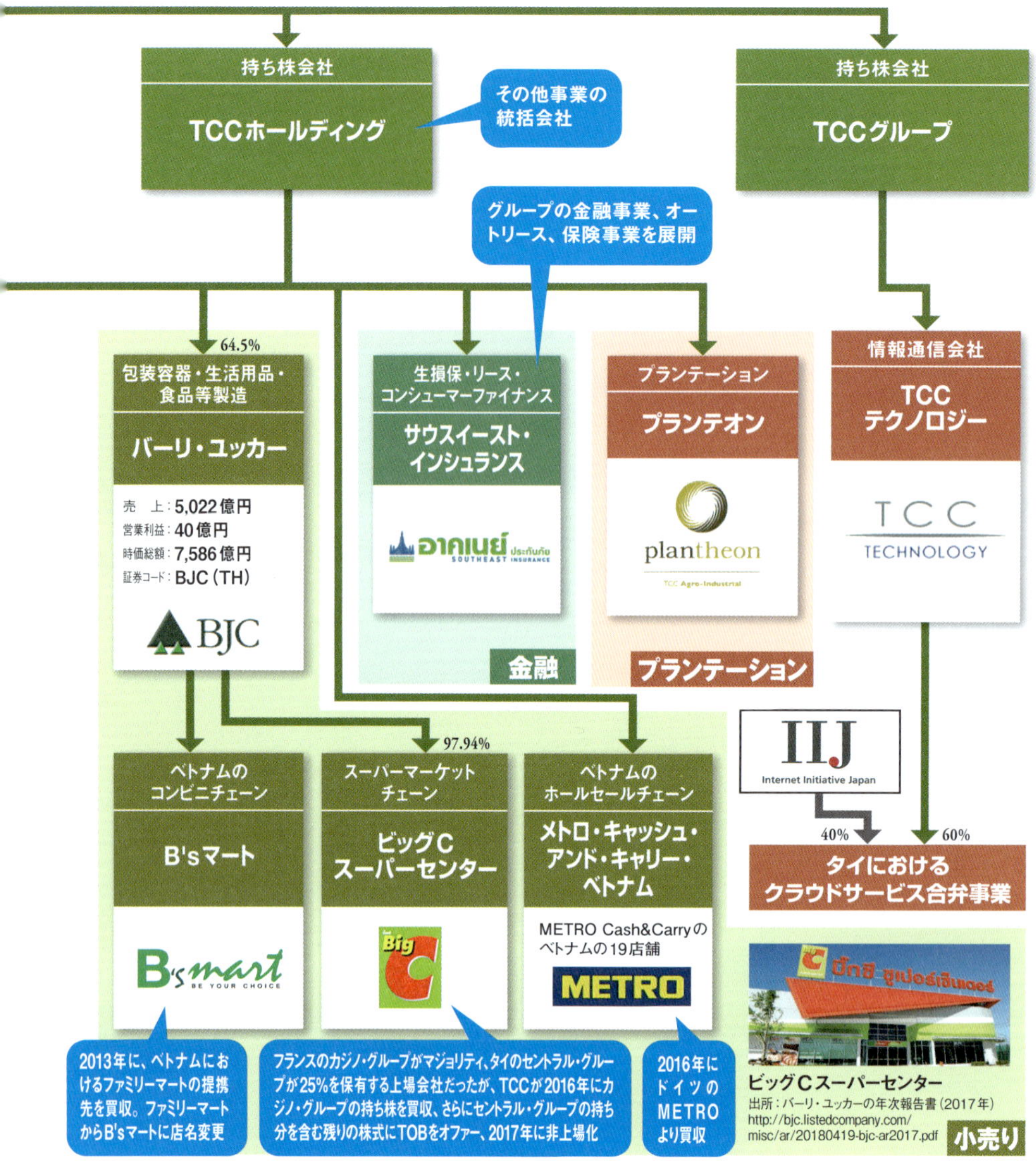

概要

積極的なM&Aで事業を急速に拡大

チャロン・シリワダナパクディは1954年生まれ。若い頃は、当時国営だったウイスキー醸造所に原材料を卸す仕事をしていた。その業務を通じ、監督官庁とのコネクションを太くし、ウイスキーを醸造するライセンスを国から取得した。当初は15%を製造する権利のみであったが、1985年に国がウイスキー醸造事業を民営化すべく、保有する85%の製造権をオークションで売却を図った。チャロンが見事にそれを競り落とし、ウイスキーの独占的醸造権を手に入れた。1991年には、タイ・ビバレッジを設立。当時のタイでは、老舗ビールメーカーのブーン・ロード・ブルワリー（92ページ）が製造するシンハー・ビールが圧倒的なシェアを誇っていたが、チャン（Chang）ブランドの低価格ビールを投入し、一気にシェアを伸ばした。

2000年代初頭から不動産事業

主要業種

飲料

今後の重点業種

不動産

評価シート	
規模	A
注目度	A
成長性	A
日系企業との提携可能性	A

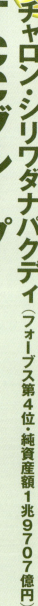

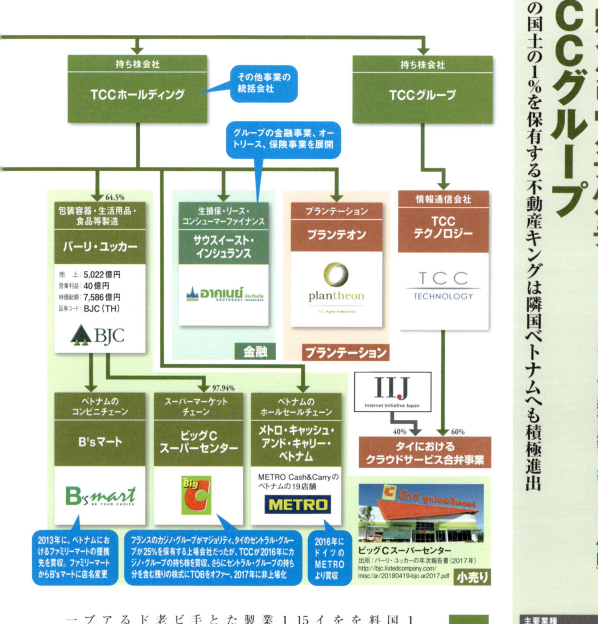

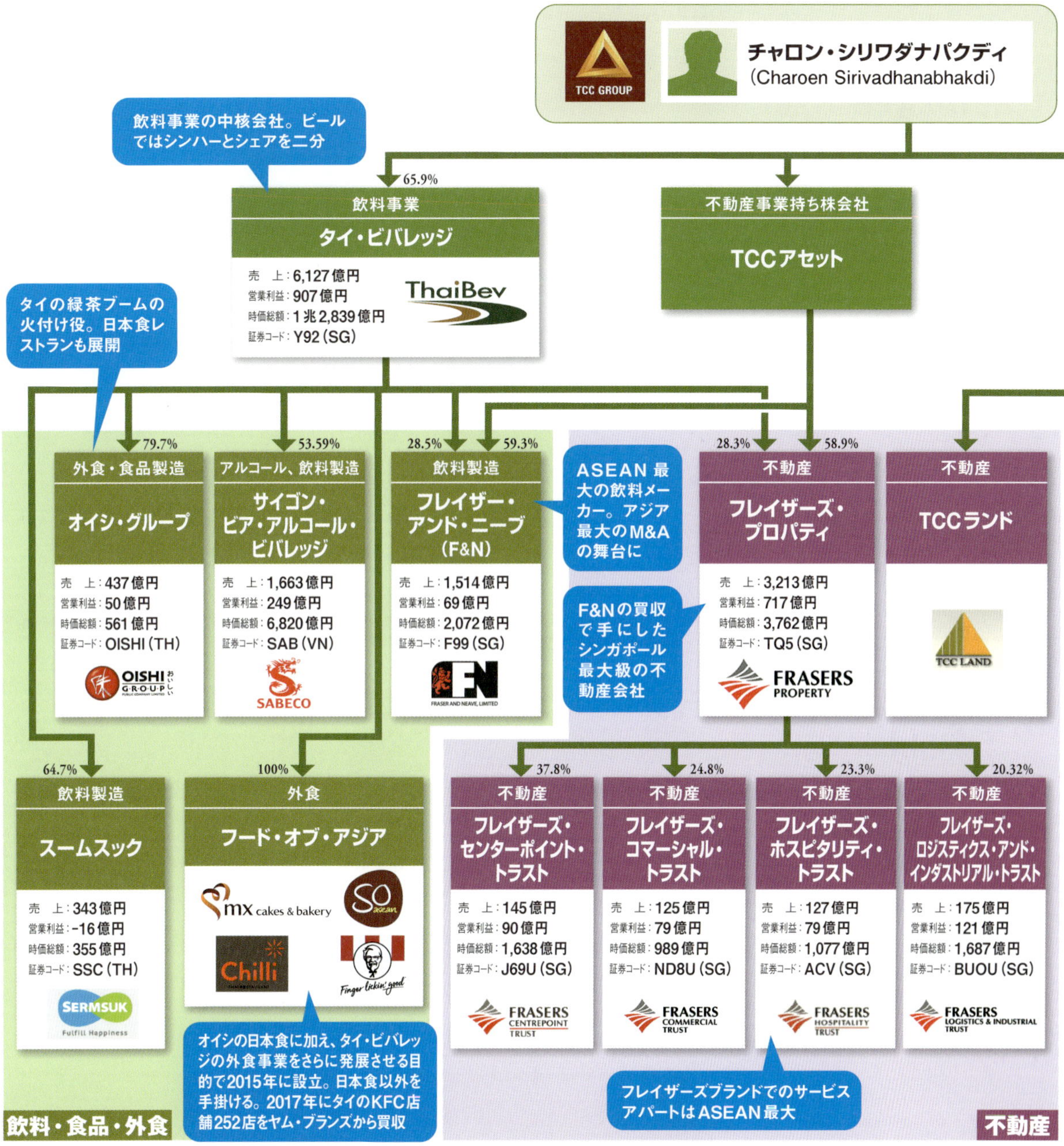

の拡大にも取り組み、傘下のTCCランドを通じてオフィス、住宅、商業施設、ホテルとあらゆる業態の開発を行った。TCCは目下タイ最大の不動産会社で、タイの国土の１%を保有するとさえ言われている。

２０１２〜13年には、シンガポールの飲料会社フレイザー・アンド・ニーブ（F&N）を買収。買収の過程で公開買い付け競争となったが、アジアのM&A史上最大と言われる１兆８０００億円のディールをものにした。この公開買い付けにより、キリンはF&Nに保有していた株式15%を売却することとなり、アジア戦略の大幅な見直しを余儀なくされている。

近時も積極的にM&Aを活用して事業拡大を図っている。小売事業においては、スーパー大手ビッグCをフランス企業から約４０００億円で、またベトナムのメトロをドイツ企業から約７５０億円で買収した。加えてベトナム国有ビール会社サベコを約５４００億円で買収するなど、息もつかせぬ大型の買収攻勢をかけている。タイはASEANの中で近い将来の人口減少が予測されており、自国外の市場確保をどうするかがタイ企業にとっての経営課題となっている。他社に先んじて隣国ベトナムでの地歩を固める戦略を取っている。

TCCグループの近時のM&Aおよび戦略的提携

2012年	3月	ホテルオークラと提携し、タイ・バンコクにホテルを開業（オークラ・プレステージ・バンコク）
2013年	1月	シンガポールの飲料・不動産の複合企業フレイザー・アンド・ニーブ（F&N）を1兆800億円で買収。ASEAN最大のM&A。これによりキリンはF&Nに保有していた15%の株式を売却。アジア戦略の見直しを余儀 なくされる
2014年	5月	ココカラファインと合弁会社を設立。ココカラファインのPB商品をタイに輸入する
	10月	オーストラリアの不動産開発会社オーストラランド・プロパティ・グループを約26億豪ドル（24億6,000万米ドル）で買収
2015年	1月	ドイツの流通大手メトロがベトナムで展開する安売りチェーンであるキャッシュ・アンド・キャリーを約880億円で買収
2016年	2月	タイのスーパーマーケットチェーン2位のビッグCを、仏カジノグループより約4,000億円で買収
	4月	傘下で通信事業サービスを手掛けるTCCテクノロジーが、インターネット・イニシアティブ・ジャパンと組んで、タイでクラウドサービスを提供する合弁事業を立ち上げ
	6月	積水ハウスと赤坂で、高級アパート開発事業提携で合意。長期滞在を想定した高級サービスアパートメントを提供する
2017年	4月	F&N傘下のF&Nデイリー・インベストメンツが、ベトナム乳業最大手のビナミルクの株式を買い増しし、出資比率を16%へ引き上げ。同年6月にも追加買い増しを行い、出資比率を17%に引き上げ
	8月	タイ・ビバレッジが、ファストフード店であるKFCの252店舗を約113億バーツ（約370億円）で取得し、FC運営を開始
	12月	タイ・ビバレッジが、ベトナム最大手ビール会社サベコの株式54%を（約110兆ドン、約5,400億円）で取得
2018年	3月	地場系の電子商取引（EC）サイト大手タラッド・ドットコムの株式を51%買収。EC事業へ本格参入する

飲料ビジネスは大規模な生産設備を有する資本集約型産業だ。またアルコール飲料の製造は、国からの認可を必要とすることから、飲料産業が各国において発達する過程で、自

今後の注目ポイント

- タイ、ベトナム、シンガポールでプレゼンスを持つに至った飲料事業とビッグC買収で手にした小売事業のシナジーをどのように実現するか
- グループ事業の製造・販売体制を効率化する物流の高度化・コールドチェーン整備をどうするか。そこに日系物流企業の関与する余地はあるか
- ベトナムのみならず、ミャンマーを含めた域内でのさらなる拡大をどのように図っていくか。ちなみに日本への投資意欲は旺盛で、不動産・大手飲料メーカーに対する買収意欲は大きい
- 大型買収のためのファイナンスをどう手当てするか。ファイナンスのために、一部資産の売却もあり得る

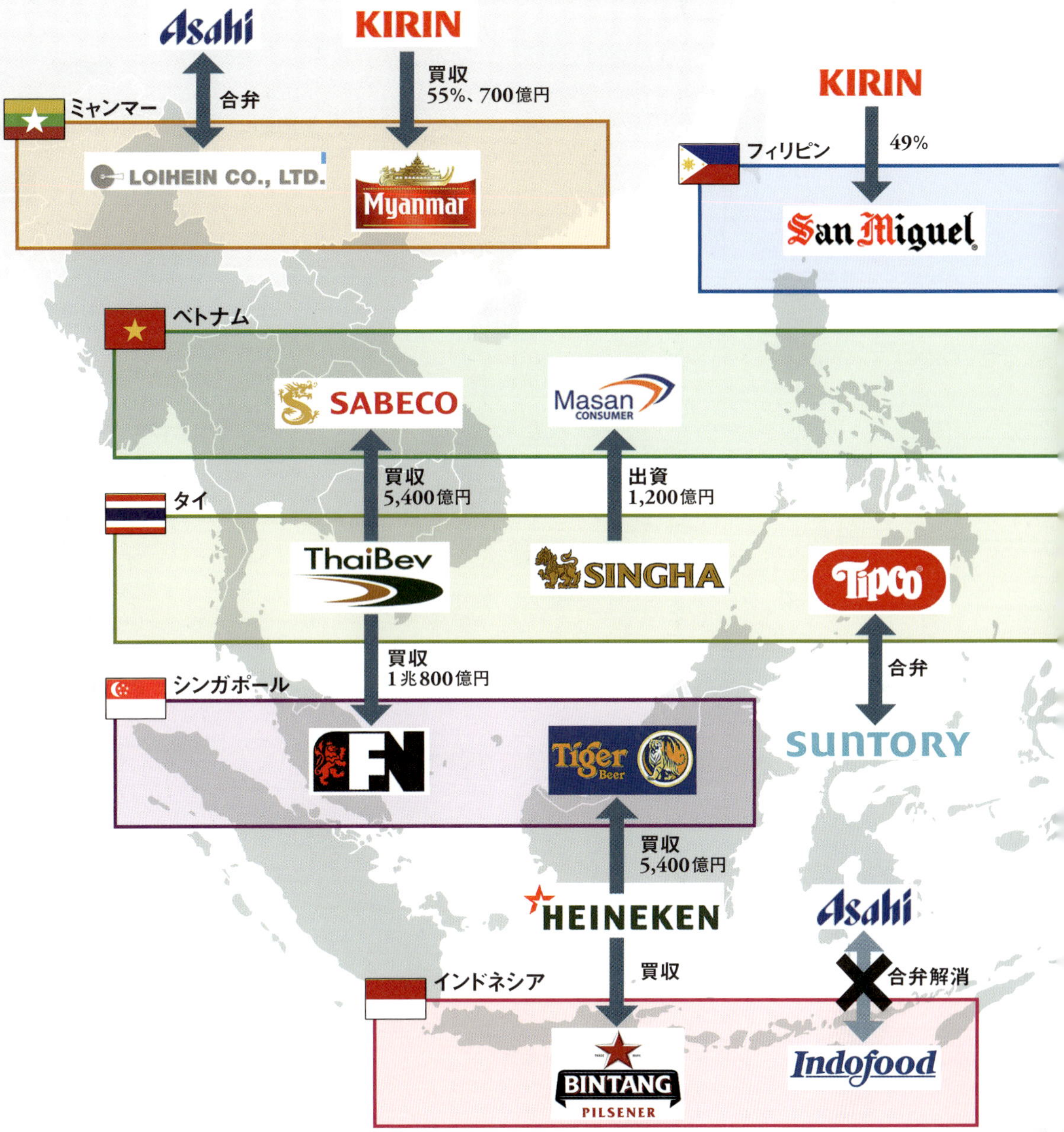

ずとタイクーン傘下の企業が関与することとなってきた。

　近年のアジアの飲料業界は、日本企業によるM&Aや提携の攻勢が続いている。お馴染みのロゴが、各国で資本業務提携を果たしている。将来的な日本市場の縮小に備え、各社は新たな市場獲得に躍起になっているのだ。またアジアの所得水準の上昇で、消費者がより満足度や付加価値の高いものを求める傾向がある。また、美容や健康に対する意識の高まりから、機能性飲料のニーズも増えている。コラーゲンや食物繊維入りの飲料の開発などは、日系企業の得意とするところであり、一時期ブームになった緑茶飲料のように、新しい市場を作ることができるか注目したい。

　そんな中でTCCグループによるM&A攻勢は注目に値する。タイの人口減少が予測されている中、シンガポールとベトナムにおける大型の買収に踏み切っている。とりわけフレイザー・アンド・ニーブ（F&N）の買収は1兆円を超えるASEAN最大級のM&Aであり、またこれによりキリンが15%を保有していたF&Nの株式を手放さざるを得ず、アジア戦略に大きな変更を余儀なくされた点でも特筆すべきディールであった。次ページにて、その案件概要を解説しよう。

2016/12期 連結決算 実績	2017/09期 連結決算 実績
1,434	1,361
175	1,010
12.20%	74.20%
93	62
6.50%	4.60%
78	920
5.50%	67.60%
2,765	3,603
2,083	2,075
75.34%	57.58%
100	959
0.05倍	0.46倍
4.23%	45.32%
3.13%	29.60%
133	51
-28	-741
-51	762

事業セグメント

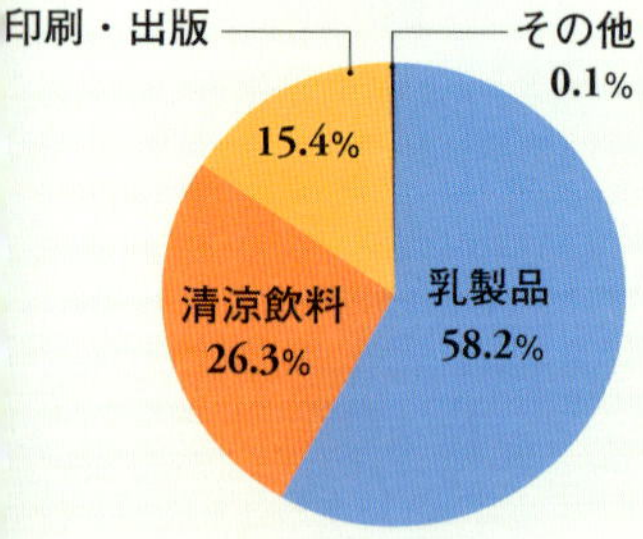

企業価値/売上高	
直近年度（倍）	LTM（倍）
1.82	1.81
2.9	2.99
2.78	2.94
2.84	2.98
2.35	2.25
3.82	3.85
3.14	3.14
0.72	0.77
1.33	1.1
2.41	2.43
2.78	2.94
0.72	0.77
3.82	3.85

ASEAN最大のM&A「フレイザー・アンド・ニーブ（F&N）公開買い付け」

2012年

7月18日

OCBCグループ等が、タイ・ビバレッジ（タイベブ）にF&N株式22%を売却すると電撃発表。売却価格はS$8.88/株、タイベブの投資総額2,500億円

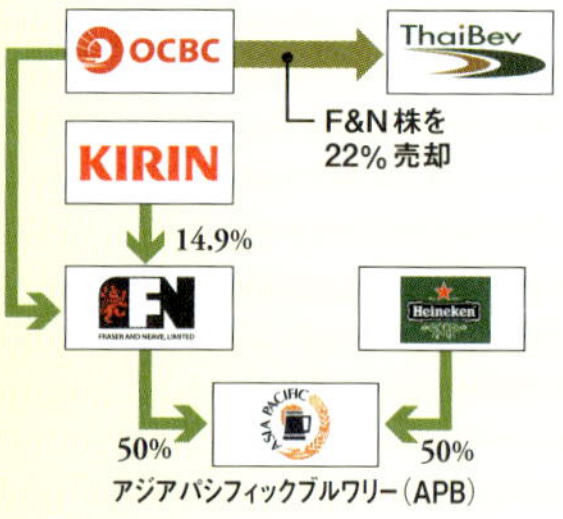

7月20日

ハイネケンが、F&Nが持つAPB株式をS$50/株で買い取る提案をこれも電撃的に発表（後にS$53に引き上げ）。買収価額は総額4,755億円（引き上げ後5,040億円）

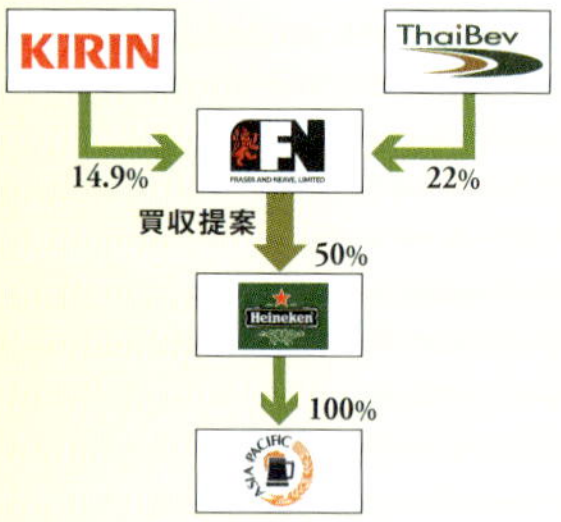

9月13日

タイベブがF&Nに対して、公開買い付けを発表。買付価格は、S$8.88/株。ファイナンシャルアドバイザーは、モルガンスタンレー、DBS、UOB。グローバル&地場最大手という重厚な布陣である

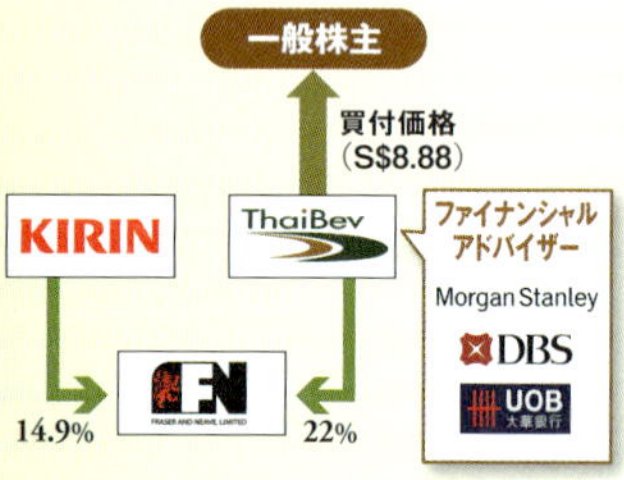

12月6日

リッポー・グループ（42ページ）の不動産会社OUEが対抗公開買い付けに参戦。買付価格はS$9.08。キリンは買収後の飲料部門の買い戻しを条件にOUEを支持。こちらのアドバイザーは、マレーシア最大手銀行CIMB、クレディスイス、バンク・オブ・アメリカ、メリル・リンチ

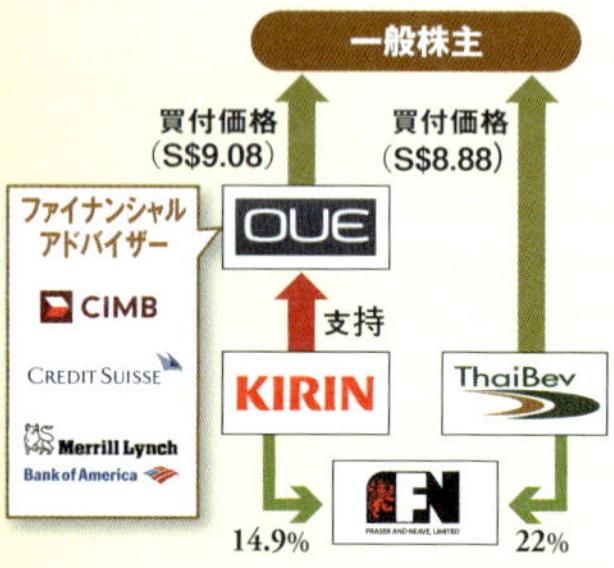

2013年

1月28日

タイベブが買付価格をS$9.55に上昇。OUEはこれについて行けず断念。公開買い付け合戦終了により、キリンはタイベブに持ち分売却。タイベブのF&Nにおける持ち分は90.3%に上昇。また最終的に投資金額は1兆800億円となり、ASEAN最大のM&Aとなった

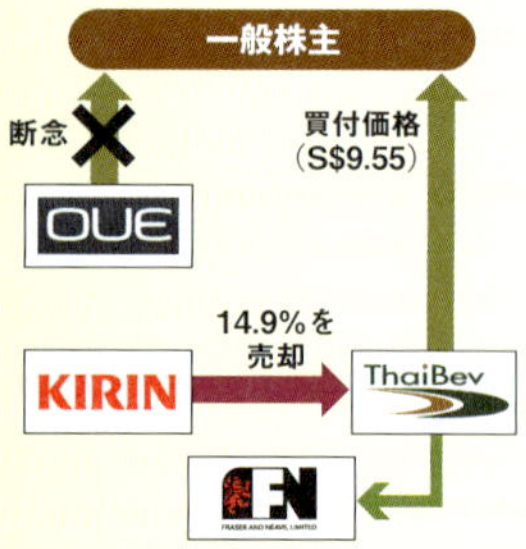

企業研究――フレイザー・アンド・ニーブ

基本情報

企業名	Fraser and Neave Ltd
証券コード	F99
業種	乳業・乳製品, 清涼飲料, 商業・出版印刷
代表者	Kim Soon, Edmond Neo（Chief Executive Officer, Beer）
住所	438 Alexandra Road Number 20-00 Alexandra Point Singapore Singapore（Corporate）
電話番号	+65 63189393
URL	http://www.fraserandneave.com
設立年	1883
上場年月日	2001/9/30
上場市場	シンガポール証券取引所、OTCピンクシート、OTCピンクシート（ADR）、ハンブルグ証券取引所
資本金	849百万シンガポールドル（2017/09期）
従業員数	7,600人（2017/09連結 ）

株式所有構造

順位	大株主	保有株式（千株）	保有割合（%）
1	DBS Nominees Pte Ltd	441,931	30.55
2	United Overseas Bank Nominees Pte Ltd	430,466	29.76
3	InterBev Investment Limited	412,424	28.51
4	Citibank Nominees Singapore Pte Ltd	46,223	3.21
5	DBS Vickers Securities（Singapore）Pte Ltd	10,353	0.73
6	UOB Kay Hian Pte Ltd	6,457	0.46
7	BPSS Nominees Singapore（Pte.）Ltd	6,002	0.43
8	Raffles Nominees（Pte）Ltd 4,864,928 0.34	4,865	0.35
9	Phay Thong Huat Pte Ltd	1,799	0.13
10	Chua Eng Him	1,065	0.08

業績推移

単位：百万米ドル	2016/12期 連結決算 実績
売上高合計	1,577
EBITDA	145
EBITDAマージン	9.20%
営業利益	65
営業利益率	4.10%
親会社株主に帰属する当期純利益	470
親会社株主に帰属する当期純利益率	29.80%
資産合計	2,201
株主資本等合計	1,588
株主資本比率	72.16%
有利子負債	70
D/Eレシオ	0.04倍
ROE	32.67%
ROA	21.73%
営業活動によるCF	167
投資活動によるCF	396
財務活動によるCF	-93

地域セグメント（所在地）

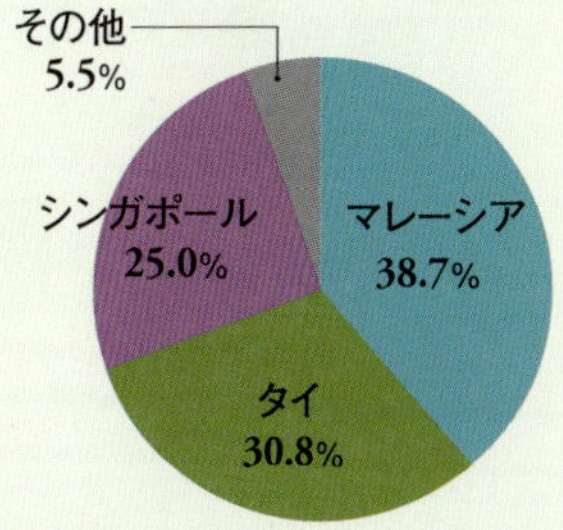

注：2017年12月期の地域セグメントと事業セグメントの売上高

企業価値の同業他社比較

証券コード	企業名	時価総額 直近終値（百万米ドル）	企業価値 LTM（百万米ドル）	PER 直近年度（倍）	PER LTM（倍）	PBR LTM（倍）	企業価値/EBITDA 直近年度（倍）	企業価値/EBITDA LTM（倍）
F99	Fraser and Neave Ltd	1,956	2,523	2.1	2.1	2.5	2.4	10.3
NESN	Nestle SA	250,500	281,639	33.7	29.9	19.6	18.7	16.9
UNA	Unilever NV	150,189	179,937	21.3	21.5	14.3	14.9	7.8
ULVR	Unilever PLC	152,397	182,144	21.6	21.8	15.1	15.6	13.7
BN	Danone SA	50,397	65,700	17.6	16.1	12.8	11.9	16.9
KHC	The Kraft Heinz Co	70,192	101,179	6.4	6.6	12.9	14	7.4
MDLZ	Mondelez International Inc	64,338	82,887	22	21.1	18.8	18.3	N/A
FCG	Fonterra Co-operative Group Ltd	5,273	10,174	10.8	N/A	8.3	18	5.1
1216	Uni-President Enterprises Corp.	14,455	14,927	11.1	11	5.5	4.6	15.1
	平均値	84,411	102,346	16.3	16.2	12.2	13.2	11.6
	中央値	64,338	82,887	17.6	18.6	12.9	14.9	12
	最小値	1,956	2,523	2.1	2.1	2.5	2.4	5.1
	最大値	250,500	281,639	33.7	29.9	19.6	18.7	16.9

King Rama X/Siam Cement Group

ラーマ10世（タイの現国王・フォーブス番外）
サイアム・セメント・グループ

タイの発展を支えてきた巨大企業集団。M&Aも積極的

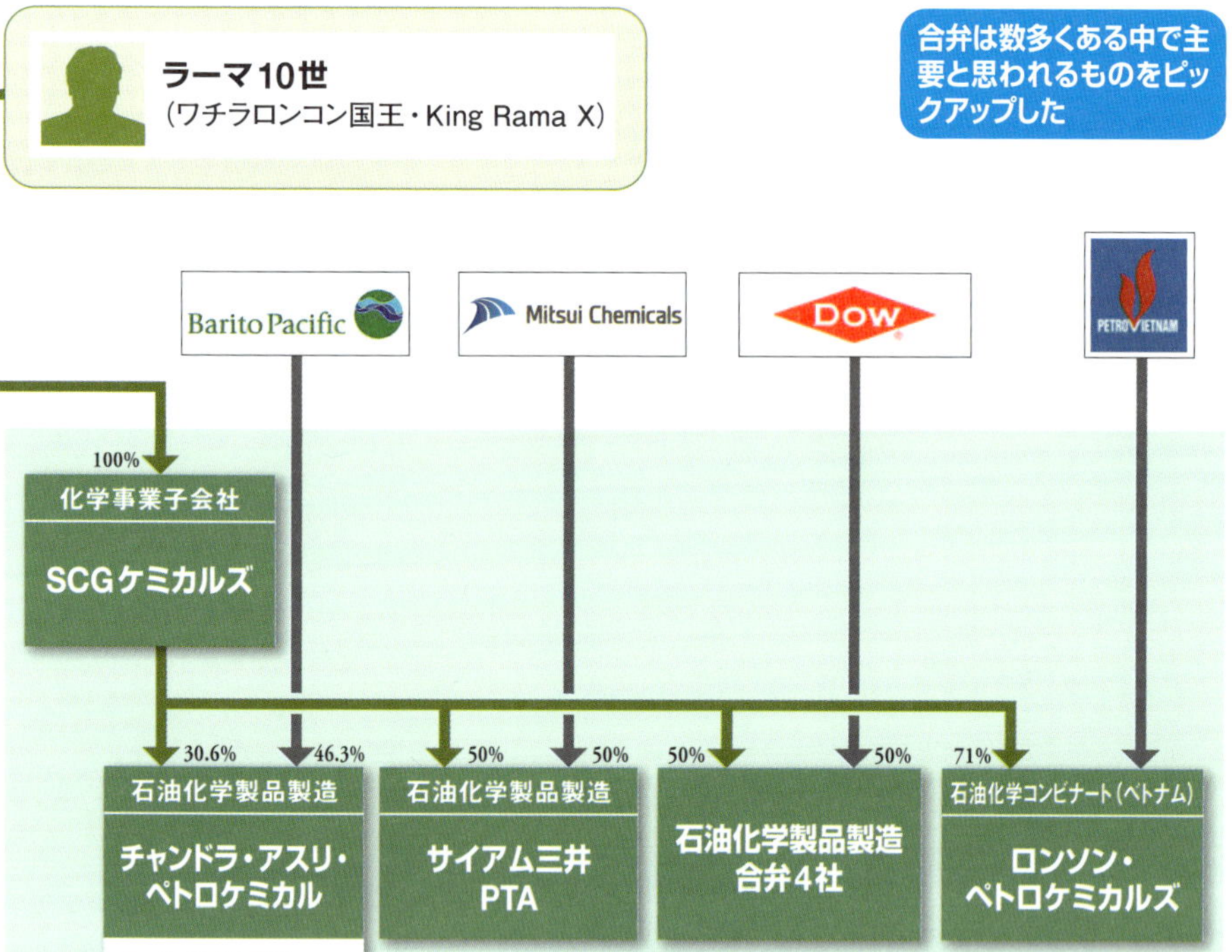

チャンドラ・アスリのポリプロピレンプラント

チャンドラ・アスリのスチレンモノマープラント
出所：チャンドラ・アスリのHP
http://www.chandra-asri.com/

ロンソン石油化学コンビナート
出所：Viet Nam News
https://vietnamnews.vn/economy/448867/siam-cement-acquires-100-stake-in-petrochemical-project.html#HEJG2RIwCBBjUYc0.97

化学

主要業種
セメント

今後の重点業種
セメント・化学

評価シート	
規模	A
注目度	A
成長性	A
日系企業との提携可能性	A

概要

ASEAN域内でM&A攻勢をかける

サイアム・セメントは、1913年に当時の国王ラーマ6世の命で設立されたタイ最古のメーカーである。設立当初から、王室財産管理局（Crown Property Bureau）が筆頭株主となっている。国王・王室は、タイクーンと区別されるべきであろうが、現在のサイアム・セメント・グループは、5事業、100社、5万人の従業員からなる巨大コングロマリットであり、その歴史は、タイの製造業の歴史そのものと言っても過言ではない。従って番外編として取り上げる。

同社は、まずセメントを中心とする建設関連資材の企業として発展した。その後、製紙・パルプ事業へ展開し、さらに自動車、機械、家電へと多角化を図ってきた。それぞれの事業で提携している日系企業も多いが、トヨタ、クボタ、トッパン、レンゴー、積水化学、日本製紙、ヤマ

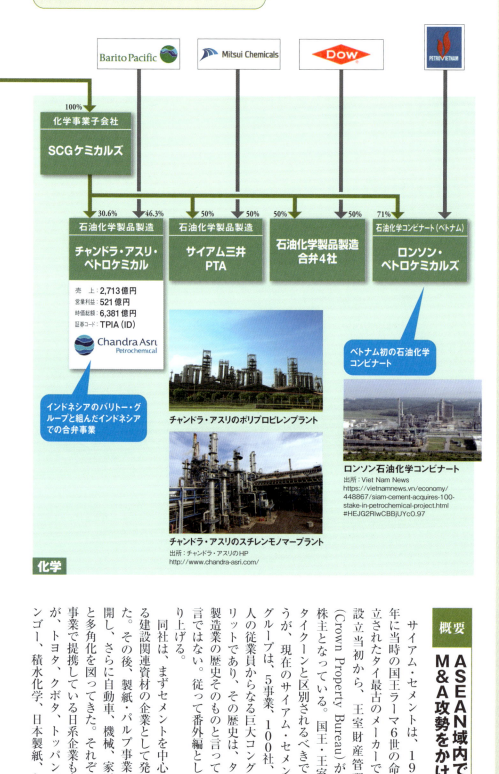

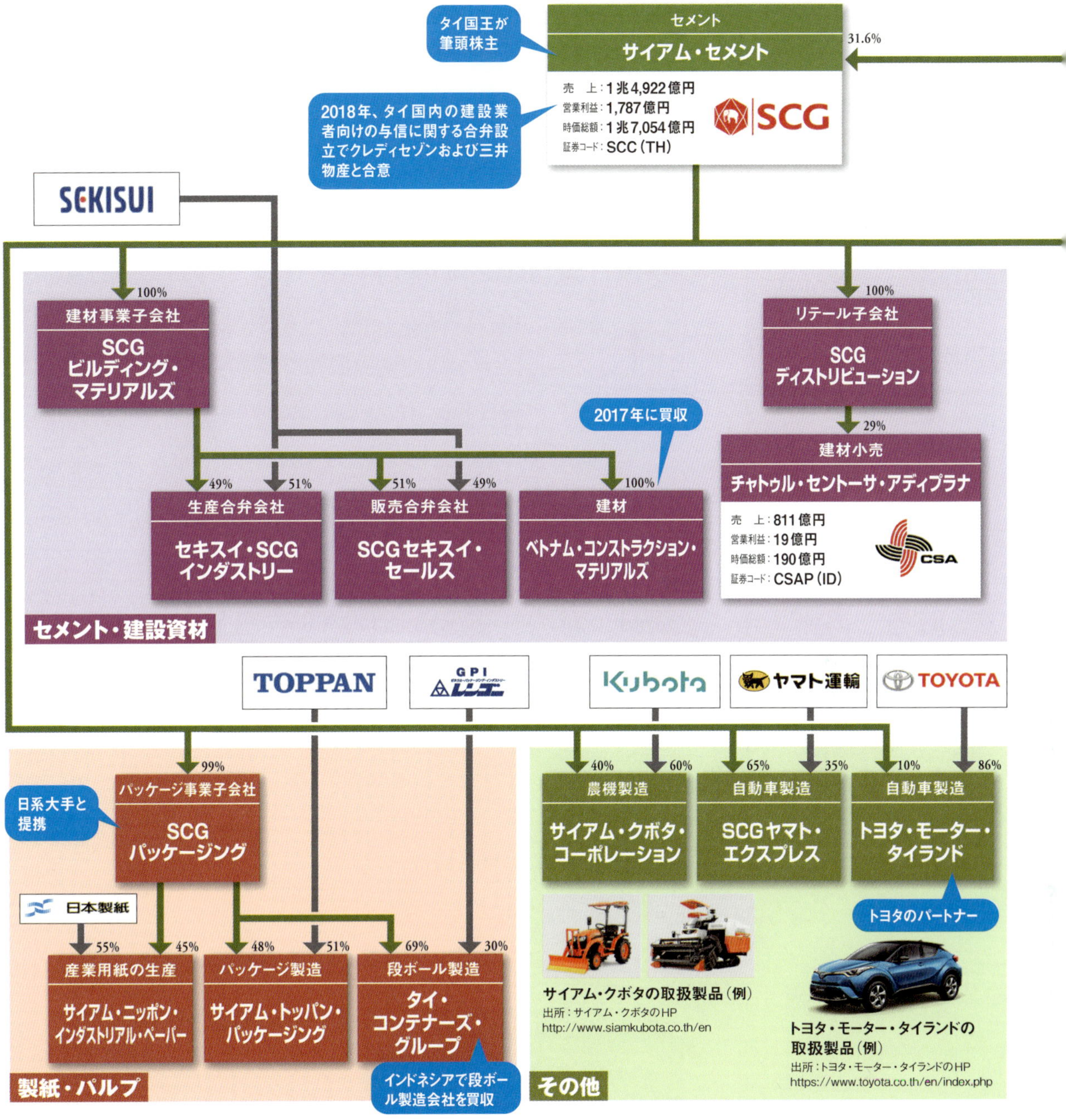

サイアム・クボタの取扱製品（例）
出所：サイアム・クボタのHP
http://www.siamkubota.co.th/en

トヨタ・モーター・タイランドの取扱製品（例）
出所：トヨタ・モーター・タイランドのHP
https://www.toyota.co.th/en/index.php

ト・ホールディングスなどどれも業界のトップ企業ばかりである。

アジア通貨危機の際には同社も大きなダメージを受けたが、事業の再編・再構築を行い、グループの危機を乗り切った。現在は、タイの人口縮小を見越したかのように、積極的な海外投資を行っている。インドネシアでは2011年にバリトー・パシフィック・グループ（54ページ）の箇所でも触れたチャンドラ・アスリの株式30％を取得した他、レンゴーとの合弁会社を通じてインドネシアで段ボールメーカーを買収している。またベトナムにおいては、2017年に現地大手のコンストラクション・マテリアルズを買収した。

特筆すべきはベトナム初となる石油化学コンビナートへの参画である。総工費6000億円を超える巨大プロジェクトであるが、当初はカタール国営石油が伊藤忠商事と主導していた。しかし原油価格の大幅な下落により、2015年にカタール国営石油がプロジェクトからの撤退を表明。サイアム・セメントは単独でプロジェクトを運営することを決断し、2018年に運営会社の持ち分を100％化した。2023年の商業化を目指しているが、プロジェクトの進捗並びに今後の事業化の行方に注目したい。

	2016/09期 連結決算 実績	2018/12期 — コンセンサス予想
	13,290	14,331
	3,035	2,465
	22.80%	17.20%
	1,591	—
	12.00%	—
	1,622	1,540
	12.20%	10.70%
	17,529	—
	7,982	—
	45.53%	—
	6,394	—
	0.80倍	—
	21.97%	—
	9.89%	—
	1,789	—
	-151	—
	-1,141	—

事業セグメント

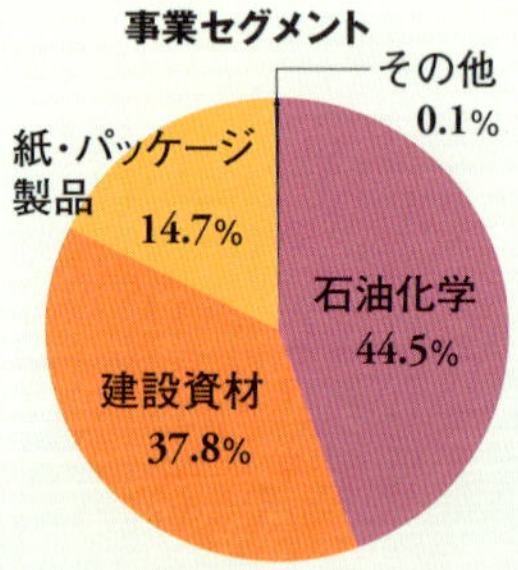

	企業価値/売上高		
	直近年度（倍）	LTM（倍）	当期会社予想（倍）
	7.1	7.4	N/A
	4.5	4.3	N/A
	11.5	10	N/A
	4.7	N/A	N/A
	13.1	N/A	N/A
	6.5	6.1	N/A
	7.7	7	7.4
	6.6	6.6	6.8
	4.4	5	N/A
	7.4	6.6	7.1
	6.6	6.6	7.1
	4.4	4.3	6.8
	13.1	10	7.4

サイアム・セメントの近時のM&Aおよび戦略的提携

2007年		ベトナム初の石油化学コンプレックスであるロンソン石油化学コンビナートについて、出資する検討を開始
2008年	3月	ロンソン石油化学コンビナートの建設プロジェクトに関して、ペトロベトナムおよびビナケムとジョイントベンチャー契約を締結。開発費総額35億～40億ドル、出資比率はサイアム・セメント71%、ペトロベトナム18%、ビナケム11%
2009年	9月	積水化学工業とタイにおける住宅事業の製造合弁会社と、販売合弁会社を設立
	12月	レンゴーとの合弁会社を通じて、ベトナムの段ボールメーカー、ニューアジア・インダストリーを買収
2011年	9月	インドネシアの石化大手チャンドラ・アスリ・ペトロケミカルの株式30%を買収
2012年	第一四半期	ロンソン石油化学コンビナート開発の25%の持ち分をカタール国営石油に売却
	7月	日本製紙グループとタイにおける多用途薄物産業用紙の生産・販売合弁会社のサイアム・ニッポン・インダストリアル・ペーパーを設立
2014年	6月	日本製紙グループがサイアム・セメントのフィブラス事業部門会社のフェニックスパルプ・アンド・ペーパーへ22%出資
	7月	子会社のSCGセメントが、タイの建材メーカー、パネル・ワールドの株式を55%取得
	12月	レンゴーとの合弁会社を通じて、インドネシアの段ボールメーカー、インドリス・プリンティンドを買収
2015年	8月	ベトナムのティンタイン・プラスチック包装社の株式80%を取得
	10月	カタール国営石油がロンソン石油化学コンビナート開発からの撤退を発表
2016年	8月	ヤマト・ホールディングスと、タイ国内で宅急便サービスを提供する合弁会社SCGヤマト・エクスプレスを設立
2017年	3月	ベトナムのセメントメーカーであるベトナム・コンストラクション・マテリアルズの全株式を取得
		ロンソン石油化学コンビナートにおけるカタール国営石油の持ち分25%を買収
	4月	レンゴーとの合弁会社を通じて、インドネシアの段ボールメーカーのインドコル・パッケージング・チカラン株の80%を取得
		ヤマト・ホールディングスとの間で、タイ国内初となる保冷宅配サービスのクール宅急便を開始
2018年	5月	ペトロベトナムより、ロンソン石油化学コンビナートにおける同社持ち分29%を買収し、100%化することを発表
	10月	クレディセゾンと合弁会社を設立。タイ国内の企業間取引におけるデジタル与信・決済におけるデジタル与信・決済サービスを提供

今後の注目ポイント

- ロンソン石油化学コンビナートを100%化することにより、サイアム・セメントがプロジェクトを完全に支配できる体制となった。2023年の商業化を目指しているが、スムーズな立ち上げとなるか注目される。また6,000億円近い巨額のプロジェクトであり、グループの財務体質への影響やファイナンス手法も要チェック
- レンゴーとの合弁会社を通じた海外での買収が目立つ。日系企業の立場に立てば、新興市場への参入（もしくは現地での買収）に際してパートナーとリスク分析ができるスキーム。タイの人口減少予測を受けて、サイアム・セメントは隣国へのM&A攻勢をかけており、今後より新興国への進出も検討していくと考えられるが、レンゴーとの取り組みは、新興国市場へのリスク軽減型の参入モデルとなるか
- タイではEコマースが徐々に浸透してきており、ヤマトと組んだ宅配事業は、Eコマースが成立するための「足回り」を提供するものである。競合が現れる前に、どれだけ「陣取り」ができるかがポイント

企業研究——サイアム・セメント

基本情報

企業名	Siam Cement PCL
証券コード	SCC
業種	有機基礎化学、セメント、製紙・パルプ、包装資材(紙類)
代表者	Rungrot Rangsi Yo Phat(President)
住所	1 Siam Cement Road Bangsue Bangkok Thailand(Corporate)
電話番号	+66 25864444
URL	http://www.scg.co.th
設立年	1913
上場年月日	1975/4/25
上場市場	タイ証券取引所、OTCピンクシート、OTCピンクシート(ADR)、デュッセルドルフ証券取引所、ミュンヘン証券取引所
資本金	36百万米ドル(2018/06期)
従業員数	14,950人(2013/12連結)

株式所有構造

順位	大株主	保有株式(千株)	保有割合(%)
1	THE CROWN PROPERTY BUREAU	360,000	30
2	THAI NVDR CO., LTD.	92,588	7.72
3	STATE STREET EUROPE LIMITED	55,881	4.66
4	SOCIAL SECURITY OFFICE	35,331	2.94
5	CHASE NOMINEES LIMITED	19,811	1.65
6	STATE STREET BANK AND TRUST COMPANY	19,020	1.59
7	CPB EQUITY CO., LTD.	17,960	1.50
8	THE BANK OF NEW YORK MELLON	17,335	1.45
9	RANDERY BARAH MAKAN CO., LTD.	15,106	1.26
10	CEMENT THAI FOUNDATION	13,294	1.11
—	その他	553,674	46.14
	合計	1,200,000	100

業績推移

単位:百万米ドル	2015/09期 連結決算 実績
売上高合計	11,979
EBITDA	2,966
EBITDAマージン	24.80%
営業利益	1,681
営業利益率	14.00%
親会社株主に帰属する当期純利益	1,587
親会社株主に帰属する当期純利益率	13.20%
資産合計	15,036
株主資本等合計	6,687
株主資本比率	44.47%
有利子負債	5,410
D/Eレシオ	0.81倍
ROE	25.14%
ROA	10.69%
営業活動によるCF	2,141
投資活動によるCF	-419
財務活動によるCF	-1,391

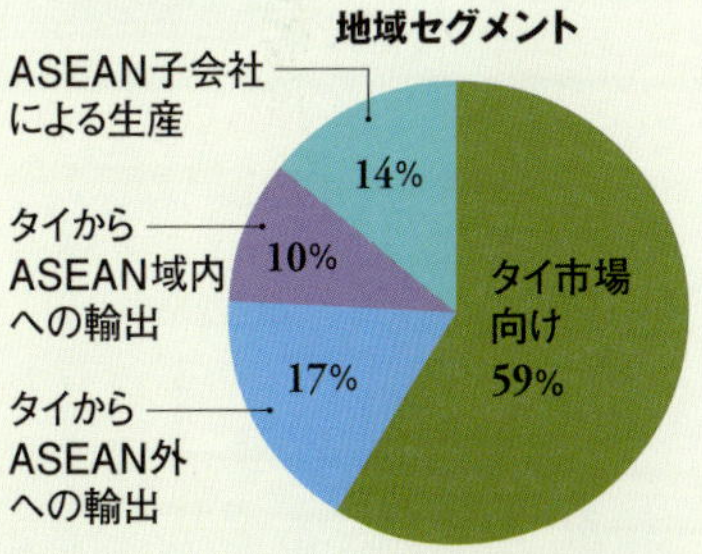

注:2017年12月期の地域セグメントと事業セグメントの売上高
サイアム・セメントのアニュアルレポート2017年版より著者作成

企業価値の同業他社比較

証券コード	企業名	時価総額 直近終値(百万米ドル)	企業価値 LTM(百万米ドル)	PER 直近年度(倍)	PER LTM(倍)	当期会社予想(倍)	PBR 直近年度(倍)	企業価値/EBITDA 直近年度(倍)	企業価値/EBITDA LTM(倍)	企業価値/EBITDA 当期会社予想(倍)
SCC	Siam Cement PCL	16,658	22,399	9.8	11	N/A	1.99	13.6	13.8	N/A
600028	China Petroleum & Chemical Corp	121,807	138,345	16.3	12.7	N/A	1.16	10.5	8.7	N/A
PSX	Phillips 66	51,222	63,126	10	8.7	N/A	2.27	32.9	26.2	N/A
IOC	Indian Oil Corp Ltd	20,608	N/A	6.7	6.1	N/A	N/A	6.1	N/A	N/A
RELIANCE	Reliance Industries Ltd	106,051	N/A	21.3	21.1	N/A	N/A	19.3	N/A	N/A
LYB	LyondellBasell Industries NV	40,680	45,904	8.3	7	N/A	3.84	8.5	7.9	N/A
5019	出光興産	11,027	18,906	7.7	6.5	8.9	1.39	10.4	8.9	9.7
4188	三菱ケミカルホールディングス	13,563	31,407	7.2	6.9	8.3	1.17	9.9	9.9	10.5
0FMN	Polski Koncern Naftowy ORLEN SA	12,739	14,087	7	7.8	N/A	1.42	5.9	6.4	N/A
	平均値	43,817	47,739	10.5	9.7	8.6	1.89	13	11.7	10.1
	中央値	20,608	31,407	8.3	7.8	8.6	1.42	10.4	8.9	10.1
	最小値	11,027	14,087	6.7	6.1	8.3	1.16	5.9	6.4	9.7
	最大値	121,807	138,345	21.3	21.1	8.9	3.84	32.9	26.2	10.5

Chirathivat Family / Central Group

チラティワット・ファミリー（フォーブス第2位・純資産額2兆4011億円）
セントラル・グループ
多くの日系企業と提携するタイの小売キング

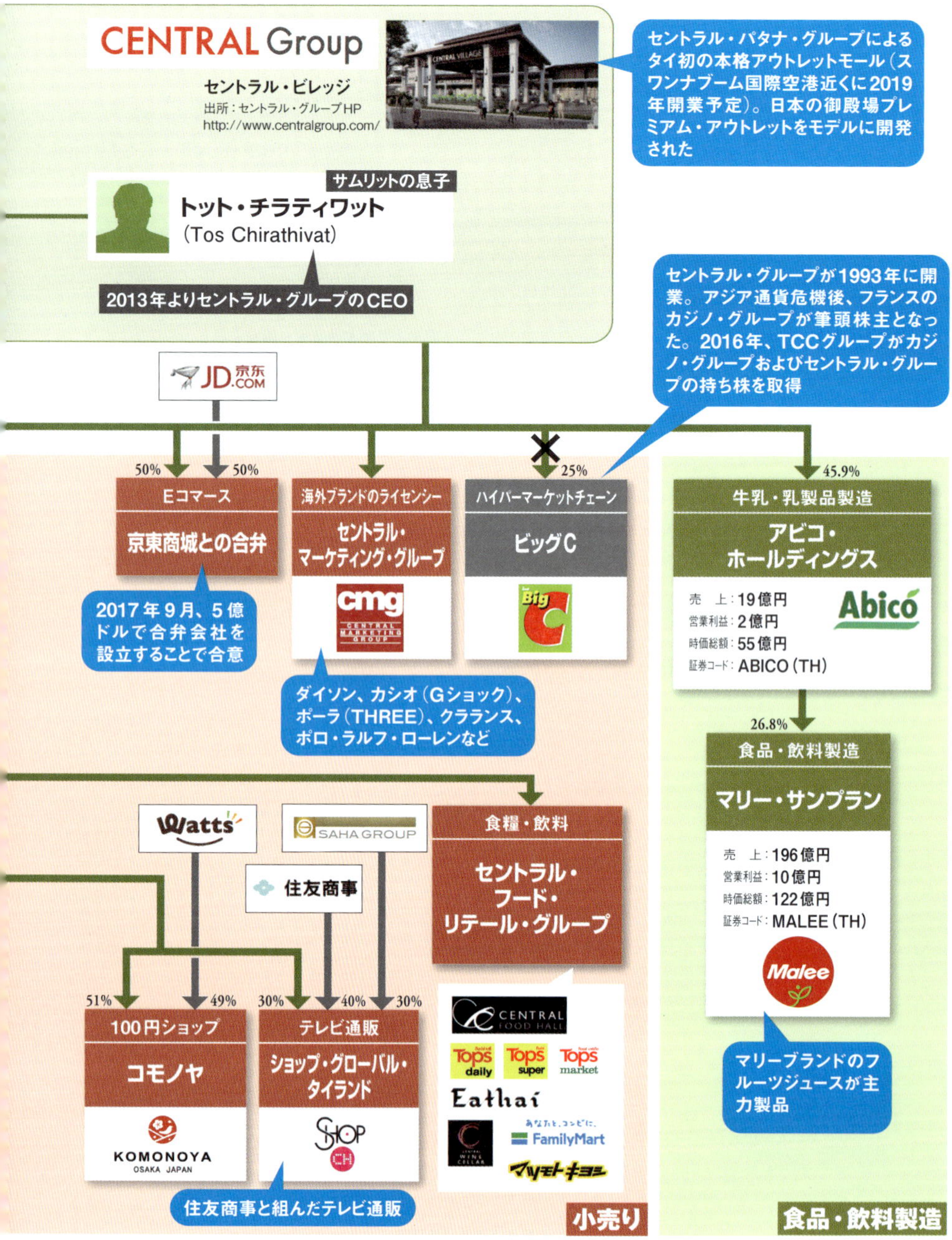

概要
Eコマースとベトナムへの拡大

デパート、スーパー、コンビニなどの小売りを基幹事業とし、ホテル、外食、不動産など事業を展開するセントラル・グループは、タイの小売キングの異名を取り、多くの日系企業と提携している。

セントラルを創業したのは、ティアン・チラティワット。1905年に中国海南島に生まれ、1927年にタイに移住した。現在は、小売業、ホテル、レストラン、不動産事業で、タイにおける圧倒的プレゼンスを誇るセントラルだが、その事業の嚆矢は、ティアンが1947年に興したGMS（ジェネラル・マーチャンダイジイズ・ストア）である。10年後の1957年に、息子のサムリットが、セントラル・デパートの第1号店を開き、今日の発展につながっている。現在ではティアンの孫の代が事業を担うようになっており、トットがグループのCEOになっている。

主要業種
小売り
今後の重点業種
通販・Eコマース

評価シート	
規模	A
注目度	B
成長性	B
日系企業との提携可能性	A

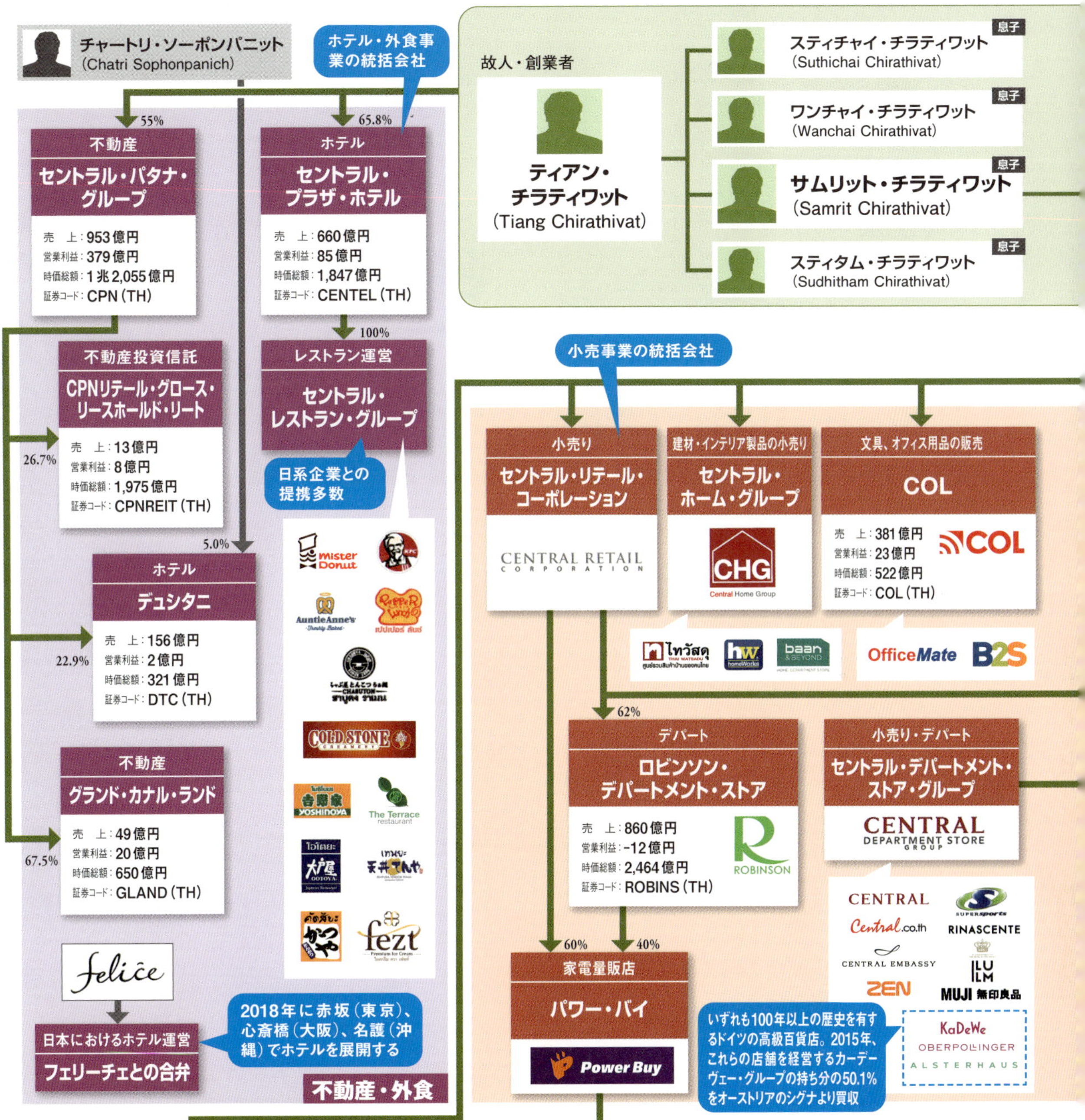

近時の注目はEコマースへの進出と、ベトナムへの地理的拡大である。Eコマースにおいては、中国テンセント・グループのJD.com（京東商城）と約500億円を投じて合弁を設立すると報じられている。CPグループ（74ページ）がアリババと組んだように、タイの小売大手が中国Eコマース大手と組む格好だ。

またベトナムへの拡大に関しては、地場のグエン・グループが保有する家電量販店を買収し、また同グループと組んで仏系スーパービッグCのベトナム事業を買収した（TCCが買収したのはビッグCのタイ事業。78ページ）。タイは人口減少が予測されているが、これらのM&Aにより、隣国ベトナムの小売市場への地歩を固めた格好だ。

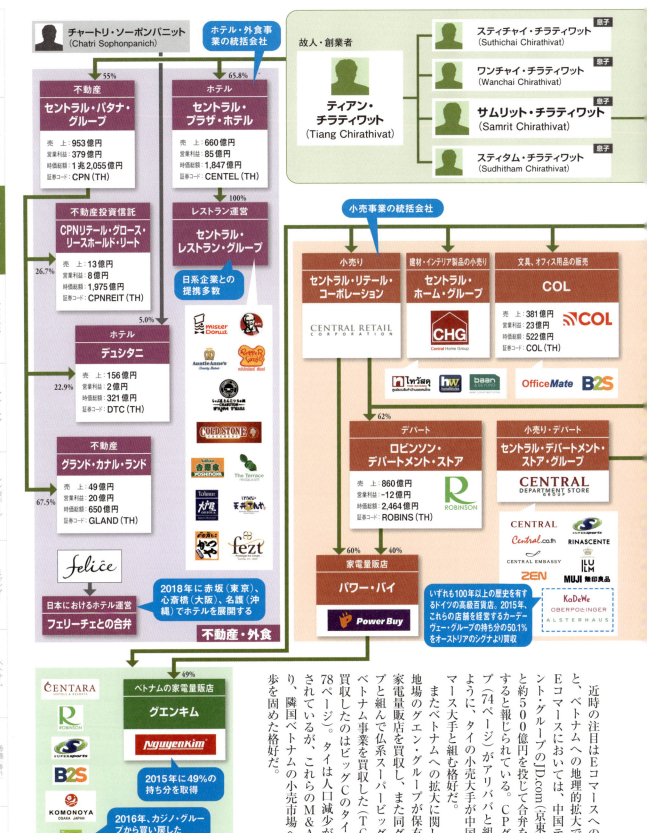

クリット・ラタナラック（フォーブス第6位・純資産額4191億円）

Krit Ratanarak / Bank of Ayudhya Group

アユタヤ銀行グループ

三菱UFJ銀行との戦略的提携を果たし、タイにおけるメガバンクの座を狙う

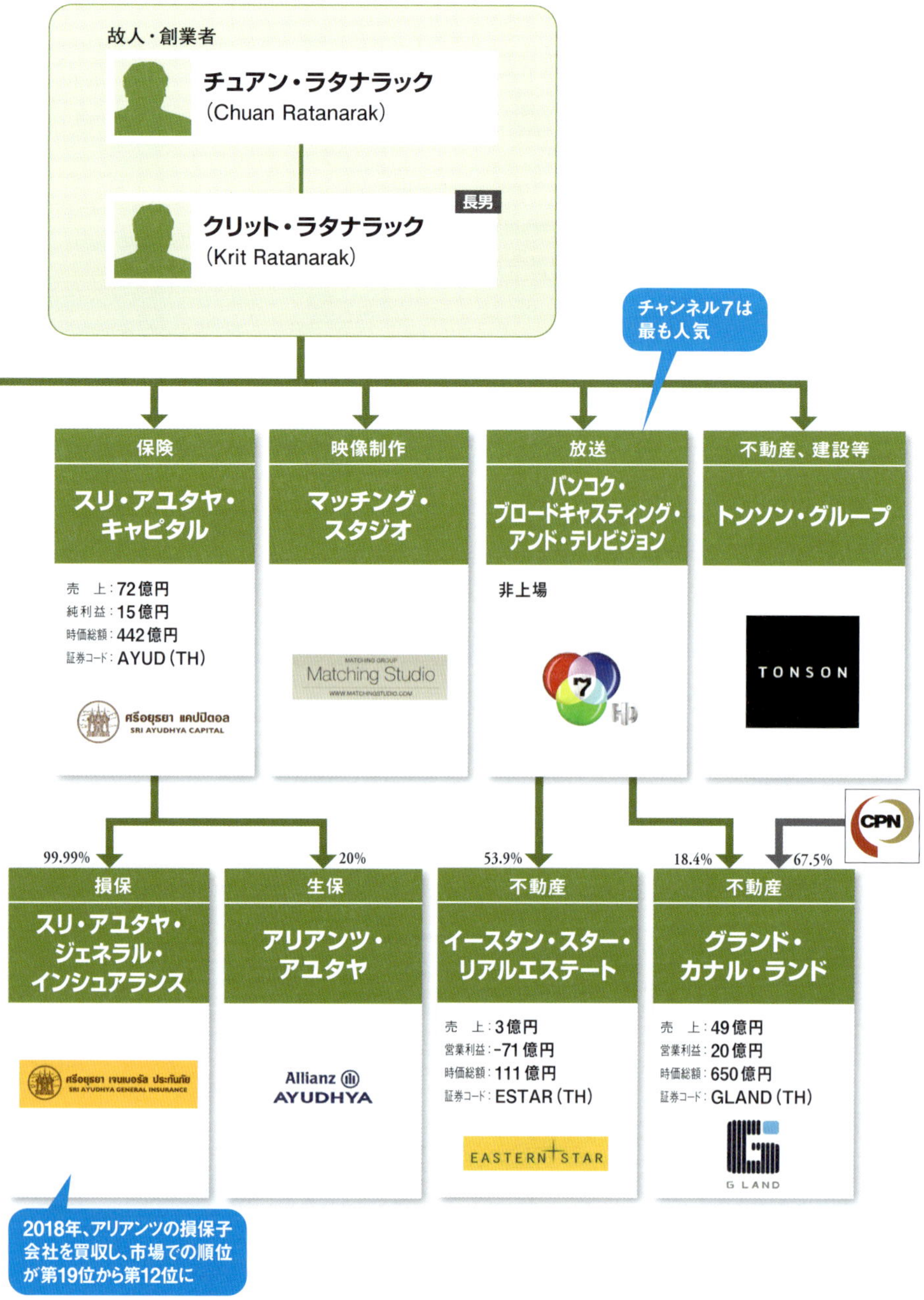

主要業種
金融業
今後の重点業種
不動産開発

評価シート	
規模	B
注目度	A
成長性	B
日系企業との提携可能性	B

概要

セメント事業で積極的M&Aを展開

チュアン・ラタナラックは、1920年中国生まれ。6歳のとき、新天地を求める両親とともにバンコクに移住したという。港湾労働者として稼いだ資金で、20代で海上輸送会社を設立。起業家としてのスタートを切った。

戦後の政情不安定期、中国人排斥運動が頻繁に発生し、また国もタイ人による産業育成に力を入れる政策を明確にしていたため、チュアンは逆境を乗り切る方策として軍に政治的庇護を求めた。とりわけ、後に首相になったタノーム・キッティカチョーン元帥には相当接近し、タノームが首相を務めた1958年と、1967～73年の間には、今のビジネスの元となるさまざまなビジネスでの恩典を得た。

まず1958年に、業績が低迷していたアユタヤ銀行の株式の一部を、政権の勧めもあって取得した。

ここに注目

三菱UFJ銀行との支店統合

2007年にアユタヤ銀行はGEキャピタルと戦略的提携を行い、GEが株式の25%を保有したが、2013年には三菱UFJ銀行と提携を行い、三菱UFJ銀行がGE持ち分とファミリー持ち分を公開買い付けで買い取り、76.8%の株主となった。買収金額は約5,400億円の大型M＆Aであった。

三菱UFJ銀行は、アユタヤ銀行の買収の後、自らのバンコク支店をアユタヤ銀行と統合した。1つの金融グループが保有できる預金受け入れ機関は1つ、というタイの規制もあり統合に至ったが、統合後は、BTMUバンコクの顧客である日系企業約4,000社は、アユタヤの600以上の支店の利用が可能になった。また日系顧客に対し、アユタヤの3万社以上の取引先を紹介することも可能になる。カシコン銀行やバンコク銀行は日系銀行との業務提携を加速しているが、タイ・日双方の顧客の属性をわかった上でアドバイスができるのは大きな強みだ。

タイでメガと呼ばれるのは、バンコク、クルンタイ、サイアム・コマーシャル、カシコンの4行で、アユタヤはそれに次ぐ。タイの銀行の総資産に占める大手行のシェアはかなり拮抗しており、4位のカシコンの背中は見えている（95ページの円グラフ参照）。三菱UFJ銀行との協業で、ランクアップできるか要注目だ。

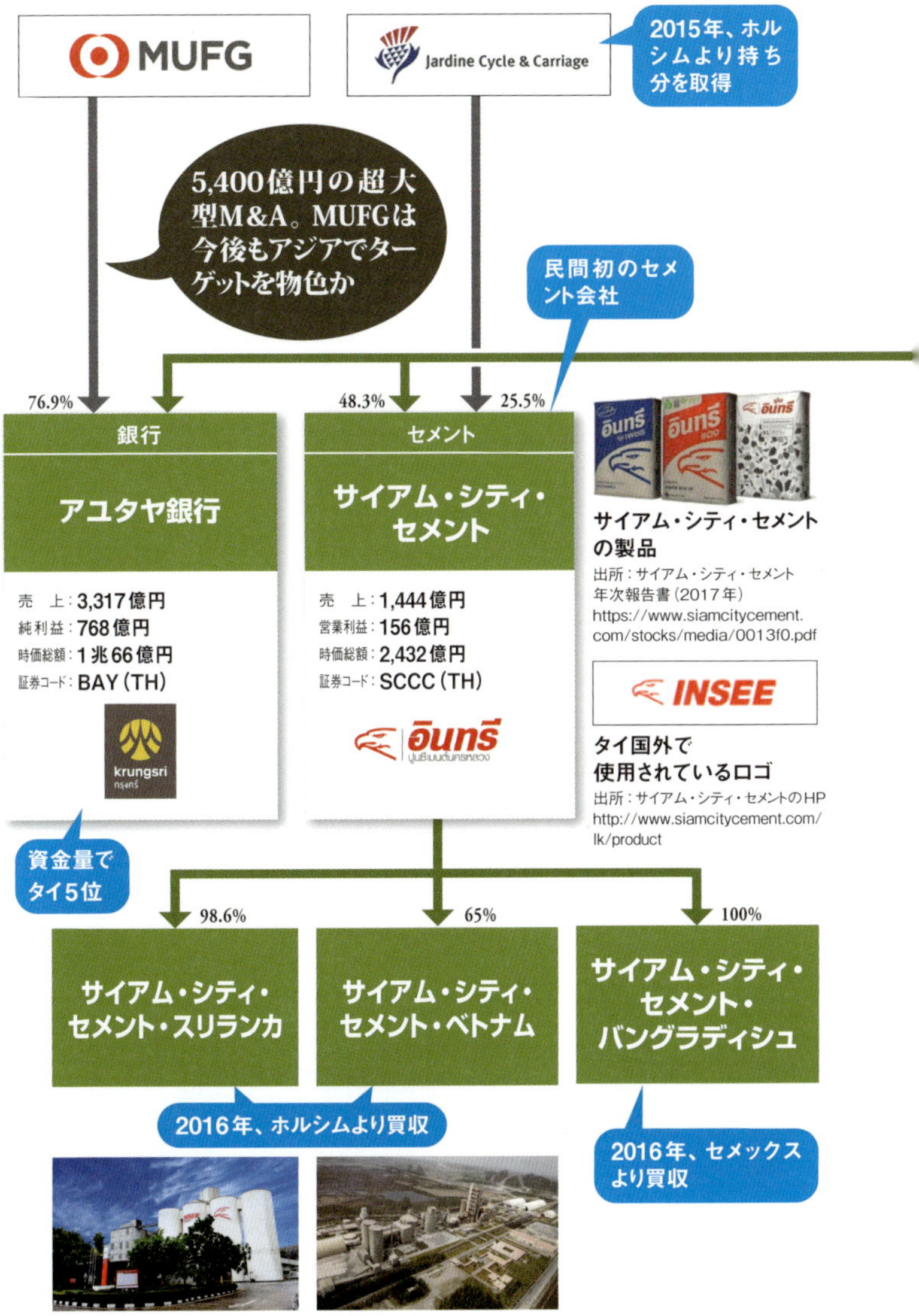

サイアム・シティ・セメントの製品
出所：サイアム・シティ・セメント年次報告書（2017年）
https://www.siamcitycement.com/stocks/media/0013f0.pdf

タイ国外で使用されているロゴ
出所：サイアム・シティ・セメントのHP
http://www.siamcitycement.com/lk/product

サイアム・シティ・セメント・スリランカ
出所：サイアム・シティ・セメントのHP
http://www.siamcitycement.com/lk/who_we_are/vision

サイアム・シティ・セメント・ベトナム
出所：
http://insee.com.vn/en/gioi-thieu/ve-chung-toi

1961年には過半数の株式を購入して経営権を握り、逝去する1993年の直前まで銀行を支配した。また1967年には、民間で初のセメント生産ライセンスを国から取得し、サイアム・シティ・セメントを設立した。当時は王室が株主になっているサイアム・セメント（84ページ）1社しかなかったので、タイで2番目のセメント会社となった。同じく67年にはテレビ放送のライセンスを取得し、BBTVを設立した。BBTVのチャンネル7はタイで最も人気のあるチャンネルと言われている。時の政権と二人三脚で歩んで成長を果たすのは、本書で紹介するタイクーンにある程度共通することである。

1993年のチュアンの没後、長男のクリットがラタナラック・ファミリーの当主となった。クリットの下での特筆事項はやはり三菱UFJ銀行との資本業務提携であろう。三菱UFJ銀行の買収額は5400億円にも上るまさにビッグディールであった。近時はセメント事業でのM&Aを積極化しており、買収を通じてベトナム、スリランカ、バングラデシュ等への地理的拡大を果たしている。

これらの国のインフラ整備ニーズは大きく、そのビジネスチャンスを逃さない戦略だ。

Santi Bhirombhakdi / Singha Group

サンティ・ピロムパクディー（フォーブス第11位・純資産額2718億円）

シンハー・グループ

老舗ブランド「シンハービール」を世に出したファミリー

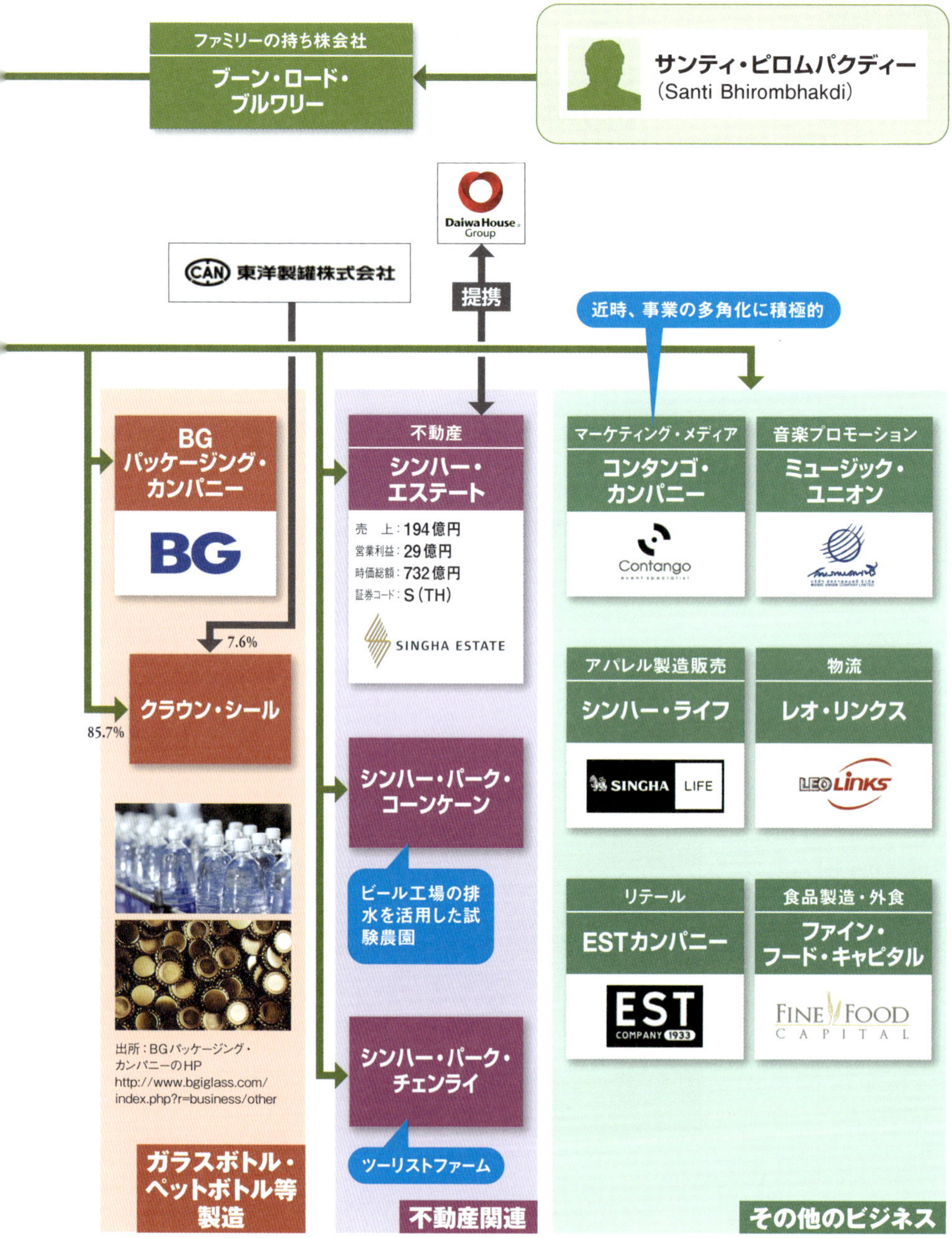

概要

ベトナムで大型の戦略的投資

タイのビールといえば、最も有名なブランドはシンハービールである。日本にもタイ料理レストランが増えたので、手軽に味わうことができる。そのシンハーを世に出したのが、プラヤ・ピロムパクディー。1872年の生まれで、裕福な家に生まれ、学校には行かず、父の教育に従い家庭で学習したという。

若い頃から働き始め、自動車販売、海運事業などを経てビールビジネスに参入し、1934年にブーン・ロード・ブリュワリーを創設した。タイ・ビバレッジ（79ページ）が1990年初頭にビール市場に参入するまで唯一の国産ビールメーカーで、ピーク時には60%を越すマーケットシェアを誇っていた。90年代後半に、タイ・ビバレッジがチャンビールを市場に投入し、攻勢をかけたことから、一時期チャンビールにシェアナンバーワンを奪われたが、自らも大衆路

主要業種
飲料

今後の重点業種
不動産・ライフスタイル

評価シート

規模	C
注目度	C
成長性	C
日系企業との提携可能性	C

ここに注目

タイの飲料の市場シェア

酒類飲料の消費シェア（2015）

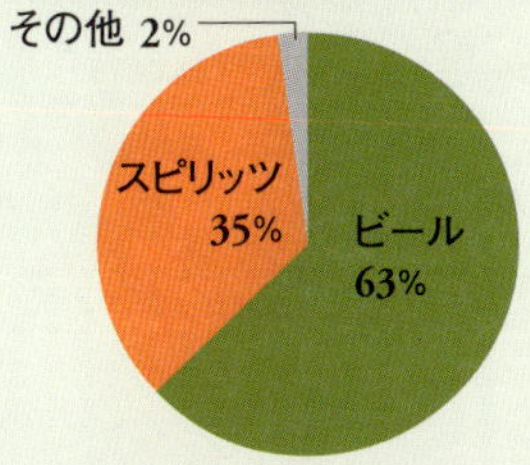

ブランド別ビールのマーケットシェア（2015）

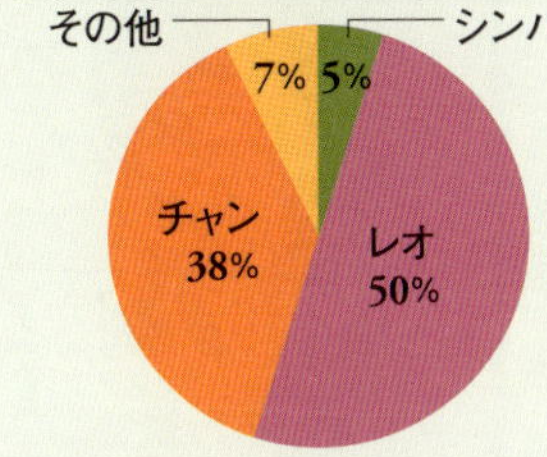

清涼飲料水の種類別消費シェア（2015）

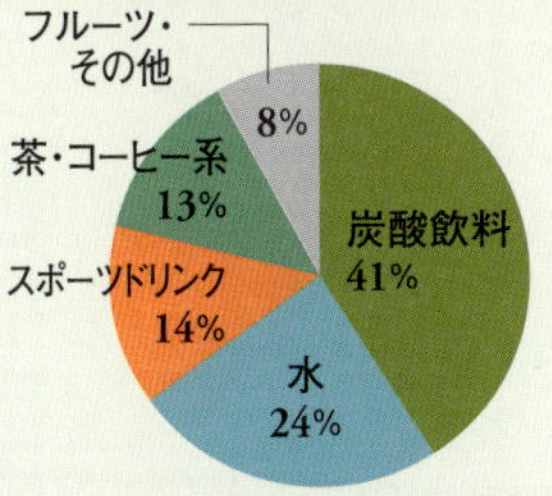

水のブランドシェア（2016）

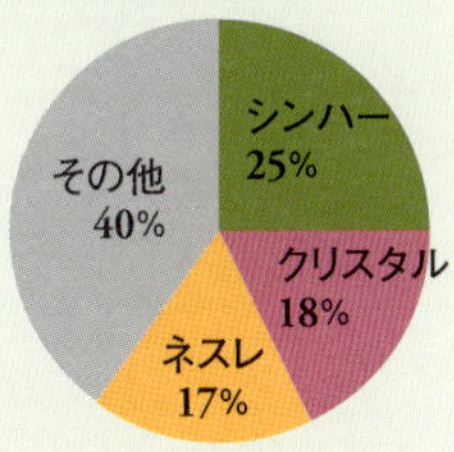

線のレオ（Leo）ブランドを投入する等し、シェアを奪い返している。

現在は、サンティがグループのCEOとしてビジネスを束ねる。

2002年に、アサヒホールディングスと業務提携を行い、タイにおけるアサヒスーパードライの生産を開始した。ビール瓶は茶色あるいは黒色に着色されているものがほとんどであるが、ハイネケンのように緑色に着色したものもある。タイのアサヒスーパードライは、当初緑色の瓶を使用しており、当時のタイ駐在員の話題を呼んだ。近時、不動産、物流、アパレル、メディア、音楽など事業を多角化させている。

不動産事業においては、2018年9月に大和ハウス工業と提携。タイ郊外に住むアッパーミドル層のファミリーをターゲットにした戸建て・マンションの分譲事業を行うとしている。

また東洋製罐との間で、ビール瓶の王冠などを製造する合弁事業を行っている。

近時の特筆事項は、ベトナムへの地理的拡大だ。食品大手のマサン・グループ（183ページ）が保有するマサン・ブリュワリーの株式33・3%を1200億円にて取得した。ベトナムへの積極展開を図るライバルTCCを追撃する格好だ。

Chatri Sophonpanich / Bangkok Bank Group

チャートリ・ソーポンパニット（フォーブス第26位・純資産額1665億円）

バンコク銀行グループ

アジア最大級の資産を持つバンコク銀行のオーナーファミリー

故人

チャートリ・ソーポンパニット（Chatri Sophonpanich）

息子

チャートシリ・ソーポンパニット（Chartsiri Sophonpanich）

FRASERS PROPERTY

CPN

病院

バムルンラード・インターナショナル病院

売　上：605億円
営業利益：158億円
時価総額：4,782億円
証券コード：BH（TH）

Bumrungrad International HOSPITAL

倉庫、工場賃貸（40.0%）

タイコン・インダストリアル・コネクション

売　上：55億円
営業利益：20億円
時価総額：985億円
証券コード：TICON（TH）

TICON

学校

シュリューズベリー・インターナショナル・スクール

SHREWSBURY INTERNATIONAL SCHOOL BANGKOK

シュリューズベリー・インターナショナル・スクール リバーサイド校
出所：シュリューズベリー・インターナショナルのHP
https://www.shrewsbury.ac.th/riverside

証券会社

アジア・プラス・グループ・ホールディングス

売　上：84億円
営業利益：34億円
時価総額：268億円
証券コード：ASP（TH）

ASIA PLUS Group Holdings

REIT（22.1%）

タイコン・フリーホールド・アンド・リースホールドREIT

売　上：20億円
営業利益：15億円
時価総額：2,070億円
証券コード：TREIT（TH）

TREIT

REITの運用会社は、タイコン・インダストリアル・コネクションと三井物産グループの合弁会社

ホテル（5.0%／22.9%）

デュシタニ

売　上：156億円
営業利益：2億円
時価総額：322億円
証券コード：DTC（TH）

Dusit HOTELS & RESORTS

出所：チャトリウム・ホテル・アンド・レジデンスのHP
http://www.chatrium.com/default-ja.html

ホテル

チャトリウム・ホテル・アンド・レジデンス

CHATRIUM HOTEL Riverside BANGKOK

概要

軍に庇護を求め銀行業務を拡大

創業者はチン・ソーポンパニット。1910年生まれで、中国広東省潮陽出身である。

チンが若い頃には、米の輸出入や材木等の販売を手掛けていた。これらの事業で得た資金を元に、1944年に10人の仲間と共同出資でバンコク銀行を設立した。戦後の政情不安定期には、中国人排斥運動が頻繁に発生し、また国もタイ人による産業育成に力を入れる政策を明確にしていたため、チンは軍に政治的庇護を求めた。このあたりの事情は、90ページで紹介したアユタヤ銀行の黎明期と同じである。実際チンは、軍の准将をバンコク銀行の会長に、また警視総監を信託子会社の会長にし、その処遇の見返りとして政府から出資を仰いで銀行の財務基盤を固めた。一時期、政府保有比率が60%ほどもあったという。これが奏功して銀行の信用度が上がり、預金

主要業種

銀行

今後の重点業種

保険

評価シート

規模	B
注目度	B
成長性	B+
日系企業との提携可能性	B

ここに注目

銀行・保険業界のシェア

銀行総資産に占める大手行のシェア（2017）

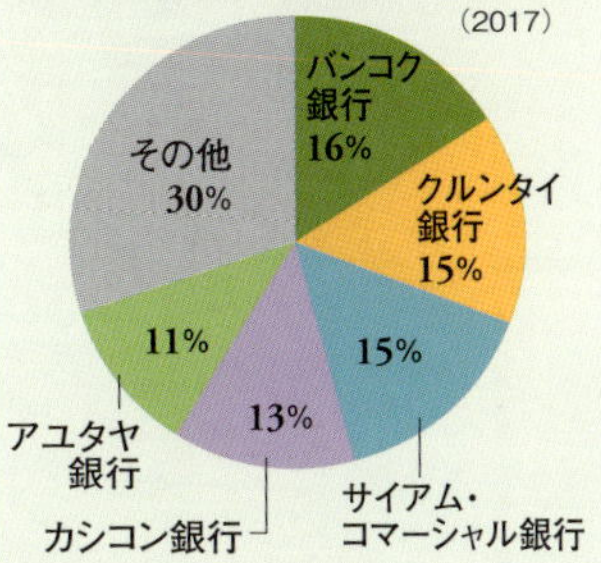

保険料収入に占める大手生命保険会社のシェア（2017）

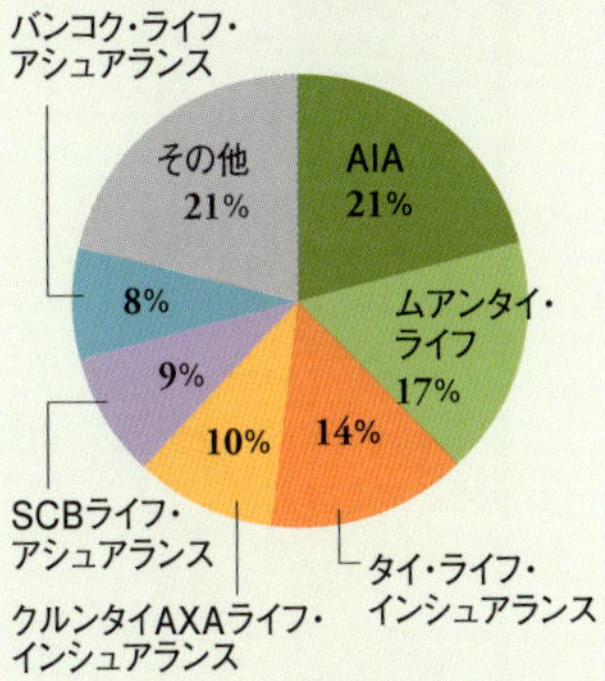

保険料に占める大手損害保険会社のシェア（2016）

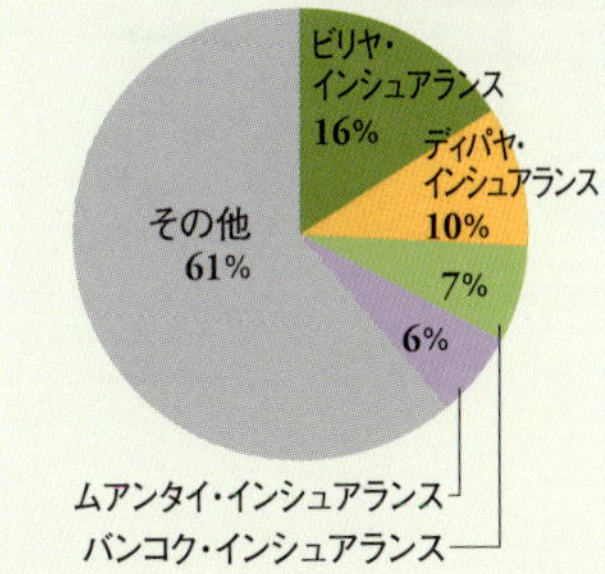

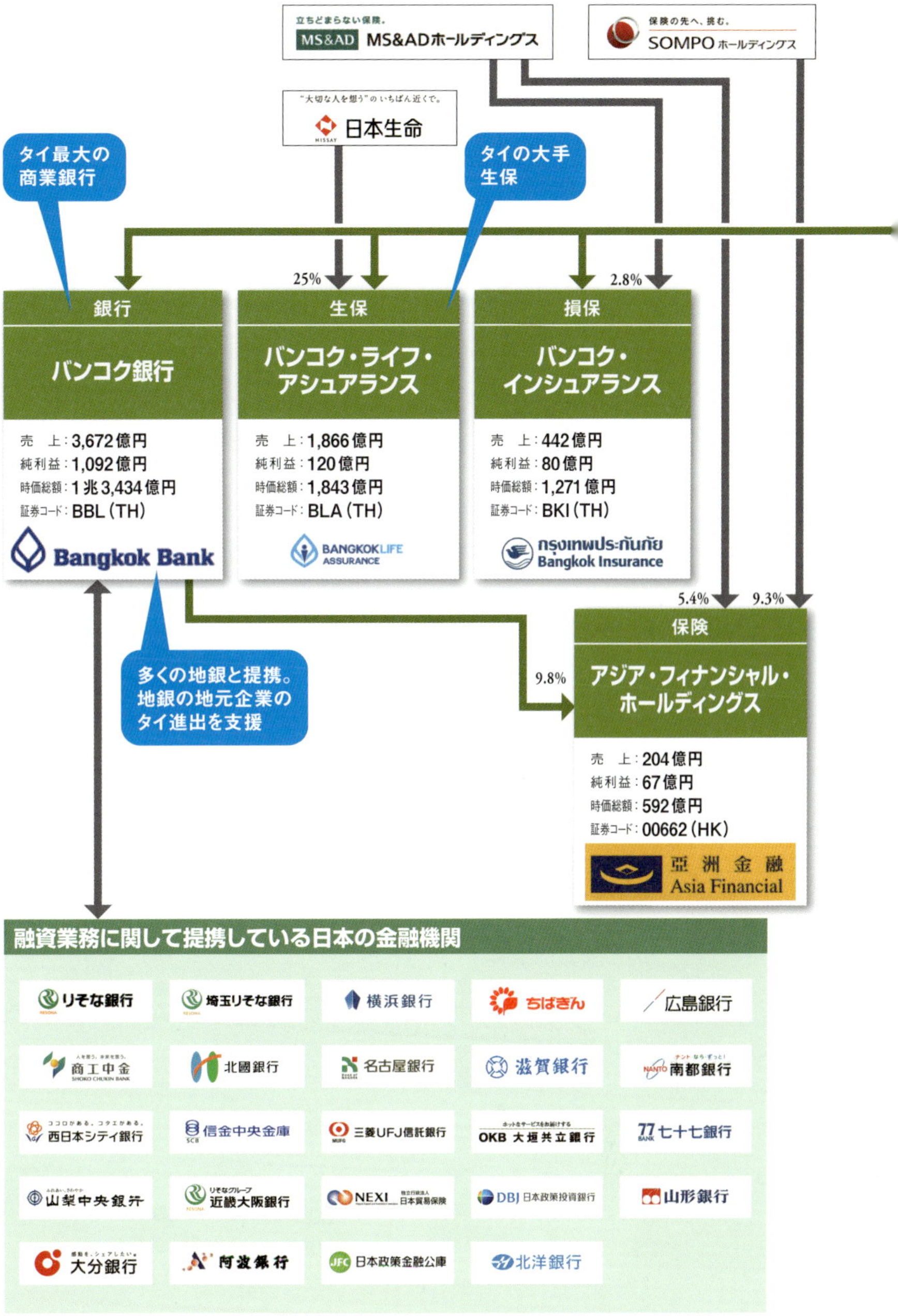

拡大、ひいては貸出資産の積み上げにつながったという。

チンの息子チャートリは1980～92年まで銀行の頭取を務め、その後、取締役会のチェアマンを務め、2018年に死去した。チャートリの息子チャートシリは1994年から今日まで頭取を務めている。

現在では、りそな銀行や横浜銀行など邦銀24行と業務提携をしている。ジャパンデスクを開設して、提携地銀の地元企業に対して、タイに進出する際の進出支援、情報提供、ビジネスマッチングなどのサポートをしている。

傘下のバンコク・ライフ・アシュアランスは、AIA、タイライフ、ムアンタイ・ライフ・アシュアランスなどに次ぐ準大手生命保険会社である。1997年に日本生命がバンコク・ライフに出資し、現在では25%を保有している。損保事業では、三井住友海上や損保ジャパンとの提携も行っている。「ここに注目」の円グラフを見ると、生損保両事業とも規模でトップ企業に水をあけられているが、シェアアップのためには中規模の保険会社の買収が必須になってくる。またREITの運用会社や老舗のデュシタニ・ホテルやREITに出資するなど、近時、不動産関連の投資を積極的に行っている。

Phornthep Phornprapha / Siam Motor Group

ポンテープ・ポンプラパー（フォーブス第30位・純資産額1302億円）

サイアム・モーターズ・グループ

日産自動車をはじめ数多くの日系メーカーと提携するタイの自動車王

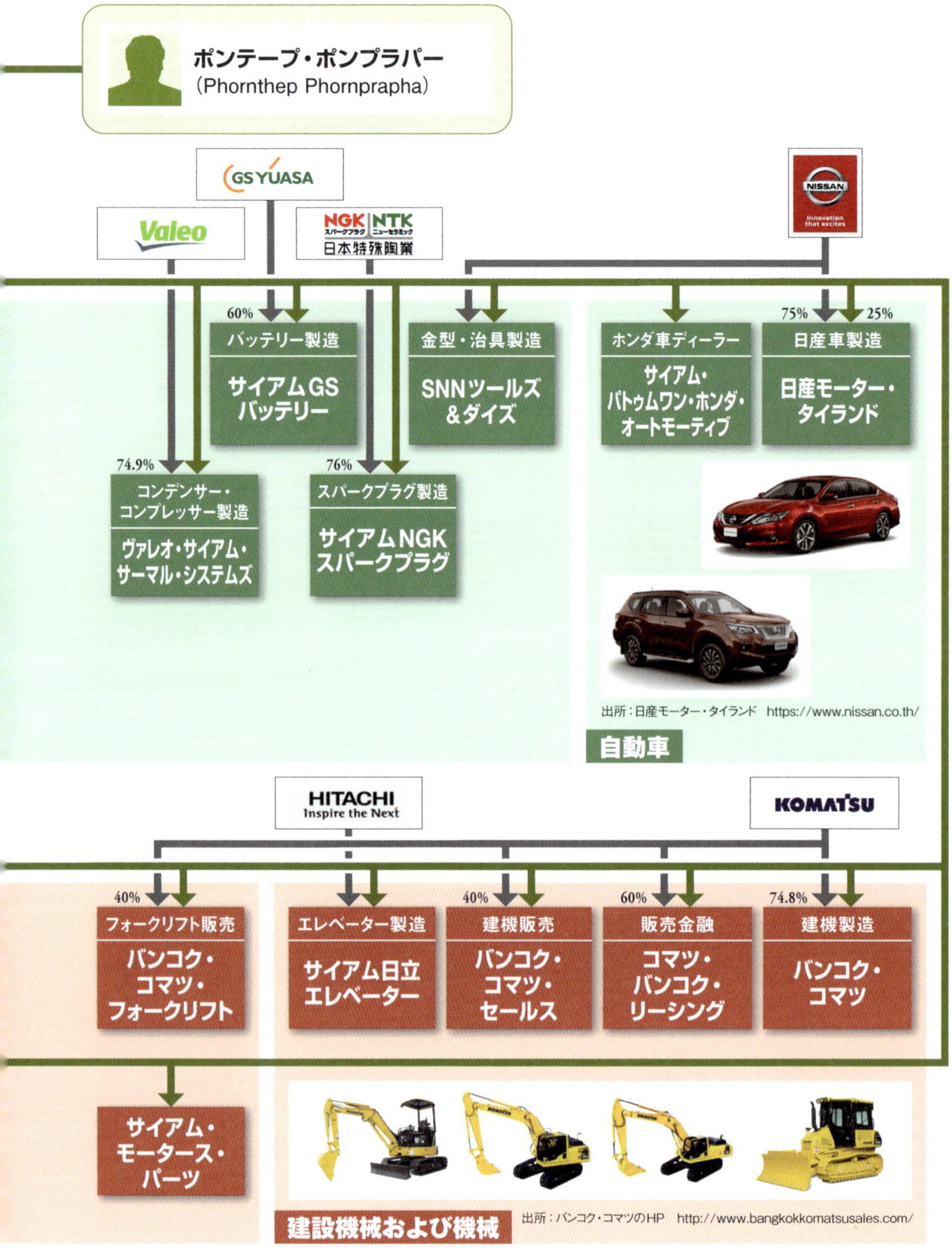

概要

タイの自動車産業を支える大企業

サイアム・モーターズの創業者、ターウォン・ポンプラパーは、1913年中国福建省・潮州生まれ。鉄屑業を営む父親の手伝いをしてビジネスを学んだという。

若くして旅行した日本の成長ぶりに感激し、1940年代には日産自動車の輸入販売を手掛けたのが、自動車ビジネスに参入する契機であった。1952年にはサイアム・モーターズを設立、また1962年にはサイアム日産モーターを設立し、タイ国内での日産車の組み立てを開始した。

以後、1964年にヤマハ二輪車の製造を手掛けた。さらに、1970年にはダイキンと手を組み事業領域を拡大していった。現在は、自動車、自動車部品、建機、ヤマハによる音楽教室、ホテル、ゴルフ場と裾野の広いビジネスを展開している。2006年にはホンダのディーラーも開始した。

主要業種
自動車

今後の重点業種
自動車関連

評価シート

規模	B
注目度	B
成長性	B+
日系企業との提携可能性	A

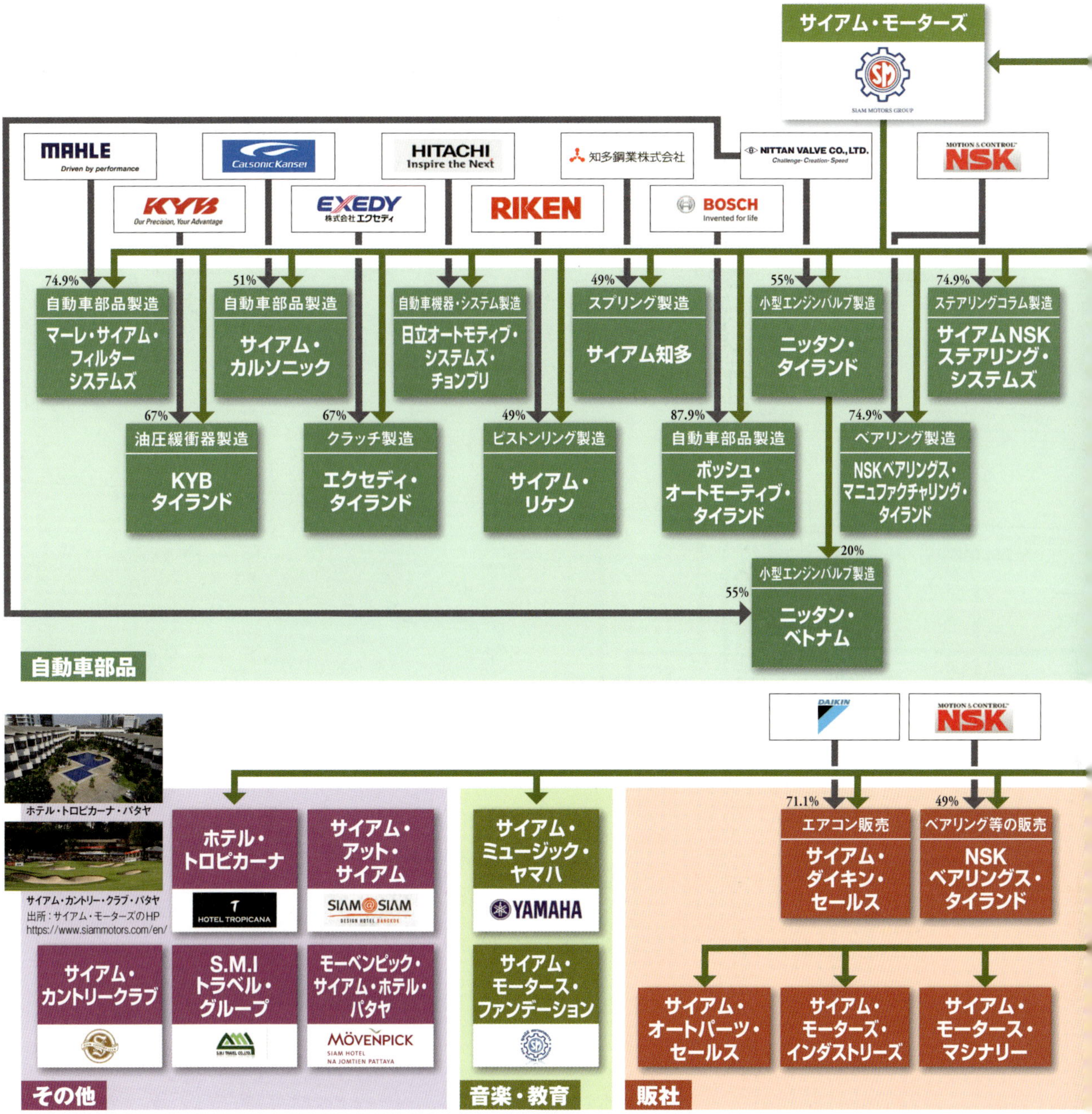

ホテル・トロピカーナ・パタヤ
サイアム・カントリー・クラブ・パタヤ
出所：サイアム・モーターズのHP
https://www.siammotors.com/en/

タイの自動車産業は、1960年に参入した日産・トヨタなどの日系自動車メーカーによって発展してきたと言える。

タイの自動車産業の特徴として、自国発の国産ブランド確立ではなく、主に日系自動車メーカーを受け入れる形で産業形成をしたことが挙げられる。マレーシアが、国産車プロトンの開発に舵を切ったのと対照的である。

海外ブランドの受け入れを促進するために、タイ政府は優遇措置を与えてさまざまな自動車メーカーの進出を促してきた。その結果は明白で、2013年には約246万台という生産量で、世界第9位の地位を確立した。2014年の洪水以降、生産量は200万台を下回っているが、世界的水準での自動車生産国としての地位を築いている。

現在の当主はポンテープ。1949年生まれの69歳である。

進出している日系自動車メーカー各社においても、タイは単なる生産拠点という役割を超えている。域内部品調達・輸出の地域拠点としても位置付けられるようになってきている。タイの自動車王の成功の軌跡は、国の政策と日系メーカーの成長と表裏一体の関係にある。サクセスストーリーはまだ続きそうである。

Chokwatana Family / Saha Group

チョクワタナ・ファミリー（フォーブス番外）
サハ・グループ

日系企業と数多い提携を持つ消費財系最大のコングロマリット

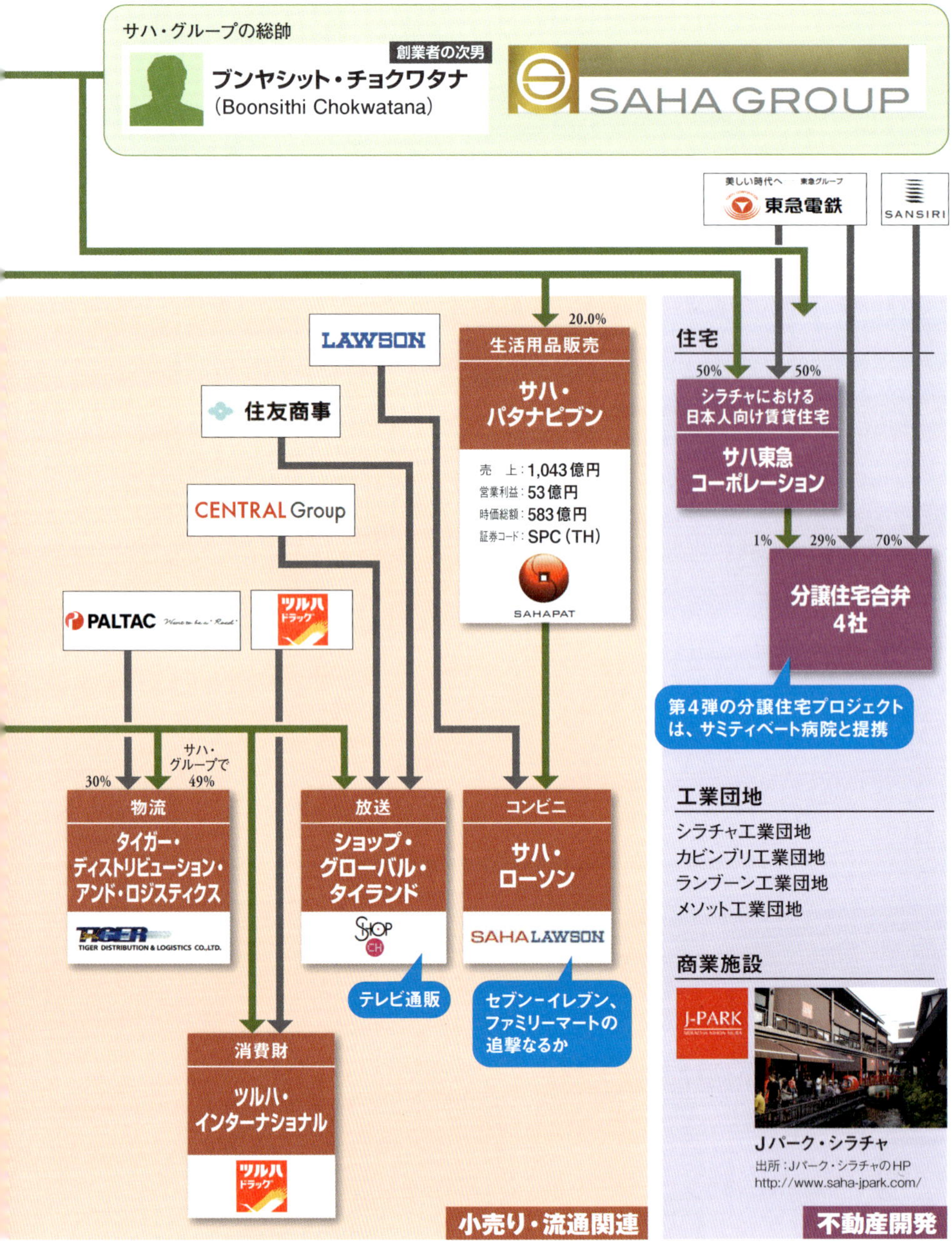

概要
ラザダとのEコマース事業に注目

チョクワタナ・ファミリーが率いるサハ・グループは、小売り・消費財系に強みを持つコングロマリットである。タイ最大の消費財メーカーであるサハ・パタナ・インターホールディングを中核とし、グループ会社約300、社員10万人を擁する大財閥である。不思議なことに、ファミリーはフォーブスの億万長者ランキングの上位に登場してこないが、日系企業との提携数は非常に多く、番外編として取り上げる。

ティアム・チョクワタナ（Thiam Chokwatana、1916年～1991年）が1942年に雑貨屋を始めたのがビジネスの起源である。食品、消費財の分野で事業を拡大し、即席麺「ママー」や、洗濯用洗剤の「パオ」など、国民的ブランドを展開してきた。

日系企業との関わりは古く、1967年にライオンと提携し、せっけんやシャンプーの製造を開始。

主要業種	
消費財	
今後の重点業種	
小売り・ライフスタイル	
評価シート	
規模	B
注目度	B
成長性	B
日系企業との提携可能性	A

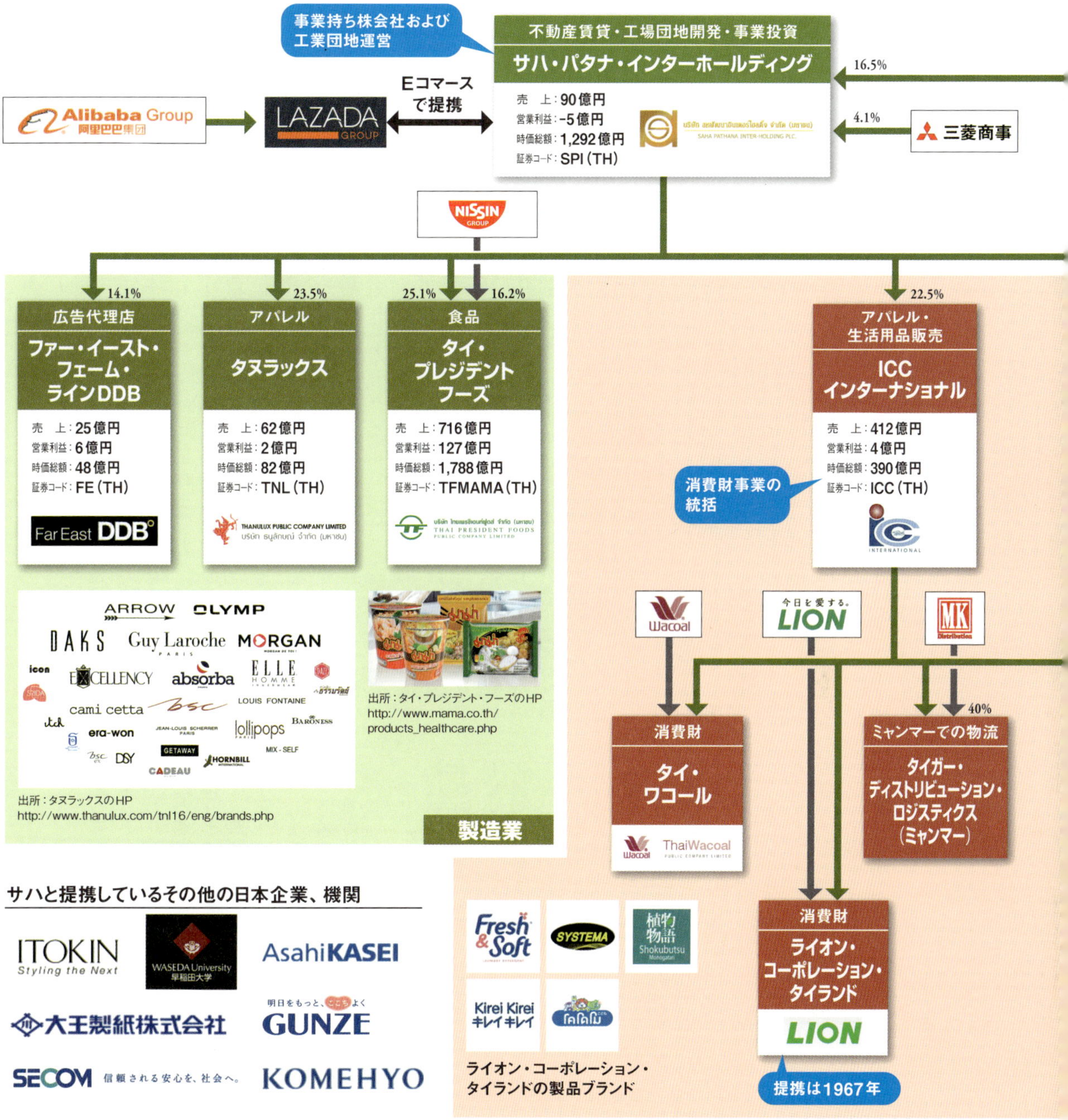

また、1970年にワコール製品の販売を開始している。最近では、ローソン、ツルハドラッグと組んだり、住友商事、セントラル・グループとテレビ通販の会社も立ち上げたりして小売事業を強化する方針だ。ただしコンビニエンスストアについては、ライバルのセブン-イレブン、ファミリーマートがそれぞれCPグループ、セントラルというタイの小売大手と組んで先行しているだけに、どこまで追い上げられるか要注目だ。

また2014年には、工場が多いシラチャ地区に日本をテーマにしたショッピングモールJパークをオープン、話題を呼んでいる。

足元で注目すべきは、ASEANのEコマースの雄ラザダとの業務提携と、日用品卸大手のパルタックとの物流事業における資本業務提携である。どちらも2017年の同じ時期に締結された。タイの消費者の行動様式の変化に即したEコマースへの参入と、それに必要な物流の高度化。現在の小売ビジネスに欠かせない両輪である。その物流事業においては、ミャンマー企業との合弁も立ち上げた。人口減少が予想されるタイにおいては近隣国への展開をする企業が増えているが、サハ・グループはいち早くミャンマーへの進出を果たしたことになる。

COLUMN

引退模様それぞれ

「5年、30万、70歳、60%」

この数字の意味するところをおわかりの方はいらっしゃるだろうか。出所は中小企業庁。2017年7月の資料によれば、今後5年間で30万社以上の中小企業の経営者が70歳になるにもかかわらず、なんと60%に上る企業で後継者が見つかっていない状態だという。後継者がいないがために同業に身売りをするM&Aは日本国内で増加しており、その数は今後ますます増えると予測されている。

さて、さまざまな企業を支配するタイクーン。支配する企業の数が増え、またそれらが上場を果たしても、個々の経営はタイクーンとその家族が担うファミリービジネスのスタイルが圧倒的に多い。だからお家騒動が起こって傘下企業のガバナンスに支障が出れば、グループ全体の企業価値に大きな影響が出てしまう。かかる事態がゆめゆめ発生しないよう、彼らは事業承継には非常に気を使っている。

最近、人々の耳目を集めた事業承継の例として、タイのCPグループと香港の長江グループがある。CPはタイ最大級の財閥であるが、2017年1月、グループ総帥のタニン・チャラワノン氏(79)が、長男と三男に会長職と最高経営責任者(CEO)職を引き継ぎ、自身は上級会長の職に就いたことを発表した。出色なのは、長男と三男の長期政権は想定せず、10年後を目途に長男は上級会長に、また三男も会長に退き、それまでの間に新たなCEOを育成するとしている点だ。タニン氏の3人の兄も上級会長として、当面は後継の育成に携わるという。CPグループはタイと中国を中心に世界16カ国で事業展開し、最近は欧米への投資も加速している。これまでは、タニン氏のカリスマ性や中国などでの政治人脈を梃子に成長を遂げてきた。ただここまで規模を拡大したグループの事業基盤を次世代に引き継ぐには、同族経営にこだわらず、むしろ創業家以外の人間も含む複数の経営者による分散型経営への転換が必要と判断したようだ。

また2018年5月には、香港最大のコングロマリット長江グループを率いるリー・カシン氏(89)が引退を発表した。後継者は長男のビクター氏(53)で、父が築いた事業の骨格を維持する方針を表明した。リー・カシン氏は、第2次世界大戦後に「ホンコンフラワー」と呼ばれる造花事業で成功し、不動産や通信、インフラ事業などに次々手を広げ、1代で巨大な財閥を築き上げた「超人」だ。今回の引退発表に対して、株主から惜しむ声は相次いだものの、大きな混乱は生じていない。なぜならビクター氏自身、20年以上も副主席としてグループ経営に携わってきており、彼への後継指名も2012年になされていたためだ。ビクター氏の弟リチャード氏はすでにグループを離れ、独自に事業を展開しているため跡目争いの心配はない。ビクター氏にはこれまでの実績からすでに「小超人」という称号も付いており、新たな香港経済界の顔として君臨することになる。

CPグループの分散型経営への移行、長江グループのカリスマ経営の維持と承継のスタイルは異なる。しかし共通しているのは、承継に長い時間をかけて周到に準備をしている点だ。リーダーとして選ばれる人は、ビジネスマンとして結果を出した人が多い。ただ自分が結果を出すことと、自分の組織に結果を出させることはアプローチが全く違う。スポーツの世界でも、「名選手必ずしも名監督ならず」という言葉がある。本を読んだり、セミナーに参加したりするだけで身につく経営手腕など存在しない。だから時間が必要であり、タイクーンもそれを実践しているのである。

冒頭に掲げた数字。とりわけ5年という時間軸が十分なものと言えるかどうか、それぞれの事情による。ただ承継問題を抱える企業は、早急にアクションを取ったほうがよさそうだ。

【本章の主な参考文献】

外務省のHP　タイ王国　https://www.mofa.go.jp/mofaj/area/thailand/index.html

JETROのHP　タイ　https://www.jetro.go.jp/world/asia/th/

JETRO：2017年の経済見通し（世界56カ国・地域）（2017年5月）　https://www.jetro.go.jp/world/reports/2017/01/86316a1635568bc9.html

JETRO：2018年の経済見通し（世界54カ国・地域）（2018年5月）　https://www.jetro.go.jp/world/reports/2018/01/55b33e7af57031de.html

OKB総研 調査部：2018年東南アジア主要国経済の見通し　2017年11月22日　https://www.okb-kri.jp/_userdata/pdf/report/168-focus1.pdf

三菱UFJリサーチ&コンサルティング：タイ経済の現状と今後の展望～短期的には危機の可能性小だが、中長期的には停滞の懸念もあるタイ経済～　http://www.murc.jp/thinktank/economy/analysis/research/report_160530.pdf

公益財団法人国際通貨研究所：タイ経済の現状と展望～足下のリスク要因と「中所得の罠」克服に向けて～2017年8月16日　https://www.iima.or.jp/Docs/newsletter/2017/NL2017No_23_j.pdf

あずさ監査法人：海外赴任前研修　タイ　2017年11月17日

三菱UFJ銀行 経営企画部：BTMU Thailand Monthly　2018年2月号

中小企業庁　中小企業の事業承継に関する 集中実施期間について（事業承継5ヶ年計画）　2017年7月　http://www.chusho.meti.go.jp/zaimu/shoukei/2017/170707shoukei1.pdf

『徹底検証　アジア華人企業グループの実力』（朱炎編著/ダイヤモンド社）

『一目でわかる　アジアの財閥と業界地図』（藤原弘・田中恒雄編著/日本実業出版社）

その他、各社のHP、各社アニュアルレポート、各社報道、ウィキペディアなど幅広く参照した。

第3章

フィリピン

アヤラ・グループ

サン・ミゲル・グループ

SMグループ

JGサミット・グループ

LTグループ

GTキャピタル・グループ

ロペス・グループ

ユーチェンコ・グループ

フィリピン

ASEAN内で過去10年に一番変貌した国だ。外貨を稼ぐ出稼ぎ労働者は健在だが、BPOやスカイプ英会話など新しい国内産業も芽生え、経済は活気にあふれている。大規模な開発が至るところで行われ、街もピカピカ、人もピカピカ。それが今のフィリピンである。

なんとも型破りな……
（©Sipa USA/amanaimages）

国名	フィリピン共和国 Republic of the Philippines
面積	30万km^2
人口	1億98万人（2015年）
首都	マニラ首都圏（NCR） 人口1,288万人（2015年）
言語	フィリピノ語、英語、セブアノ語など
宗教	カトリック（82.9%）、その他キリスト教（10.0%）、イスラム教（5.1%）など
公用語	フィリピノ語、英語

出所：JETRO
https://www.jetro.go.jp/world/asia/ph/basic_01.html

歴史

フィリピンのトランプと称される型破りな現大統領の政治手腕に注目

マゼランが率いるスペイン艦隊がフィリピンにやって来たのが1521年。1898年にスペインが米西戦争でアメリカに敗れるまで、その支配は長きにわたった。スペインに対する抵抗を続けたホセ・リサールは独立の父と呼ばれる。スペインが撤退した後も、アメリカ、日本と支配が続き、正式に独立したのは1946年である。

1965年に第10代大統領に就任したマルコスは強権政治を敷き、優越的地位を利用して富も独占した。しかし1972年に戒厳令を施行するなどしたため民衆の支持を失い、1986年に「ピープルズ・パワー」の動きによって失脚。アメリカに亡命し、ハワイで生涯を終えた。

マルコスに次いで第11代大統領に就任したのは、凶弾に倒れたアキノ上院議員の夫人コラソン。マルコス失脚の翌年には新憲法を成立させ、現代フィリピンの礎を築いた。俳優出身のエストラダ大統領時代には再び不正疑惑などで政治が混乱したが、コラソンの息子ベニグノ・アキノ3世が2010年に大統領に就任。クリーンな政治で安定した政権運営を行い、経済の発展にも寄与した。

アキノ大統領の任期満了に伴い、2016年に就任したドゥテルテ大統領。ダバオ市長を長きにわたって務め、フィリピンのポピュリズムの象徴ともいえる政治家だ。歯に衣着せぬ言動はフィリピンのトランプ大統領とも称されるが、当のアメリカとはオバマ政権時代にドゥテルテ大統領のオバマ大統領への暴言に端を発して深刻な対立に陥った。一方、国内の麻薬組織撲滅に関しては、殺人を超法規的に容認するような極端な施策をとっているが、のちに就任したトランプ大統領とはこの施策を機に関係改善を実現した。

スカボロー礁を巡っては、中国が同礁を2012年ごろから実効支配して以来、アキノ大統領時代から深刻な対立関係にあった。ハーグの国際調停裁判所に仲裁を申し立て、2017年に下った判決は「中国がフィリピンの漁業権を侵害してい

フィリピンの歴代大統領

代	氏名	就任	退任
10	フェルディナンド・E・マルコス	1965年	1986年
11	コラソン・アキノ	1986年	1992年
12	フィデル・ラモス	1992年	1998年
13	ジョセフ・エストラダ	1998年	2001年
14	グロリア・マカパガル・アロヨ	2001年	2010年
15	ベニグノ・アキノ3世	2010年	2016年
16	ロドリゴ・ドゥア・ドゥテルテ	2016年	―

出典：外務省のHPなどを参照して著者作成

る」という内容であったが、ドゥテルテ大統領はこれのみに依拠せず、習近平国家主席との個人的関係の強化を通じて対立を解消。スカボロー礁におけるフィリピンの漁業権を実質的に改善させただけではなく、麻薬中毒患者への施設に中国資本を導入させるなど極めて高い政治手腕を発揮している。この型破りな大統領の施策には今後も目が離せない。

経済

在外フィリピン人の送金が好調な個人消費を支える

フィリピンの２０１７年の１人当たりＧＤＰ（名目）は２９７６ドルで、車のような耐久消費財の販売が加速するという３５００ドルのラインにほぼ乗ってきた。実際、アキノ大統領が就任した２０１０年ごろから、毎年高い成長を記録し、現在はアジアの優等生と呼ばれるまでになっている。景気拡大を牽引しているのは旺盛な個人消費であるが、それを支えているのが、在外フィリピン人労働者（Overseas Filipino Workers）からの送金である。現在のＯＦＷの渡航先はアメリカに約３５０万人、中東に２５０万人、全世界では１０００万人を超えると言われている。実に国民の10％が海外に出稼ぎに行っていることになる。彼らから家族への送金額は、２０１７年には２８０億ドル（約３兆円）に達し、ＧＤＰの10％近くに上る。このような資金は生活必需品や耐久消費財の購入に充てられるわけだが、その意味からもＯＦＷは、フィリピン国内に居住する人の生活水準および教育水準の向上に無くてはならない存在となっている。ただし家政婦やドライバーなど弱い立場で仕事に従事している人が多く、雇用主による虐待の報告は後を絶たない。まさにＯＦＷの献身により国民経済の一部が成り立っているのである。

安定的な人口増加が続くフィリピンでは、豊富な労働供給が長期的に期待できることや、依然として周辺国よりも人件費が低いことに加え、英語のできる質の高い労働力を確保できることから、最近ではビジネス・プロセス・アウトソーシング（ＢＰＯ）拠点としての注目が高まっている。米調査会社が発表したＢＰＯビジネス拠点ランキングでは、マニラ、セブといった都市がランキングのトップ10入りすることが常態化している。ＢＰＯサービスは24時間が原則だが、グローバルベースでの需要増加に伴って３シフトで人員を確保する動きが加速しており、今後フィリピンにおいてもこのビジネスの一層の成長が期待されている。

またフィリピンは日本や韓国など非英語圏の国からの語学留学先としても人気があり、近年多くの人が英語留学に訪れているが、近時のトレンドとして、スカイプを使ったオンライン英語教室の数も増えている。「フィリピン人、スカイプ」などのキーワードでグーグル検索すると、大手を含んだ英会話スクール名が多数画面に現れる。膨大な数のＯＦＷの存在は、国内に雇用先がないことの裏返しでもあるが、ＢＰＯ、スカイプ英会話など、新しいビジネスの勃興により、フィリピンの就業構造が変わる可能性が出てきている。

GDP産業別構成（名目）　単位：10億ペソ

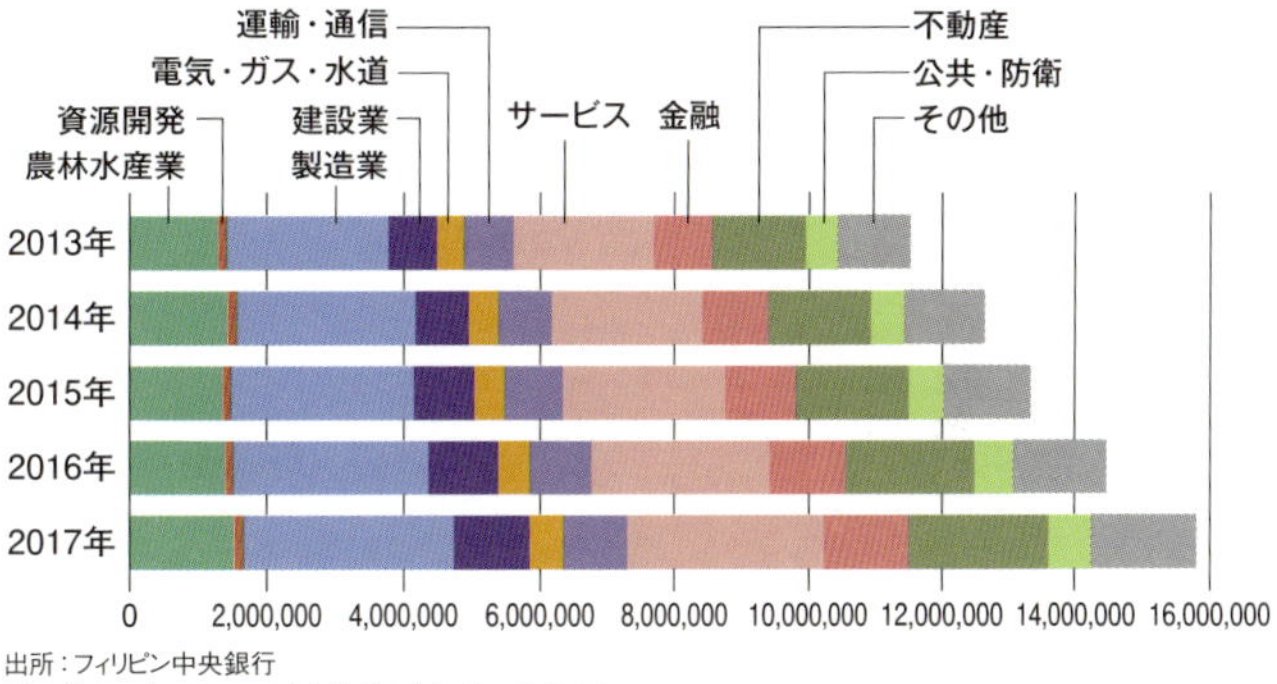

出所：フィリピン中央銀行
http://www.bsp.gov.ph/statistics/efs_fiscalnia.asp

フィリピンの基礎的経済指標

対象年月	2013年	2014年	2015年	2016年	2017年
実質GDP成長率（単位：%）	7.2	6.1	6.1	6.9	6.7
名目GDP総額（単位：10億ドル）	272	285	293	305	313
1人当たりのGDP（名目）＝米ドル	2,767	2,850	2,863	2,924	2,976
消費者物価上昇率（基準：2012年、単位：%）	3.0	4.1	1.4	2.2	3.2
失業率（%）	7.1	6.8	6.3	5.5	5.7
為替レート（期中平均値、対米ドルレート）	42.45	44.40	45.50	47.49	50.40

（現地通貨：ペソ）　出所：JETRO「基礎的経済指標」（2018年10月24日更新）

Jaime Augusto Zobel de Ayala/Ayala Group

ハイメ・アウグスト・ゾベル・ド・アヤラ（フォーブス第4位・純資産額4530億円）

アヤラ・グループ

フィリピンで最も長い歴史を持つスペイン系コングロマリット

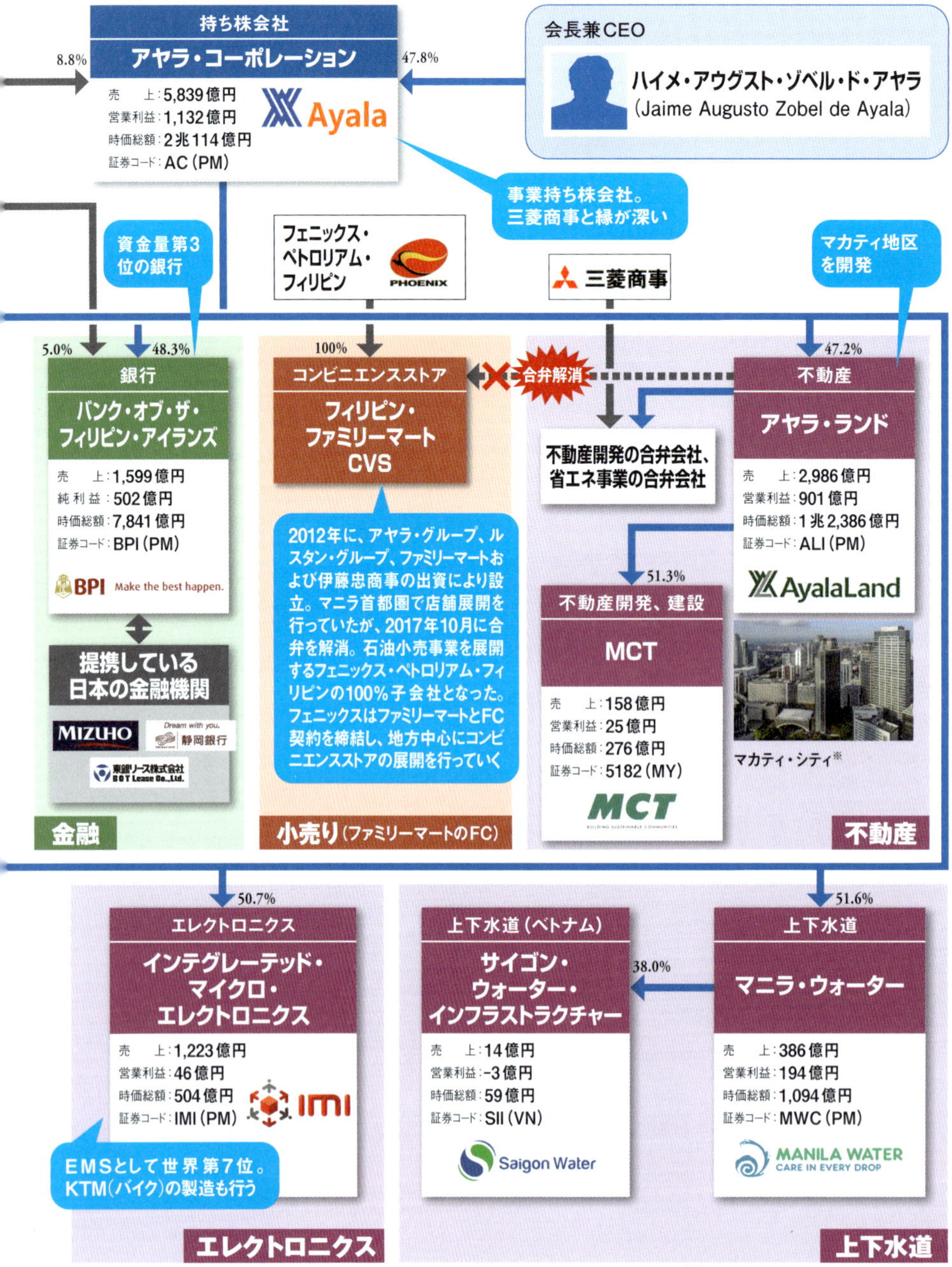

出所：※ https://makeitmakati.com/about-us/

主要業種
不動産
今後の重点業種
インフラ

評価シート	
規模	A
注目度	A
成長性	B
日系企業との提携可能性	A

概要

通信業界再編の中心プレーヤー

アヤラ・ファミリーが事業を開始したのは、スペインがフィリピンを植民地にしていた時代にさかのぼる。1834年に、アントニオ・ド・アヤラが、砂糖、コーヒー、綿花、蒸留酒の製造を開始したのが事業の嚆矢《こうし》である。19世紀後半には建設業に乗り出し、事業の規模を拡大していった。不動産事業の中核会社はアヤラ・ランドで、都市開発事業、建設、住宅開発、ショッピングモール事業、ホテル事業、オフィス事業など幅広い不動産事業を行っている。中でも、日系・外資の大手企業や金融機関が集まるビジネスの中枢・マカティ地区は、アヤラ・ランドを代表する大規模都市開発である。

　金融事業では、資産規模フィリピン第3位のバンク・オブ・ザ・フィリピン・アイランズを傘下に有する。2012年以降みずほコーポレート銀行（現みずほ銀行）、静岡銀行、東

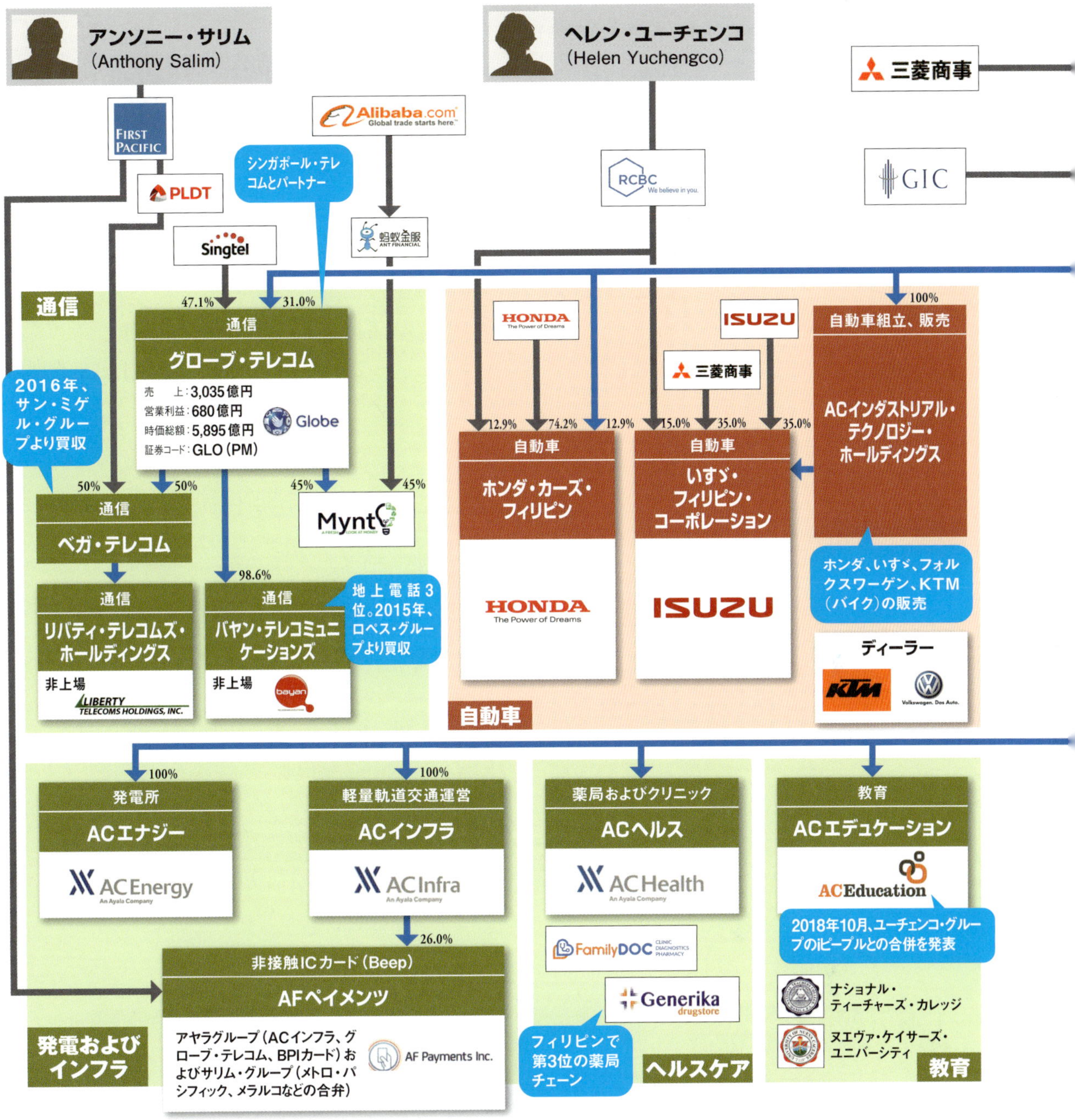

銀リースと提携している。

日系企業では、三菱商事との関係が深い。1970年代に三菱商事はアヤラ本体に出資し、以降さまざまなかたちで共同の不動産開発を行ってきた。近時では、マニラ首都圏でアヤラ60%、三菱商事40%の合弁会社を設立し、大規模高級分譲マンションの開発を行うとしている。また、ラモス政権下でマニラ首都圏の水道事業が民営化された際にも、三菱商事と提携して応札している。

近年フィリピンのテレコム業界で大きな再編が起こっているが、その中心にいるのがアヤラである。シンガポール・テレコムと共同経営するグローブ・テレコムは、2015年に国内3位のバヤン・テレコミュニケーションズをロペス・グループから買収。また翌2016年には関係の深いサン・ミゲル傘下にあったリバティ・テレコムを買収。リバティ・テレコムを共同で保有するのはフィリピン最大手のPLDTであり、その背後にはインドネシアのタイクーンであるサリムが控えるという構図だ。

スマートフォンの登場により、通信のみならず消費行動やファイナンスまでビジネスモデルが大きく変貌しつつあり、各国の有力プレーヤーが次世代の覇権を握るべく地歩固めをしていることが見て取れる。

アヤラ・グループの近時のM&Aおよび戦略的提携

2012年	11月	ファミリーマート、伊藤忠商事、ルスタン・グループの合弁会社を設立し、フィリピンにおけるファミリーマート店舗の展開について合弁契約を締結。アヤラの持つ店舗物件情報や店舗開発に関する豊富なノウハウや、ルスタン・グループの持つフィリピン国内における小売業のノウハウなどを共有し、よりフィリピン国内に根差した店舗運営と早期の店舗展開の実現を目指す
2015年	12月	傘下のグローブ・テレコムがロペス・グループ傘下で経営不振に陥っていたバヤン・テレコミュニケーションズを買収
2016年	5月	グローブ・テレコムがサン・ミゲル傘下のベガ・テレコムの50%を取得。残りの50%はPLDTが取得。売却金額は総額で約1,600億円
2017年	5月	傘下のマニラ・ウォーターがベトナムにおける出資先であるサイゴン・ウォーターの出資比率を24.5%から38%に引き上げ
		自社のオート事業のサプライチェーン強化のため、ドイツのオートパーツメーカーのMTミスルベック・テクノロジーズを約40億円で買収
	7月	ジェネリカの株式の50%を取得し、ドラッグストア事業に参入。ジェネリカは500店舗を有し、フィリピン国内3位のマーケットシェア
	10月	ファミリーマートとの合弁事業を解消。ファミリーマートは、石油元売り大手フェニックス・ペトロリアム・フィリピンとライセンス契約を締結。フランチャイズを中心に全国に500カ所以上の給油所（ガソリンスタンド）を展開するフェニックスの物流網と店舗運営のノウハウを強みに、地方への出店を進める。2017年9月末時点で68カ所の店舗網を5年後には300カ所へ拡大する計画
2018年	1月	ハノイベースのコングロマリットBIMグループと提携し、300MWのソーラーパワープラントを建設することで合意
		マニラの私立大学であるナショナル・ティーチャーズ・カレッジを買収
		マレーシアの不動産開発会社MCTの株式約17.2%を約60億円で買収
	3月	三菱商事が、保有するアヤラ・コーポレーション株式の一部850万株（発行済み株式の1.3%）を売却。売却価格は1株当たり934ペソ、売却総額は約160億円。これにより三菱商事の持ち分は10.15%から8.85%に低下

今後の注目ポイント

- アヤラ・グループはファミリーマートのパートナーとして2012年にコンビニ事業に参入。しかしながら2017年にファミリーマートがパートナーを変更することで小売事業から撤退することとなった。傘下にはドラッグストアやEペイメントの事業を有するだけに、シナジーを最大化するためにリテール事業をどのように再構築するのか興味が持たれる
- アヤラ・グループはベトナムでの事業経験が長いが、近時、一層の注力姿勢がうかがえる。ベトナムではさらなるインフラ需要が見込まれることから、アヤラ・グループが現地のどのような企業と組んで、もしくは買収してインフラビジネスを拡大していくか注目される
- バヤン・テレコミュニケーションズの買収やベガ・テレコムの株式50%の取得など、通信事業の強化が進んでいるが、PLDTとの2強時代の中での次の一手が注目される。アヤラ・グループはシンガポール・テレコム、テマセク・ホールディングスなどシンガポール勢との関係が深く、彼らとの協働で行う仕掛けも要チェックだ

フィリピンにおける通信セクターの再編

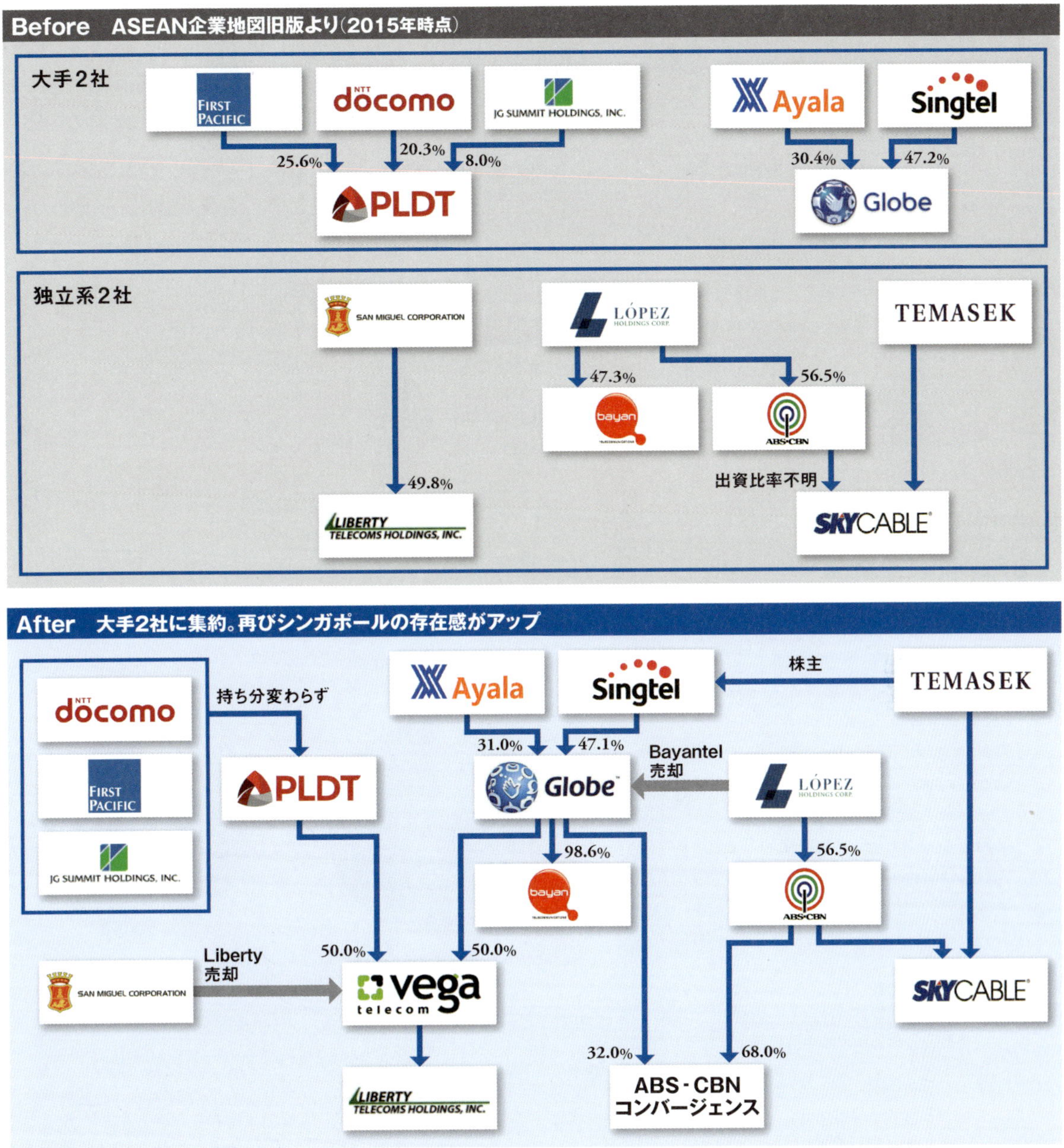

フィリピンの携帯電話市場はここ数年で大型の再編が発生し、PLDTとアヤラ・グループ傘下のグローブ・テレコム2社に集約されるかたちとなった。携帯電話はASEAN各国で普及率が軒並み100%を超え、キャリア間の価格競争が激化している。加えてLINEなどによる無料のメッセージサービスの台頭で、ARPU[※1]が減少するという厳しい業界構造となっている。このような環境下、弱小キャリアが大手に吸収されていくのは必然と言えよう。

しかし、大手とはいえ、油断は禁物だ。デジタルテクノロジーがもたらす新たな技術が、全く予期しない方向から自社の収益構造を崩壊させる可能性があるからだ。今後のサバイバルは、キャリア自身がデジタルテクノロジーによる環境変化を受容する側でなく、変革を起こす側に立てるかによる。

DBS[※2]のレポートによると、デジタルテクノロジーに対する順応度と事業革新性は、ASEANのキャリアの中ではシンガポール・テレコムが最も高いと評されている。まさにグローブ・テレコムのパートナーがシンガポール・テレコムであり、PLDTとの競争においてどのような戦略を共に描いていくのか注目される。

※1：ユーザー1人当たりの平均売上　※2：DBS Bank 「Asian Telecom Sector」2018年1月18日

企業研究——アヤラ・コーポレーション

基本情報

企業名	Ayala Corporation
証券コード	AC
業種	総合デベロッパー、水道
代表者	Jaime Augusto Zobel De Ayala Ii(Chief Executive Officer), Fernando Z. Ayala(President)
住所	Ayala Avenue, 32F-35 Floor, Tower One and Exchange Plaza, Ayala Triangle Makati Philippines
電話番号	+63 29083000
URL	http://www.ayala.com.ph
設立年	1968
上場年月日	1976/11/8
上場市場	フィリピン証券取引所、OTCピンクシート、OTCピンクシート(ADR)
資本金	712百万米ドル(2018/06期)
従業員数	149人(2017/12連結)

株式所有構造

順位	大株主	保有株式(千株)	保有割合(%)
1	Mermac, Inc.	296,626	46.99
2	Mitsubishi Corp.	54,578	8.65
3	First State Investment Management	12,287	1.95
4	Capital Research & Management	12,260	1.94
5	SM Investments Corp.	8,948	1.42
6	The Vanguard Group, Inc.	8,428	1.34
7	OppenheimerFunds, Inc.	6,939	1.1
8	Aberdeen Asset Managers Ltd.	6,425	1.02
9	Aberdeen Asset Management Asia Ltd.	6,201	0.98
10	Platinum Investment Management	6,113	0.97
—	その他	212,473	33.66
	合計	631,275	100

業績推移

単位:百万米ドル	2015/12期 連結決算 実績	2016/12期 連結決算 実績	2017/12期 連結決算 実績	2018/12期 — コンセンサス予想
売上高合計	4,059	4,450	5,166	5,116
EBITDA	1,467	1,603	1,712	1,380
EBITDAマージン	36.10%	36.00%	33.10%	27.00%
営業利益	883	962	1,001	—
営業利益率	21.80%	21.60%	19.40%	—
親会社株主に帰属する当期純利益	461	521	575	592
親会社株主に帰属する当期純利益率	11.40%	11.70%	11.10%	11.60%
資産合計	16,922	18,389	20,492	—
株主資本等合計	4,446	4,658	5,142	—
株主資本比率	26.28%	25.33%	25.09%	—
有利子負債	5,612	6,367	7,309	—
D/Eレシオ	1.26倍	1.37倍	1.42倍	—
ROE	10.65%	11.25%	11.89%	—
ROA	2.76%	2.90%	3.00%	—
営業活動によるCF	408	742	506	—
投資活動によるCF	-853	-1,605	-1,266	—
財務活動によるCF	255	401	840	—

地域セグメント(所在地)

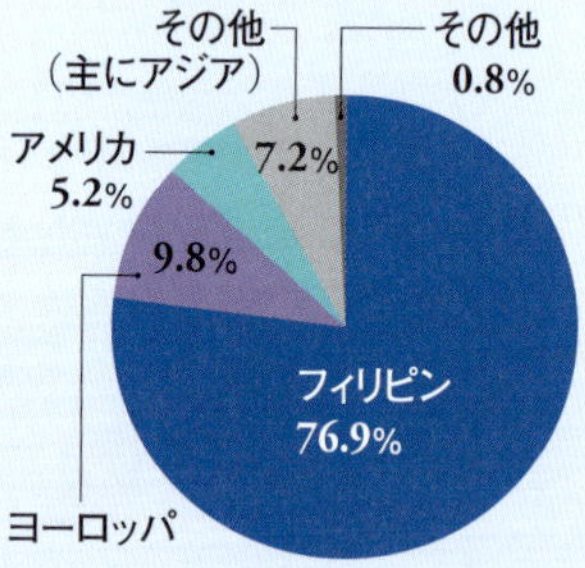

事業セグメント

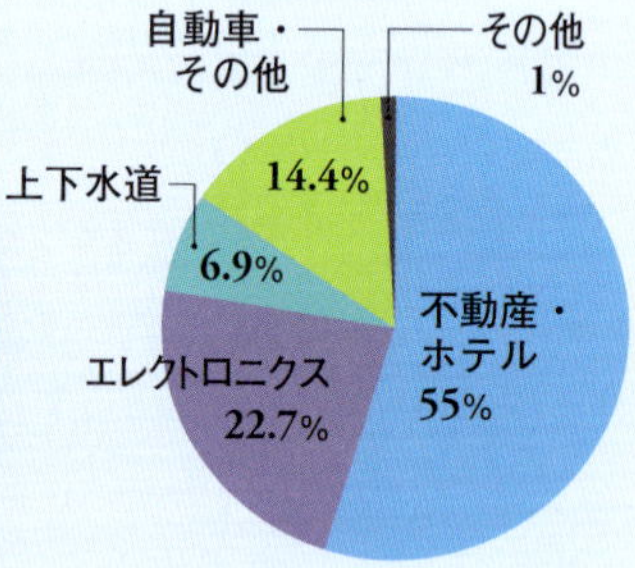

注:2017年12月期の事業セグメントと地域セグメントの売上高

企業価値の同業他社比較

証券コード	企業名	時価総額 直近終値(百万米ドル)	企業価値 LTM(百万米ドル)	PER 直近年度(倍)	PER LTM(倍)	PER 当期会社予想(倍)	PBR LTM(倍)	企業価値/EBITDA 直近年度(倍)	企業価値/EBITDA LTM(倍)	企業価値/EBITDA 当期会社予想(倍)	企業価値/売上高 直近年度(倍)	企業価値/売上高 LTM(倍)	企業価値/売上高 当期会社予想(倍)
AC	Ayala Corporation	17,121	26,252	32	30.9	N/A	3.47	15.9	15.1	N/A	5.26	5	N/A
03333	China Evergrande Group	44,461	147,183	12.5	12.5	N/A	2.65	12.1	12.1	N/A	3.24	3.24	N/A
000002	China Vanke Co Ltd	41,465	61,158	10.1	9.5	N/A	2.1	6.4	6.7	N/A	1.46	1.5	N/A
600153	Xiamen C & D Inc	3,428	14,332	7	6.6	N/A	0.95	10.1	10.8	N/A	0.38	0.4	N/A
600048	Poly Real Estate Group Co Ltd	22,773	54,260	10	9.5	N/A	1.42	11.9	11.4	N/A	2.35	2.45	N/A
8801	三井不動産	24,088	48,289	17.4	16.9	17.7	1.21	16.8	16.9	16.9	3.03	3	2.91
LLC	Lendlease Group	8,103	8,969	14	14	N/A	1.73	N/A	N/A	N/A	0.75	0.75	N/A
8802	三菱地所	23,933	42,271	22.4	21.1	21.9	1.6	15.8	15.6	16	3.93	3.86	3.69
00960	Longfor Group Holdings Ltd	17,352	33,921	9.4	8.7	N/A	1.63	7.8	8	N/A	2.85	2.88	N/A
00813	Shimao Property Holdings Ltd	9,247	25,161	6	5.6	N/A	1.02	8.7	N/A	N/A	2.23	2.23	N/A
00016	Sun Hung Kai Properties Ltd	43,175	49,441	8.1	6.3	N/A	0.64	7.2	N/A	N/A	4.85	4.46	N/A
601992	BBMG Corp	5,754	20,841	13.9	11.6	N/A	0.73	11.9	11.5	N/A	2.04	2.05	N/A
	平均値	21,742	44,340	13.6	12.8	19.8	1.6	11.3	12	16.4	2.7	2.65	3.3
	中央値	20,063	38,096	11.3	10.5	19.8	1.51	11.9	11.5	16.4	2.6	2.67	3.3
	最小値	3,428	8,969	6	5.6	17.7	0.64	6.4	6.7	16	0.38	0.4	2.91
	最大値	44,461	147,183	32	30.9	21.9	3.47	16.8	16.9	16.9	5.26	5	3.69

企業研究――グローブ・テレコム

基本情報

企業名	Globe Telecom Inc
証券コード	GLO
業種	移動体通信、固定通信
代表者	Ernest L Cu（Chief Executive Officer, President）
住所	32nd Street Corner, 7th Avenue 27th Floor, The Globe Tower Bonifacio Global City Taguig Philippines
電話番号	+63 27972000
URL	http://www.globe.com.ph
設立年	1935
上場年月日	1975/08/11
上場市場	フィリピン証券取引所、OTCピンクシート、OTCピンクシート（ADR）
資本金	841百万米ドル（2018/06期）
従業員数	7,206人（2017/12連結）

株式所有構造

順位	大株主	保有株式（千株）	保有割合（%）
1	Singapore Telecommunications Ltd.	62,646	47.08
2	Ayala Corp.	41,157	30.93
3	Matthews International Capital	2,607	1.96
4	The Vanguard Group, Inc.	966	0.73
5	BlackRock Fund Advisors	801	0.6
6	Schroder Investment Management	758	0.57
7	Pictet Asset Management Ltd.	501	0.38
8	Aviva Investors Global Service	494	0.37
9	BlackRock Advisors（UK）Ltd.	328	0.25
10	Dimensional Fund Advisors LP	322	0.24
—	その他	22,472	16.89
	合計	133,053	100

業績推移

単位：百万米ドル	2015/12期 連結決算 実績	2016/12期 連結決算 実績	2017/12期 連結決算 実績	2018/12期 — コンセンサス予想
売上高合計	2,644	2,671	2,685	2,686
EBITDA	1,030	1,033	1,071	1,124
EBITDAマージン	38.90%	38.70%	39.90%	41.90%
営業利益	602	609	601	—
営業利益率	22.80%	22.80%	22.40%	—
親会社株主に帰属する当期純利益	363	334	299	308
親会社株主に帰属する当期純利益率	13.70%	12.50%	11.10%	11.50%
資産合計	4,170	5,040	5,572	—
株主資本等合計	1,266	1,280	1,334	—
株主資本比率	30.35%	25.39%	23.95%	—
有利子負債	1,539	2,133	2,638	—
D/Eレシオ	1.22倍	1.67倍	1.98倍	—
ROE	28.96%	25.85%	23.19%	—
ROA	8.79%	7.13%	5.71%	—
営業活動によるCF	790	789	998	—
投資活動によるCF	-716	-1,215	-1,100	—
財務活動によるCF	-185	357	155	—

事業セグメント

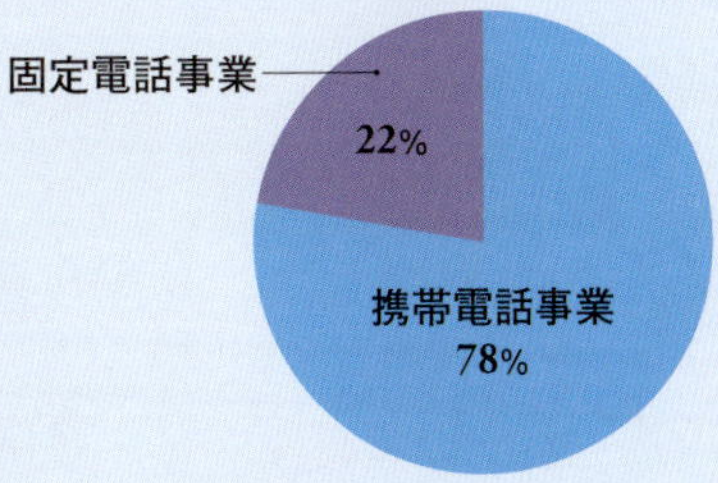

注：2017年12月期の事業セグメントの売上高

企業価値の同業他社比較

証券コード	企業名	時価総額 直近終値（百万米ドル）	企業価値 LTM（百万米ドル）	PER 直近年度（倍）	PER LTM（倍）	PER 当期会社予想（倍）	PBR LTM（倍）	企業価値/EBITDA 直近年度（倍）	企業価値/EBITDA LTM（倍）	企業価値/EBITDA 当期会社予想（倍）	企業価値/売上高 直近年度（倍）	企業価値/売上高 LTM（倍）
GLO	Globe Telecom Inc	5,341	7,624	19.2	16.9	N/A	4.28	7.6	7	N/A	3.02	2.88
VZ	Verizon Communications Inc	224,860	339,301	7.5	7.3	N/A	4.32	8.1	8	N/A	2.71	2.62
00941	China Mobile Ltd	198,982	131,021	11.9	11.6	N/A	1.32	3.2	N/A	N/A	1.22	1.21
9432	日本電信電話	96,936	151,122	12	N/A	12.4	1.2	5.5	N/A	5.6	1.4	N/A
DTE	Deutsche Telekom AG	76,955	154,666	19	19.8	N/A	2.23	6	6.1	N/A	1.75	1.8
9984	ソフトバンクグループ	107,955	247,836	11.7	9	N/A	2.14	9.2	8.8	N/A	2.9	3.02
034730	SK Holdings Co., Ltd	14,174	68,220	9.5	8.5	N/A	1.04	5.4	5.3	N/A	0.79	0.78
TEF	Telefonica SA	40,501	107,568	12.1	11.6	N/A	2.34	N/A	N/A	N/A	1.78	1.83
VOD	Vodafone Group PLC	60,178	97,775	21.1	21.1	N/A	0.76	5.4	5.4	N/A	1.8	1.8
00728	China Telecom Corp Ltd	39,093	48,561	14.4	13.6	N/A	0.8	3.4	3.1	N/A	0.96	0.89
AMX L	America Movil SAB de CV	54,641	87,517	35	N/A	N/A	5.22	7.1	N/A	N/A	1.67	1.61
	平均値	83,601	131,019	15.8	13.3	12.4	2.33	6.1	6.2	5.6	1.82	1.84
	中央値	60,178	107,568	12.1	11.6	12.4	2.14	5.8	6.1	5.6	1.75	1.8
	最小値	5,341	7,624	7.5	7.3	12.4	0.76	3.2	3.1	5.6	0.79	0.78
	最大値	224,860	339,301	35	21.1	12.4	5.22	9.2	8.8	5.6	3.02	3.02

注目グループ

Eduardo M.Cojuangco,Jr. Ramon Ang/San Miguel Group

エドアルド・コファンコ（元サン・ミゲル会長　フォーブス第14位・純資産額1586億円）

ラモン・アン（現サン・ミゲルCOO　フォーブス第8位・純資産額3228億円）

サン・ミゲル・グループ

フィリピン最大のビール会社サン・ミゲルをコアとするグループ

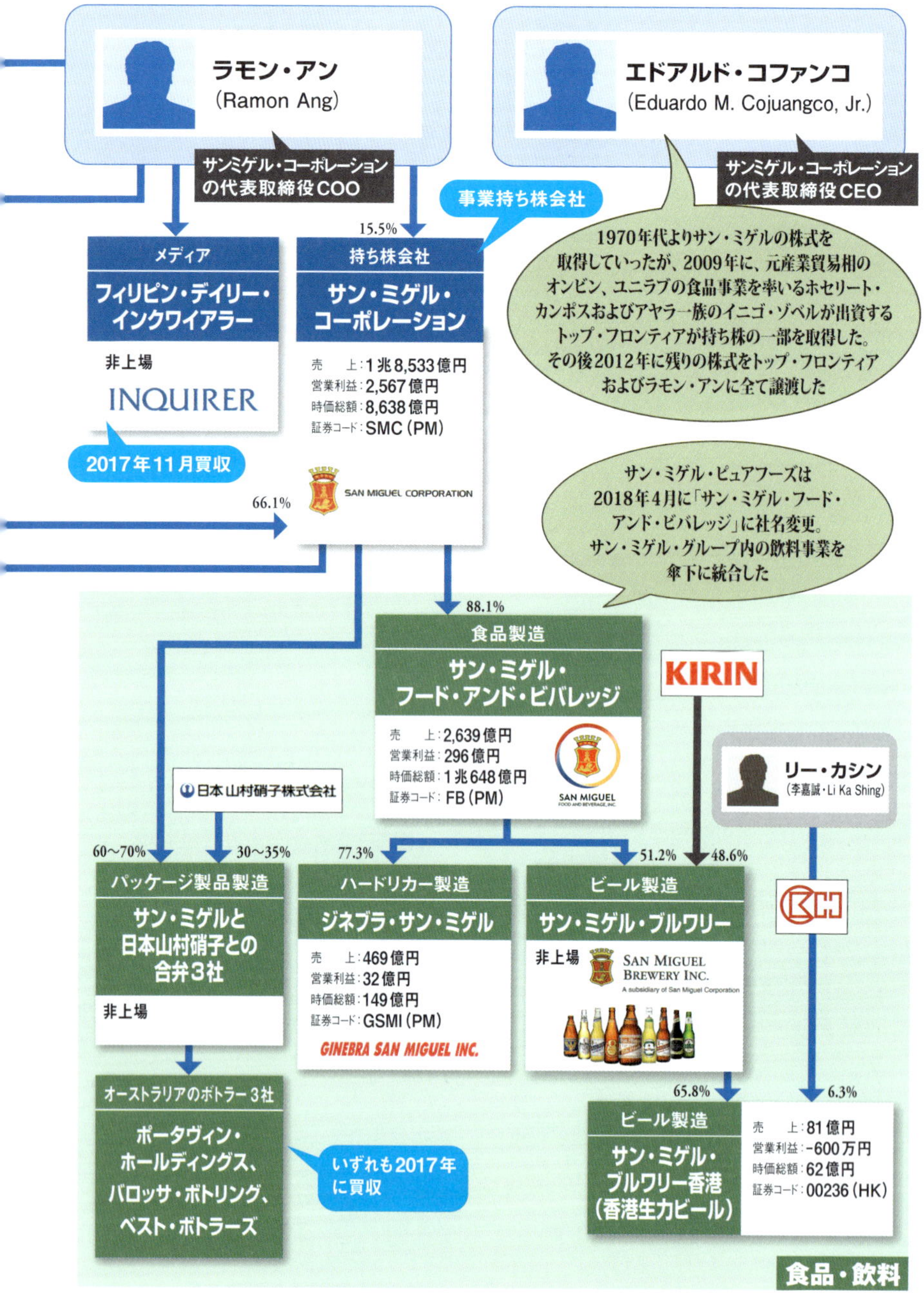

概要

常に変化し続けるコングロマリット

サン・ミゲルは、フィリピンビールのナショナルブランドだ。フィリピンのビール市場のシェアの実に90%を支配している。日本にもかなり輸入されているので、酒類の品揃えの多いスーパーで購入することができる。手に取ったことがある人も多いだろう。

サン・ミゲルの設立は1890年にさかのぼる。マニラに駐在していたスペイン系ビジネスマン、ドン・エンリケによって設立されたアジアで最初のブルワリーである。

設立間もなく、アヤラ・グループが経営に関与し、以降、アヤラの係累であるソリアノ・ファミリーによって運営されてきた。

エドアルド・コファンコは、1935年生まれ。コファンコ・ファミリーは、政治経済の両分野で活

主要業種
ビール・食品

今後の重点業種
エネルギー・インフラ

評価シート

規模	A
注目度	A
成長性	B
日系企業との提携可能性	A

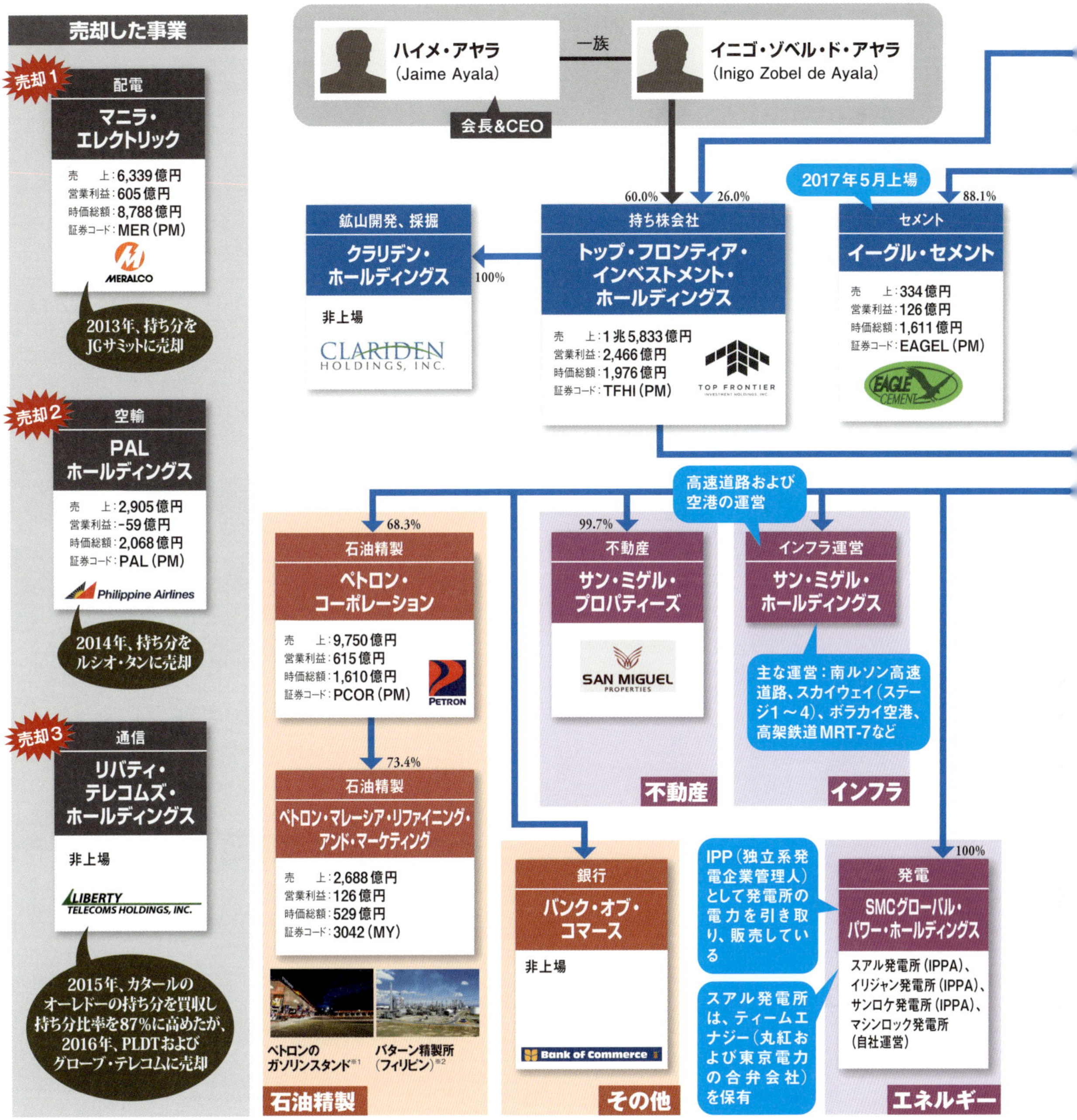

出所:※1と※2 http://www.petron.com.my/web/site/service

躍しており、ベニグノ・アキノ前大統領の母コラソン(第11代大統領)も、このファミリーの出身である。コファンコはマルコス政権とのつながりが深く、ビジネス上でさまざまな利権を得たと言われる。その資金で70年代からサン・ミゲルの株式を徐々に取得していき、役員としてコファンコ自身も経営に関与していったが、現在の経営実務はラモン・アンが全面的に執りしきっている。

グループのコアビジネスは、ビール、ハードリカー、食品で、関連事業としてビール瓶製造を含むパッケージビジネスも手掛けている。現在、グループは多角化を進めており、石油精製、エネルギー、インフラ分野と飲料・食品と全く異なる業態へ拡大している。石油精製に関しては、2012年にはマレーシアのエッソを約700億円で買収するなど、国際展開も積極的だ。また石油、LNGなどの上流の権益確保にも興味を持っており、ラモン社長はこの分野への大型投資をするとことあるごとに喧伝している。大型投資に必要な資金調達のために、祖業のサン・ミゲル・ブルワリーを売却するという観測は常に流れており、それがゆえに、当グループの周りには常にインベストメントバンカーがうろうろしているのである。

2017/12期 連結決算 実績	2018/12期 — コンセンサス予想
16,395	16,975
2,816	3,012
17.20%	17.70%
2,271	—
13.90%	—
415	441
2.50%	2.60%
27,676	—
6,024	—
21.77%	—
14,135	—
2.35倍	—
7.21%	—
1.56%	—
1,572	—
-1,064	—
-444	—

地域セグメント(所在地)

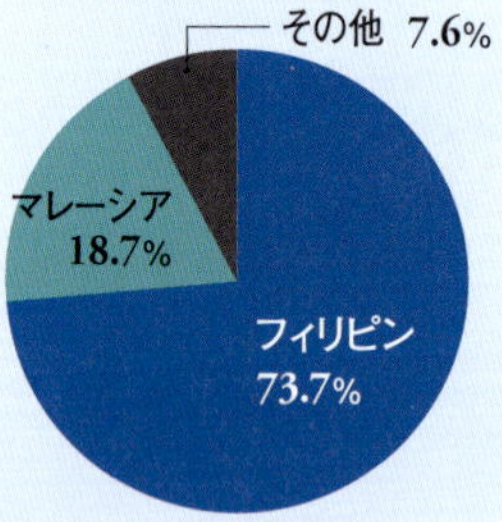

企業価値/売上高	
直近年度(倍)	LTM(倍)
1.29	1.36
0.32	0.39
0.28	0.37
0.77	0.75
1.49	1.51
0.39	0.29
0.51	0.57
0.38	0.39
0.92	0.87
0.4	0.39
0.13	0.23
0.46	0.46
0.61	**0.63**
0.43	0.43
0.13	0.23
1.49	1.51

サン・ミゲル・グループの近時のM&Aおよび戦略的提携

2010年	10月	マニラ北部郊外の高架鉄道MRT-7(全長23km、14駅)の運営権を有するユニバーサルLRTの株式51%を取得
	12月	石油精製会社ペトロンの50.1%をファンドから1,800億円で買収
2011年	6月	フィリピン中部のリゾート地ボラカイ島の空港運営会社を買収
	8月	エクソンモービルのマレーシア事業を約470億円で買収
2012年	3月	傘下のバンク・オブ・コマースをマレーシアのCIMBに売却することを企図するも、案件は成約せず
	4月	フィリピン・エアラインズの株式49%を約400億円で買収
2013年	7月	マニラ・エレクトリックの株式5%を390億円で売却。売却資金をインフラ事業に再投資
2014年	9月	フィリピン・エアラインズの株式49%分を、創業家であるルシオ・タン・ファミリー(51%保有)に約1,000億円で売却
2016年	7月	高架鉄道MRT-7の運営会社の株式49%を100億円で取得し100%子会社化
	4月	MRT-7の建設工事に着工。建設費用総額は1,600億円
		ダバオ市で、広さ20㎢のダバオ工業団地の開発に着手
	5月	フィリピンの通信子会社ベガ・テレコム(リバティ・テレコムズ・ホールディングスの親会社)をグローブ・テレコムとPLDTへ売却
		フィリピンの証券取引サービスを提供する子会社サン・ミゲル・エクイティ・セキュリティーズをベガ・テレコムへ売却
2017年		オーストラリアで飲料向けパッケージングを手掛ける会社3社を買収。ポータビン(2月買収)、バロッサ・ボトリング・サービシズ(7月買収)、ベスト・ボトラーズ(11月買収)
2018年	8月	サン・ミゲルは、食品飲料の上場子会社サン・ミゲル・フード・アンド・ビバレッジの株式を売却し、最大約1,430億ペソ(約2,980億円)を調達することを公表

今後の注目ポイント

- 資源権益事業への新規投資意欲は常に語られているが、それを実行する際に必要な資金調達をどうするか
- 資金調達手段として、サン・ミゲル株式の売却が常に取り沙汰されるが、祖業の売却にまで踏み切るのか
- ガソリンスタンド・ペトロンに併設のコンビニの機能強化(フィリピン国内2,000店、マレーシア500店)をどのように実現するのか。またその際のパートナー(コンビニ運営面・コールドチェーンの物流面)をどう選定するか

企業研究——サン・ミゲル・コーポレーション

基本情報

企業名	San Miguel Corp
証券コード	SMC
業種	ゼネコン、有料道路運営、石油精製、金属容器、飲料容器、食肉、酒類
代表者	Ramon S Ang（President）， Eduardo M Cojuangco（Chief Executive Officer）
住所	No. 40 San Miguel Avenue Metro Manila, P.O. Box 271 Manila Central Post Office Mandaluyong Philippines
電話番号	+63 26323000
URL	http://www.sanmiguel.com.ph
設立年	1913
上場年月日	1948/11/5
上場市場	フィリピン証券取引所、OTCピンクシート、OTCピンクシート（ADR）
資本金	498百万米ドル（2018/06期）
従業員数	24,539人（2017/12連結）

株式所有構造

順位	大株主	保有株式（千株）	保有割合（%）
1	Top Frontier Investment Holdings	1,573,100	66.14
2	Ramon S. Ang	369,486	15.53
3	Government of the Philippines	27,636	1.16
4	San Miguel Corp. Retirement Pl	19,068	0.8
5	Dimensional Fund Advisors LP	13,385	0.56
6	Millennium Energy, Inc.	10,807	0.45
7	Eduardo M. Cojuangco	3,484	0.15
8	Henry Sy	3,457	0.15
9	Columbus Capitana Corp.	2,717	0.11
10	Canada Pension Plan Investment	1,871	0.08
—	その他	353,513	14.86
	合計	2,378,525	100

業績推移

単位：百万米ドル	2015/12期 連結決算 実績	2016/12期 連結決算 実績
売上高合計	14,773	14,436
EBITDA	2,350	2,842
EBITDAマージン	15.90%	19.70%
営業利益	1,863	2,217
営業利益率	12.60%	15.40%
親会社株主に帰属する当期純利益	132	473
親会社株主に帰属する当期純利益率	0.90%	3.30%
資産合計	26,553	26,359
株主資本等合計	5,075	5,646
株主資本比率	19.11%	21.42%
有利子負債	14,808	13,887
D/Eレシオ	2.92倍	2.46倍
ROE	2.51%	8.67%
ROA	0.49%	1.76%
営業活動によるCF	1,438	1,668
投資活動によるCF	-1,291	-490
財務活動によるCF	-1,939	-719

事業セグメント

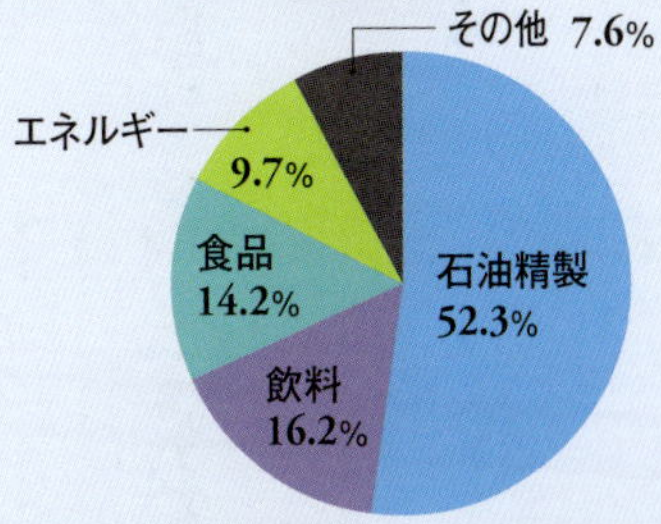

注：2017年12月期の事業セグメントと、地域セグメントの売上高

企業価値の同業他社比較

証券コード	企業名	時価総額 直近終値（百万米ドル）	企業価値 LTM（百万米ドル）	PER 直近年度（倍）	PER LTM（倍）	PBR LTM（倍）	企業価値/EBITDA 直近年度（倍）	企業価値/EBITDA LTM（倍）
SMC	San Miguel Corp	7,404	23,444	19.1	19.3	1.3	7.5	7.8
601390	China Railway Group Ltd	25,452	40,853	10.8	9.7	1.06	7	7.8
601186	China Railway Construction Corp Ltd	22,030	37,682	9.4	8.6	0.94	5.3	6.4
005490	Posco Co., Ltd	21,664	41,530	8.7	8.2	0.55	5.9	5.7
DG	Vinci SA	53,714	74,336	16.7	15.3	2.59	9	9
ACS	ACS Actividades de Construccion y Servicios SA	13,632	12,120	14.6	14.3	3.12	5.9	N/A
EN	Bouygues	15,868	21,959	12.5	11.9	1.52	5.2	5.8
000830	Samsung C&T Corporation	6,298	9,274	26.1	32.2	0.54	17.6	31
028260	Samsung C&T Corporation	19,044	23,600	33.5	20	1.01	25.6	23
HOT	Hochtief AG	10,719	10,397	21.8	21.3	12.54	6.8	6.8
600170	Shanghai Construction Group Co Ltd	4,031	5,073	10.7	10.6	1.05	2.7	4.9
SKA B	Skanska AB	8,256	8,443	17.9	20.4	2.71	N/A	N/A
	平均値	17,343	25,726	16.8	16	2.41	9	10.8
	中央値	14,750	22,702	15.7	14.8	1.18	6.8	7.3
	最小値	4,031	5,073	8.7	8.2	0.54	2.7	4.9
	最大値	53,714	74,336	33.5	32.2	12.54	25.6	31

注目グループ

Henry Sy/SM Group

ヘンリー・シー（フォーブス第1位・純資産額2兆727億円）

SMグループ

フィリピンのリテールキング。金融事業、カジノ事業と多様化を図る

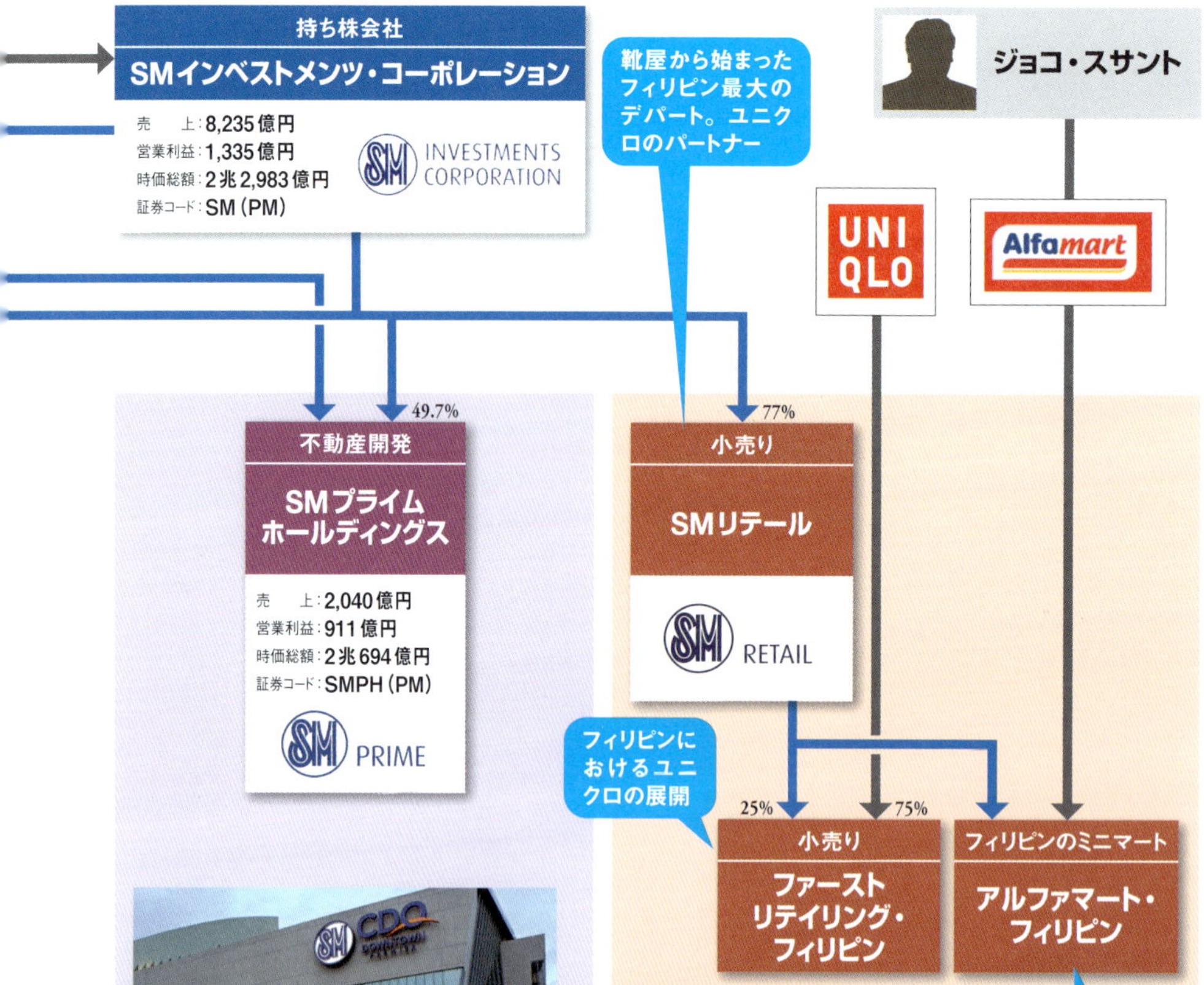
フィリピンにおけるアルファマートの展開

SM CDOダウンタウン・プレミア

ブルーム・レジデンス

出所：SMプライムホールディングス年次報告書（2017年）
http://www.smprime.com/

不動産

ザ・SMストア（百貨店）

SM スーパーマーケット

出所：SMインベストメンツ・コーポレーション年次報告書（2017年）
https://www.sminvestments.com/sites/default/files/investor_relations/2017%20SMIC%20lo%20%282%29.pdf

小売り

主要業種
小売・銀行
今後の重点業種
銀行・不動産

評価シート	
規模	A
注目度	B
成長性	B
日系企業との提携可能性	A

概要

祖業の小売りを多角化し、物流も強化

ヘンリー・シー。フィリピン最大の資産家であり、リテールキングの異名を持つ。近年は小売りのみならず、銀行、不動産、ホテル、鉱山など多様な業態を持つタイクーンだ。ヘンリーは1924年、中国福建省・廈門の出身だ。貧しい家庭に生まれ、幼い頃に両親とフィリピンに移住してきた。

事業の嚆矢は1958年に始めた靴屋である。次第に規模を拡大し、1972年にフィリピンで最初のデパートSMキアポをオープン。SMとは靴屋のShoe Martから来ている。以後、小売業を拡大し、2018年10月末現在、51店のデパート、231店のスーパーマーケットを有するフィリピン最大の小売業者に成長した。2012年にはユニクロを運営するファーストリテイリングと提携。2018年8月末現在、マニラを中心にユニクロ51店を運営

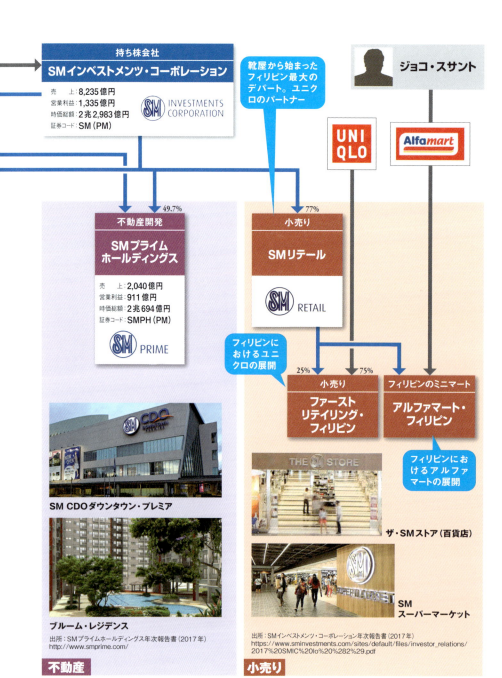

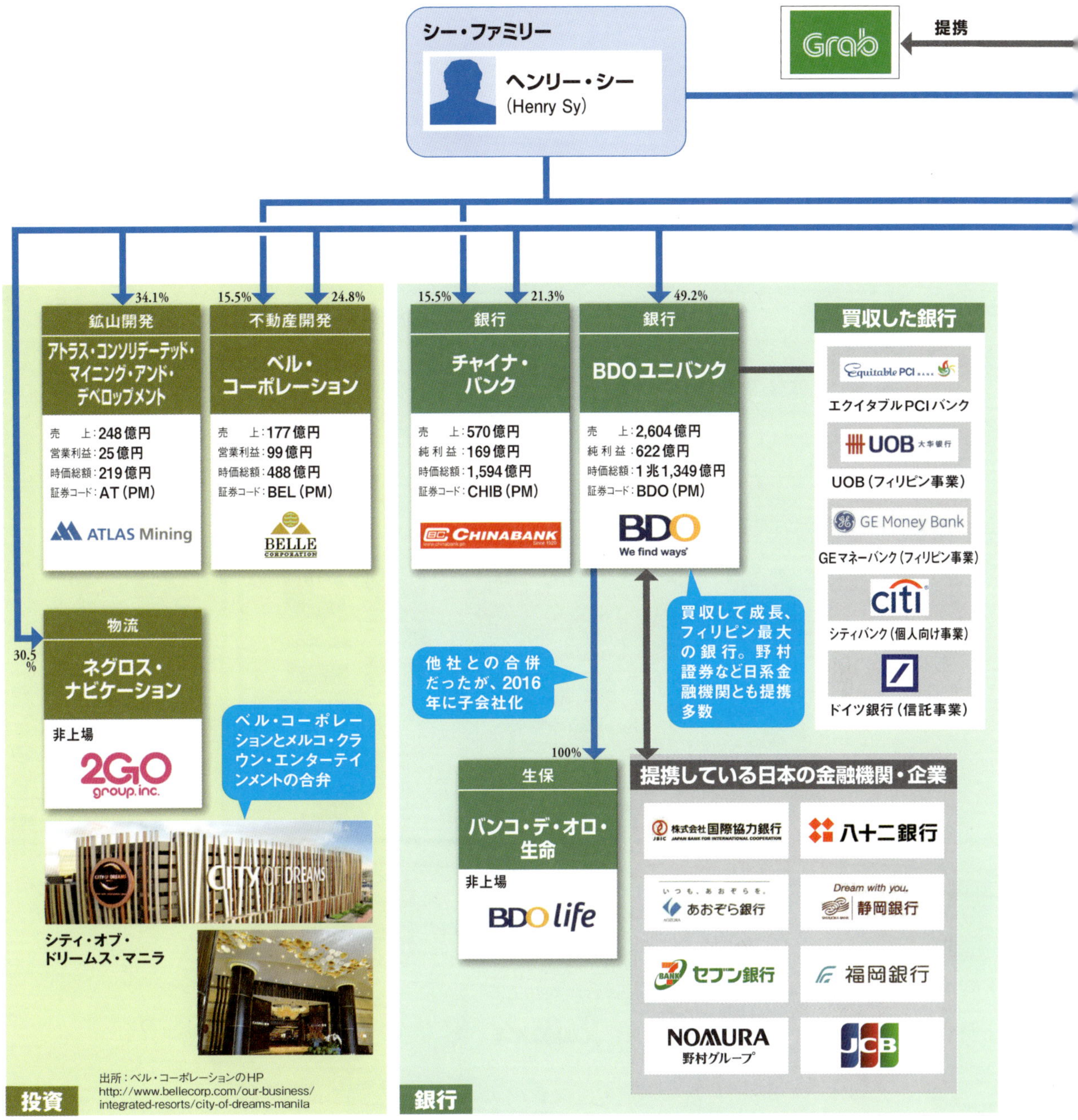

している。

小売事業における近時の特筆事項は、インドネシアのコンビニ大手アルファマート・グループ（60ページ）と組んで、2015年に同社が運営するミニマートコンセプトのアルファマートをフィリピンに導入したことである。また2017年には約130億円を投じて物流大手のネグロスナビゲーション社の34・5％を取得した。ネグロス社はフォワーディングからエクスプレスまで幅広いラインアップを有する物流会社であるが、ASEAN他国におけるEコマースや宅配の動きを捉え、フィリピンで先んじてその体制を整えようとしているものと思われる。

SMグループはフィリピン最大の銀行オーナーでもある。きっかけは1968年に買収したアクメ・セービング銀行だ。その銀行をコアに買収を繰り返した。2005年のエクイタブルPCI銀行との合併を皮切りに、シンガポールUOB銀行およびアメリカのGEマネーバンクのフィリピン事業の買収、アメリカのシティバンクの個人向け事業、ドイツ銀行の信託事業などを買収。総資産約5兆円のフィリピン最大の銀行に成長した。また、野村證券、国際協力銀行、十六銀行などと業務提携をしている。

John Gokongwei,Jr./JG Summit Group

ジョン・ゴコンウェイ（フォーブス第3位・純資産額4983億円）

JGサミット・グループ

フィリピン最大の事業範囲を持つタイクーン

創業者
ジョン・ゴコンウェイ
(John Gokongwei,Jr.)
息子
ランス・ゴコンウェイ
(Lance Gokongwei)
兄弟
ジェイムス・ゴー
(James Go)
フィリピン最大の食品会社。日系大手とも提携。また買収にも積極的。2014年、ニュージーランドのスナック菓子メーカーのグリフィン・フーズを7億ニュージーランドドルで買収。さらに2016年、オーストラリア第2位のスナック菓子メーカーのコンソリディテット・スナックスを約6億豪ドルで買収。また同年、バラヤン・シュガー・ミルを買収、フィリピン最大の製糖所となる
2018年9月、カルビーは合弁会社の持ち分をユニバーサル・ロビーナに売却し、合弁を解消することを発表。合弁解消後、ユニバーサル・ロビーナはカルビーからのライセンス供与により、ポテトチップスなどの製造販売を行う
55.2%
食品
ユニバーサル・ロビーナ
売上：2,804億円
営業利益：335億円
時価総額：6,075億円
証券コード：URC（PM）
Universal Robina
DANONE
Calbee
NISSIN
提携解消
食品
ダノン・ユニバーサル・ロビーナ・ビバレッジズ
非上場
食品
カルビー URC
カルビー URCの商品
食品
日清ユニバーサル・ロビーナ
日清ユニバーサル・ロビーナの商品
ユニバーサル・ロビーナのオリジナル商品
食品
三菱商事
MINI STOP
Dairy Farm
60.0%
銀行
ロビンソンズ・バンク
非上場
ROBINSONSBANK
銀行
ジャーディン・マセソン・グループのデアリー・ファーム・インターナショナルが2012年にタントコ・ファミリーから持ち分を取得、徐々に持ち分を引き上げ100%株主となっていたが、2018年にロビンソンズ・リテールに対し株式交換で売却することで合意。デアリー・ファームはその代わりにロビンソンズ・リテールの18.25%の持ち分を取得する
コンビニの展開
ルスタン・スーパーセンター
Rustan's
18.3%
小売り
ロビンソンズ・リテール・ホールディングス
ROBINSONS RETAIL HOLDINGS, INC.
100%
ミニストップを492店展開（2018年8月31日現在）
小売り

概要

食品加工から出発し事業領域を拡大

ジョン・ゴコンウェイは1926年セブ島生まれ。両親は福建省・廈門からセブ島に移住して米の貿易商をしており、ジョン自身は裕福な家庭に生まれたという。だが13歳の時父親が死去。果物の卸をしながら家計を助けたという。

1957年、ユニバーサル・コーンプロダクツを設立して、トウモロコシの加工食品を製造する事業を開始した。現在の中核会社ユニバーサル・ロビーナの前身である。現在のユニバーサル・ロビーナは、フィリピン最大の食品・食料会社である。日系・欧米企業との提携も多く、ネスレ、日清食品、カルビーなどが合弁を組んでいる。中間層の購買力が向上しているフィリピンは重要な市場であり、日清食品は2014年に出資比率を引き上げ、コミットの度合いを増している。一方、カルビーは同年の2014年に折半出資の合

主要業種
金融事業

今後の重点業種
インフラ・不動産

評価シート	
規模	A
注目度	A
成長性	B
日系企業との提携可能性	A

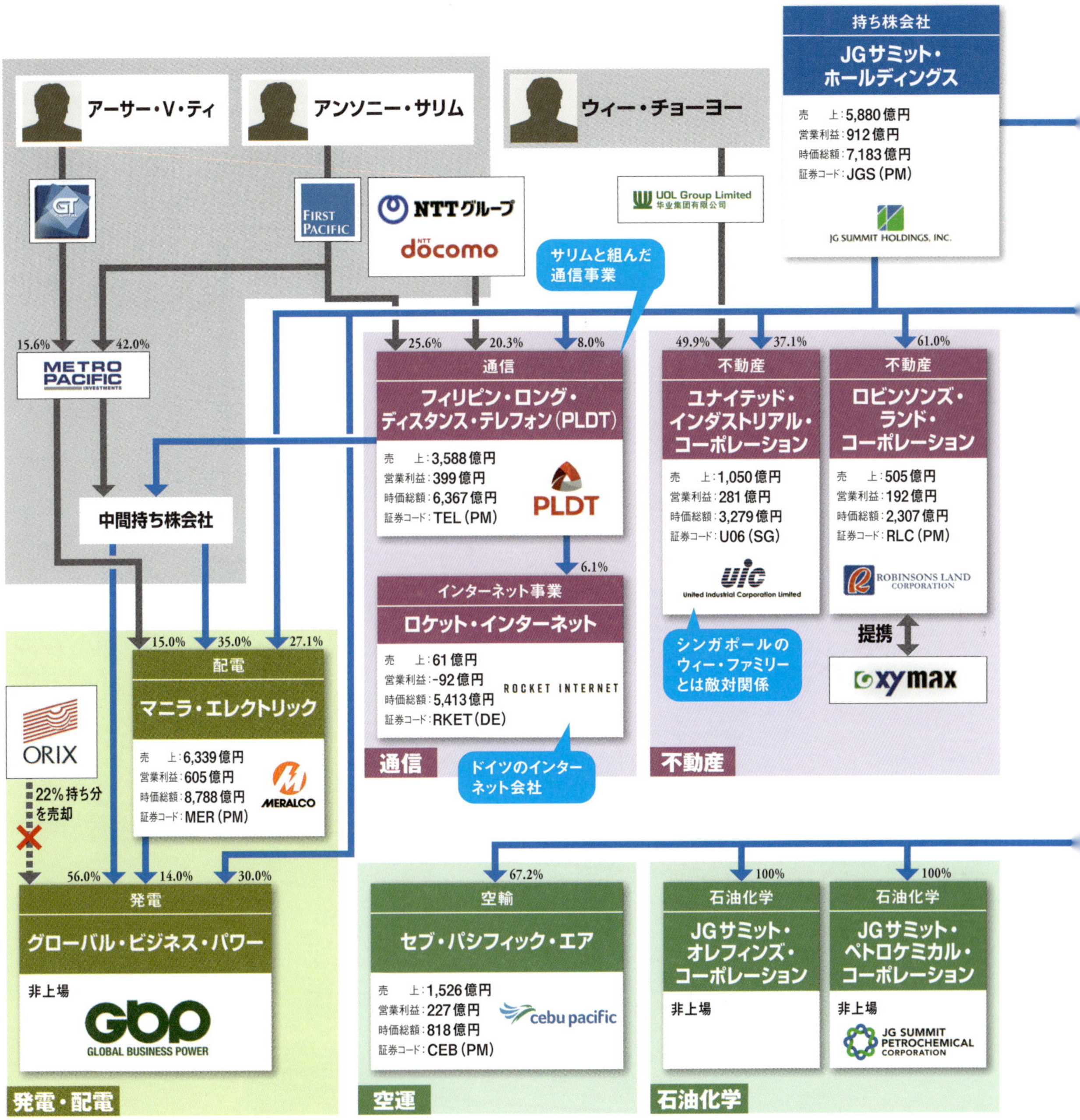

弁事業を立ち上げ、わさび味、ピザ味など日本風のポテトチップスを発売していたが、販売が伸び悩み、赤字が続いていた。近年、持ち分をユニバーサル社に譲渡し、合弁を解消することで同社と合意した。

小売りのロビンソンズ傘下では、三菱商事・イオンと組んで、ミニストップ492店を展開（2018年8月末）。また2018年に地場のスーパーマーケットであるルスタンズの支配権を取得し、リテール事業のより一層の強化を図っている。加えてトイザらス、ダイソーの運営など、小売事業において幅広い業態を手掛けている。

不動産事業では、シンガポールのタイクーン、ウィー・チョーヨー傘下のUIC（153ページ）に対して、経営権獲得を目指した敵対的TOBを仕掛けたことがある。1250億円を投じたものの、UIC株式の37%を保有するにとどまった。支配権を巡って、ウィーと再度対立する可能性をはらんでいる。

従前より配電会社メラルコの株主であったが、2016年にメラルコ傘下のグローバル・ビジネス・パワーの株式30%をGTキャピタル（120ページ）より取得した。発電事業への関与を深め、事業の多角化を図っていると思われる。

Lucio Tan/LT Group

ルシオ・タン（フォーブス第7位・純資産額4304億円）

LTグループ

フィリピンのたばこキング。ナショナルフラッグを傘下に有する

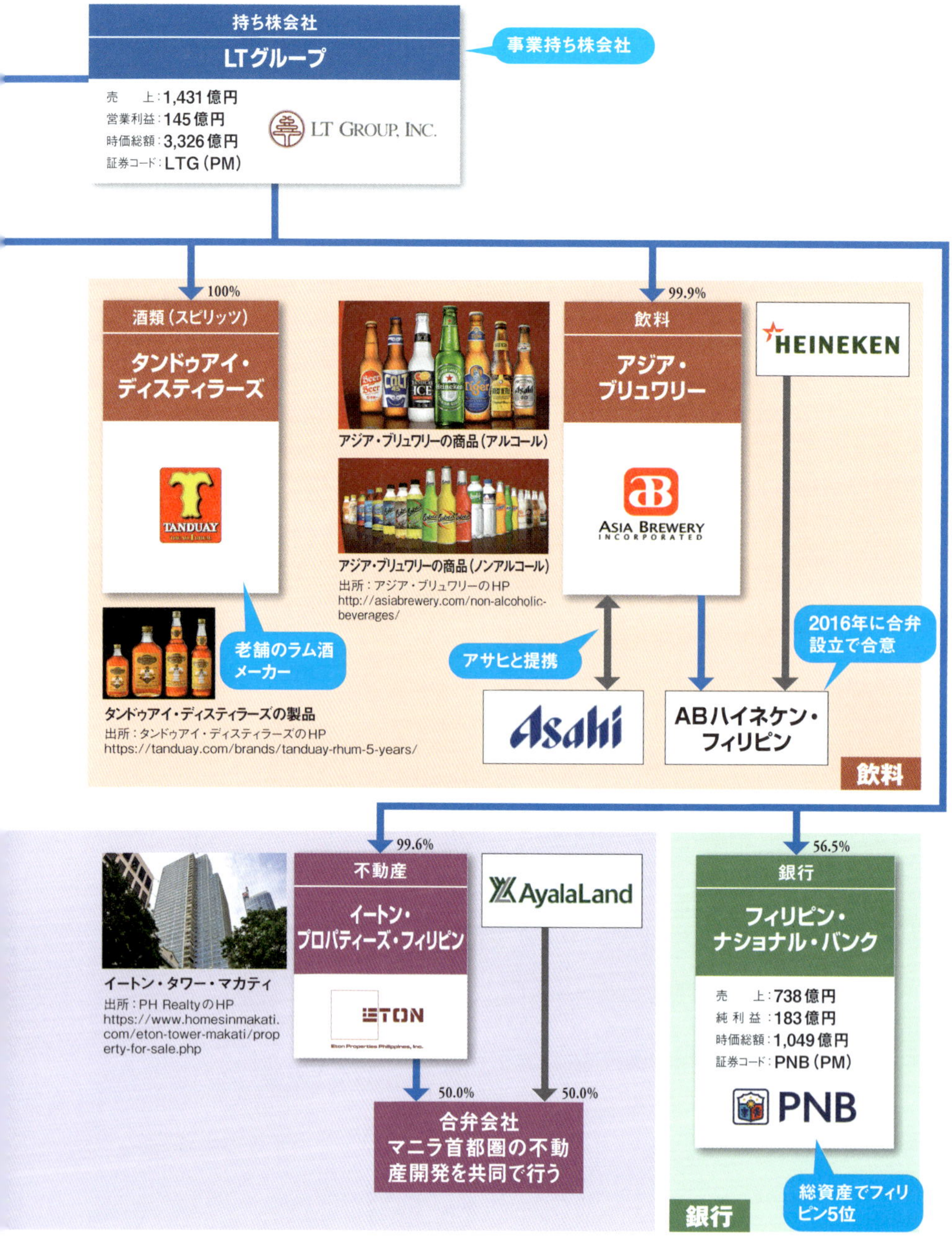

主要業種
たばこ

今後の重点業種
エアライン

評価シート	
規模	B
注目度	B
成長性	C
日系企業との提携可能性	C

概要

次世代への事業承継の動きが顕著

ルシオ・タンは、たばこ、酒をベースに、銀行、不動産、エアラインを傘下に置くタイクーンだ。

1934年、福建省・厦門の出身で、7歳で両親とフィリピンに移住してきた。家計は苦しく、学生時代は、自らのアルバイトによって学費を稼いだという。

事業家としてのスタートは、1965年のフォーチュン・たばこの設立である。中級クラスのたばこ市場に着目し、高品質で安価なたばこを供給することで消費者の支持を得て、大きなシェアを獲得することができた。2000年に米フィリップモリスとの共同経営となり、ルシオ・タンはたばこ製造販売会社の議決権の49・6%を握る。フィリピンでのシェア80%と圧倒的である。

酒類事業では、1982年にアジア・ブリュワリーを設立してビール事業に参入した。かつてカールスバ

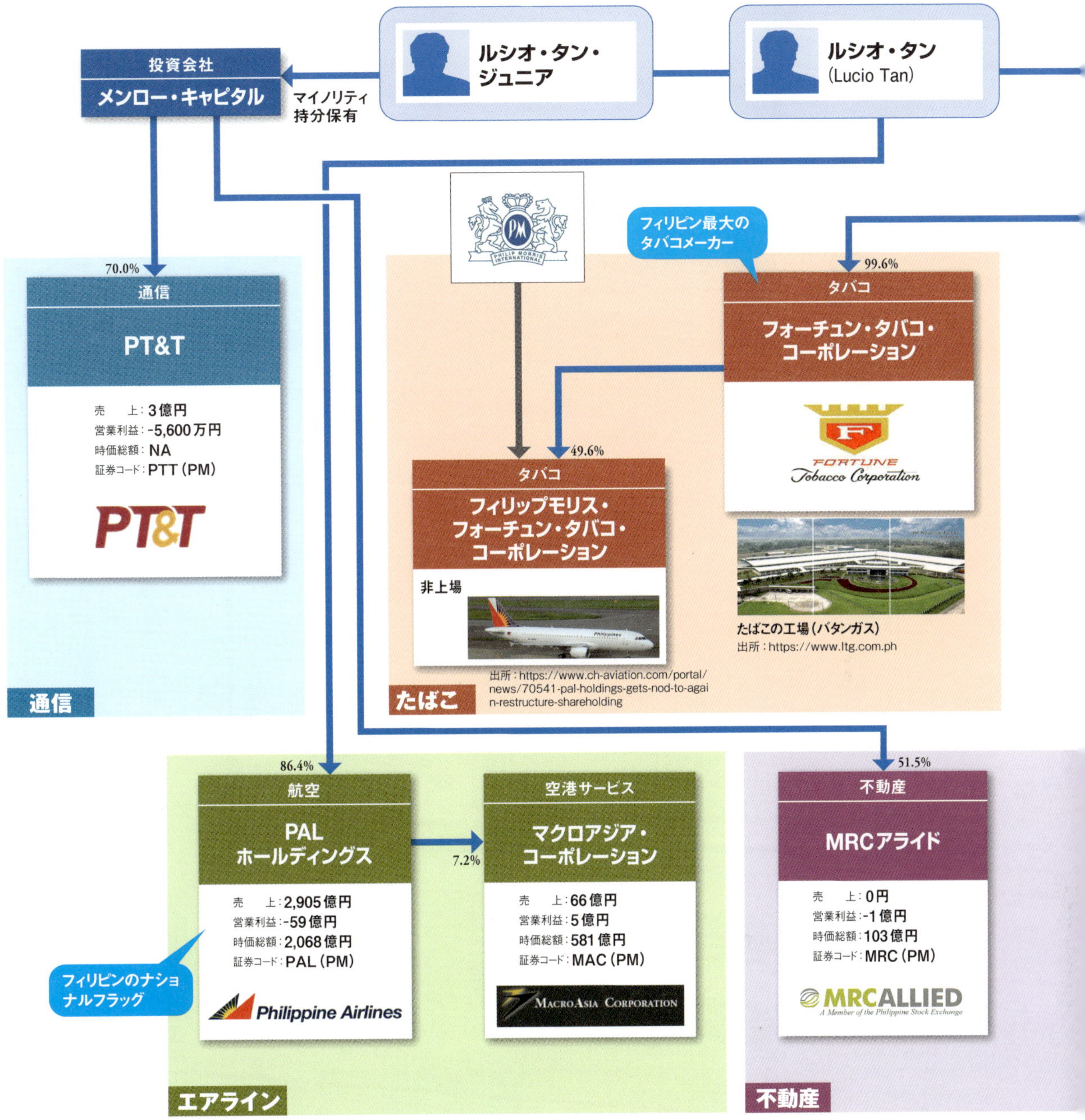

ーグと提携した時期があり、また近年では、アサヒホールディングスと業務提携している。ただしビールのシェアはわずか9％と、サン・ミゲル（110ページ）のシェア90％に大きく水をあけられている。そんな中、2016年にハイネケンと合弁会社を設立し、ビール事業の強化に乗り出した。シェアアップを目指してどのような施策を繰り出すか注目したい。金融事業では、フィリピン・ナショナル・バンク（PNB）、アライド銀行を傘下に持つ。PNBは1916年設立の老舗銀行である。

90年代、フィリピン政府が国営企業の民営化を進めた際、1993年に一国を代表するPALホールディングスの株式を取得した。業績不振による一時廃業、政府調停による事業再開、持ち分の売却や買い戻しなど、紆余曲折を経て今日に至っている。

近時、このグループにおける特筆事項は、ルシオ・タン・ジュニアの存在感の増大である。同氏が関与する投資会社メンロー・キャピタルは、中堅の通信会社PT&Tや、上場不動産開発会社のMRCアライドを傘下に収めた。創業タイクーンの高齢化に伴う次世代への承継は、どのグループでも重要な経営課題であるが、この若きタイクーンの経営手腕に注目したい。

George Ty/GT Capital Group

ジョージ・ティ（フォーブス第9位・純資産額3115億円）

GTキャピタル・グループ

トヨタのパートナー。金融では幅広い事業ラインアップを有する

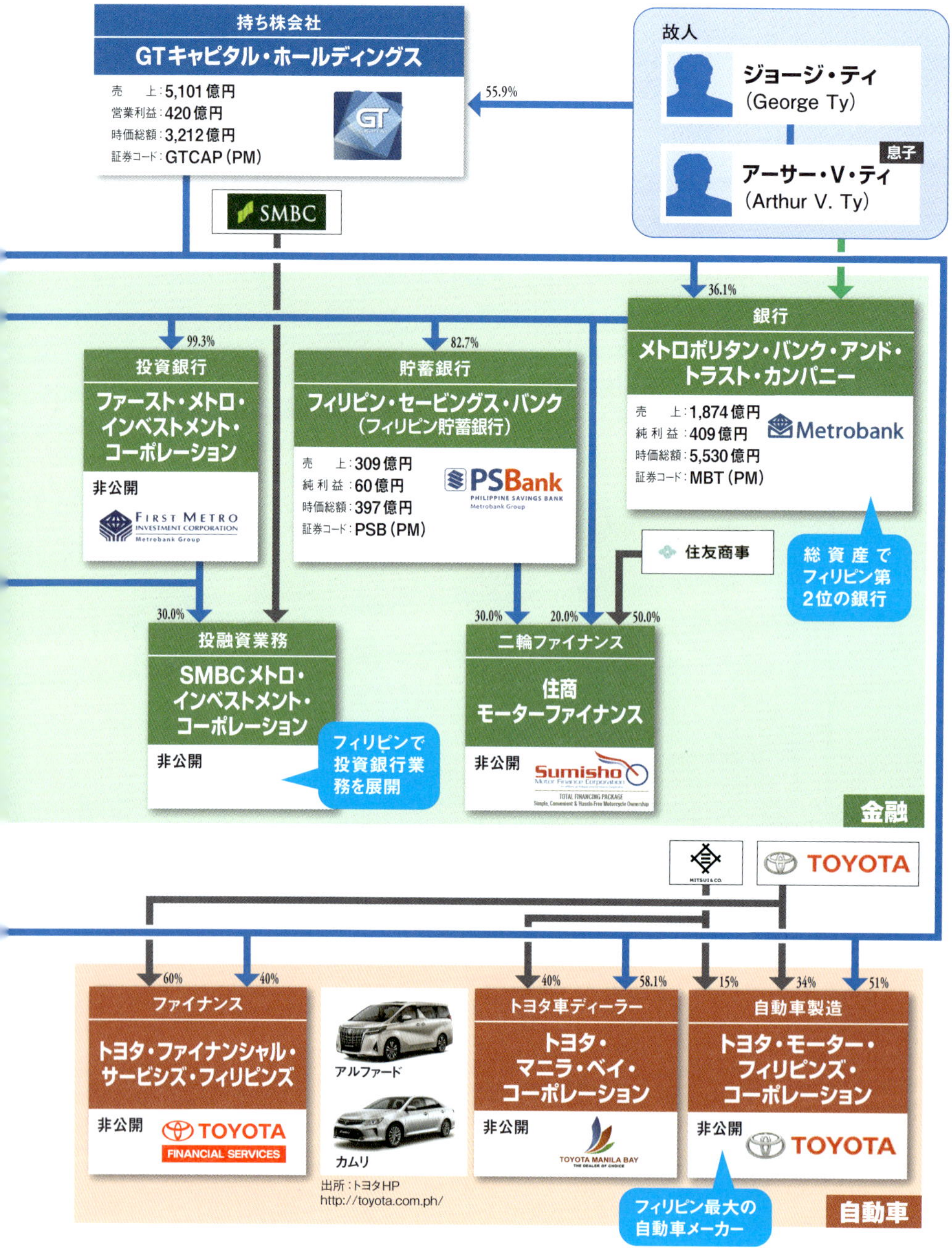

主要業種	
金融業	
今後の重点業種	
自動車	

評価シート	
規模	A
注目度	A
成長性	A
日系企業との提携可能性	A

概要

多くの日系企業と金融分野で提携

ジョージ・ティは1933年、中国福建省生まれ。8歳の時に家族とフィリピンに移住し、父親は穀物の輸出入で生計を立てていたという。ジョージは若いうちから商才を見せ、18歳の時には小麦の製粉所を設立して、父親と共同経営したという。後に紡績工場の経営も手掛け、財を築いていったが、大きな転換となったのが銀行業への参入である。

1960年代、政府は海外製品の輸入規制を緩和した。これにより海外製品を購入するための資金需要が発生し、同時に国内経済はにわかに活況を呈した。ジョージはこの機会を活かすべく、メトロポリタン・バンク・アンド・トラスト・カンパニー（メトロポリタン銀行）を設立した。1962年のことである。後に、元フィリピン中央銀行総裁を頭取に招聘し、経営を委嘱。この人物の政府・金融界の人脈により、経営は軌道に

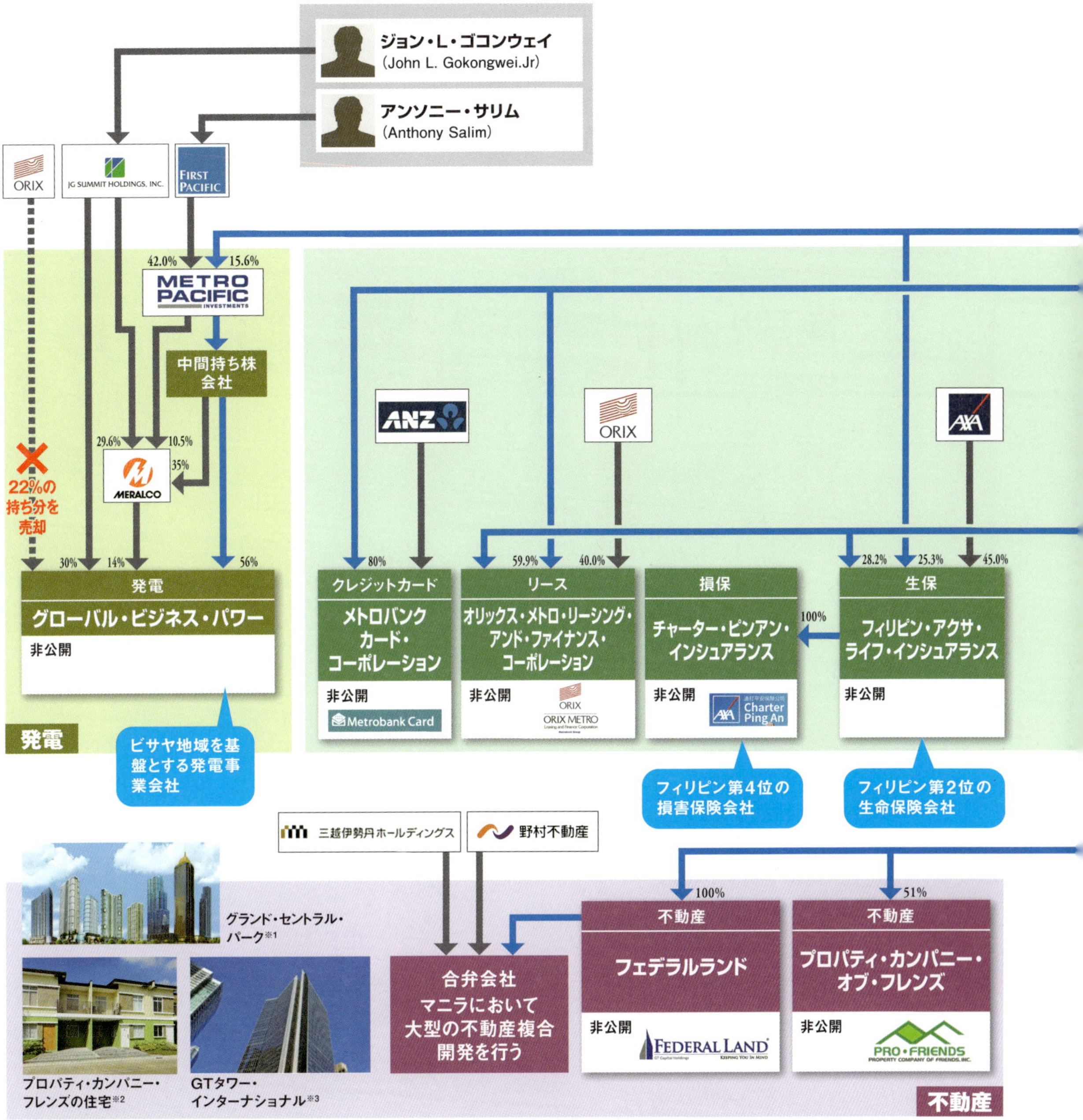

出所：※1 http://federalland.ph/townshios/　※2 https://www.lancasternewcity.com.ph/house-model/adelle
※3 フェデラルランドのHP https://federalland.ph/offices

乗ることになる。

1980年代に入ると、支店開設と企業買収を通じて、積極的に業容を拡大していった。海外の企業とも提携し、銀行のみならず、投資、生損保、自動車など、メトロポリタン銀行をコアにした一大金融コングロマリットを形成した。メトロポリタン銀行は総資産量でフィリピン第2位、傘下の生保、損保は保険料収入ベースで業界の第2位と第4位である。このグループは、日系企業との関わりが深い。三井住友銀行、横浜銀行や群馬銀行など65行の邦銀と業務提携を行ったり、三井住友銀行と投資銀行を設立したりしている他、住友商事やオリックスとの合弁も保有する。

近時、グループは金融事業への経営の関与を強めており、2016年に約500億円を投じてメトロポリタン銀行の株式9・6%を取得し、また翌17年にはそのメトロポリタン銀行が約400億円で住商モーターファイナンスの株式20%を取得している。日系企業の中で最も関係が深いのは、トヨタであろう。フィリピンは日本車のシェアが80%以上あり、その中でトヨタは最も大きなシェアを持つ。トヨタの製造販売の全てにおいてこのグループがパートナーになっている。

Oscar Lopez/Lopez Group

オスカー・ロペス（フォーブス第23位・純資産額544億円）
ロペス・グループ
マルコス時代の苦難を乗り越え、発電・メディアでフィリピンをリード

持ち株会社
ロペス・ホールディングス（53.1%）
売上：2,353億円
営業利益：547億円
時価総額：415億円
証券コード：LPZ (PM)
LOPEZ HOLDINGS CORP

事業統括会社

→46.6%

持ち株会社
ファースト・フィリピン・ホールディングス
売上：2,353億円
営業利益：553億円
時価総額：730億円
証券コード：FPH (PM)
FPH A Lopez Group Company

発電・不動産等を束ねる統括会社

FIRST PACIFIC / JG SUMMIT HOLDINGS, INC. / 住友商事

2001年に出資したが現在は持ち分なし

マッコーリー・グループと、シンガポールの政府ファンドGICが出資

かつて住友商事が出資。2018年12月、東京ガスとLNG受入基地の建設と運営に関する共同開発契約を締結

再生可能エネルギー発電
フィリピン・リニューアブル・エナジー

不動産開発（86.6%）
ロックウェル・ランド
売上：288億円
営業利益：31億円
時価総額：249億円
証券コード：ROCK (PM)
ROCKWELL LAND

配電（4.0%、29.6%）
マニラ・エレクトリック
売上：6,339億円
営業利益：605億円
時価総額：8,788億円
証券コード：MER (PM)
MERALCO

フィリピン最大の配電会社

発電（66.7%）
ファースト・ジェン・コーポレーション
売上：1,916億円
営業利益：516億円
時価総額：1,182億円
証券コード：FGEN (PM)
First Gen

20.0% / 80.0%
ジ・アートン
（ケソン市の分譲住宅事業）

41.6% / 47.5%
地熱発電
エナジー・デベロップメント
売上：746億円
営業利益：291億円
時価総額：2,729億円
証券コード：EDC (PM)
energy DEVELOPMENT CORPORATION

ジ・アートン
出所：ロックウェル・ランドのHP
https://www.e-rockwell.com/international/properties/the-arton/

ファースト・ジェン・コーポレーションの地熱発電所

ファースト・ジェン・コーポレーションの天然ガス発電所

出所：ファースト・ジェン・コーポレーションのHP
https://www.firstgen.com.ph/

出所：エナジー・デベロップメントのHP
http://www.energydevelopments.com.au/01_cms/details.asp?ID=86

エネルギー

概要
シンガポール企業との協力体制を強化

ロペス・ファミリーは、政治、経済両分野で活躍する家系で、起源は1850年頃までさかのぼり、ネグロス・パナイ両島での砂糖産業を足掛かりに発展してきた。石油、銀行、テレビ・ラジオ局、新聞社、それに大手電力会社を所有するフィリピン最大級の財閥だ。1949〜53年にファミリーから副大統領が3度選出されるなど、政治への参画も積極的であった。現在の当主はオスカー。その息子のマヌエル、ユージニオがグループを束ねる。アキノ政権と近く、マヌエルは2011年より全権駐日大使を務めた。

マルコス大統領の政権下では、石油産業の利権をめぐってマルコスと対立。マルコスは1972年に戒厳令を発令すると、ロペス傘下のテレビ・ラジオ局が反国家的であるとして、これらを強制的に封鎖した。また、オスカーの息子がマルコスを暗

主要業種
電力

今後の重点業種
メディア

評価シート	
規模	B
注目度	A
成長性	A
日系企業との提携可能性	B

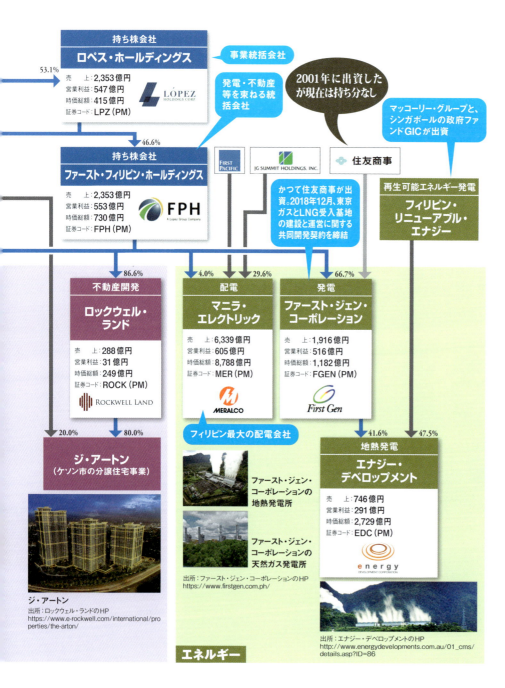

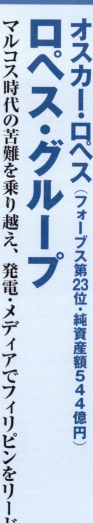

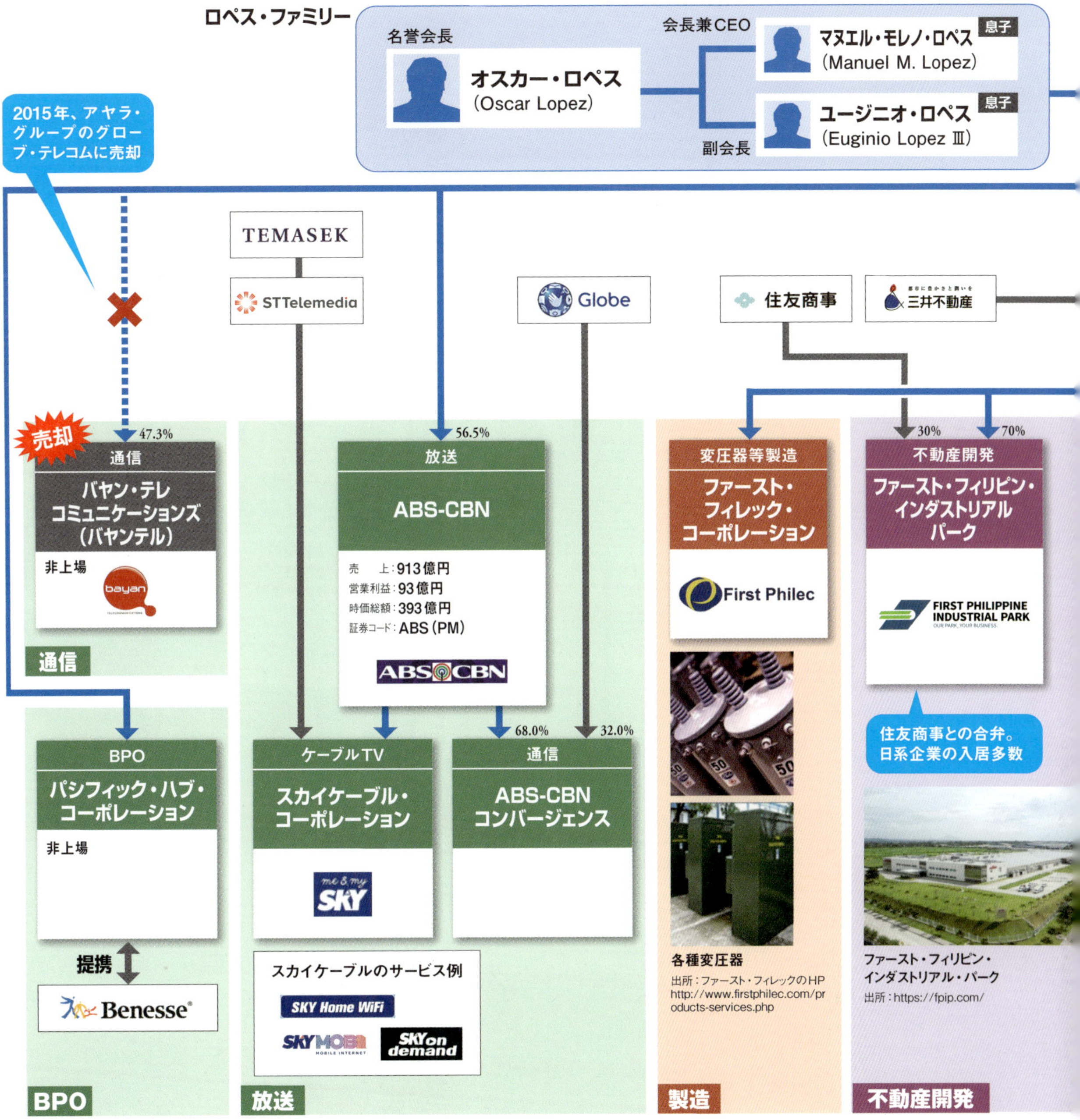

殺しようとした容疑で逮捕されるなどの迫害を受けた。事態の打開のために、ロペスはマニラ・エレクトリックなどの株式をマルコスの親族に売却。売却金額はわずか1500ドルであったと言われ、事実的には迫害を解消するための贈与であった。マルコス失権後は、資産も名誉も取り戻して現在に至っている。

発電事業のコアはファースト・ジェン・コーポレーション。住友商事が2001年に一時資本参加したことがある。傘下に地熱発電のエナジー・デベロップメント社を有するが、2017年にオーストラリアのマッコーリーとシンガポールのGICが約1500億円を投じて47・5%を取得した。外資大手との提携で、一層の事業拡大を目指すものと思われる。放送・通信事業ではABS-CBN、スカイケーブル、バヤンテルなどさまざまな業態を有し、総合メディア企業としてのプレゼンスを誇っているが、近時アヤラ・グループとの間で大きな事業再編を行った。アヤラにおけるテレコムの中核はグローブ社であるが、そのパートナーはシンガポール・テレコムだ（106ページ）。発電におけるGIC、通信におけるシンガポール・テレコムと、シンガポール政府系企業の存在がグループ内で増大している。

Alfonso Yuchengco/Yuchengco Group

アルフォンソ・ユーチェンコ ユーチェンコ・グループ（フォーブス番外）

保険、銀行をベースにしたコングロマリット。創業者は元日本駐在大使

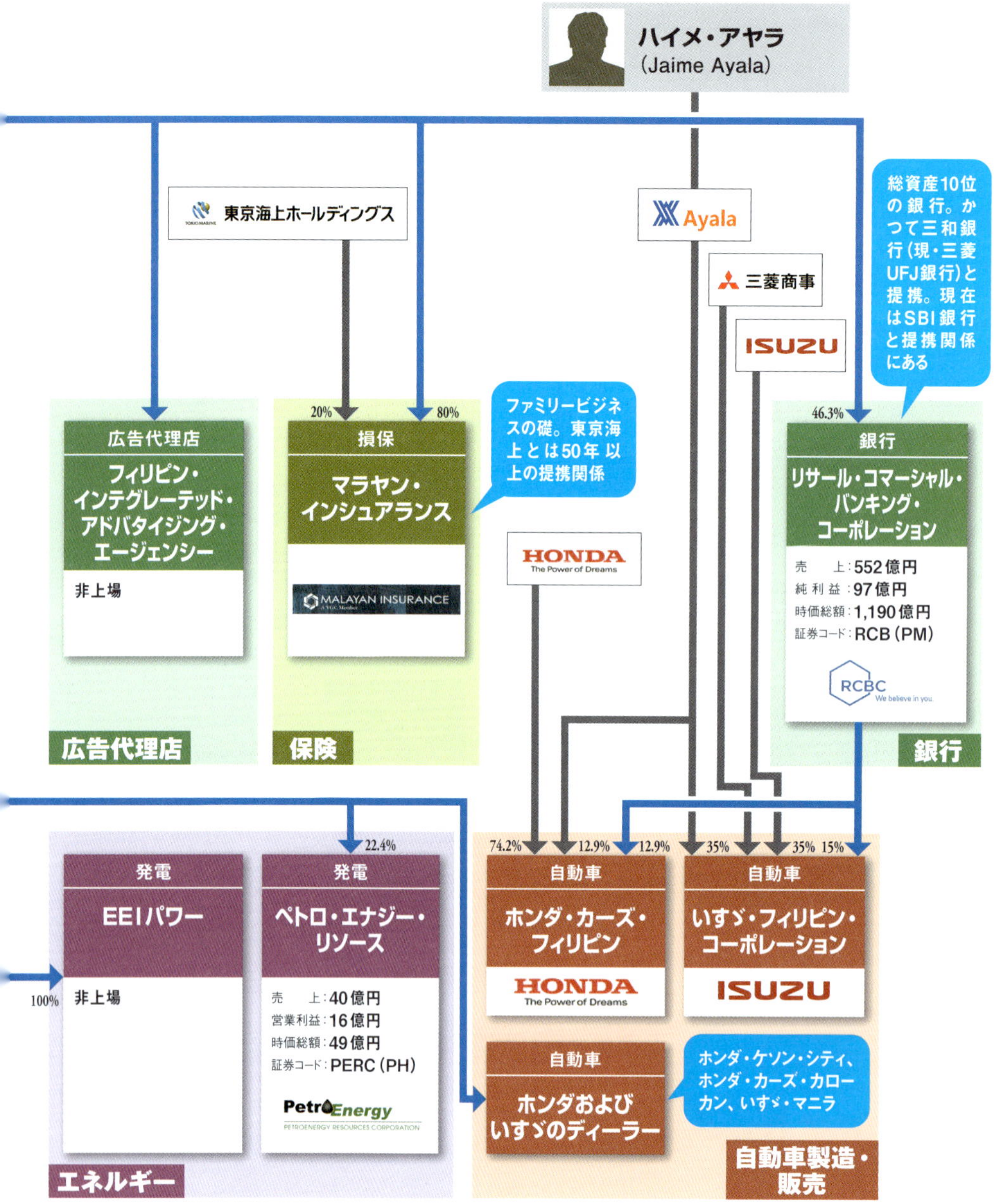

主要業種
損保
今後の重点業種
損保・自動車

評価シート	
規模	C
注目度	C
成長性	C
日系企業との提携可能性	B

概要

銀行と損保事業で日系企業と提携

アルフォンソ・ユーチェンコは、1923年にマニラで生まれた。父エンリケは、保険会社や不動産会社を運営しており、事業的に成功していた。アルフォンソは裕福な境遇で育ち、留学をする機会にも恵まれ、アメリカのコロンビア大学でMBAも取得している。1953年には、父の事業を継いでグループ企業の社長に就任している。

ユーチェンコ・グループの基盤は、保険業である。マラヤン・インシュアランスは設立が1930年にさかのぼる老舗保険会社で、フィリピン地元資本としては最大の損害保険会社である。1964年には東京海上と提携し、現在は東京海上が20％の株を保有している。

1960年代には銀行業に力を入れ、リサール銀行を設立した。1974年に当時の三和銀行（現・三菱UFJ銀行）と提携し10％の出

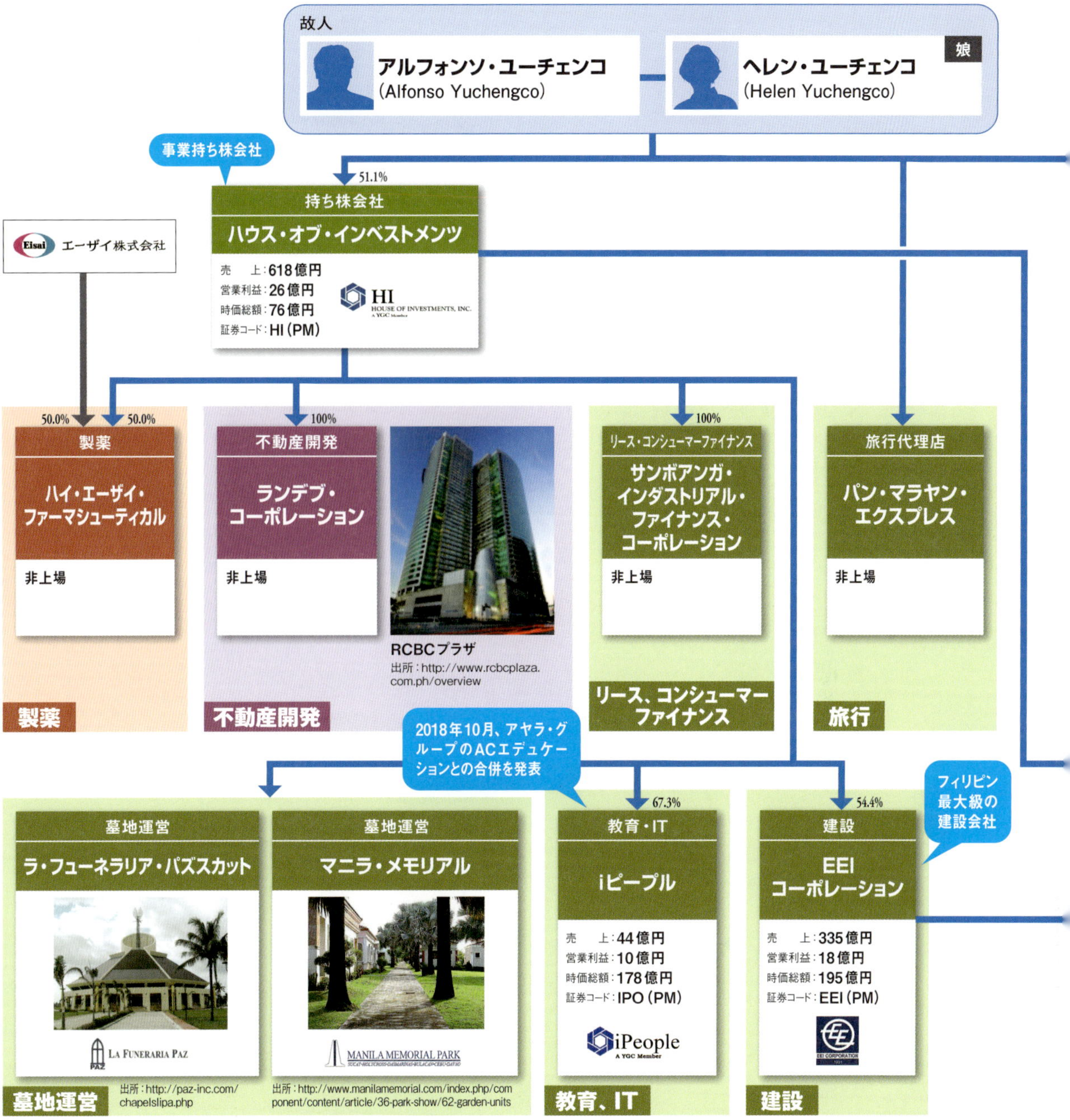

資を受け入れた。資本業務提携は三菱東京UFJ銀行（当時）が発足する2006年まで続くことになった。現在の総資産は約1兆円であり、フィリピンの中のランキングは10位である。日系の金融機関とは、りそな銀行、埼玉りそな銀行、近畿大阪銀行、関西アーバン銀行、みなと銀行と提携関係にある。

70年代に入ると、持ち株会社のハウス・オブ・インベストメンツを設立し、傘下に建設、製薬などさまざまな事業を置き多角化していった。自動車に関しては、1992年からホンダ車の、1996年からいすゞ車の販売を開始。現在はアヤラ・グループ（104ページ）との合弁会社で、両社の製造販売を手掛けている。またエーザイ製品のフィリピン国内での販売も行っている。

近時、グループは教育事業に注力しており、ミンダナオ島での大学運営を開始したり、アヤラ・グループ傘下で教育事業を行うACエデュケーションとの合併検討が報じられたりしている。

アルフォンソは政界ともつながりが深く、コラソン・アキノ政権においては中国大使を、ラモス政権では日本大使を務めた。2017年に逝去し、現在は長女ヘレンがグループを率いている。

日本人の英語教育再考

「桂木さん、来週1週間セブに行ってきます」

秘書が休暇の申請にやってきた。リゾートでのんびり？ それともダイビング？ 私の質問にはどれも首を振り、1週間缶詰めの英語道場に行くのだという。なんとも時代は変わったものだ。リゾート地セブが今や英語修練の場だとは。フィリピンではタガログ語が一般的に話されていると理解していたが、ネットで調べると、タガログ語をベースにした多様な方言も含めてフィリピノ語と総称し、これを公用語としている。そして驚いたことに英語も公用語に指定されている。つまり公用語が2つあるというわけだ。フィリピンでは小学校から算数と理科を英語で、それ以外の教科をフィリピノ語で教えるのが一般的だという。これにより、多くの国民がバイリンガルになるようだ。

ところで、ビジネスのグローバル化が進み、中堅中小企業でも海外市場に打って出ないと生き残れない時代になっている。英語が苦手な日本人にとっては焦りを感じるところであるが、楽天やユニクロなどは、いち早く英語の社内公用語化に踏み切り、話題を呼んだ。楽天の三木谷社長は、英語公用語化のメリットをさまざまなメディアで語っているが、グローバルの人材プールから優秀な人材を採用できるようになったことが最大のポイントだとしている。楽天のようなＩＴ企業はエンジニアの質が最重要だ。日本でコンピュータサイエンスを専攻する学生数は2万人。一方、中国、インドにおける同分野の専攻学生数はそれぞれ１００万人、２００万人だという。日本語という前提条件を外すだけで、優秀な人材へのアクセスは途端に広く、深くなる。また三木谷社長は、英語力の強化によって、クロスボーダーのＭ＆Ａを推進する力が付いたとも語っている。これは非常に重要なポイントだ。ともすれば我々は、ＴＯＥＩＣで何点を取ったかという点数主義で英語力を評価しがちだが、楽天のような企業では、英語を用いてどのような結果を出したかというレベルで社員が評価され始めているのである。グローバル化が進み、さまざまな国の企業との提携が進展していく中において、英語が共通言語として果たす役割は大きい。

それではどのように英語を学べば良いのであろうか。小学生の習い事の人気ランキングにおいて、英語は常に上位に位置するが、幼い時から始めるほど習得が早いのであろうか？ 私はこれに懐疑的である。私は成人してから英語をマスターしたが、それは失敗を許されないＭ＆Ａの交渉を通じてであった。歓楽街にあるフィリピンパブのキャストたちも、流暢な日本語を話す。コミュニケーション能力が日々の稼ぎに直結するからである。要は、追い込まれた立場に置かれれば、否応なく言語能力は上がるものだ。だから幼いうちはまず母国語をしっかり習得し、自分自身の考えをしっかり表現できる力を付けることを優先したほうが良い。もしくは自分の人格を構成する多種多様なコンテンツで、自分という器を満たすことだ。それは単なる知識にとどまらず、思想、宗教観、政治観、そしてとりわけ日本人にとって大切な歴史と戦争観。自己を形成する思想や哲学は、母国語の上に成り立っている。だからこれを母国語で学ぶことは道理なのだ。コンテンツを持たない人間は、表現する道具である英語を与えられたところで、語るものを持たないのである。

一方の自然科学は、古くはギリシャに起源を持ち、西洋で発達した学問である。日本語で全て訳されているが、それは江戸後期・明治初期の先人が翻訳してくれたおかげ。英語で学ぶことが自然な学問なのである。こう考えると、フィリピンの英語教育は実に理に適っているのだ。英語が公用語になるのも道理である。これをヒントに日本で新しい語学スクールを開いてみようか？ スポンサーは、やはりフィリピンのタイクーンにお願いするしかない。

【本章の主な参考文献】

外務省のHP　フィリピン共和国　https://www.mofa.go.jp/mofaj/area/philippines/index.html

JETROのHP　フィリピン　https://www.jetro.go.jp/world/asia/ph/

JETRO：2017年の経済見通し（世界56カ国・地域）（2017年5月）　https://www.jetro.go.jp/world/reports/2017/01/86316a1635568bc9.html

JETRO：2018年の経済見通し（世界54カ国・地域）（2018年5月）　https://www.jetro.go.jp/world/reports/2018/01/55b33e7af57031de.html

OKB総研 調査部：2018年東南アジア主要国経済の見通し　2017年11月22日　https://www.okb-kri.jp/_userdata/pdf/report/168-focus1.pdf

三菱UFJリサーチ&コンサルティング：フィリピン経済の現状と今後の展望～なぜ好調なのか？　好調は長続きするのか？～　2015年3月17日　http://www.murc.jp/thinktank/economy/analysis/research/report_150317.pdf

鈴木 有理佳：フィリピン女性の国際労働移動　2017年　http://www.ide.go.jp/library/Japanese/Publish/Download/Report/2016/pdf/C17_ch02.pdf

国際協力機構（JICA）フィリピン事務所：フィリピン概況-最近の動向とJICAの取り組み- 2017年9月19日

あずさ監査法人：海外赴任前研修　フィリピン　2016年6月29日

DBS Group Research：Asian Telecom Sector　2018年1月18日

『徹底検証　アジア華人企業グループの実力』（朱炎編著／ダイヤモンド社）

『一目でわかる　アジアの財閥と業界地図』（藤原弘・田中恒雄編著／日本実業出版社）

その他、各社のHP、各社アニュアルレポート、各社報道、ウィキペディアなど幅広く参照した。

第4章

マレーシア

ベルジャヤ・グループ

クオック・グループ

ホンリョン・グループ（マレーシア）

ウサハ・テガス・グループ

ゲンティン・グループ

YTLグループ

マレーシア

1957年にイギリスから独立して以来、初の政権交代が起こった。しかもそれを導いたのはかつての首相マハティール氏だ。与党の腐敗体質と批判の声を封じようとする強権政治にNoを突き付けた国民は、92歳という世界でも例を見ない高齢の首相を担ぎ上げた。

歴史

国民が選んだ世界最高齢の首相の手腕に大いに注目

マレーシアの近世の歴史は、ASEANの他の国同様、ヨーロッパ列強の支配とともに始まる。マレー半島での都市国家の建設は早く、紀元前にさかのぼる。マラッカ海峡を通過する海のシルクロードとして栄え、15世紀に成立したマラッカ王国は、香辛料の貿易で発展していたという。1511年、そんなマラッカ王国をポルトガルが攻撃して支配下に置いた。その後1641年にオランダがマラッカを支配し、1819年にシンガポールに上陸したイギリスがオランダを撃退して第2次世界大戦までこの地を支配した。第2次世界大戦後、戦勝国イギリスはマレーシア支配を続けようとしたが、人々は統一マレー国民組織（通称UMNO）を結成して抵抗。1957年にマラヤ連邦が独立し、トゥンク・アブドゥル・ラーマンが初代首相に就任した。以降、政権交代が起こった2018年まで、UMNOが首相を輩出する政権与党になってきた。1965年には主義で対立するシンガポールをマラヤ連邦から追放した。

　傑出したリーダーは4代首相のマハティールであった。1981年に首相に就任すると、2003年までの22年にわたり国を治めた。日本に学ぶルック・イースト政策や、マレー人種を優遇するブミプトラ政策等を展開。国を成長に導いた。しかし晩年強権化し、自分の後継者と目されたアンワル財務相と対立。治安維持法違反で逮捕され政治生命を奪われた。

　2009年に6代首相に就任したナジブは、マレーシアを金融大国にすべく外資企業を誘致する金融特区を建設。その一環として国有投資会社1マレーシア・デベロップメント・ブルハドを設立した。ナジブ自ら経営に関与していたが、2014年に同社の債務超過が判明。またナジブらによる45億ドルといわれる巨額の資金の横領疑惑など一連の不正が報じられると、首相退陣を求める大規模な反政府運動へと発展した。ナジブは内閣改造を行って反対勢力を締め出し、政府批判を行うジャー

マレーシアの歴代首相

	氏名	就任	退任
初代	アブドゥル・ラーマン	1957年	1970年
2代	アブドゥル・ラザク	1970年	1976年
3代	フセイン・オン	1976年	1981年
4代	マハティール・モハマド	1981年	2003年
5代	アブドラ・バダウィ	2003年	2009年
6代	ナジブ・ラザク	2009年	2018年
7代	マハティール	2018年	――

出典：外務省のHPなどを参照して著者作成

ルック・イースト政策、アゲイン？

（©共同通信社/amanaimages）

国名	マレーシア Malaysia
面積	33万290km^2 （日本の0.87倍）
人口	3,205万人 （2017年）
首都	クアラルンプール 人口179万人（2017年）
言語	マレー語、英語、中国語、タミール語
宗教	イスラム教61.3%、仏教19.8%、キリスト教9.2%、ヒンズー教6.3%など（割合は2010年からの推定）
公用語	マレー語

出所：JETRO
https://www.jetro.go.jp/world/asia/my/basic_01.html

ナリストを逮捕するなど強権発令で対抗した。しかし国民の政府批判はやまず、マハティール元首相も2016年にUOMOを離党し、仇敵の野党や自らが追い落としたアンワル氏らと組んで選挙戦に出馬。政権交代を果たした。

マハティール新首相は着任後、ナジブ前首相の国外への移動禁止と事情聴取の開始、アンワル氏の釈放、マレーシア高速鉄道の建設中止など矢継ぎ早の政策を打ち出している。高齢の首相が時間と闘いながら執るリーダーシップに大いに注目したい。

経済

中所得国の罠を回避できるか？ ここでも新首相の手腕が試される

マハティールは旧政権時代、経済においてもリーダーシップを発揮してきた。2020年に先進国入りするとの目標「ワワサン2020」（マレー語でvisionの意）を掲げ、製造業の発達を促す多くの施策をとった。近隣の出色は自動車産業であろう。タイ、インドネシア、フィリピンが日系自動車メーカーと提携することで産業育成を図ったのに対し、マレーシアは国産車の開発に主軸を置いた。その中で、三菱自動車と提携した「プロトン」や、ダイハツ工業と提携した「プロドゥア」を世に送り出すことに成功した。

マレーシアは、輸出立国型の経済発展モデルで一応の成功を収めたといえる。実際、過去の経済成長率も1970年代から2000年までは約7％の高成長を実現し、足元でも5％前後の成長率を維持している。しかし1人当たりGDPは1万ドルの水準で推移しており、「中所得国の罠」に陥っているとの指摘もある。中所得国の罠とは、自国経済が中所得のレベルで停滞し、先進国入りができない状況を指す。これは新興国が低賃金の労働力を原動力として経済成長し、中所得国の仲間入りを果たした後、自国の人件費が上昇して後発新興国に比較優位を奪われ、一方で先進国同様の先端イノベーションを持てないことと併せて競争力を失い、経済成長が停滞する現象だ。日本を含む先進国においても、従来型の工業製品輸出主導のモデルでは成長を持続させられないと指摘されており、IoT・AI等を活用した付加価値提供型の産業育成や施策が求められている。マハティール新政権の下で、どのような施策がとられるか注目される。

もう1つの注目点は中国との関係だ。マハティール首相は南シナ海の中国支配を批判しており、ナジブ前首相が進めてきた中国企業との大規模インフラ開発を見直すとしている。その上で、日本と共同で新たな国産車の導入を目指す意向を表明するなど、ルック・イースト再び的な動きも見せている。一方で、94歳のロバート・クオック氏（134ページ）を自らの顧問に招き入れたことが話題になっている。クオック・グループはアジアを中心にシャングリ・ラ・ホテルを展開するほか、中国で大規模な不動産開発も行っている中国ビジネスのスペシャリストだ。クオック氏の人脈を通じて、中国ビジネスを維持発展する思惑も見て取れる。老練な政治家の経済運営もやはり目が離せない。

GDP産業別構成（実質）

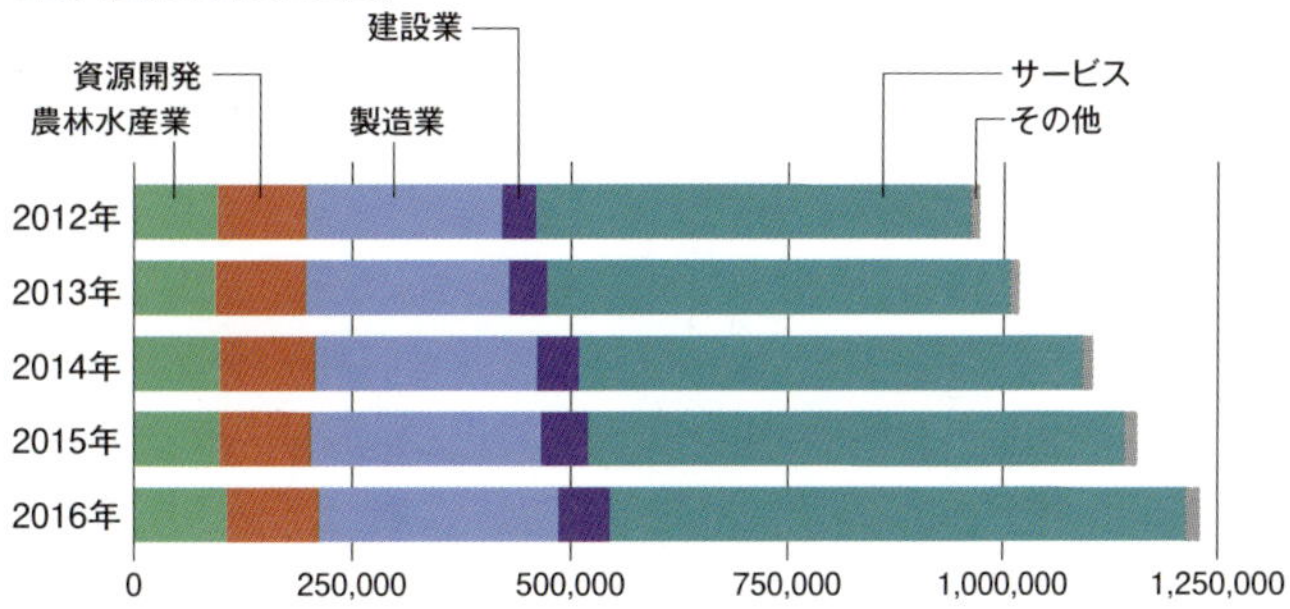

出所：マレーシア政府
https://www.dosm.gov.my/v1/index.php?r=home/index&menu_id=b2ROaWpITmQ5NnAvMHVmRjRkZzl BQT09

マレーシアの基礎的経済指標

対象年月	2013年	2014年	2015年	2016年	2017年
実質GDP成長率（前年度比、単位：%）	4.7	6.0	5.0	4.2	5.9
名目GDP総額（単位：10億ドル）	323	338	297	297	315
1人当たりのGDP（名目）＝ドル	10,705	11,014	9,509	9,390	9,818
消費者物価上昇率（前年度比、単位：%）	2.1	3.2	2.1	2.1	3.7
失業率（単位：%）	3.1	2.9	3.1	3.4	3.4
為替レート（期末値、対米ドルレート）	3.17	3.28	4.28	4.49	4.06

（現地通貨：マレーシアリンギット）　出所：JETRO「基礎的経済指標」（2018年10月1日更新）

Vincent Tan / Berjaya Group

ヴィンセント・タン（フォーブス第25位・純資産額929億円）
ベルジャヤ・グループ

コンビニからプロサッカーまでマレーシア最大級の事業領域を手掛けるタイクーン

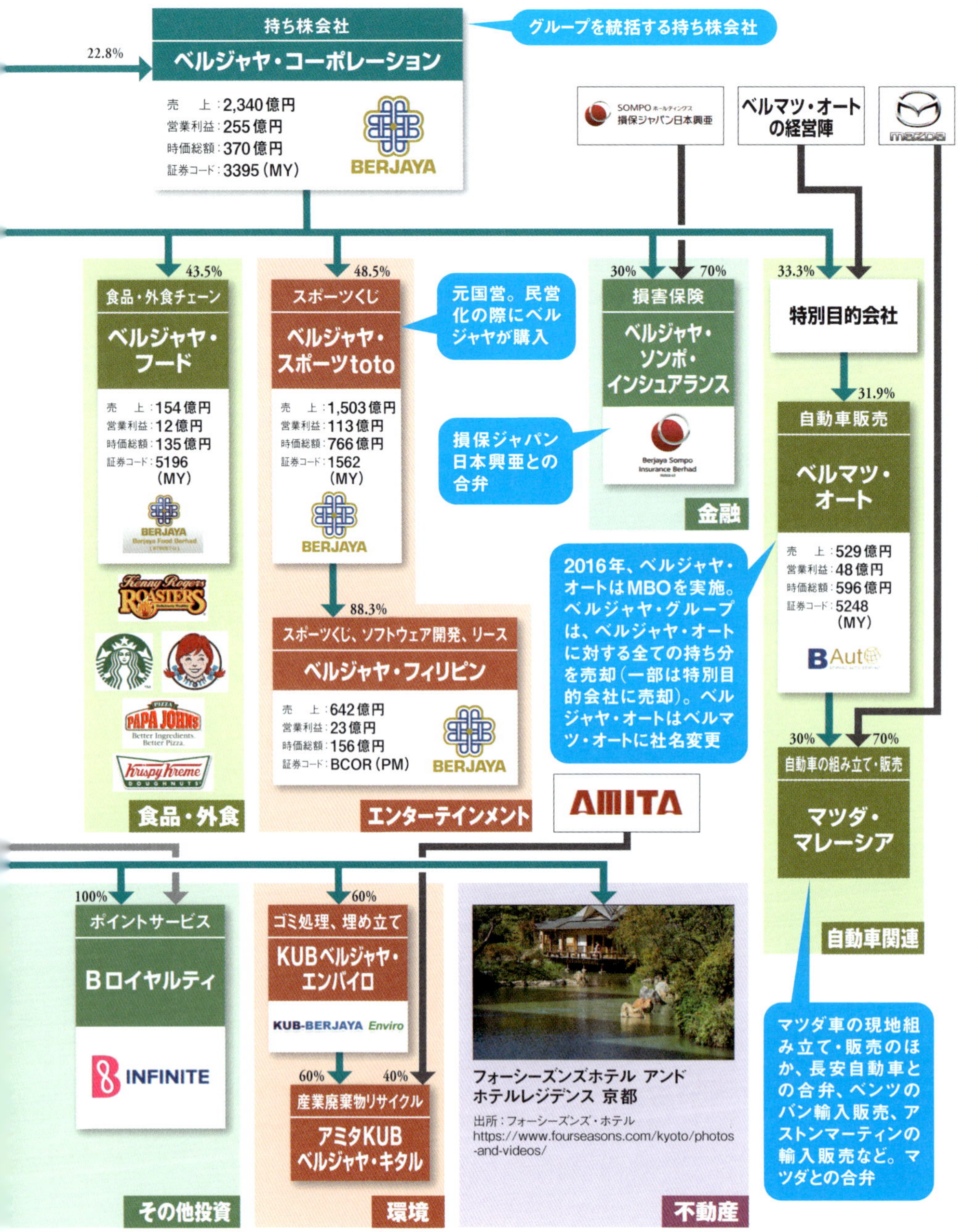

概要

日本でホテルを開業。投資機会をうかがう

ヴィンセント・タンは1952年生まれ。高校を卒業すると銀行に勤務していたようだが、29歳の時、友人と共同でマクドナルドのフランチャイズ権を獲得したのが企業家としての第一歩である。同時期、政府が宝くじ事業を民営化する入札案件があり、見事にその権益を獲得。その後、政財界のコネクションをフルに活用して、1代でベルジャヤ・グループを築き上げた。事業内容は、小売り、飲食、自動車販売、不動産、ホテル、リゾート開発、宝くじ運営、金融と、マレーシアで最も広範囲の事業展開を行っている。

中核企業はベルジャヤ・コーポレーション。小売りではセブン-イレブン2259店（2018年9月末時点）、ドラッグストアのコーズウエイを運営。また飲食業ではスターバックス、ウェンディーズなどのグローバルブランドを展開している。

主要業種
不動産・ギャンブル
今後の重点業種
コンシューマー関連

評価シート	
規模	A
注目度	B
成長性	B
日系企業との提携可能性	B

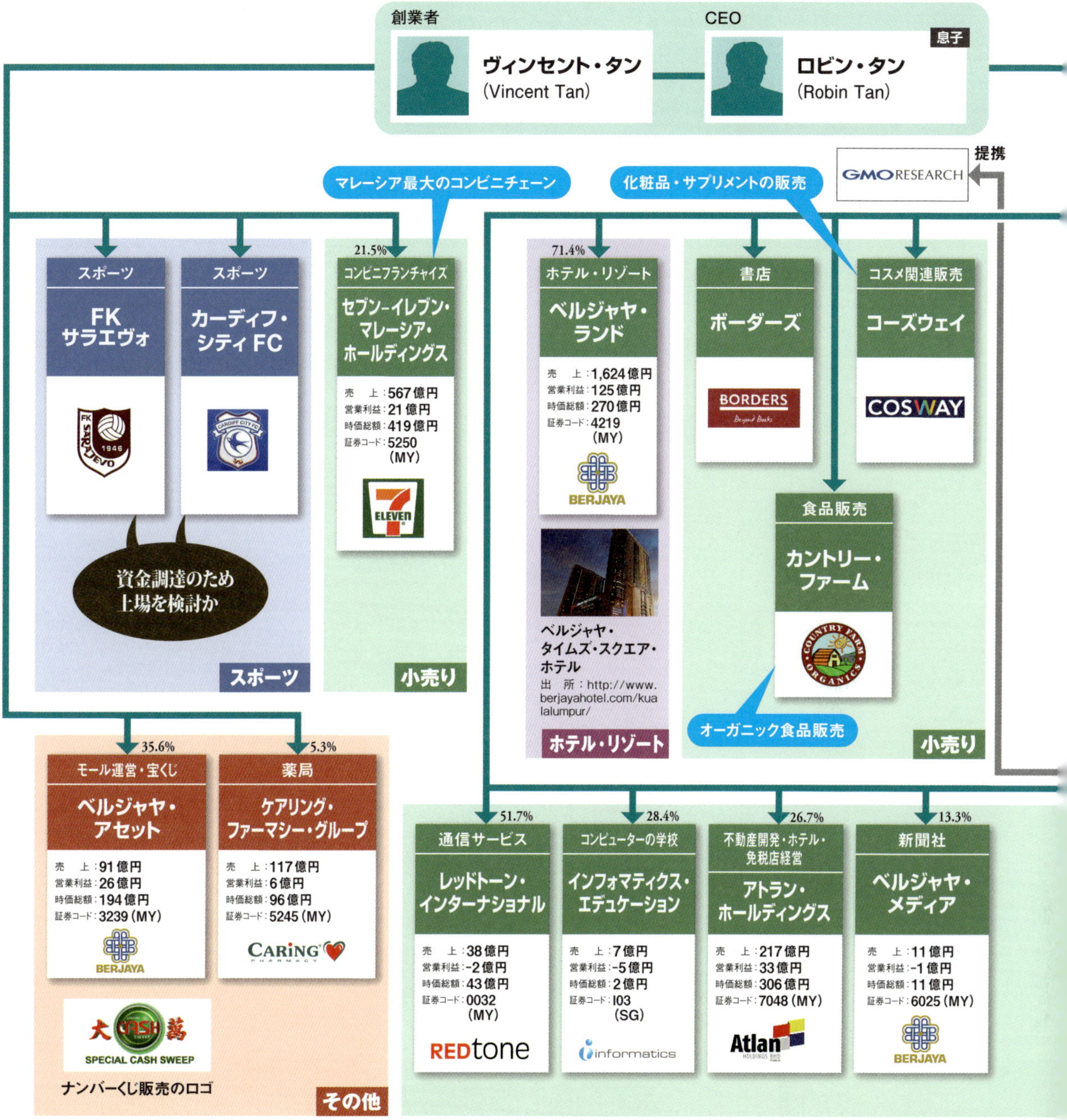

マレーシアにおけるコンビニ業界においてセブン-イレブンが圧倒的なシェアを持つが、2016年にファミリーマートが進出。2018年11月末時点で、店舗を74店まで増やしてきている。コンビニ間の競争は、首都クアラルンプールを中心に今後激しくなることが想定され、ベルジャヤ・グループがどのような施策で集客を上げていくか注目される。

セブン-イレブン以外の日系企業との関わりでは、マツダ車の販売、損保ジャパンとの保険事業がある。マツダに関しては、フィリピンでも合弁会社を設立して販売を行っている。

ヴィンセントは無類のサッカー好きで、2010年、イギリスのカーディフ、ボスニアのFKサラエヴォを相次いで買収した。チームのIPOを目指しているとも伝えられており、今後の動向に注目したい。

またヴィンセントは日本好きとしても知られており、家族を連れて頻繁に日本を訪れているようだ。そんな中、2016年に京都にフォーシーズンズ・ホテルを開業した。スイートルームは1泊100万円を超える5つ星ホテルだ。日本を愛するヴィンセントは、京都以外でもフォーシーズンズ・ホテルを展開する意向であり、候補地を物色中と聞く。

2016/04期 連結決算 実績	2017/04期 連結決算 実績
2,220	2,165
148	236
6.70%	10.90%
-40	38
-1.80%	1.80%
6,005	4,950
1,692	1,645
28.17%	33.23%
1,936	1,555
1.14倍	0.95倍
-2.48%	2.35%
-0.72%	0.72%
186	91
-329	-173

地域セグメント(所在地)

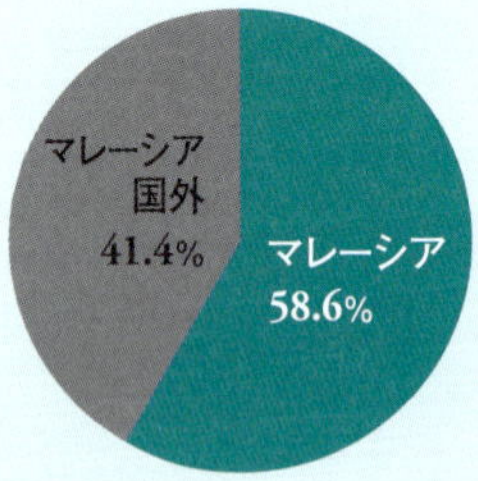

企業価値/売上高		
直近年度(倍)	LTM(倍)	当期会社予想(倍)
1.1	1.06	N/A
0.16	0.16	0.16
0.39	0.4	0.39
0.17	0.18	0.17
0.19	0.2	N/A
0.12	0.13	0.13
0.57	0.45	N/A
0.39	0.37	0.21
0.19	0.2	0.17
0.12	0.13	0.13
1.1	1.06	0.39

ベルジャヤ・グループの近時のM&Aおよび戦略的提携

2011年	9月	中国の水処理会社DSGホールディングスの株式85%を取得
2012年	9月	ベルマツモーター(ベルジャヤ・オート[現ベルマツ・オート])の100%子会社)は、マツダと合弁会社を組成し、マツダ車の製造販売をマレーシアで開始。持ち分はベルジャヤ30%、マツダ70%
	11月	不動産開発や免税品の販売を行うアトラン・ホールディングスの株式15.6%を取得
2014年	5月	セブン-イレブン・マレーシアがマレーシア証券取引所に上場
	8月	ベルジャヤ・フードが、合弁会社パートナーである米スターバックスから合弁会社の持ち分50%を約90億円で取得し、完全子会社化
2015年	5月	ボスニアのサッカーチームFKサラエヴォを買収
	7月	GMOリサーチとインターネットの調査分野で業務提携(ベルジャヤ・グループ傘下の企業のメンバーになっている会員をリサーチパネルとして利用する提携)
2016年	7月	KUBベルジャヤ・エナジー(KUBベルジャヤ・エンバイロの100%子会社)は、資源リサイクルのアミタ・ホールディングス(2195)と産業廃棄物処理に関わる合弁会社アミタKUB－ベルジャヤ・キタルを設立。持ち分はKUBベルジャヤ・エナジー60%、アミタ40%
	10月	京都にフォーシーズンズ・ホテル開業。病院跡地をベルジャヤが2012年に250億円で取得。建物は地上5階・地下2階。延べ床面積は約3万5,000m²。建物もベルジャヤの保有。清水寺など名刹が多い東山区に立地。高級ホテルチェーンのフォーシーズンズが運営する
2017年	9月	中国において水処理プラントの建設・運営・メンテナンスを行う子会社ベルジャヤ・グリーン・リソーシズ・エンバイロメンタル・エンジニアリング・フォーシャンの株式を売却
2018年	3月	中国において水処理事業に従事する子会社DSGホールディングスの株式を売却
	9月	インドネシアの自動車関連部品をオンライン販売するモランド・デジタル・インドネシアへ出資(ベンチャー投資)
	7月	韓国の外食会社ジャストKpopへ出資(ベンチャー投資)
	9月	ベルジャヤ・フィリピンが、マレーシアのセブン-イレブン・マレーシア・ホールディングスの株式1.6%を取得

今後の注目ポイント

- マレーシアにファミリーマートが進出したことにより、コンビニエンスストア業界の競争環境の激化が想定される。デリ商材を中心に、セブン-イレブン事業の高付加価値化をどのように実現するのか
- コンビニ事業の高付加価値化に必須となる、物流の高度化(コールドチェーン)、フィンテックを活用した決済機能の利便性向上などの取り組みと、その際のパートナー選定をどうするか
- さらなるサッカーチーム(ビッグクラブ)の買収はあるのか。その場合、toto事業のコラボをどのように行うか
- 日本の不動産投資には、引き続き興味大。フォーシーズンズ・ホテルを展開する立地の確保

企業研究――ベルジャヤ・コーポレーション

基本情報

企業名	Berjaya Corp Bhd
証券コード	3395
業種	日用品卸、総合デベロッパー、ファストフード、ホテル・旅館
代表者	Yeong Chin、Robin Tan（Chief Executive Officer）
住所	Number 1 Jalan Imbi Level 12（East Wing）, Berjaya Times Square Kuala Lumpur Malaysia
電話番号	+60 321491999
URL	http://www.berjaya.com
設立年	1967
上場年月日	2000/1/3
上場市場	マレーシア証券取引所、OTCピンクシート
資本金	4,931百万リンギット（2018/01期）
従業員数	14,000人（2017/04連結）

業績推移

単位：百万米ドル	2014/04期 連結決算 実績	2015/04期 連結決算 実績
売上高合計	2,689	2,768
営業利益	244	552
営業利益率	9.10%	19.90%
親会社株主に帰属する当期純利益	-46	259
親会社株主に帰属する当期純利益率	-1.70%	9.40%
資産合計	6,188	6,209
株主資本等合計	1,713	1,849
株主資本比率	27.69%	29.79%
有利子負債	1,862	2,120
D/Eレシオ	1.09倍	1.15倍
ROE	-2.58%	14.43%
ROA	-0.75%	4.15%
投資活動によるCF	-77	-123
財務活動によるCF	31	-35

株式所有構造

順位	大株主	保有株式（千株）	保有割合（%）
1	Chee Yioun Tan	1,126,456	23.11
2	Hotel Resort Enterprise Sdn. B	644,953	13.23
3	Berjaya Assets Bhd.	229,237	4.7
4	HQZ Credit Sdn. Bhd.	123,951	2.54
5	Dimensional Fund Advisors LP	105,469	2.16
6	Berjaya Media Bhd.	52,135	1.07
7	Maximum Ace Sdn. Bhd.	51,500	1.06
8	BlackRock Fund Advisors	49,569	1.02
9	Tan Chee Yioun Vincent Family	49,387	1.01
10	Superior Structure Sdn. Bhd.	36,153	0.74
—	その他	2,404,782	49.34
	合計	4,873,591	100

事業セグメント

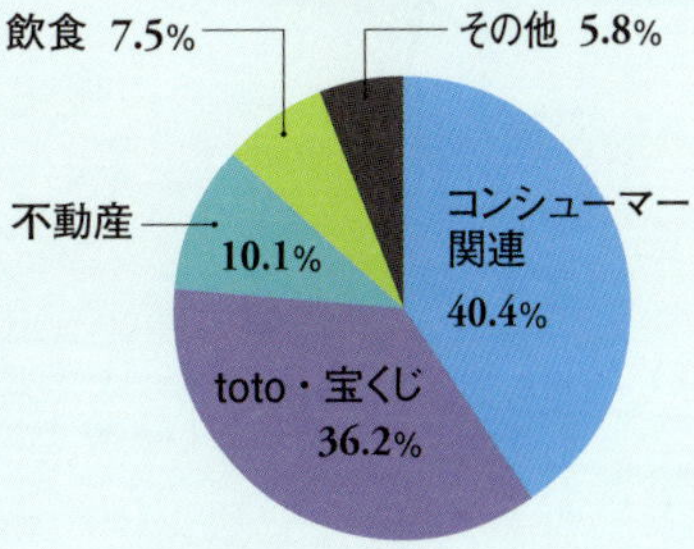

注：2017年4月期の事業セグメントと地域セグメントの売上高

企業価値の同業他社比較

証券コード	企業名	時価総額 直近終値（百万米ドル）	企業価値 LTM（百万米ドル）	PER 直近年度（倍）	PER LTM（倍）	PER 当期会社予想（倍）	PBR LTM（倍）	企業価値/EBITDA 直近年度（倍）	企業価値/EBITDA LTM（倍）	企業価値/EBITDA 当期会社予想（倍）
3395	Berjaya Corp Bhd	318	2,267	8.2	N/A	N/A	0.19	N/A	N/A	N/A
7459	メディパルホールディングス	5,049	4,502	16.3	15.3	17.8	1.17	8.5	8.2	8.3
8283	PALTAC	3,307	3,472	21.3	20.4	20.1	1.98	13.6	13.6	13.4
2733	あらた	848	1,156	15	15.1	14.7	1.31	9.6	9.8	9.3
ESND	Essendant Inc	485	978	N/A	N/A	N/A	1.1	-4.8	-12.2	N/A
9852	CBグループマネジメント	86	167	7.8	9.7	7.8	0.51	7.8	9.7	8.1
000632	Fujian Sanmu Group Co Ltd	286	533	79.8	58.7	N/A	1.53	9.3	7.9	N/A
	平均値	1,483	1,868	24.8	23.8	15.1	1.12	7.3	6.2	9.8
	中央値	485	1,156	15.7	15.3	16.2	1.17	8.9	8.9	8.8
	最小値	86	167	7.8	9.7	7.8	0.19	-4.8	-12.2	8.1
	最大値	5,049	4,502	79.8	58.7	20.1	1.98	13.6	13.6	13.4

Robert Kuok/Kuok Group

ロバート・クオック（フォーブス第1位・純資産額1兆6762億円）
クオック・グループ

昔はマレーシアのシュガーキング、今はアジアの食料キング

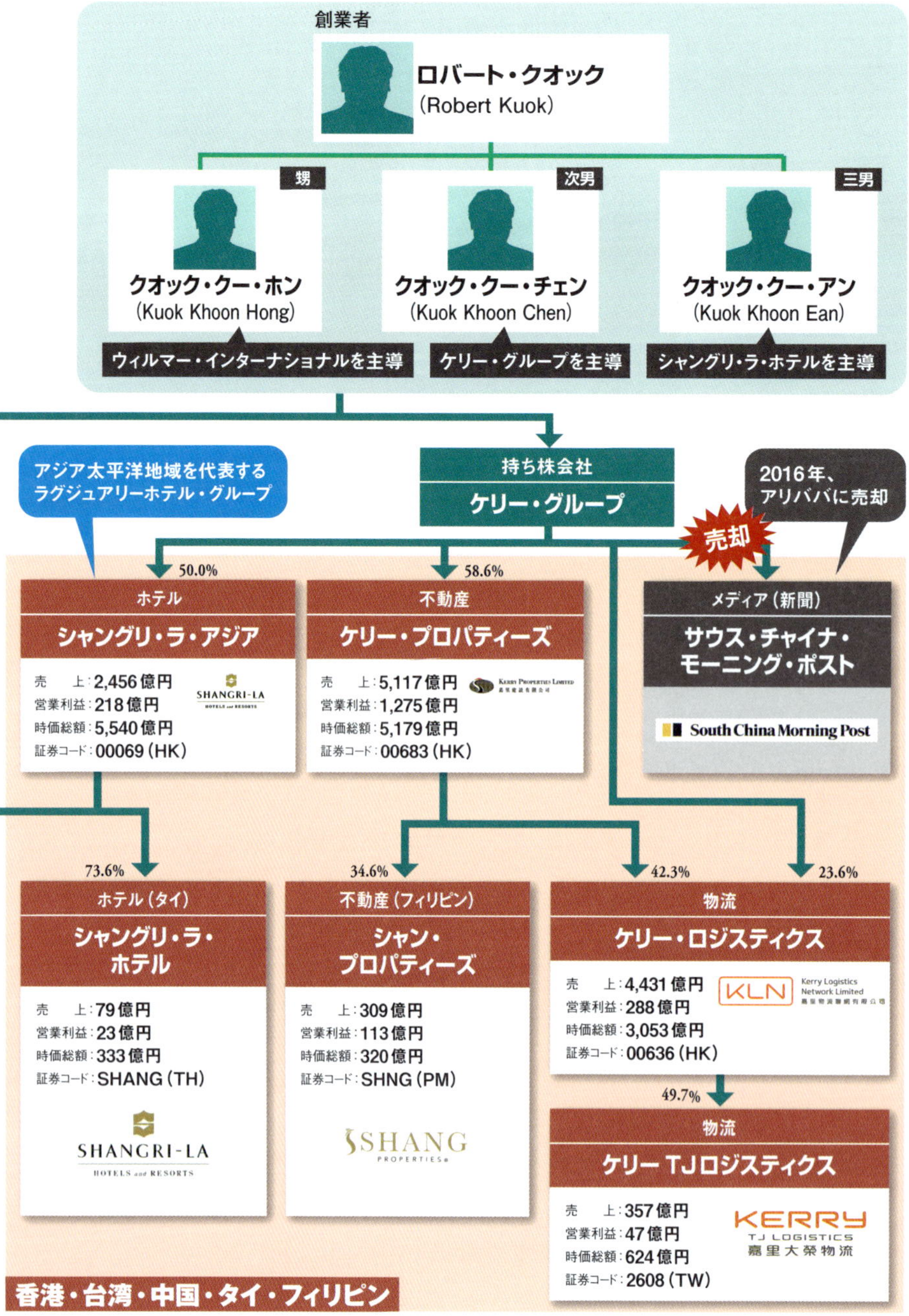

概要

砂糖の精製会社を次々と買収

ロバート・クオックは1923年、マレーシア生まれ。父親は福建省出身で、マレーシアに移住して食料品の貿易を営んでいた。

第2次世界大戦中の1942〜45年に、三菱商事の食料品部門で勤務した経験を持つ。父が1948年に他界すると、そのときの経験を活かし、兄弟と共同でクオック・ブラザーズという食料品のトレード会社を設立した。1959年には、マラヤン・シュガー・マニュファクチャリングを設立。マラヤン・シュガーをビークルに、マレーシア国内の砂糖の精製会社を次々と買収していった。マレーシア国内の80%、グローバルでも10%の砂糖の取り扱いのシェアを握り、ロバートは、「マレーシアのシュガーキング」との異名を取った。マラヤン・シュガー設立時のパートナーは、三井物産と日清製糖であった。

主要業種
食料・ホテル

今後の重点業種
食料・食品

評価シート	
規模	A
注目度	A
成長性	B+
日系企業との提携可能性	B

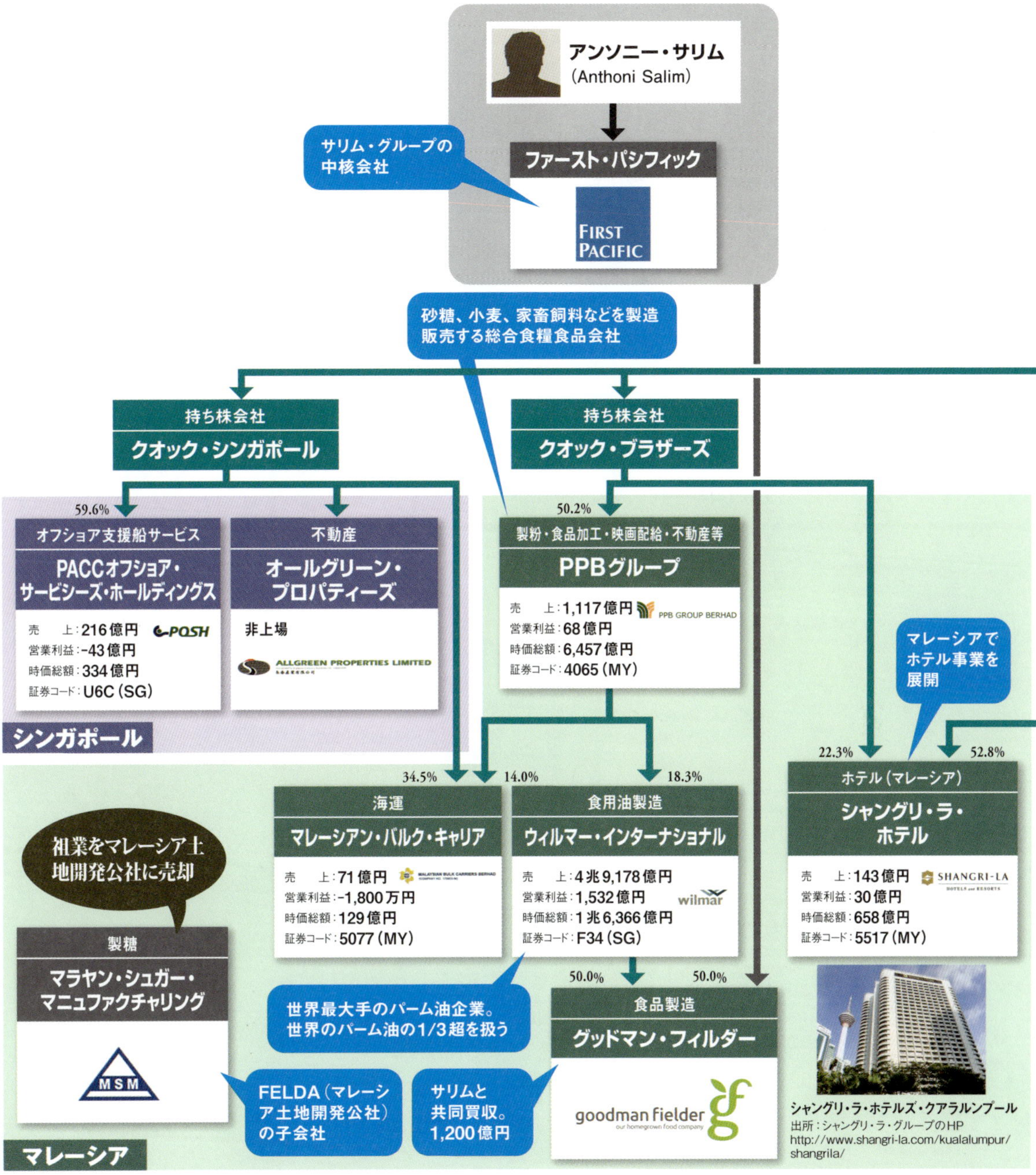

シャングリ・ラ・ホテルズ・クアラルンプール
出所：シャングリ・ラ・グループのHP
http://www.shangri-la.com/kualalumpur/shangrila/

さらに1968年にPPBグループを設立し、小麦や家畜飼料などの製造を開始。PPBは2007年、急成長していたウィルマーに、パーム椰子プランテーション・食用油の製造工場を現物出資して、ウィルマーの株を取得。現在も18・35%の筆頭株主となっている。

アグリビジネス以外には、ホテル・不動産事業で多角化している。ホテルは有名なシャングリ・ラ・ブランドを保有している。シャングリ・ラは、1971年にロバートがシンガポールでオープンさせたものが第1号。以降アジアの主要都市やリゾート地に展開。日本にも東京駅に隣接する丸の内トラストタワーに、2009年にオープンした。アジアのビジネスマンから高い評価を受けている。

さてマレーシアでは92歳のマハティール氏が2018年5月の総選挙に勝利して首相として返り咲いた。早々に中国とのこれまでの関係の見直しを公言しているマハティール首相だが、94歳のロバートを政府のアドバイザーとして招いた。クオック・グループは中国事業を広く展開しており、中国政財界とのパイプも太い。そこを見込んだ抜擢であるが、世界にも例を見ない高齢コンビにてどのような対中政策を展開するか注目である。

Quek Leng Chan / Malaysian Hong Leong Group

クエック・レンチャン（フォーブス第2位・純資産額8155億円）
ホンリョン・グループ（マレーシア）

ホンリョン・グループのマレーシア分家で銀行と不動産に強み

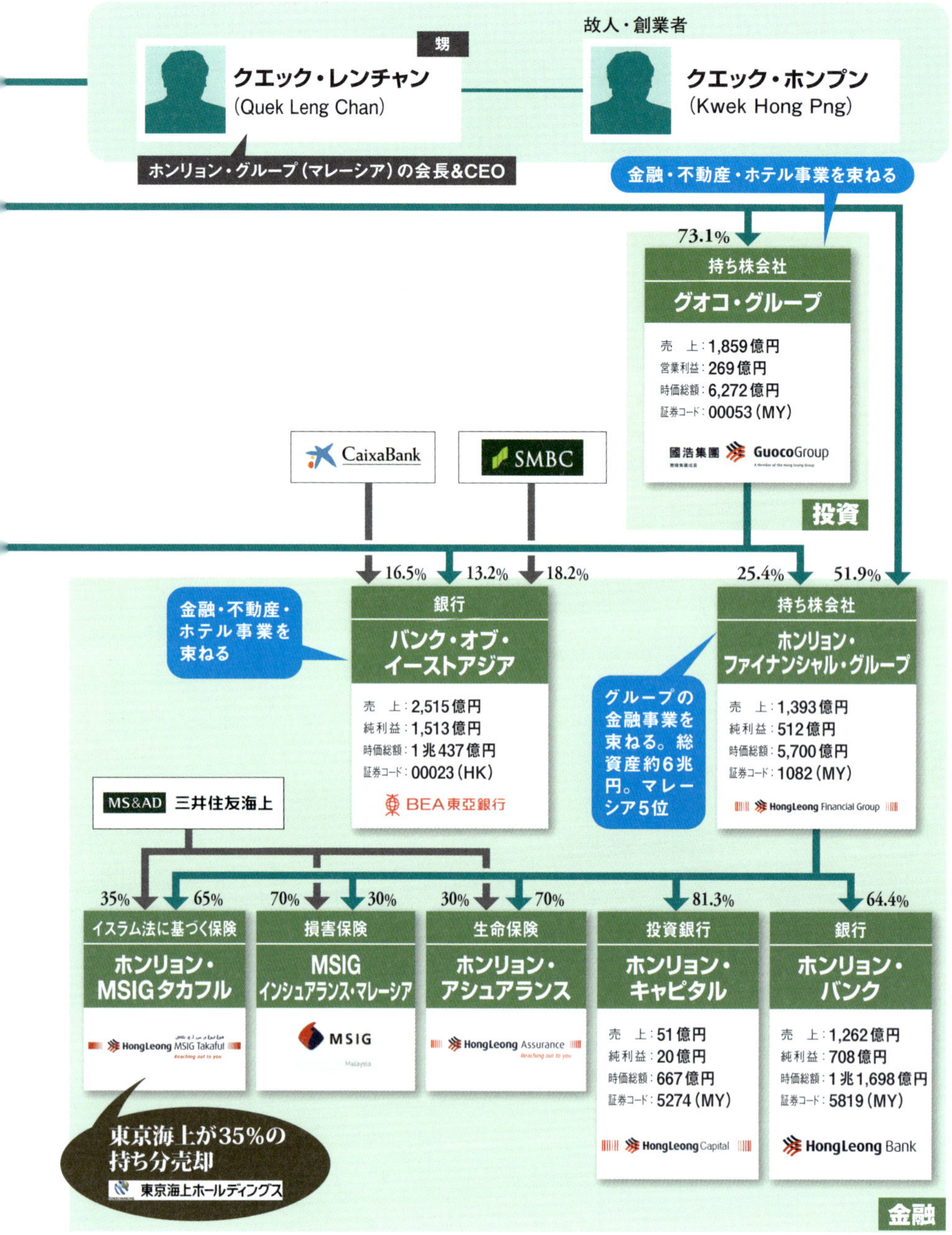

概要
M&Aを通じて多角化を推進

ホンリョン・グループ（150ページ）は、シンガポールで1941年に創設され発展したコングロマリットだ。創業者のクエック・ホンプンは、マレーシアでの事業基盤を強化するため、甥のクエック・レンチャンをマレーシアに派遣したのがホンリョン・グループ（マレーシア）の始まりである。

レンチャンは、シンガポールがマレーシアから分離する直前の1963年にホンリョン・マレーシアを設立。元々は本家同様、建材のトレードを行っていたが、M&Aを通じて、金融、不動産、製鉄、食品、二輪車製造など多角化したコングロマリットを形成した。

中核のホンリョン・バンクは、1905年創立の老舗銀行。元々、シンガポールのOCBC銀行などが株主であったが、1994年にレンチャンが買収している。保険分野で

主要業種
金融・不動産

今後の重点業種
イスラム金融

評価シート	
規模	B+
注目度	B
成長性	B
日系企業との提携可能性	B+

持ち株会社
ホンリョン・グループ（マレーシア）
HongLeong Group

YAMAHA Revs Your Heart

製造・販売

製鉄（67.6%）
サザン・スチール
売　上：671億円
営業利益：40億円
時価総額：128億円
証券コード：5665（MY）
Southern Steel

二輪製造・建材製造（72.7%）
ホンリョン・インダストリーズ
売　上：578億円
営業利益：57億円
時価総額：914億円
証券コード：3301（MY）
HongLeong Industries Berhad

二輪販売（69.4%）
ホンリョン・ヤマハ・モーター
HongLeong Yamaha Motor

ヤマハとの合弁会社。マレーシアでのヤマハ二輪の独占販売

食用油製造（57.5%）
ラム・スーン香港
売　上：758億円
営業利益：52億円
時価総額：450億円
証券コード：00411（HK）
LAM SOON

半導体製造（50.9%）
マレーシアン・パシフィック・インダストリーズ
売　上：392億円
営業利益：63億円
時価総額：584億円
証券コード：3867（MY）
Malaysian Pacific Industries

Eコマース

Eコマース
GEMFIVE

2015年、クエック・レンチャンの末の息子が開始したオンラインストア事業だが、現在、ウェブサイトは閉鎖されている

ホテル・レジャー

カジノ（52.0%）
ランク・グループ
売　上：1,027億円
営業利益：114億円
時価総額：900億円
証券コード：RNK（GB）
Rank Group

メッカ
出所：http://www.rank.com/en/index.html

ホテル・リゾート（67.6%）
GL
売　上：380億円
営業利益：83億円
時価総額：777億円
証券コード：B16（SG）
gl.

チャリングクロスホテルロンドン
出所：https://www.gl-grp.com/annual-reports

不動産開発

不動産開発（65.2%）
グオコ・ランド
売　上：954億円
営業利益：156億円
時価総額：1,515億円
証券コード：F17（SG）
GuocoLand

不動産開発（65%）
グオコ・ランド・マレーシア
業務純益：73億円
営業利益：11億円
時価総額：152億円
証券コード：1503（MY）
GuocoLand (Malaysia) Berhad

不動産投資信託（65%）
タワーREIT
売　上：9億円
営業利益：5億円
時価総額：70億円
証券コード：5111（MY）
TOWERreit

タンジョン・パガー地区のウォーリッチ・レジデンス
出所：グオコ・ランドのアニュアルレポート（2018年）
http://www.guocoland.com.sg/Documents/AnnualRpt/AnnRep2018.pdf

は、２００６年に東京海上とイスラム法に基づく保険事業で提携したが、２０１０年に関係を解消。代わりに三井住友海上と、２０１１年に提携した。香港のグオコ・グループを通じて、香港の東亜銀行の株式を保有するが、三井住友銀行も株式約９・５％を保有。ホンリョン・シンガポール同様、三井グループとの関係は深い。

不動産・ホテル事業は、グオコ・グループ傘下で手掛けている。シンガポールのタンジョン・パガー地区や、クアラルンプール郊外のダマンサラ・シティなど、大規模な開発等を手掛けている。タンジョン・パガー地区はいまひとつ垢抜けないエリアであったが、近年オフィス・レジデンシャルの建築ラッシュが続き、おしゃれエリアに変貌しつつある。

近時、レンチャンの息子がＥコマースのプラットフォーム、ジェムファイブ(GEMFIVE)を立ち上げたが、早々の撤退を余儀なくされた。マレーシアにおいてもラザダ(Lazada)が優位性を持っていると思われるが、動きの速い市場だけに一瞬の判断の遅れが即、市場撤退につながる。ホンリョン傘下には多くの金融事業があるので、Ｅコマース、電子マネーの領域でどのような事業を再構築するか注目したい。

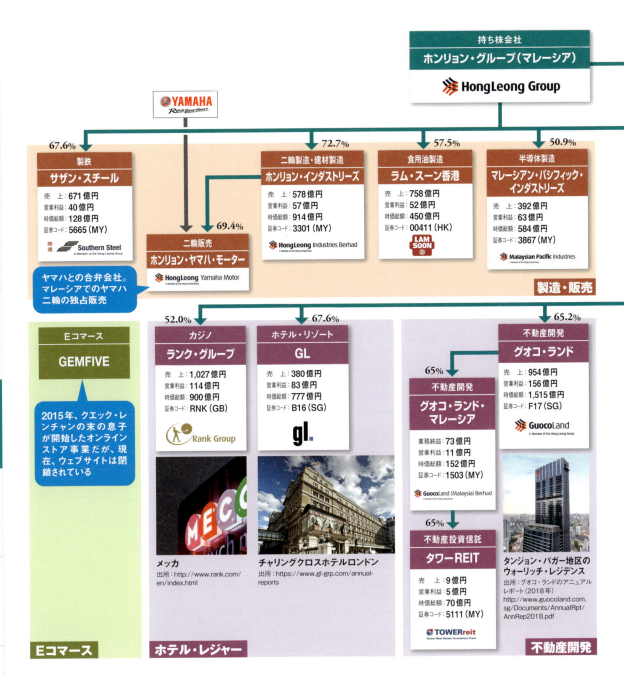

Ananda Krishnan/ Usaha Tegas Group

アナンダ・クリシュナン（フォーブス第3位・純資産額8041億円）

ウサハ・テガス・グループ

マレーシアのテレコム・メディアキング

通信

ブリティッシュ・テレコム

売却

通信

NTTコミュニケーションズ

売却

62.4%

45.0%

通信事業

マキシス

売　上：2,256億円
営業利益：873億円
時価総額：1兆1,072億円
証券コード：6012（MY）

マレーシア最大の携帯電話会社。ブリティッシュ・テレコムの持ち分33%を650億円で買収

経営破綻

通信事業

エアセル

インドの携帯電話市場の競争激化により、2018年2月に破産を申し立てた。海外戦略見直しは必須

通信事業

スリランカ・テレコム

売　上：546億円
営業利益：38億円
時価総額：239億円
証券コード：SLTL（LK）

スリランカで通信事業を展開。NTTコミュニケーションズの持ち分35%を375億円で買収

通信

マレーシアの政府系石油会社

ペトロナス

マレーシアの最高層ビル。ペトロナスとの共同事業

各地で手広く事業を展開

レジャー・不動産

タンジョン

TGVシネママレーシアで34の映画館を運営

トロピカルアイランド ドイツでリゾート地を運営

2018年12月、約10億マレーシアリンギでスペイン企業へ売却

マキシス・タワー
クアラルンプール中心地の49階建てオフィスビル
出所：タンジョンのアニュアルレポート（2010年）
https://cdn1.i3investor.com/my/files/st88k/2267_TANJONG/annual/2010-01-31/2267_TANJONG_AnnualReport_2010-01-31_TANJONG-AnnualReport2010%20(2.7MB)_-1719247473.pdf

ペトロナス・ツイン・タワー
出所：TripAdvisor
https://www.tripadvisor.com.my/Attraction_Review-g298570-d317521-Reviews-Petronas_Twin_Towers-Kuala_Lumpur_Wilayah_Persekutuan.html

タワーの片方を間組（現・安藤ハザマ）に、もう片方をサムスン建設に発注し、建設のスピードとクオリティーを競わせた

レジャー・不動産

概要

インド撤退。海外事業再構築の行方に注目

アナンダ・クリシュナンは、1938年クアラルンプール生まれ。両親はスリランカ出身のタミール系である。裕福な家庭に生まれ、メルボルン大を卒業後、米ハーバード大学でMBAを取得した秀才である。

若い頃より起業家精神に満ち、コンサルティング会社、石油の掘削会社、ギャンブル・エンターテインメント会社などの設立を経て、1990年代に通信・メディア業界への参画を本格化する。携帯電話の黎明期からマキシスの事業に関与。2001年にはマキシスのパートナーであったブリティッシュ・テレコムより、株式33%を3・5億ポンド（約504億円）で買収。また2007年にはNTTコミュニケーションズからスリランカ・テレコムの株式35%を3億ドル（約340億円）で買収するなど、通信分野で大きな投資を繰り返してきた。

主要業種

通信

今後の重点業種

メディア・IT

評価シート

規模	B
注目度	B
成長性	B+
日系企業との提携可能性	C

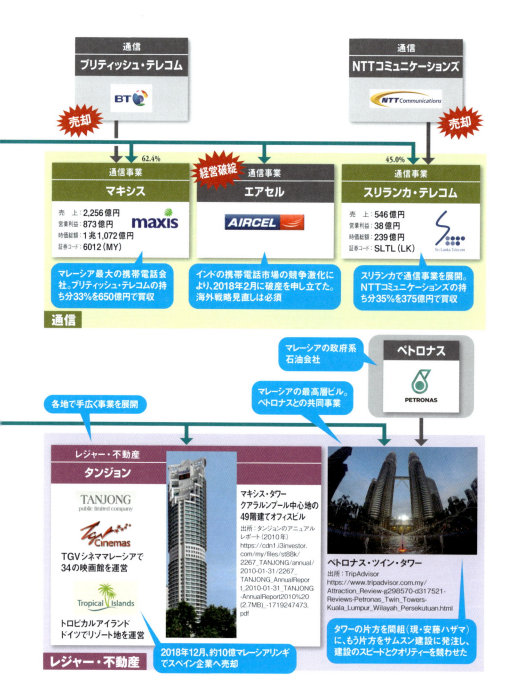

ここに注目

飽和する携帯電話市場

　足下のマレーシアの携帯電話加入数は約4,400万に達し、大手3社のシェアも拮抗している。全人口に対する普及率は140%を超え、市場の成長余地がない中で、海外展開を含めて各社の生き残り戦略が問われている。

マレーシアの携帯電話加入者数および普及率

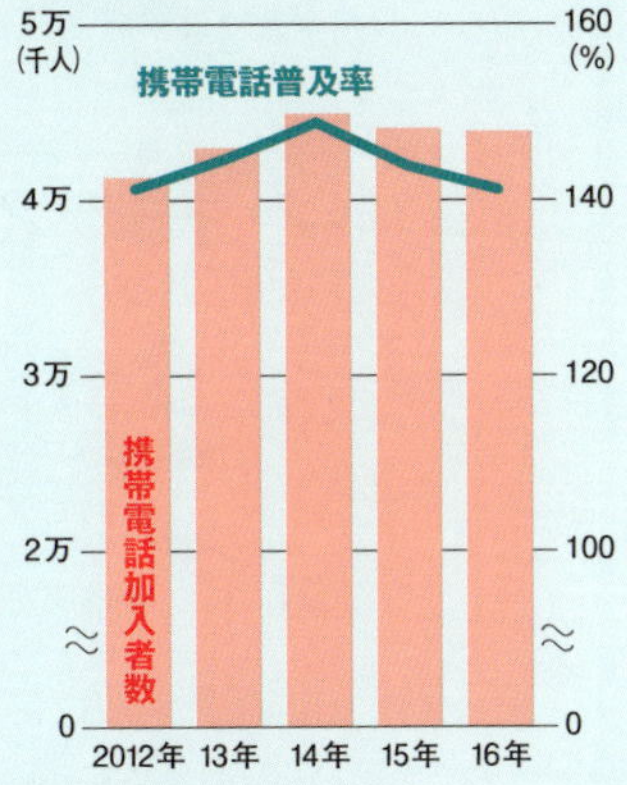

出所：世界情報通信事情
http://www.soumu.go.jp/g-ict/country/malaysia/detail.html#mobile

マレーシア携帯キャリアの市場シェア
（2017年）

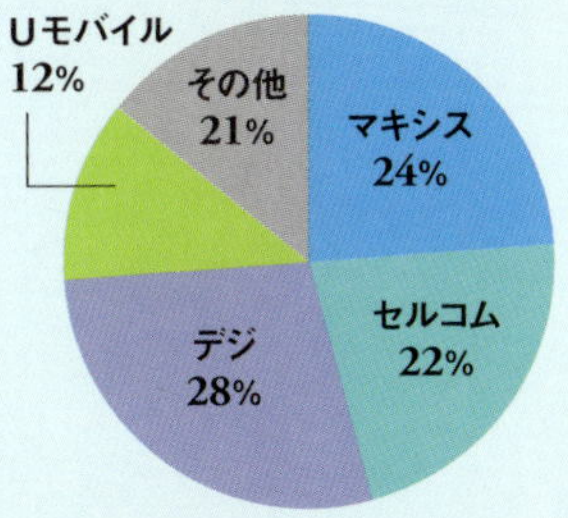

出所：DBS Bank Malaysia Industry Focus
（2018.3.12）

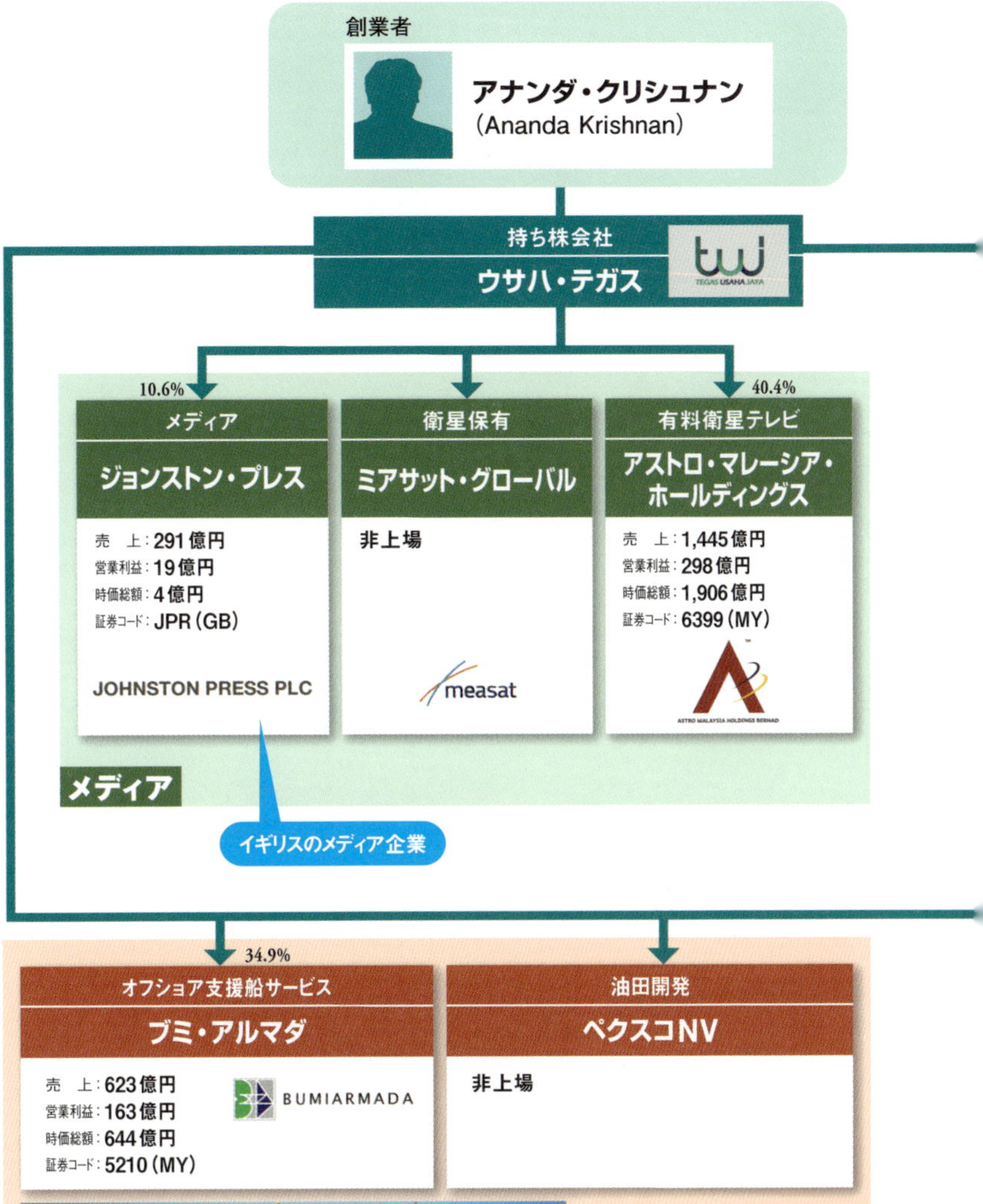

ブミ・アルマダのオフショア支援船
出所：http://www.bumiarmada.com/1/Web/Home/Home/Home/html

　その他のビジネスは、放送局、レジャー、不動産などである。不動産事業の中で有名なのは、世界有数の高層ビルであるペトロナス・ツイン・タワーの開発である。クアラルンプールのランドマークであるこのビルは、政府系石油会社ペトロナスとクリシュナンの共同事業である。ペトロナス・ツイン・タワーが位置するＫＬＣＣ地区には、かつて競馬場があったが、クリシュナンが一帯の土地を購入して商業施設を建設する案が浮上。マレー人種ではないクリシュナンが市の中心の開発を行うことで、マレー系の反感を買わないようにと、政府からペトロナスと組むように「指導」があったという逸話がある。多民族国家のマレーシアでは、多民族社会の経済的不均衡をいかに是正するかが、独立前後から今日に至るまでの最大の課題である。

　近時の注目事項は、インド事業の撤退である。マレーシアの携帯電話市場は飽和して成長の余地が少なく、海外への事業展開が各社急務の経営課題となっている。マキシスはインド財閥のリライアンスと組んでエアセルの76%を保有していたが、競争環境が厳しい中、経営が悪化して2018年2月に破産を申請した。マキシスの海外戦略は大きな見直しを余儀なくされている。

リム・コクタイ（フォーブス第6位・純資産額5323億円）
ゲンティン・グループ

Lim Kok Thay / Genting Group

日本上陸を狙うマレーシアのカジノキング

故人・創業者

リム・ゴートン
(Lim Goh Tong)

38.7%

持ち株会社
ゲンティン

売　上：5,193億円
営業利益：1,563億円
時価総額：7,654億円
証券コード：3182（MY）

GENTING BERHAD

グループ全体をほぼ統括する

不動産

マレーシア国内で大規模住宅地開発を行う

プランテーション

プランテーション
出所：ゲンティン・プランテーションズのHP
http://www.gentingplantations.com/business-divisions/plantation/

宅地開発
出所：ゲンティン・プランテーションズのHP
http://www.gentingplantations.com/business-divisions/property/

バイオテクノロジー
出所：ゲンティン・プランテーションズのHP
http://www.gentingplantations.com/

51.4%

プランテーション
ゲンティン・プランテーションズ

売　上：468億円
営業利益：130億円
時価総額：2,105億円
証券コード：2291（MY）

GENTING PLANTATIONS

パームプランテーション運営

エネルギー

石油ガス開発
中国やインドネシアなどで油田開発や原油採掘事業を行う

発電
インドや中国で発電事業を行う

持ち分投資

ビンタン・トレジャー・ベイ
出所：https://www.landmarks.com.my/core-business/treasure-bay-bintan-indonesia

ザ・アンダマン
出所：マリオット・インターナショナルのHP
https://www.marriott.com/hotels/travel/lgklc-the-andaman-a-luxury-collection-resort-langkawi

27.6%

リゾート開発
ランドマークス

売　上：27億円
営業利益：-8億円
時価総額：80億円
証券コード：1643（MY）

LANDMARKS

アジア域内のリゾート開発会社

概要

日本が目指す統合型リゾートのお手本

ゲンティン・グループの創業者はリム・ゴートンだ。当初はさまざまな事業を手掛けていたが、後に大物政治家となるノア・オマールと親交を深めた。これが彼にとっての大きな財産になる。第2次世界大戦後、政府が国土の復興を進めたため、建設需要が急増した。ゴートンは、これをビジネスチャンスと捉え、蓄えた財産を元手に建設業に本格的に参入した。ここで、かつて築いたオマールとの人脈が活きてきた。1950年代・1960年代の政府主導の大型プロジェクトを次々と落札。1960年代後半には、国を代表する建設業者に成長した。

　ゴートンがキャメロンハイランドを旅行していたときのこと。冷涼な気候を楽しんでいたゴートンは、今後、マレーシア人の所得が増えたときに、リゾート需要が発生することを直感し、ゲンティン・センパ地区

主要業種	
カジノ	
重点業種	
総合レジャー	
評価シート	
規模	B
注目度	A
成長性	A
日系企業との提携可能性	A

フィリピンのコングロマリット
アライアンス・グローバル・グループ
ALLIANCE GLOBAL

次男
リム・コクタイ
(Lim Kok Thay)

マレーシアでホテル＆カジノ業を展開

シンガポールでホテル＆カジノ業を展開

47.1%
ホテル・レジャー
ゲンティン・マレーシア
売　上：2,420億円
営業利益：386億円
時価総額：6,875億円
証券コード：4715（MY）
GENTING MALAYSIA

52.5%
ホテル・レジャー
ゲンティン・シンガポール
売　上：1,944億円
営業利益：725億円
時価総額：8,666億円
証券コード：G13（SG）
GENTING SINGAPORE

ライフサイエンス、バイオテクノロジー企業に投資
CORTECHS Labs
TauRx Pharmaceuticals
nova Satra Dx
バイオテクノロジー

75.6%
ホテル・レジャー
ゲンティン香港
売　上：1,335億円
営業利益：-394億円
時価総額：1,372億円
証券コード：00678（HK）
GENTING HONG KONG

ゲンティンハイランド
出所：http://www.etawau.com/Geography/WestMalaysia/KualaLumpur/GentingHighland.htm

リゾート・ワールド・セントーサ
出所：ゲンティンのアニュアルレポート（2017）
https://gentingsingaporeplc.gcs-web.com/static-files/b155063b-662b-4839-9d1c-4b320fda67b5

52.1%　36.0%
ホテル・レジャー
トラベラーズ・インターナショナル・ホテル・グループ
売　上：406億円
営業利益：34億円
時価総額：1,737億円
証券コード：RWM（PM）
TRAVELLERS INTERNATIONAL

スタークルーズ
出所：http://www.starcruises.co.jp/

リゾーツ・ワールド・マニラ
出所：トラベラーズ・インターナショナル・ホテル・グループのHP
http://www.travellers.com.ph/resorts-world-manila/

ホテル、レジャー

を開発することを決意する。このときオマールの後押しもあって、時の政権からゲンティンハイランド地区の開発認可を得た。またカジノの運営権も得ることができた。

　ゴートンは2003年に引退し、次男のコクタイに全権を移譲した。コクタイはグループの事業の中でもレジャーとツーリズムに注力。クルーズ事業ではノルウェーのクルーズ会社を買収し、シンガポールのセントーサ島でのカジノ運営にも進出した。シンガポール政府がカジノ導入を検討した際、ギャンブル依存症やカジノ周辺の風紀などが激しく議論された。政府としては、クリーンなイメージを保ちつつカジノによる利益とより一層の観光客の獲得という複数の要件を同時に満たしたかった。そこでコクタイは、カジノ、ユニバーサル・スタジオ、ホテルとセントーサ島のビーチを組み合わせた家族向けの総合リゾートをシンガポール政府に提案し、入札に勝利した。政府の望みを理解し、具体的なコンテンツと共に提案できる力は、ゴートン譲りのDNAなのであろう。

　日本のカジノの議論でも必ず出てくる「統合型リゾート」という言葉だが、ゲンティン・グループがモデルだ。安倍首相も2014年にセントーサ島のカジノを視察している。

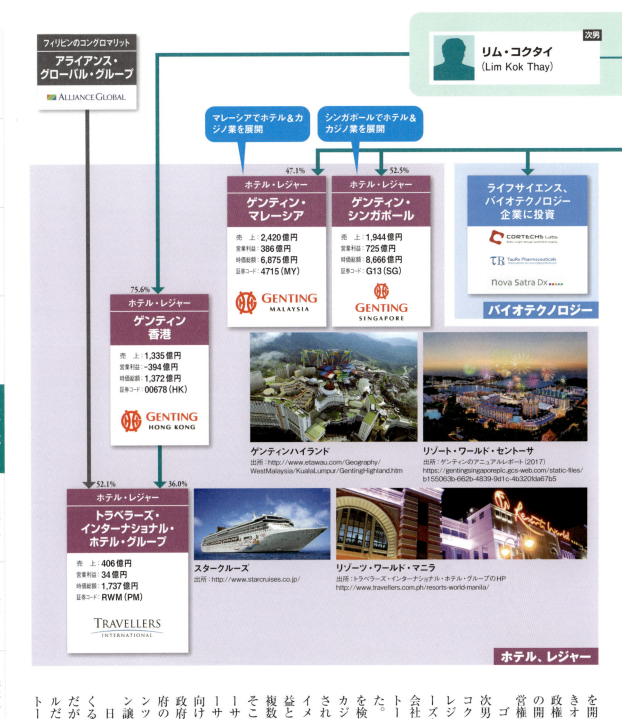

Francis Yeoh / YTL Group

フランシス・ヨー&ファミリー（フォーブス第11位・純資産額2718億円）

YTLグループ

多岐にわたる事業を傘下に持つマレーシア最大級のコングロマリット

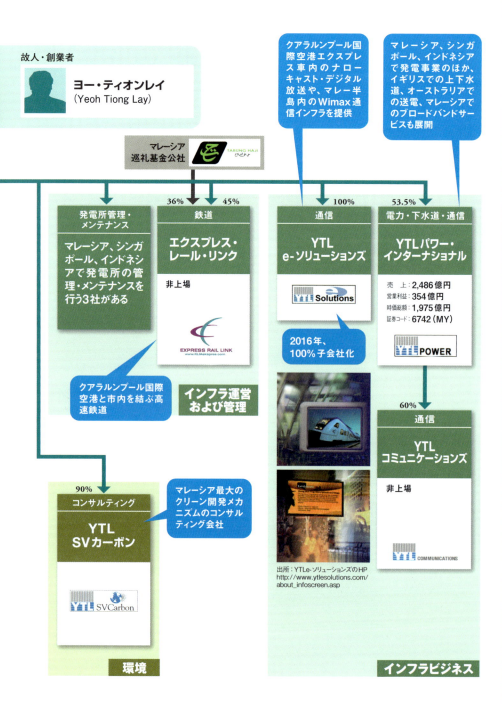

故人・創業者

ヨー・ティオンレイ
（Yeoh Tiong Lay）

マレーシア巡礼基金公社 TABUNG HAJI

インフラ運営および管理

発電所管理・メンテナンス
マレーシア、シンガポール、インドネシアで発電所の管理・メンテナンスを行う3社がある

36%　45%
鉄道
エクスプレス・レール・リンク
非上場
EXPRESS RAIL LINK www.KLIAekspres.com

クアラルンプール国際空港と市内を結ぶ高速鉄道

インフラビジネス

100%
通信
YTL e-ソリューションズ
YTL e Solutions

クアラルンプール国際空港エクスプレス車内のナローキャスト・デジタル放送や、マレー半島内のWimax通信インフラを提供

2016年、100%子会社化

53.5%
電力・下水道・通信
YTLパワー・インターナショナル

売　上	2,486億円
営業利益	354億円
時価総額	1,975億円
証券コード	6742（MY）

YTL POWER

マレーシア、シンガポール、インドネシアで発電事業のほか、イギリスでの上下水道、オーストラリアでの送電、マレーシアでのブロードバンドサービスも展開

60%
通信
YTLコミュニケーションズ
非上場
YTL COMMUNICATIONS

出所：YTLe-ソリューションズのHP http://www.ytlsolutions.com/about_infoscreen.asp

環境

90%
コンサルティング
YTL SVカーボン
YTL SVCarbon

マレーシア最大のクリーン開発メカニズムのコンサルティング会社

概要

日本の不動産を保有するREIT

YTLの創業者はヨー・ティオンレイ。マレーシア最大級のコングロマリットYTLグループの総帥として、長きにわたってグループを指揮してきた。

中核企業は、YTLパワー・インターナショナル。マレーシア最大のIPP（独立系発電事業者）で、マレーシア国内の発電能力は1212MWを擁する。元国営の電力会社テナガ・ナショナルとPPA（売電契約）を締結している。シンガポールでは、2009年にセラヤ・パワーの株式100％を取得。セラヤ・パワーはジュロン島に位置し、総発電能力3100MW、シンガポールの電力の25％を供給する巨大発電所である。元々シンガポール・パワーが所有していた発電所であるが、2001年にテマセク（156ページ）の傘下に移されたものをYTLが買収したものだ。またインドネシ

主要業種
発電
今後の重点業種
インフラ

評価シート	
規模	A
注目度	B
成長性	B
日系企業との提携可能性	C

持ち株会社
YTLコーポレーション
売　上：3,686億円
営業利益：589億円
時価総額：3,034億円
証券コード：4677（MY）
YTL SINCE 1955

東証にも上場している

48.7%

長男
フランシス・ヨー
（Francis Yeoh）

ニセコホテルの運営会社

100%
ホテル・リゾート
YTL ホテルズ・アンド・プロパティーズ
非上場
YTL HOTELS

ヒルトンニセコヴィレッジ
出所：ヒルトンHP

56.9%
不動産投資信託
YTL ホスピタリティ REIT
売　上：134億円
営業利益：40億円
時価総額：554億円
証券コード：5109（MY）

ポートフォリオにニセコビレッジ保有

36.5%
不動産投資信託
スターヒル・グローバルREIT
売　上：172億円
営業利益：117億円
時価総額：1,195億円
証券コード：P40U（SG）
STARHILL GLOBAL REIT

ポートフォリオに日本の不動産多数

65.3%
不動産
YTLランド・アンド・デベロップメント
売　上：94億円
営業利益：12億円
時価総額：90億円
証券コード：2577（MY）
YTL LAND

不動産開発の中核会社

ザ・メイプル
出所：YTLランド・アンド・デベロップメントのHP　http://www.ytlland.com/portfolio#jsTargetProjects

ザ・フェネル
出所：YTLランド・アンド・デベロップメントのHP　http://www.ytlland.com/portfolio#jsTargetProjects

不動産

中目黒place
出所：http://of-tokyo.jp/floor/233122/

タンジョン・ジャラ・リゾート
出所：http://www.tanjongjararesort.com/

スターヒル・ギャラリー
出所：スターヒル・グローバルREITのHP
http://www.starhillglobalreit.com/starhill-gallery.html

ザ・リッツカールトン・クアラルンプール
出所：YTLホスピタリティREITのHP
http://www.ytlhospitalityreit.com/ritz.html

ホテル・リゾート　REIT

98.0%
セメント
YTLセメント
YTL CEMENT

100%
建設
シャリカット・ペムベナーンYTL
Syarikat Pembenaan Yeoh Tiong Lay Sdn Bhd

第2ペナン大橋や石油・ガス基地などの大規模プロジェクトに加え、国内の主要都市における学校、病院、ホテル、オフィスなど大規模建設プロジェクトも多数手掛ける

建設関連

アでは、東ジャワのジャワ・パワーの株式20％を保有している。発電能力は1220MWと、インドネシアで2番目に大きいIPPである。

YTLは2002年に、YTLパワーを通じて、イギリスで上下水道のサービスを提供するエセックス・ウォーターを買収した。事業の範囲はイギリスにとどまるが、同社で培ったノウハウにより、アジア各国で勃興する水関連のビジネスニーズをどのように取り込んでいくのか、併せて、そこにどんな日系企業が関与できるかも注視していきたい。

不動産関連では、開発、建設、セメント、オフィス・商業・ホテルの運営、というサプライチェーンを網羅。その結果、マレーシアでは最大級の不動産開発会社、建設業者というプレゼンスを保っている。不動産の証券化についても積極的で、ニセコのホテルや、東京の商業ビルを含む2つのREITを立ち上げている。特に後者の売買は積極的で、これまで恵比寿・六本木・青山などで複数の物件の売買を行ってきている。

さて創業者のティオンレイ氏は2017年に88歳で死去。持ち株会社のYTLコーポレーションは東証に上場するなど、日本との縁も深かった。現在は長男のフランシス氏がグループの指揮を執る。

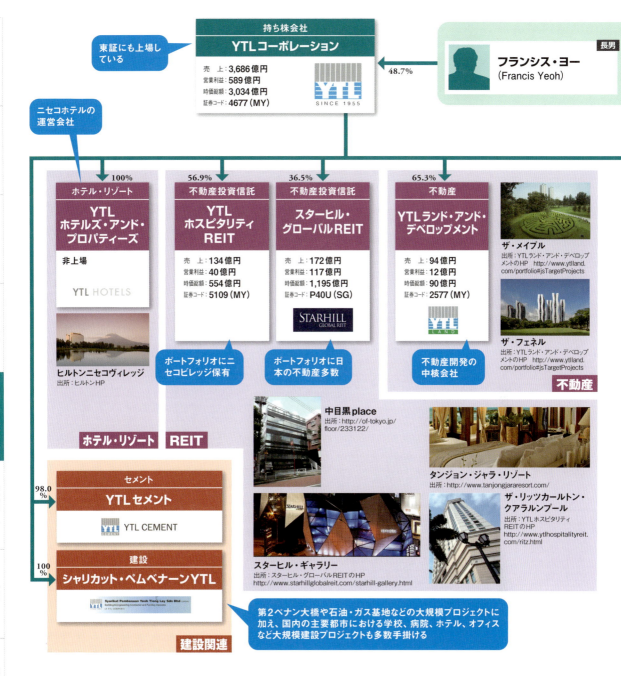

COLUMN

日本は本当に豊かなのであろうか？

「保育園落ちた。日本死ね」

２０１６年、このセンセーショナルなブログが日本中を駆け巡った。一億総活躍とのスローガンに背中を押されるものの、保育所に子供を預けることができず、その結果、働くことができないという矛盾。これに対する怒りは「日本死ね」という激烈な言葉になってほとばしり、それに対し多くの共感の声が寄せられた。国会でも取り上げられたが、「誰が書いたものかわからない」と与党側が発言したことに対して、「同じ思いを持つ者だ」と多くの女性が国会前でデモを行う事態にまで発展した。あれから2年。残念ながら待機児童の数が改善される兆しはない。働きたくとも働くことができない人、その多くは女性だと思われるが、そういう人たちのフラストレーションはますます募っているのではないだろうか。

それでは保育所に子供を預けられた女性は、すべからく幸せで充実した日々を送っているのだろうか？ これも残念ながらそうとは言えまい。ワンオペ育児という言葉があるが、配偶者がいながら、仕事と育児の狭間で１人もがいている女性は少なくない。勤務先の無理解、使い勝手の悪い学童保育、そして子供以上に手がかかる夫の存在という致命的なものまで、ワンオペ育児に陥る要素は無数にある。

ところ変わってアジア某国の金曜日。仕事を定時に終えた女性は18時に夫と待ち合わせ、オープンしたばかりの日本食レストランで焼き鳥と寿司を堪能した。その後21時からのレイトショーで映画を鑑賞。終了後、近接したホテルのバーでナイトカクテルを楽しんだ後に帰宅。４歳と１歳半の子供たちはとうに夢の中。キッチンはきれいに片付き、朝に脱いだパジャマや下着も洗濯されてタンスにしまわれている。

これは特段セレブなカップルの描写ではない。ごく普通の共働き夫婦のライフスタイルである。ワンオペ無縁。「死ね」という恨み節も聞こえてこない。ただ日本と決定的に違うのは、この夫妻の日常が、メイドのサポートによって成り立っていることである。シンガポールは言うに及ばず、中所得の罠に陥っていると言われるマレーシアでも、夫婦共働きであればメイドを雇うことは十分可能だ。家も日本に比べて広いため、メイドを住み込みで雇うこともできる。ここには、仕事、家事、そして育児を夫婦だけでこなすことは無理だという前提がある。無理であればアウトソースしようというのは当たり前の発想だ。そして、家事や育児をサポートしたいという働き手は必ず存在し、需給に基づいたマッチングが当然のようになされる。フィリピン、インドネシア、ベトナムは、メイドサービスの輸出国である。特にフィリピンではメイドたちが稼ぐ外貨は国の貴重な財源にもなっているのである。

翻って日本。子供が生まれてから、夫婦だけでデートしているカップルはどれだけいるだろうか？ そんなこと無理だ、と想像すらできない人がほとんどであろう。子供が小学校に上がると学童保育に夜間まで預けることが困難になり、ワーキングマザーが働き方の変更を強いられる「小１の壁」という問題が出てくる。ＡＳＥＡＮにおいては、育児のためにキャリアを犠牲にすることなど逆に想像がつかない。仕事、家事、育児に挟まれて、関係が悪化する夫婦は日本において珍しくない。家事・育児に非協力的な夫に妻が愛想をつかしてしまったり、妻からの締め付けが厳しくて、他の女性に逃げてしまったりする夫も存在する。これでは不幸になるために結婚しているようなものではないか。こんな様を見ていると、日本人の生活水準はＧＤＰ水準の高さと裏腹に、豊かさからほど遠いと言わざるを得ない。仕事、家事、そして育児を夫婦だけでこなすことは無理だという前提を社会全体で共有し、どんな策を取るべきか建設的に考えるべきであろう。そこに新しいビジネスチャンスも見えるはずである。

【本章の主な参考文献】

外務省のHP　マレーシア　https://www.mofa.go.jp/mofaj/area/malaysia/index.html

JETROのHP　マレーシア　https://www.jetro.go.jp/world/asia/my/

JETRO：2017年の経済見通し（世界56カ国・地域）（2017年5月）　https://www.jetro.go.jp/world/reports/2017/01/86316a1635568bc9.html

JETRO：2018年の経済見通し（世界54カ国・地域）（2018年5月）　https://www.jetro.go.jp/world/reports/2018/01/55b33e7af57031de.html

OKB総研 調査部：2018年東南アジア主要国経済の見通し　2017年11月22日　https://www.okb-kri.jp/_userdata/pdf/report/168-focus1.pdf

三菱UFJリサーチ&コンサルティング：マレーシア経済の現状と今後の展望～ASEAN屈指の堅固で安定した経済だが、中長期成長戦略は転換局面に～　2017年9月7日　http://www.murc.jp/thinktank/economy/analysis/research/report_170907.pdf

富国生命インベストメント（シンガポール）：マレーシア経済の現状と今後の成長に向けて　https://www.fukoku-life.co.jp/economy/report/download/report_VOL287.pdf

三井住友銀行 グローバル・アドバイザリー部：SMBC Asia Monthly　2017年12月　https://www.smbc.co.jp/hojin/international/resources/pdf/asia_monthly105.pdf

DBS Group Research：Malaysia Telecom　2018年3月12日

あずさ監査法人　IR整備法の概要と論点

あずさ監査法人：海外赴任前研修　マレーシア　2017年3月10日

『徹底検証　アジア華人企業グループの実力』（朱炎編著／ダイヤモンド社）

『一目でわかる　アジアの財閥と業界地図』（藤原弘・田中恒雄編著／日本実業出版社）

その他、各社のHP、各社アニュアルレポート、各社報道、ウィキペディアなど幅広く参照した。

第5章

シンガポール

ファー・イースト・グループ
ホンリョン・グループ
UOBグループ
ホテル・プロパティーズ・グループ
テマセク・ホールディングス
シンガポール政府投資公社（GIC）

シンガポール

世紀の米朝会談のホストを見事に演じたシンガポール。建国の父リー・クァンユーが掲げた「他国から必要とされる存在」は、世界平和を目指す過程においても実践された。人、情報、マネーが集まり、イノベーションを追求していこうとするこの小国はますます熱い。

イノベーションで世界の中心を目指す
（©Alamy Stock Photo/amanaimages）

国名	シンガポール共和国 The Republic of Singapore
面積	719.2㎢ （東京23区をやや上回る規模）
人口	561万人 （2016年6月末。人口には、国民、永住者、および長期滞在［1年超］の外国人が含まれる）
言語	国語はマレー語
宗教	仏教、イスラム教、ヒンズー教、道教、キリスト教ほか
公用語	英語、中国語（北京語）、マレー語、タミル語

出所：JETRO
https://www.jetro.go.jp/world/asia/sg/basic_01.html

歴史

建国の父が逝去し、新たなリーダーシップの模索が続く

サンスクリット語でライオンを意味するシンガプーラは、7世紀にはテマセクと呼ばれた小さな漁村だった。イギリス東インド会社の書記官トーマス・ラッフルズが上陸した1819年以降、近代の歴史の中に登場した。ラッフルズは無関税の自由港政策を推し進め、シンガポールはインドやオーストラリア、中国大陸との間でのアヘンや茶などの三角貿易の中継地点としての役割を果たした。当時から交通の要衝であり、モノと情報とマネーの交差路であったのだ。

シンガポールの独立は1965年8月9日。建国の父はリー・クァンユーだ。中華系とマレー系の平等政策を進めたが、マレー人優遇政策を取るマレーシア中央政府に追放され、その結果マレーシアから独立を余儀なくされた。リー・クァンユーは「資源も国土も乏しい都市国家が生き残るためには何が必要か?」と常に考え、他国に必要とされる国になるために実践してきた。英語を公用語にし、法律とインフラを整え、汚職を徹底排除し、人の流入を自由にし、そして税率を下げた。

ラッフルズの上陸から200年近く。現在のシンガポールは、低い税率に魅せられた企業が集積するASEAN統括の中心であり、アジア物流のハブであり、都市国家にもかかわらず観光立国である。ニュートラルな政治姿勢や治安の良さから、アメリカ・北朝鮮の初の首脳会談の場所に選ばれるなど、まさにリー・クァンユーが目指した理想を実現している。

その建国の父は2015年に逝去。息子のリー・シェンロンが2004年より第3代首相を務めている。民主主義の建前であるが、建国以来、人民行動党による一党支配が続いており、「リー王朝」と揶揄する声もある。

リー・クァンユーの自宅は商業地区に近いこともあり、死後には再開発をせよというのが遺言であった。リー・シェンロン首相は、父の自宅がシンガポールの政治にとっての歴史的な価値があることを勘案してこ

シンガポールの歴代首相

	氏名	就任	退任
初代	リー・クァンユー	1959年	1990年
2代	ゴー・チョクトン	1990年	2004年
3代	リー・シェンロン	2004年	

出典：外務省のHPなどを参照して著者作成

れを保存することを決断したところ、首相の実の姉弟が父の遺志に反すると公然と批判。お家騒動と権力者への批判が一体となってシンガポールには珍しい椿事となった。リー・クァンユーという巨星が去った後、シンガポールの統治体制にも変化が起こる兆しなのかもしれない。

経済

企業とマネーの集積地から イノベーションの発信地への昇華を目指す

2017年のシンガポールの1人当たりGDPは5万7713ドル。日本のそれは約3万9000ドルなので、1・5倍もの格差がある。実際、6世帯に1世帯が金融資産100万ドル以上を保有しているといわれ、富裕世帯の割合が極端に高い。それを反映してシンガポールの金融市場も発達しており、シンガポールに拠点を置く銀行や資産運用会社、保険会社などの金融機関は700社以上存在し、アジアの金融センターとして機能している。

シンガポールの税率が低いことはすでに述べたが、個人の所得税は最高税率が20%。しかも累進税率なので、1000万円程度の所得の人の実効税率は9・7%という低さとなる。キャピタルゲイン課税、贈与税、相続税もない。日本からも富裕層が低い税率を求めてシンガポールに移住する例が後を絶たず、日本の金融庁と国税庁もその動きに大きな関心を寄せている。法人税率も17%で世界最低水準であり、これに加えて経済開発庁（EDB）などの政府機関が認定を与えた企業は、さらなる軽減税率の適用を受けることができる。税率を下げることで世界中のマネーが集まり、それが莫大な税収を生み出す。リー・クァンユーが築いた見事な仕組みである。

シンガポールは近年、同国への訪問者数増加を国家目標と掲げ、総合リゾート開発、国際コンベンションの誘致などに力を入れている。2008年にはF1を誘致。ヨーロッパの昼に放映を合わせたナイトレースが売りで、毎年多くの観光客が訪れている。また2010年には、マリーナ・ベイ・サンズとリゾート・ワールド・セントーサに大型カジノ施設を相次いで開業。ショッピングセンターや、ユニバーサルスタジオと一体となったカジノは、総合リゾート型カジノとして日本のカジノ導入のモデルともいわれ、高い注目を集めている。実際、シンガポール訪問者数は、2017年通年で1742万人と3年前に比べて230万人増加している。またホテル稼働率も2017年通年で85%と驚異的に高い。

すでに情報、マネーのハブとなっているシンガポールであるが、EDBは次の施策として、イノベーションとそれを実現できるタレント（人材）をシンガポール内に呼び込むHome Strategyの実施を掲げている。すでにASEANを統括する機能を有する企業が集積しているが、IoTやAIの活用が進む中で、ビジネスに対する新たなイノベーションを提供しようと目論んでいるのだ。シンガポール大学や南洋工科大学などの有力大学の世界ランキングは上昇傾向。世界中の優秀な人材がすでにこの地を目指し始めている。

GDP産業別構成（名目）　単位：100万シンガポール・ドル

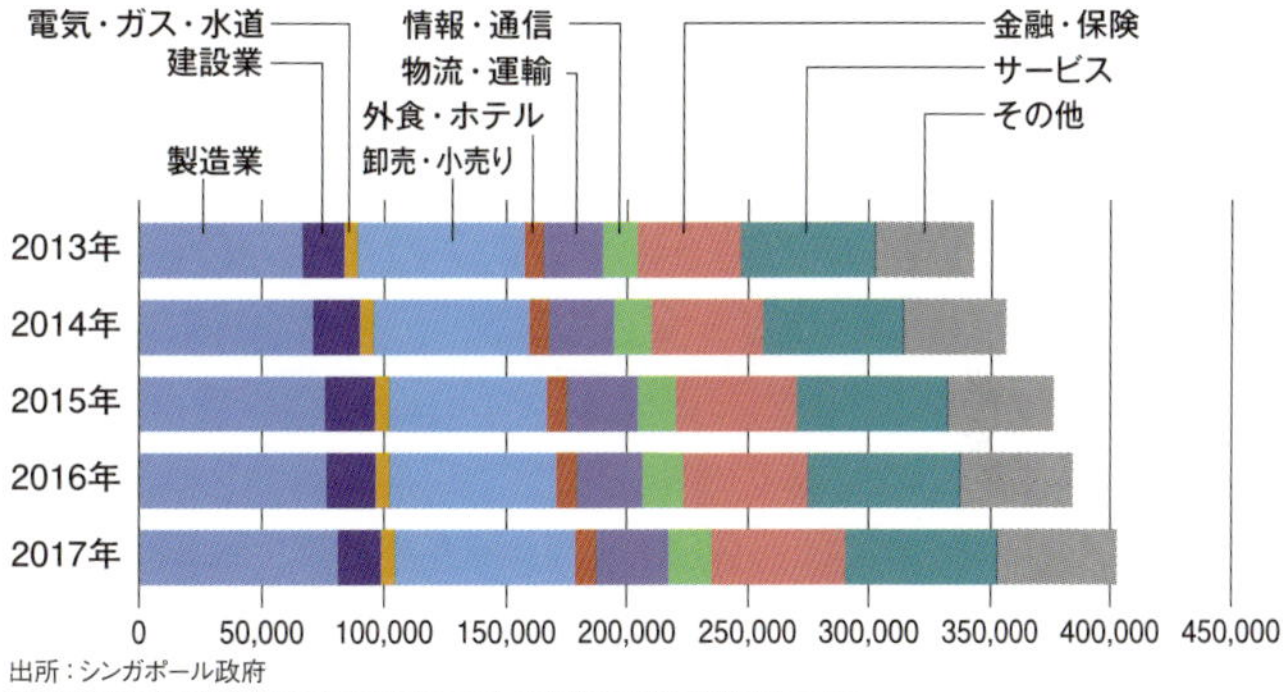

出所：シンガポール政府
http://www.tablebuilder.singstat.gov.sg/publicfacing/mainMenu.action

シンガポールの基礎的経済指標

対象年月	2013年	2014年	2015年	2016年	2017年
実質GDP成長率（単位：%）	5.1	3.9	2.2	2.4	3.6
名目GDP総額（単位：10億米ドル）	304	312	304	310	324
1人当たりのGDP（名目）＝米ドル	56,389	56,959	54,940	55,241	57,713
消費者物価上昇率（前年比、単位：%）	2.4	1.0	−0.5	−0.5	0.6
失業率（単位：%）	2.8	2.7	2.8	3.0	2.2
為替レート（期中平均値、対米ドルレート）	1.25	1.27	1.37	1.38	1.4

（現地通貨：シンガポールドル）　出所：JETRO「基礎的経済指標」（2018年07月23日更新）

Robert & Philip Ng / Far East Group

ロバート&フィリップ・ンー（フォーブス第1位・純資産額1兆3478億円）

ファー・イースト・グループ

シンガポール最大の不動産タイクーン。香港でもプレゼンス大

概要

香港での大型再開発案件の入札で勝利

ファー・イースト・グループは、シンガポール最大の不動産開発・販売業者だ。創業者は福建省出身のンー・テンフォン。1950年代から不動産事業を開始し、70年代にはシンガポールの目抜き通りのオーチャード地区で、多数の不動産開発を行うことで事業基盤を確立した。また80年代には香港にも進出した。香港の不動産事業のコアはサイノ・ランドであるが、時価総額1兆円を超える巨大企業に成長させた。

1995年には、100年の歴史を持つ飲料メーカーヨー・ヒャップ・センを買収。ヨーは1900年に福建省で設立された醤油屋で、1935年にシンガポールに移住して飲料生産に乗り出し、大手飲料メーカーに成長した。ンー・ファミリーは飲料に縁がなかったが、ヨーがブキティマ地区に広大な土地を保有していたことから買収の名乗りを上

主要業種
不動産

今後の重点業種
不動産

評価シート	
規模	A
注目度	B
成長性	C
日系企業との提携可能性	C

息子

ロバート・シー
（Robert Ng）

シンガポール最大の不動産会社

不動産・ホテル運営
ファー・イースト・オーガニゼーション
Far East Organization
INSPIRING BETTER LIVES

ホテル、サービスアパートメントの運営

不動産投資信託
ファー・イースト・ホスピタリティー・トラスト

売　上	84億円
営業利益	65億円
時価総額	908億円
証券コード	Q5T（SG）

FAR EAST HOSPITALITY TRUST

60.6%

不動産開発・ホテル運営
ファー・イースト・オーチャード

売　上	108億円
営業利益	10億円
時価総額	438億円
証券コード	O10（SG）

FAR EAST ORCHARD LIMITED
A MEMBER OF FAR EAST ORGANIZATION

シンガポールのランドマークホテルの1つ

フラートン・ホテル（シンガポール）
出所：https://www.fullertonhotels.com/

ボタニカ・ベイ（香港）
出所：https://www.sino.com/en-US/Our-Business/Residential/Hong-Kong/Sales/Botanica-Bay

オリンピアン・シティ（香港）
出所：http://www.olympiancity.com.hk/en/html/front/index.aspx

積水ハウスと提携し、シンガポールのホランド・ロードの商業・住宅開発を行う
出所：https://www.mingtiandi.com/real-estate/projects-real-estate/far-east-org-sino-group-sekisui-win-central-singapore-site-for-904m/

不動産開発・ホテル運営

ここに注目

ヨーの買収

本ページの概要でも述べたように、ヨーの買収は、同社所有の土地が目当てであって、飲料がファー・イースト・グループの本業ではない。2013年にはタイのTCCグループ（78ページ）が、ヨーの競合社でありシンガポール最大の飲料メーカーF&NにTOBを仕掛けてこれを子会社化したが、これもF&N傘下にある不動産事業が目的であった。1995年のTOBから20年。ヨー事業はグループの中では完全なノンコアビジネスだ。一方、ヨーは数少ない独立系の飲料メーカーだ。売却するとなれば、グローバルプレーヤーから手が挙がることは間違いない。またタイは人口減少が予想される数少ないASEAN内の国であり、タイ企業は市場を求めてM&Aへの意欲が大きい。TCCと競合関係にあるタイ企業がヨーに対してアプローチを仕掛けてきてもおかしくない。

ヨーは上場しているが、売買高は多くない。そのため価格変動が小さいが、もし買収のオファーを受けたなら価格が跳ね上がることが予測される。買収者が払うプレミアムがどれほどになるか今から関心を集めている。

げた。その際、マレーシアのタイクーンであるクエック・レンチャン率いるホンリョン・グループ（136ページ）と壮絶なTOB合戦になり、これに勝利した。ASEANにおいて老舗の飲料メーカーは、工場・倉庫用地として広大な不動産を保有しているケースが多く、強烈なラブコールを受けることがあるのだ。

テンフォンは、事業の成功にもかかわらず清貧の人として有名で、30年間同じ家に住み、出張にも弁当を持参したという。現在、事業は息子のロバートとフィリップが継承している。ロバートは、2014年にシンガポールの国営投資会社テマセク（156ページ）のボードメンバーに招集された。

シンガポールのランドマークホテルの1つで、マーライオン像の前に位置するフラートン・ホテルは、ファミリーの所有である。また、ファー・イーストの名を冠したコンドミニアムやサービスアパートはシンガポール島内に多数あり、シンガポール富裕層や海外の駐在員がよく居住している。近時では香港南部アバディーン地区の再開発の入札に参加。香港の再開発史上最も高額と言われた入札であったが、並みいる大手デベロッパーを抑えて見事に応札。実力を見せつけた。

Kwek Leng Beng / Hong Leong Group

クエック・レンベン（フォーブス第4位・純資産額8608億円）
ホンリョン・グループ

不動産・ホテルをコアに金融や貿易など幅広い事業を手掛けるタイクーン

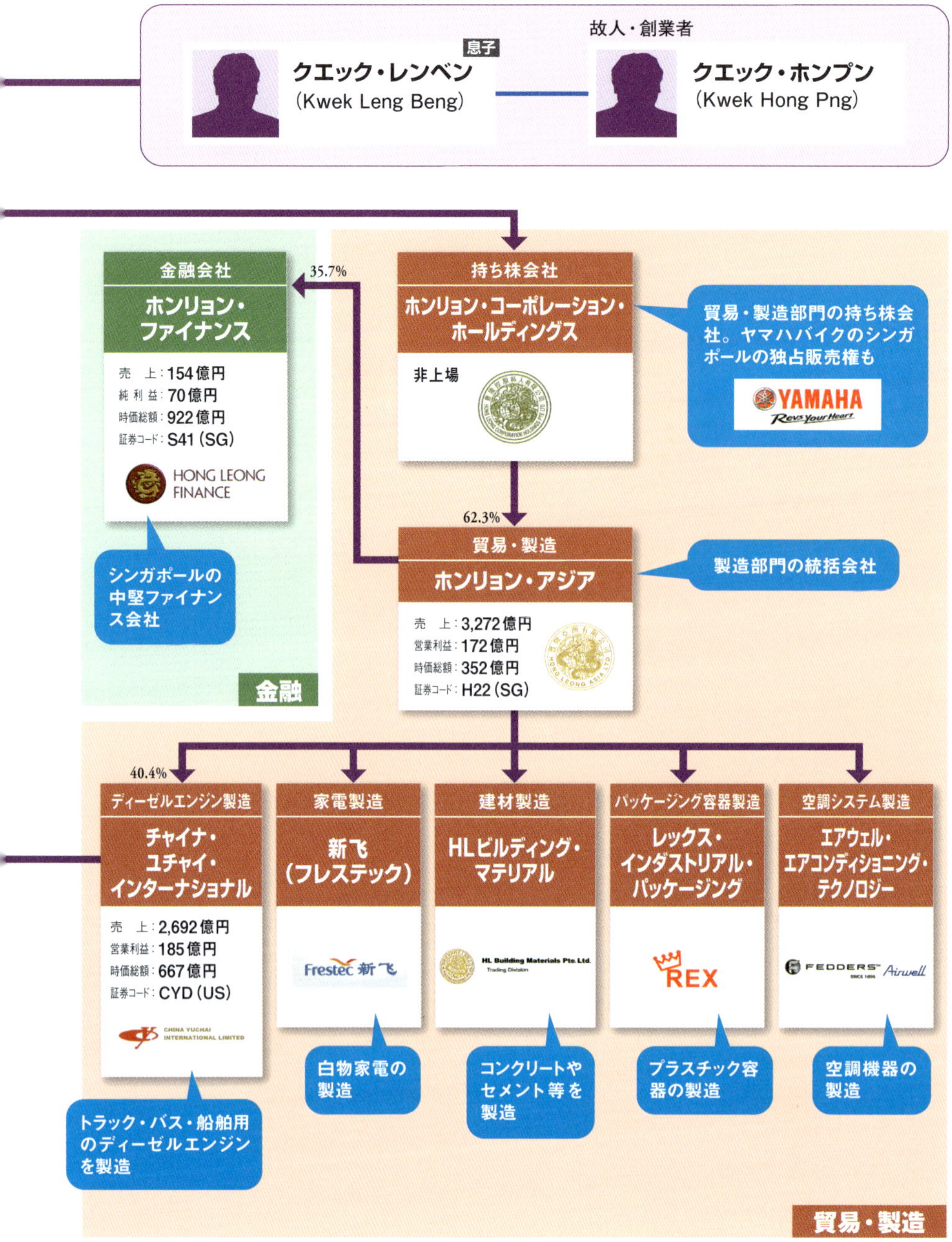

概要
三井グループとの協業に注目

ホンリョン・グループは、不動産開発を主に、ホテル、金融、貿易と幅広い事業を展開するシンガポール屈指のコングロマリットだ。創業者はクエック・ホンプン。1913年生まれ。福建省の貧しい農家の出身で、15歳で家族とともにシンガポールに移住してきた。1941年にホンリョン・グループを設立。第2次世界大戦中の日本占領下において、マレーシアの特産品であるゴムや、建材の販売を主たる事業としていた。戦後は、シンガポール・マレーシアでの建築需要が高まる中、建材の取引が大きく伸びて事業基盤を確立。その資金を不動産・ホテル事業に振り向けて多角化を進めていった。

現在では、ASEAN、欧米、中東などに約4兆円の資産と約4万人の従業員を有する大コングロマリットに成長している。ホンプン氏は1994年に逝去し、現在は息子の

主要業種
不動産

今後の重点業種
海外のホテル

評価シート

規模	A
注目度	B
成長性	B
日系企業との提携可能性	A

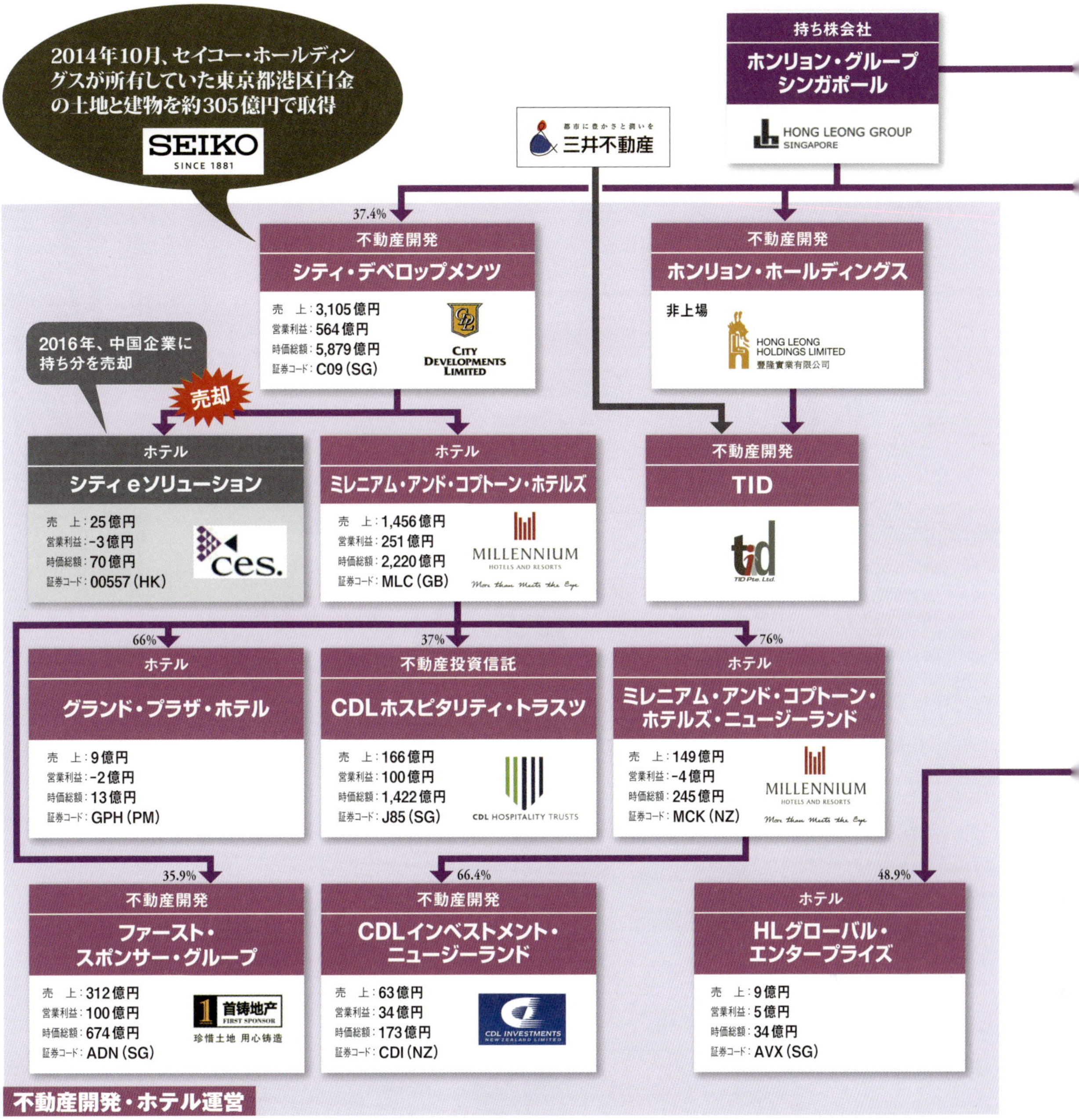

レンベン氏がグループを率いる。従兄のクエック・レンチャン氏は、分家してマレーシアのホンリョン・グループ（136ページ）を率いている。

日系企業の中では、三井不動産と関係が深い。傘下のミレニアム・アンド・コプトーン・ホテルズは、三井不動産と提携して、2014年、銀座5丁目にミレニアム三井ガーデンホテルをオープンした。ホンリョンもしくはミレニアム・アンド・コプトーンの知名度は日本においてはあまり高くないが、世界24カ国で運営する大規模ホテルグループであり、インバウンド数の増加を見込んで外国人客の需要を取り込む狙いだ。

また同じ2014年には、セイコー・ホールディングスが保有していた、東京都港区白金の広大な土地を約305億円で購入した。敷地の中には、セイコーの創業者・服部金太郎の築80年超の旧宅も含まれている。その建物を保存し、周囲に高級マンションを配置する計画だという。加えて2016年には、三井不動産が東京・青山で手掛ける高層分譲マンションの権益20%を取得すると発表した。このように日本の不動産市場に積極投資を続けるホンリョン・グループであるが、三井グループとの協業がどのようなかたちに発展するか、今後も注目していきたい。

Wee Cho Yaw/UOB Group

ウィー・チョーヨー（フォーブス第6位・純資産額7249億円）

UOBグループ

シンガポールの大手銀行と不動産を支配するタイクーン。タイガーバームも傘下に

UICをめぐり
敵対関係

創業者
ウィー・チョーヨー
（Wee Cho Yaw）

33.8%

ヘルスケア・レジャー・不動産
ハウパー

売　上：181億円
営業利益：62億円
時価総額：2,320億円
証券コード：H02（SG）

ハウパー・グラスタワー

タイガーバーム

セントーサのアンダーウォーターワールド・シンガポール

出所：http://www.hawpar.com/

7.0%　27.7%

不動産開発
UOLグループ

売　上：1,709億円
営業利益：324億円
時価総額：4,153億円
証券コード：U14（SG）

PAN PACIFIC SINGAPORE　PARKROYAL HOTELS & RESORTS
2つのブランドとホテルを経営

オデオン・タワー
出所：https://www.uol.com.sg/

パークロイヤル
出所：https://www.panpacific.com/en/hotels-and-resorts.html

UOL傘下の不動産・ホテルの例

不動産開発・ホテル運営・レジャー　　ヘルスケア

概要

スタートアップ企業の支援を強化

ウィー・チョーヨーは現在、シンガポールの大手銀行UOB（ユナイテッド・オーバーシーズ・バンク）、不動産大手のUOLグループ、そしてシンガポール土産の定番「タイガーバーム軟膏」でおなじみのハウパーの会長を務めるタイクーンだ。ファミリーのシンガポールでの成功の軌跡は、チョーヨーの祖父が1880年代半ばに中国からマレーシアに移住してきたところから始まる。チョーヨーの父はサラワクの富豪に気に入られ、娘婿となってその家が保有していた銀行の経営を任されたという。その後、1935年にUOB銀行の前身であるユナイテッド・チャイニーズ銀行を設立した。

チョーヨーは1929年生まれ。29歳でUOBの役員として入社して以後、銀行、不動産両面でビジネスを推進した。

UOBは、総資産28兆円、シンガ

主要業種
銀行・不動産

今後の重点業種
銀行

評価シート	
規模	B
注目度	B
成長性	B
日系企業との提携可能性	B

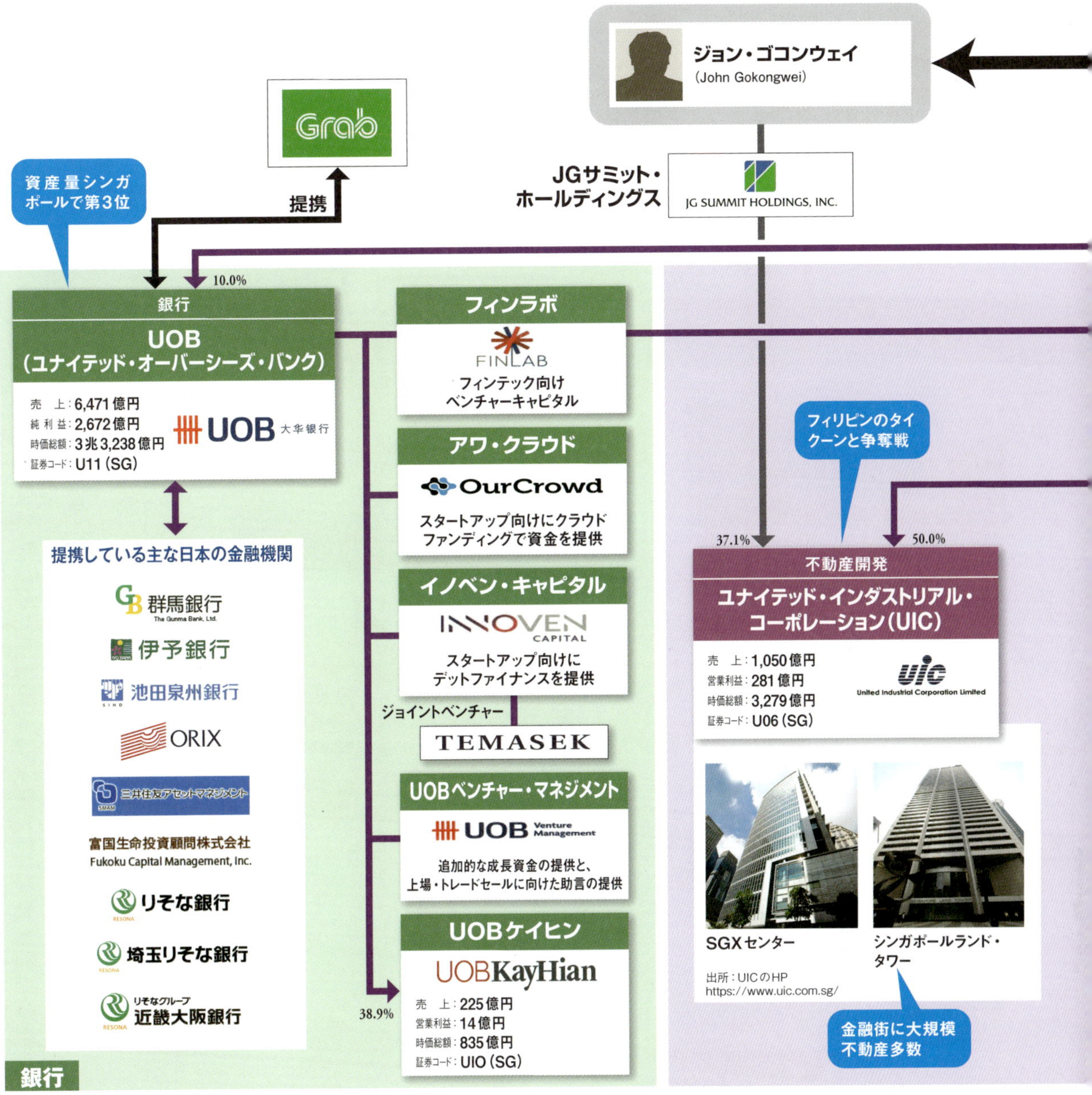

ポール第3位の銀行である。群馬銀行、伊予銀行、池田泉州銀行、オリックスなどと提携している。近時、スタートアップ企業に対し、その成長ステージに合わせてさまざまなファイナンスを提供する体制を整えている。UOB自身が銀行であるだけに、フィンテックのスタートアップを支援する体制は手厚い。テマセクと組んでファイナンスを提供するジョイントベンチャーを立ち上げた点にも注目だ。このような支援体制の中でどのようなユニコーンが登場するか見守っていきたい。

UOLグループは多くの不動産を保有し、ホテル・サービスアパートも展開している。ブランドはパンパシフィックとパークロイヤルで、10カ国に28のホテルと10のサービスアパートを運営している（2018年9月末時点）。もう1つの不動産開発会社ユナイテッド・インダストリアル・コーポレーションは、チョーヨーの関連企業が筆頭株主だが、フィリピンのタイクーンであるゴコンウェイ（116ページ）が第2位の株主になっている。2005年にゴコンウェイがTOBを仕掛けたが、チョーヨーが守り抜いた経緯がある。現地の新聞は「決着は次世代に持ち越された」と報じており、膠着状態は長期化する見通しだ。

Ong Beng Seng & Christina Ong/Hotel Properties Group

オン・ベンセン&クリスティーナ・オン（フォーブス第16位・純資産額2095億円）

ホテル・プロパティーズ・グループ

シンガポールF1のプロモーター。リゾートホテルも多数展開

主要業種	
ホテル	
今後の重点業種	
ホテル・ライフスタイル	

評価シート	
規模	C
注目度	B
成長性	C
日系企業との提携可能性	C

夫 オン・ベンセン（Ong Beng Seng）

妻 クリスティーナ・オン（Christina Ong）

妻が代表

持ち株会社 コモ・グループ

80.1%

56.2%

アパレル マルベリー・グループ

バッグや財布を扱うイギリスの老舗ブランド

売　上：249億円
営業利益：11億円
時価総額：255億円
証券コード：MUL（GB）

Mulberry

ファッション・チェーン クラブ21

取り扱いブランド多数。日本で三越伊勢丹と共同事業

A|X　LANVIN PARIS　CALVIN KLEIN　DKNY　MARNI　JIL SANDER

ファッション

フォーシーズンズ・ホテル（バリ）
出所：https://www.fourseasons.com/sayan/photos-and-videos/

フォーシーズンズ・ホテル（セイシェル）
出所：https://www.fourseasons.com/seychelles/photos-and-videos/

フォーシーズンズ・ホテル（タンザニア）
出所：https://www.fourseasons.com/serengeti/

運営ホテル

CONCORDE HOTELS & RESORTS　Hard Rock HOTEL

ホテル・不動産

概要

ナイトレースが売りのシンガポールF1

シンガポールにフォーミュラ1オートレースを誘致したタイクーン、オン・ベンセン。1946年にマレーシアで生まれ、4歳で両親とシンガポールに移住してきたという。若い頃は海上保険会社に勤務しており、そこで夫人であるクリスティーナと出会った。

ホテル・プロパティーズの名の通り、ホテル事業ではフォーシーズンズ、ヒルトン、ハードロックカフェなどのブランドを13カ国で展開している。運営ホテルは34カ所あり、その多くはリゾートホテルである。モルディブ、セイシェル、タンザニア、ブータン、バヌアツなど、日本人があまり旅行しない場所でもホテルを運営している。ホテル事業の他には、コンドミニアム、オフィスビル、商業施設の開発・運営や、外食事業ではハードロックカフェ、イギリスの有名シェフ、ジェイミー・オリバーのレス

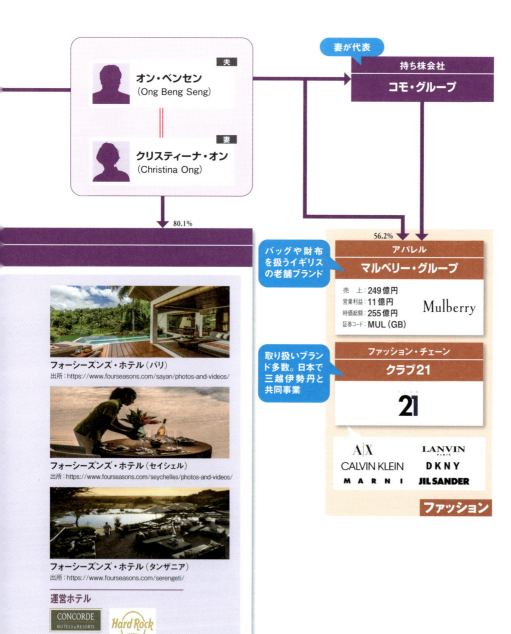

ここに注目

F1の経済効果

鈴鹿サーキットを擁する鈴鹿市が、2009年にまとめた「F1経済効果調査報告書」によるとF1を開催することで発生する経済効果は293億円と試算されている。

F1は１回開催地が決まると5年間程度は同じサーキットで継続的に開催されることが多く、経済効果が定期的・長期的に発生することになる。

同報告書の中では、FIFAワールドカップドイツ大会がもたらした経済効果を2,241億円と紹介しているが、約300億円近い経済効果を持つＦ１レースが、複数年にわたって定期的に開催されることで、W杯に匹敵するイベントとなっているのである。

出所：https://www.singaporegp.sg/fanzone/wallpapers

出所：http://www.singaporegp.sg/media/pdf/2018-Circuit-Map-EN-20180912.pdf

F1で想定される経済効果

観戦客の消費支出	宿泊費、交通費、飲食費、土産物費、サービス利用費、チケット購入費
参戦チーム関係者の参戦中の支出	宿泊費、交通費、飲食費、その他経費（プロモーション・イベント費、招待客用バスチャーター費など）
主催者の大会運営経費	設営関係費、イベント開催費、警備関連費、医療関連費、補修工事関連費、オフィシャル関連費、印刷関連費など

出所：鈴鹿市「F1経済効果調査報告書」　http://suzuka21.com/wp-content/uploads/2009/04/a.pdf

過去成績

年度	順位	レーサー	チーム	ラップ	タイム
2015年	1	セバスチャン・ベッテル	フェラーリ	61	2:01:22
	2	ダニエル・リカルド	レッドブル・ルノー	61	+1.478s
	3	キミ・ライコネン	フェラーリ	61	+17.154s
2016年	1	ニコ・ロズベルグ	メルセデス	61	1:55:48
	2	ダニエル・リカルド	レッドブル-タグ・ホイヤー	61	+0.488s
	3	ルイス・ハミルトン	メルセデス	61	+8.038s
2017年	1	ルイス・ハミルトン	メルセデス	58	2:03:23
	2	ダニエル・リカルド	レッドブル-タグ・ホイヤー	58	+4.507s
	3	バルテリ・ボッタス	メルセデス	58	+8.8s
2018年	1	ルイス・ハミルトン	メルセデス	61	1:51:12
	2	マックス・フェルスタッペン	レッドブル-タグ・ホイヤー	61	+8.961s
	3	セバスチャン・ベッテル	フェラーリ	61	+39.945s

出所：https://www.formula1.com/en/results.html/2018/races/993/singapore.html
https://f1world.net/guidance/f1-singapore/singapore-result.html

石油取引
クオ・インターナショナル・オイル

オイルトレーディングも手掛ける

ホテル・不動産・ライフスタイルの３事業を展開

夫が代表

不動産・ホテル
ホテル・プロパティーズ

売　上：536億円
営業利益：85億円
時価総額：1,610億円
証券コード：H15（SG）

HPL

所有ホテル

d'Ledon（コンドミニアム・シンガポール）
出所：http://www.dleedon.com.sg/#

Uma by COMO（ブータン）
出所：https://www.comohotels.com/en/umapunakha/gallery?page=1

トラン運営も行っている。オンは、F1のCEOであるバーニー・エレクストンと古くからの友人で、シンガポールF1のプロモーターとして、アジアで4カ国目の開催を実現した。その経済効果は、単なる観光集客事業の領域にとどまらず、開催地域内外への投資効果や知名度向上など、有形、無形かつ広範な産業分野にわたって経済効果が見込まれている。

Ho Ching / Temasek Holdings

ホー・チン（フォーブス番外）

テマセク・ホールディングス

シンガポール政府が運営する世界屈指の投資会社（ソブリン・ウエルス・ファンド）

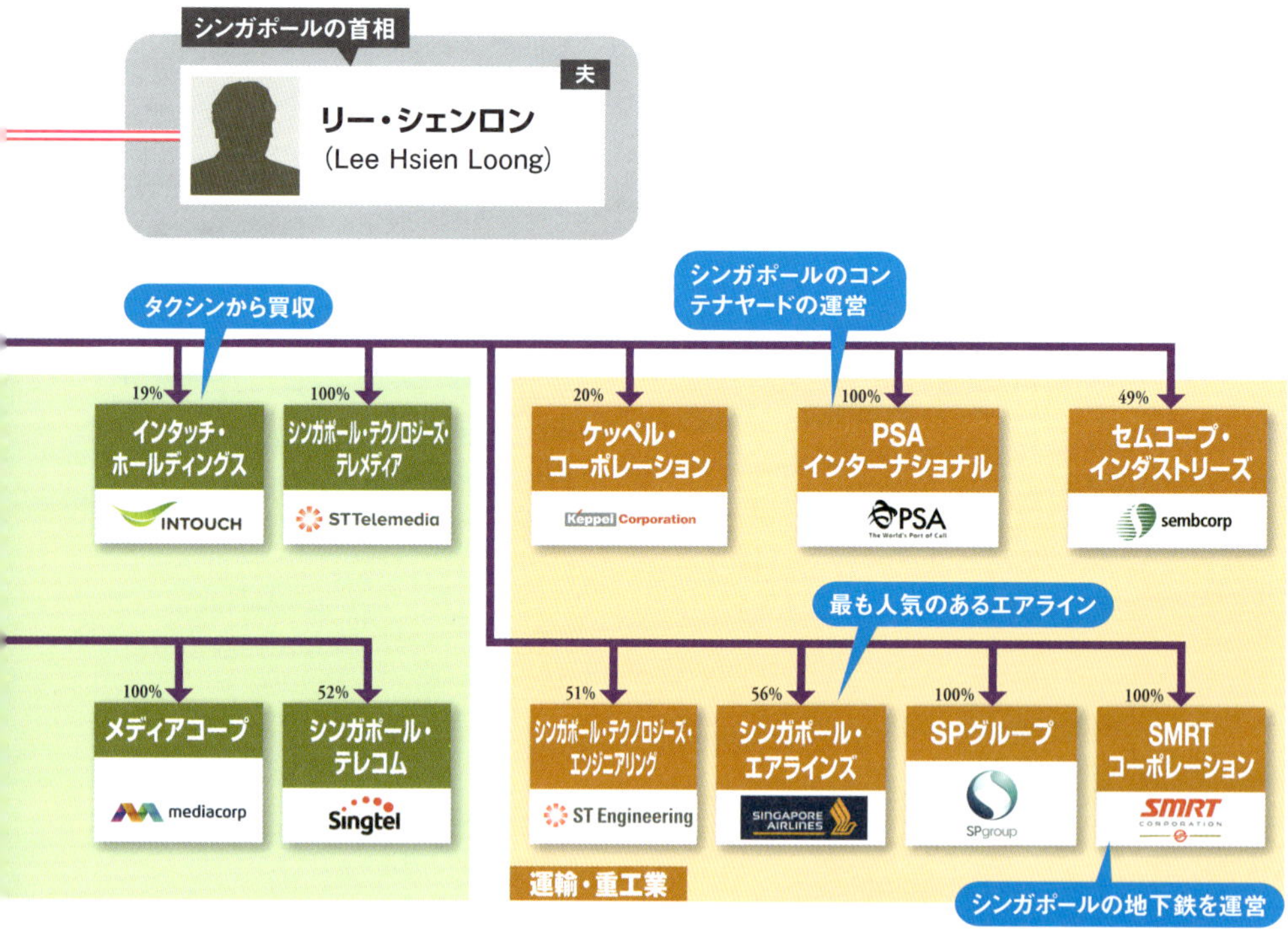

港湾運営を手掛けるPSAインターナショナル
出所：https://www.globalpsa.com/

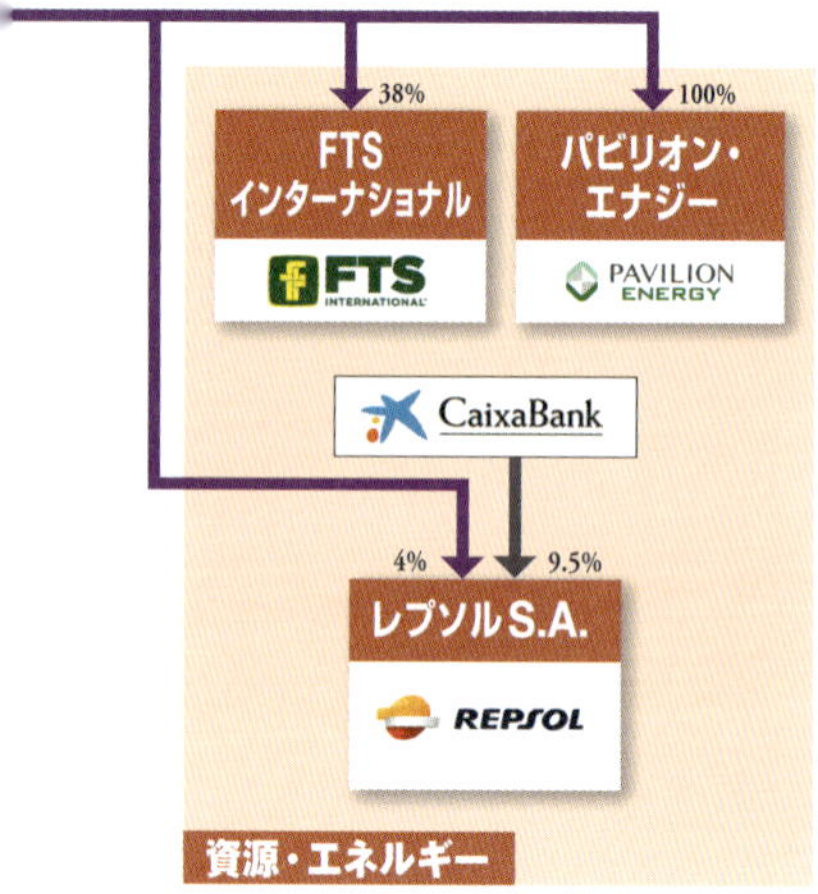

シンガポール・エアラインズの最新旅客機
出所：https://www.singaporeair.com/en_UK/flying-with-us/suites

概要
高い投資利回りで最高格付けを獲得

テマセク・ホールディングスは、1974年に設立されたシンガポール政府傘下の運用会社（投資機関）である。テマセクとは、マレー半島の突端に位置する小さな漁村だったシンガポールの古い呼び名である。株主はシンガポール財務省、CEOは第3代シンガポール首相リー・シエンロン夫人のホー・チンだ。政府機関ではないため、法人税も配当も払う。ただし配当の支払先は100%株主の政府であり、国の重要な財源になっている。シンガポール・エアラインズ、シンガポール・テレコム、シンガポール・パワーなどの企業は、元々国営会社で、テマセクはそれらの管理会社として設立された。それらの企業が民営化されて上場を果たすことで、テマセクには巨額の売却益がもたらされたが、それらを元手にさらに高いリターンを追求すべく、国内外で積極的に投資機会を

主要業種
元々は政府系企業の管理会社

今後の重点業種
あらゆるセクターで投資機会を追求

評価シート	
規模	A
注目度	A
成長性	A
日系企業との提携可能性	B

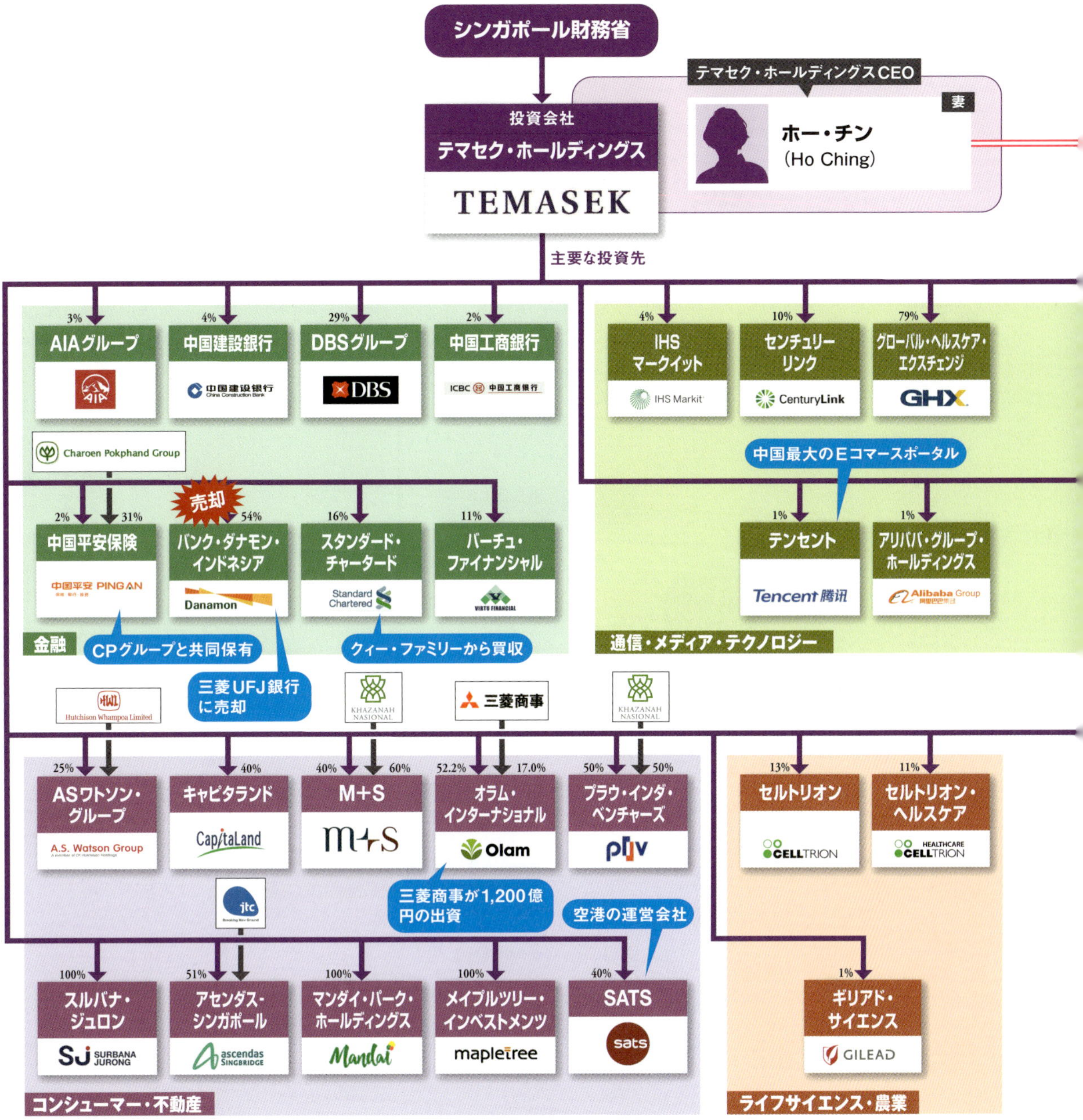

企業研究

2018年3月末時点投資残高 3兆800億シンガポールドルのセクター内訳

投資の地域別ブレークダウン

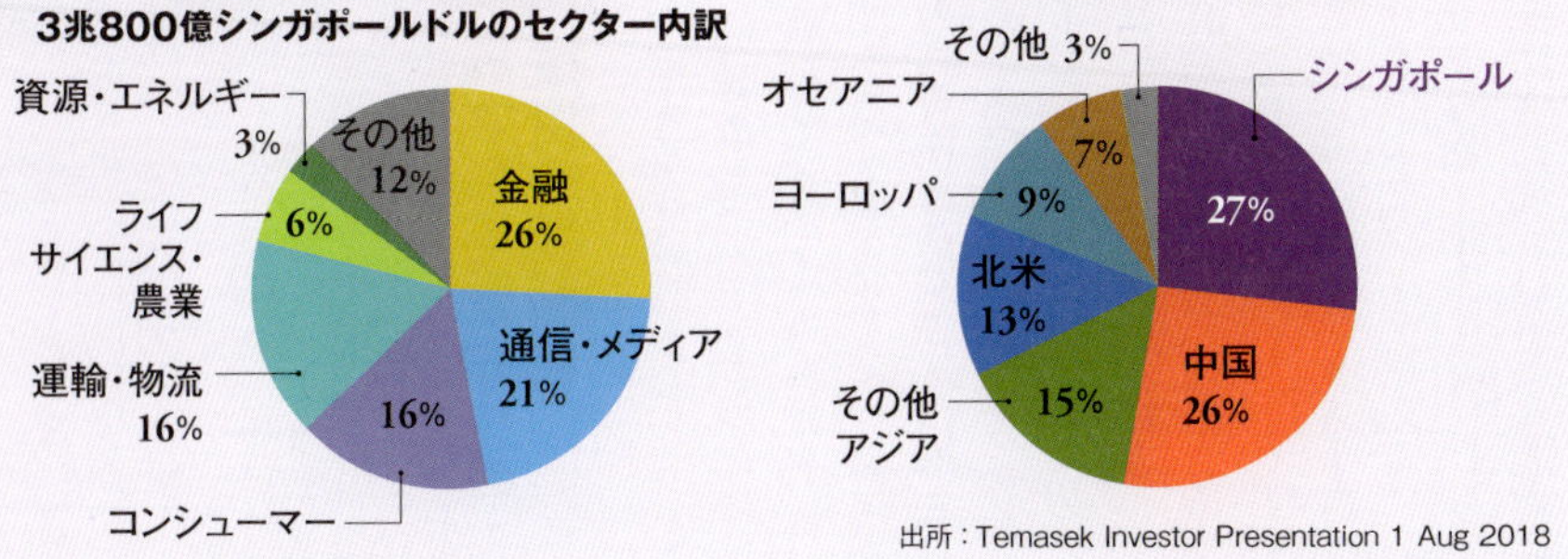

出所：Temasek Investor Presentation 1 Aug 2018

模索している。実際、近時においてドイツの製薬会社やインドのタクシーアプリの会社に対する100億円超の投資が報じられる一方で、堅いリスク管理能力からムーディーズでAaa、S&PでAAAと最高の格付けを得ている。

Lee Hsien Loong / GIC

リー・シェンロン（フォーブス番外）
シンガポール政府投資公社（GIC）

シンガポール政府の外貨準備を運用するために設立されたソブリン・ウエルス・ファンド

概要

日本の不動産への投資を積極化

シンガポール政府投資公社（GIC）は、外貨準備運用などのために設立されたソブリン・ウエルス・ファンドである。1981年、シンガポールの外貨準備高が急速に増大しているのを受け、時のMAS（シンガポール金融庁）の長官ゴー・ケンスィー（Goh Keng Swee）によって設立された。同社の会長は、リー・シェンロン首相。

GICは10カ国にオフィスを有し、1500人のスタッフを抱える。

政府の余剰金は財務省が、そして外貨準備は中央銀行に当たる通貨監督庁（MAS）が管理している。GICはそれらから委託を受け、外貨準備や余剰金の運用を行っている。

投資の範囲は幅広く、世界の株式、債券、不動産、外国為替、コモディティ、オルタナティブ、未公開株などの分野で投資機会を探っている。ただし上の図を見てもわかるよう

主要業種	
不動産	
今後の重点業種	
コーポレート投資	

評価シート	
規模	A
注目度	A
成長性	A
日系企業との提携可能性	B

GICの地域別ポートフォリオ

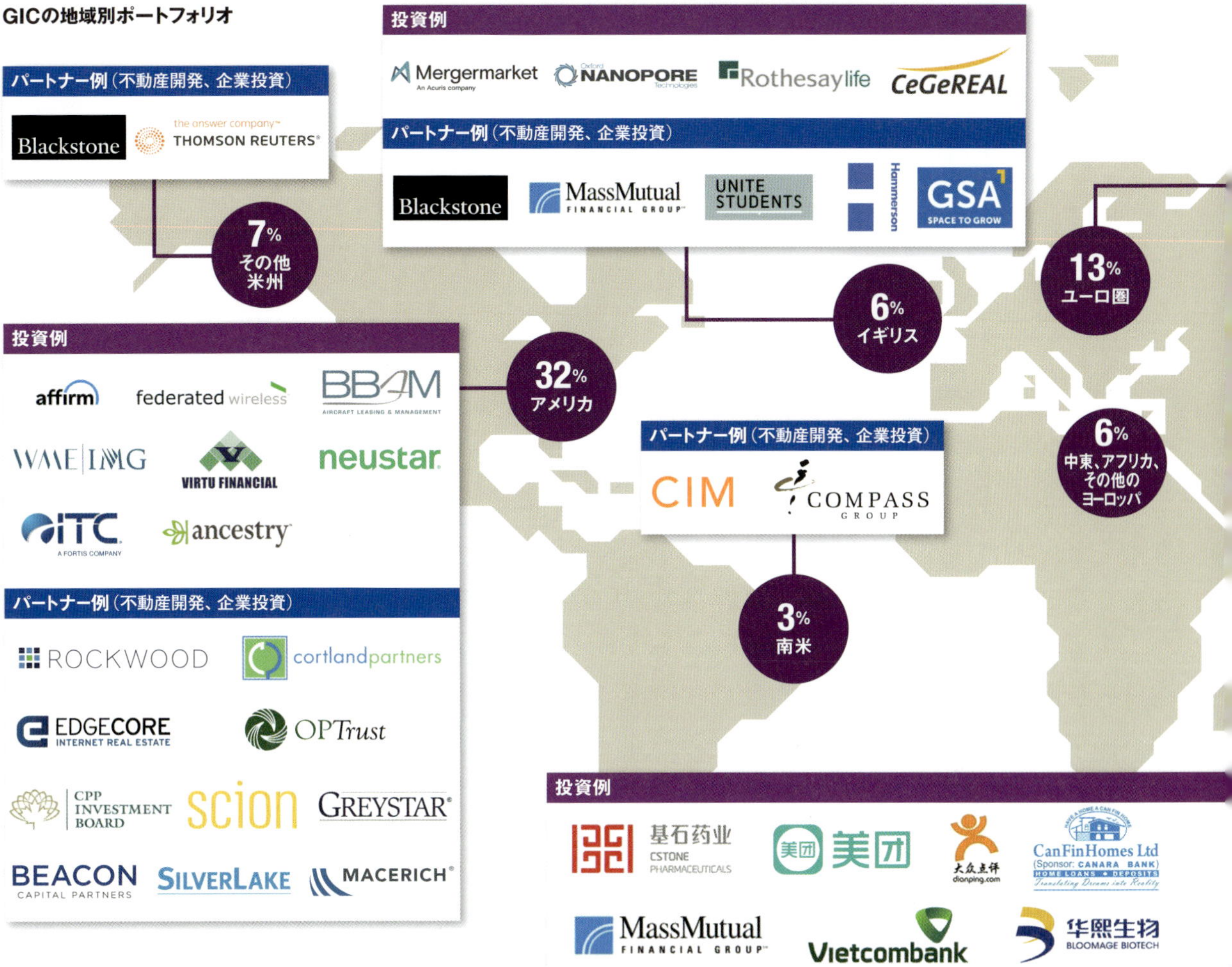

GICの資産別ポートフォリオ（2018年3月末）

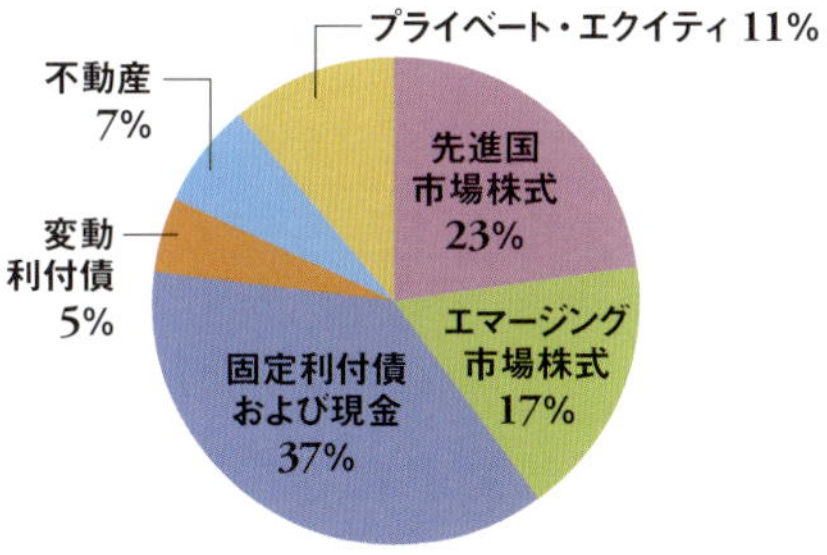

に、不動産部門の投資額が多い。中国、日本、インド、イギリス、ブラジルなどグローバルに投資を行っている。投資対象は上場・非上場を問わず、また株式のみならず対象会社の持つローン債務にも及ぶ。GICは運用資産額を公表していないが、不動産部門、コーポレート部門を合わせて数十兆円規模に及ぶと推定されている。グローバルベースでインフレ率以上の長期リターンを目指すとしており、投資ホライゾンは20年である。同社のレポートによると、過去5年、10年、20年の運用パフォーマンスは、ドル換算リターンでそれぞれ6・6％、4・6％、5・9％となっている。

日本への投資は、1996年の汐留シティセンターを皮切りに、ウエスティンホテル東京、福岡ホークスタウン、パシフィック・センチュリープレイス丸の内などがある。また近時では、東京ディズニーランドに隣接したシェラトンホテルを約500億円で取得したり、東京・新宿駅前のオフィスビル、新宿マインズタワーの持ち分43％を大和証券グループ本社系の不動産投資信託（REIT）から625億円で取得するなど日本での投資活動も活発だ。日本の不動産市場でのさらなる投資機会を狙うとしている。

COLUMN

日本人よ、もっと投資を勉強しよう

メガバンクという言葉がある。「メガ」が指すものは、預金量やそれに裏付けられた貸出資産のことである。高度成長期に、銀行は家計部門から預金、もしくは金融債のかたちで資金を吸い上げ、旺盛な資金需要を持つ企業に長期の設備資金として貸し付けた。貸出資産が大きいほど銀行の収益力が増すため、各行はこぞって預金を集め、それを融資に回したのである。バブルの頃は金利が上昇し、定期預金に8%程度の利息が付いたこともある。その頃の銀行と比べると今の金利はあまりにも低く、利殖をする術としては全く適さないが、年配の人を中心に銀行の預金志向は未だに高いように思われる。

銀行のランキングを示す別の指標として、「預かり資産」というものがある。これは金融機関が顧客から預託を受けた、株式・債券・投資信託・現金などの資産のことで、顧客がその金融機関で資産運用をしている額である。下の表は、預かり資産におけるランキングだが、高いリターンを提供できる金融機関に資産が集まる構図になっている。本書に登場するタイクーンも多額の資産を運用している。シンガポールに運用のためのオフィスを置き、そこから取引金融機関に運用の指図を出す。金融機関の担当者はプライベート・バンカーと呼ばれ、その時々の経済環境に応じて株式、債券、FX、不動産等からベストな運用商品をアドバイスする。表を眺めてみると、資産運用を得意とするそうそうたる名前の金融機関が挙げられていることがわかる。ここに日系金融機関の名前がないのが、何とも残念なことである。

タイクーンのみならず、市井の人であっても投資マインドは旺盛で、銀行に預金を寝かせている人は誰もいない。銀行に預金するどころか、銀行から資金を借りてレバレッジ投資をする人も多い。不動産投資はその典型で、投資対象物件を担保にローンを組み、賃貸に出すのである。家賃収入とローンの支払いの差がリターンになるわけだ。不動産市況が高騰すれば、当然売却してキャピタルゲインも狙う。このような投資家は富裕層というわけではない。郊外の公団住宅に住んで質素な生活を送りつつ、高級コンドミニアムのオーナーとして月々のリターンを得ている。そのギャップがなんとも面白い。

ここに見えるのは、収入を補完するために、投資をうまく活用しようという姿勢だ。市況の動向をよく観察し、それぞれの投資勘を持っている人が多い。先日シンガポールに出張した際、タクシーの運転手と為替の話になった。「ブレグジットの影響でポンドのボラティリティーが高まっているよね。今がチャンスだよ」というコメント。プロ投資家ではなく、タクシーの運転手からもこのような言葉が出るお国柄なのである。これらは学校で習うものではない。投資をしている親が子供に教えるものである。翻って日本を見るに、投資やマネーの教育をしている人がどれだけいるであろうか。リスクがあるからやらないという姿勢ではなく、リスクの根源は何で、それをいかに回避しつつ投資する術があるのか、もう少し学んでも良いと思う。その結果、ゼロ金利の銀行に預金を預けることのリスクも自ずとわかるはずである。

預かり資産規模による銀行ランキング（2017年、単位：10億米ドル）

	銀行名	資産額	本国
1	UBS	382.7	スイス
2	Citiバンク	256.0	アメリカ
3	クレディスイス	202.1	スイス
4	HSBC	129.0	香港
5	ジュリアス・ベアー	115.0	スイス
6	DBS	108.5	シンガポール
7	モルガン・スタンレー	102.0	アメリカ
8	バンクオブシンガポール（OCBC）	99.0	シンガポール
9	BNP	97.4	フランス
10	ゴールドマン・サックス	87.0	アメリカ

出所：Asia 2017 AuM League Table
https://asianprivatebanker.com/asia-2017-aum-league-table/

【本章の主な参考文献】

外務省のHP　シンガポール共和国　https://www.mofa.go.jp/mofaj/area/singapore/index.html
JETROのHP　シンガポール　https://www.jetro.go.jp/world/asia/sg/
JETRO：2017年の経済見通し（世界56カ国・地域）（2017年5月）　https://www.jetro.go.jp/world/reports/2017/01/86316a1635568bc9.html
JETRO：2018年の経済見通し（世界54カ国・地域）（2018年5月）　https://www.jetro.go.jp/world/reports/2018/01/55b33e7af57031de.html
OKB総研 調査部：2018年東南アジア主要国経済の見通し　2017年11月22日　https://www.okb-kri.jp/_userdata/pdf/report/168-focus1.pdf
シンガポール経済開発庁のHP：HOME STRATEGY　https://www.edb.gov.sg/content/edb/ja/why-singapore/about-singapore/strategy/home-for-business.html
あずさ監査法人：海外赴任前研修　シンガポール　2017年6月30日
鈴鹿市鈴鹿F1日本グランプリ地域活性化協議会：F1経済効果調査報告書
Temasek：Temasek Overview 2018 Shaping Tomorrow　https://www.temasek.com.sg/content/dam/temasek-corporate/our-financials/investor-library/annual-review/en-tr-thumbnail-and-pdf/Temasek_Overview_2018_EN.pdf
GIC：REPORT ON THE MANAGEMENT OF THE GOVERNMENT'S PORTFOLIO 2017-2018　https://report.gic.com.sg
『徹底検証　アジア華人企業グループの実力』（朱炎編著／ダイヤモンド社）
『一目でわかる　アジアの財閥と業界地図』（藤原弘・田中恒雄編著／日本実業出版社）
その他、各社のHP、各社アニュアルレポート、各社報道、ウィキペディアなど幅広く参照した。

第6章

ミャンマー

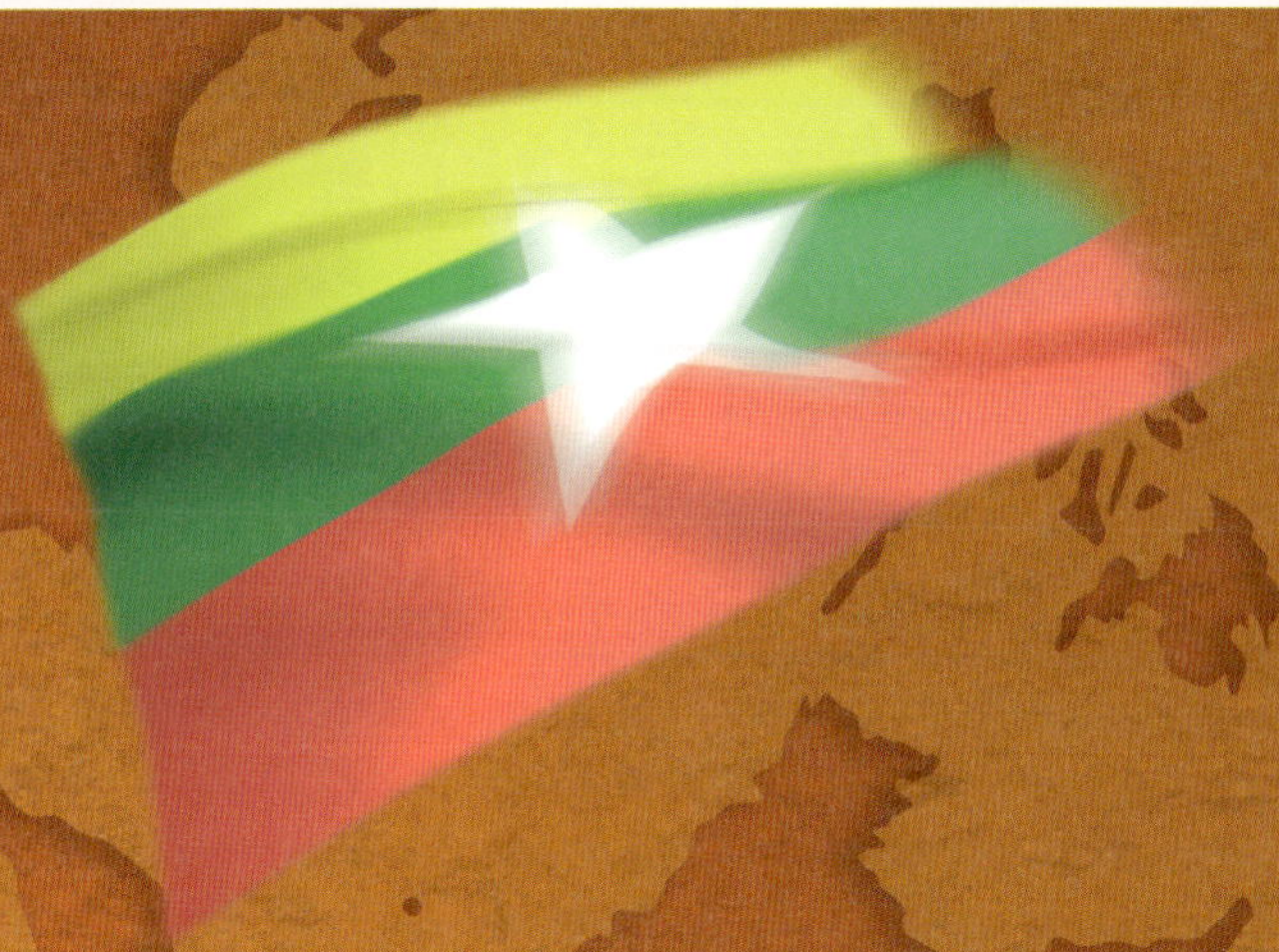

マックス・ミャンマー・グループ

ミャンマー・ゴールデン・スター・グループ（MGSグループ）

ロイ・ヘイン・カンパニー・グループ

IGEグループ

ユニオン・オブ・ミャンマー・エコノミック・ホールディングス（UMEHL）

ミャンマー・エコノミック・コーポレーション（MEC）

カンボーザ・グループ（KBZグループ）

シュエ・タン・グループ

ミャンマー

長らく軍政が続いてきたが、２０１５年の総選挙で民主化が実現。欧米諸国の経済制裁の解除に伴い、世界との経済交流も本格化。５０００万人を超す市場がいきなり出現した格好になった。日本企業の進出も相次ぎ、現地企業の大型の買収も発生し、まさに注目のマーケットだ。

歴史

長きにわたる混乱の歴史を経てようやく民主化を実現。ただし、問題は山積み

「おーい水島、一緒に日本に帰ろう……」

私と同年代の方なら、中井貴一さんが演じる水島上等兵が、「仰げば尊し」を竪琴で奏でながら去っていくラストシーンを覚えている人もいるだろう。かつてビルマと言われたこの国は長らくイギリスの占領下におかれ、ASEAN占領を企てた日本との間で現地政府も交えた泥沼の戦いを行った。日本軍の敗戦・撤退とその混乱の中で、『ビルマの竪琴』が描いたようなさまざまな悲劇もあったことであろう。しかし第2次世界大戦の後のこの国の混乱は、小説や映画をはるかに凌駕していると言わざるを得ない。国名がビルマからミャンマーに替わり、首都がヤンゴンからネピドーに移されたが、よほどミャンマーの政情に精通している人でない限り、「いつの間にか国名と首都が変わっていた」という人がほとんどではないだろうか。

第2次世界大戦後の1948年に、ビルマはイギリスからの独立を果たす。スーチー氏の父アウンサンが建国の祖とされるが、彼は1947年に暗殺されており、実は独立を見ることなくこの世を去っている。

その後、社会主義政権が発足し、ネ・ウィン将軍が長らく権力を掌握したが、経済政策の失敗で深刻なイ

ミャンマーの歴代大統領

代	氏名	就任	退任
初代	サオ・シュエ・タイク	1948年	1952年
2	バー・ウ	1952年	1957年
3	ウィン・モン	1957年	1962年
–	ネ・ウィン	1962年	1974年
4	ネ・ウィン	1974年	1981年
5	サン・ユ	1981年	1988年
6	セイン・ルイン	1988年	1988年
大統領代行	エー・コ	1988年	1988年
7	マウン・マウン	1988年	1988年
–	ソウ・マウン	1988年	1992年
–	タン・シュエ	1992年	2011年
8	テイン・セイン	2011年	2016年
9	ティン・チョー	2016年	2018年
大統領代行	ミン・スエ	2018年	2018年
10	ウィン・ミン	2018年	—

出典：外務省のHPなどを参照して著者作成

経済制裁が解除されて普及するアメリカ製品（アップルとコーラ）
（©ZUMA Press/amanaimages）

国名	ミャンマー連邦共和国 Republic of the Union of Myanmar
面積	67万6,578km² （日本の1.8倍）
人口	5,148万人（2015年）
首都	ネピドー 人口 116万人（2014年）
言語	ミャンマー語、シャン語、カレン語、英語
宗教	仏教（87.3%）、キリスト教（6.2%）、イスラム教（4.9%）、ヒンズー教（0.5%） など

出所：JETRO
https://www.jetro.go.jp/world/asia/mm/basic_01.html

ンフレを招き国民の不評を買った。1988年にはネ・ウィン退陣を求める大規模デモが発生。これに乗じた軍がクーデターを起こすことで暫定政権が樹立した。1990年には総選挙が実施され、アウンサン・スーチー氏率いる国民民主連盟（NLD）が圧勝したものの、政府は政権移譲を拒否。アウンサン・スーチー氏率いる民主化勢力は軍政による厳しい弾圧を受け、同氏自身も2010年までの間、3回、計15年にわたる自宅軟禁に置かれた。2005年、当時の政府が首都をネピドーに遷都した。

2010年に総選挙が実施され、国軍出身者が率いる連邦連帯開発党（USDP）が大勝。2011年3月、テイン・セイン大統領率いる政権が発足し、民政移管が実現。同時に国名もミャンマーに変更した。続く2015年の選挙では、スーチー議長率いるNLDが大勝。2016年3月30日、スーチー氏側近のティン・チョー氏を大統領とする新政権が発足した。スーチー氏は、国家最高顧問、外務大臣および大統領府大臣に就任し、民主化の定着、国民和解、経済発展のための諸施策を遂行中であるが、足元のロヒンギャ問題など問題は山積している。

経済

民主化を受けて経済制裁も解除。ティラワ経済特区には多数の日系企業が進出

ミャンマーにおける2017年度の1人当たりGDPは、ASEAN10カ国中最低の1264ドル。民主化を果たした今もなお、経済レベルは低い。そのルーツは、社会主義時代の経済政策の失敗に始まり、非民主的な国政によって経済発展が阻害されてきたことにある。1988年の国軍によるクーデターにより、社会主義政策は放棄されたが、政権によるアウンサン・スーチー氏の自宅軟禁措置および人権侵害等を理由に、欧米諸国が経済制裁を実施することで、ミャンマー経済はさらに低迷し、国民生活は困窮を極めた。

2011年3月、民政移管により、テイン・セイン政権が誕生。同政権は、外国投資法の改正、中古自動車の輸入自由化、為替レートの統一、国内外の民間銀行・保険会社への段階的な市場開放、証券市場整備等の経済改革等を進めた。それに伴い、エネルギー、通信、製造業、不動産等の分野において、外国投資が活発化しており、2012年以降、毎年7％以上の安定した経済成長を達成している。また欧米諸国は、ミャンマーにおける民主化の進展を評価し、経済制裁措置を段階的に解除していった。このころから日本企業のミャンマー進出が本格化。オフィス用の不動産が限られる中での進出ラッシュは不動産の高騰をもたらし、バブルの様相を呈した時期もあった。JETROによると、2018年12月末のミャンマー日本人商工会議所メンバー数は384社に上っている。

ミャンマーの民主化、経済発展の進展に伴い、政府はヤンゴンの南25kmのヤンゴン川東岸に位置するティラワ地区に国際港ティラワ港の整備を進めた。ティラワ港は従来のヤンゴン港に比べて利便性が高く、より大型のタンカーなど喫水量の高い船舶（2万DWT）も入港が可能である。さらに後背地を、日本・ミャンマー両国共同で開発し、ティラワ経済特別地区として整備した。出資者は日系企業39％（三菱商事、丸紅、住友商事）、JICA10％、ミャンマー政府10％、そしてミャンマー民間企業41％である。開発面積2400haの大型工業団地で、王子ホールディングス、スズキ、ワコール、エースコック、味の素など日系企業48社、ミャンマー企業4社、その他外資企業43社が進出している（2018年8月末）。

日系企業の進出と歩調を合わせるように、M&Aや提携の動きも活発になってきている。2015年にはキリンが地場最大手のミャンマー・ブルワリーの株式55％を取得したり、翌2016年にはアサヒが地場飲料大手のロイ・ヘイン社との合弁会社を立ち上げている。税制・法制が整備されていけば、より一層のM&Aが発生してくると思われる。

ミャンマーの基礎的経済指標

対象年月	2013年	2014年	2015年	2016年	2017年
実質GDP成長率（前年度比、単位：%）	8.4	8.0	7.3	6.3	6.7
名目GDP総額（単位：10億ドル）	60	66	60	66	67
1人当たりのGDP（名目）=ドル	1,180	1,275	1,148	1,269	1,264
消費者物価上昇率（前年度比、単位：%）	5.5	5.5	9.5	7.0	4.6
失業率（単位：%）	4.0	4.0	4.0	4.0	4.0
為替レート（期末値、対米ドルレート）	934	984	1,163	1,235	1,360

（現地通貨：チャット）　出所：JETRO「基礎的経済指標」（2018年07月23日）

注：ミャンマーは、「GDP産業別構成」の有効データがないので、割愛している

Zaw Zaw/Max Myanmar Group

ゾウ・ゾウ（フォーブス番外）
マックス・ミャンマー・グループ

かつてのアメリカからの経済制裁の対象は、今ではコカ・コーラのパートナー

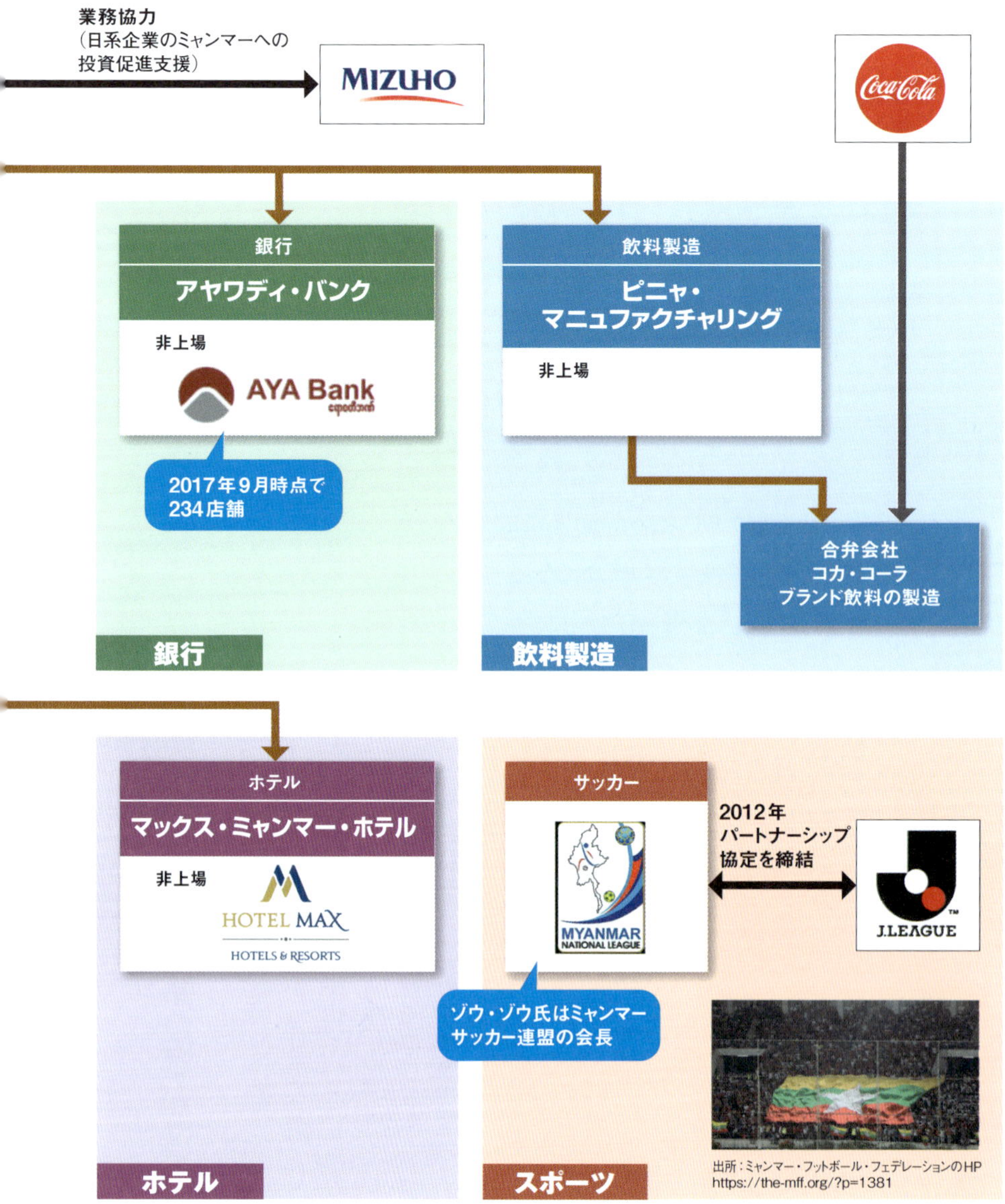

出所：ミャンマー・フットボール・フェデレーションのHP
https://the-mff.org/?p=1381

主要業種
建設・インフラ
今後の重点業種
金融

評価シート	
規模	A
注目度	A
成長性	A
日系企業との提携可能性	B

概要

みずほ銀行と業務提携

マックス・ミャンマーを率いるゾウ・ゾウは1967年生まれ。1代で財を成した若きタイクーンである。1990年頃には日本に住んでいたという。高田馬場にはミャンマー人が多く集う飲食店が多数あるが、彼もそういう店に通うメンバーの1人であったのだろう。

マックス・ミャンマーの創業は1993年。当初は日本からバスや機械の輸入をしていたという。その後、建設事業、セメント事業、高速道路事業、ガソリンスタンド事業と急速な拡大を続け、今日のビジネスポートフォリオを築くに至った。その急速な成長の陰には、当時の軍事政権との密接な関係があったと言われ、実際、アメリカはゾウ・ゾウおよび、マックス・ミャンマー・グループを経済制裁の対象にしていた。

民主化が実現して制裁が解除された際、マックス・ミャンマーが行っ

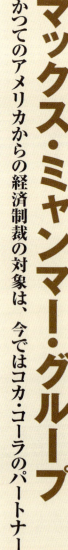

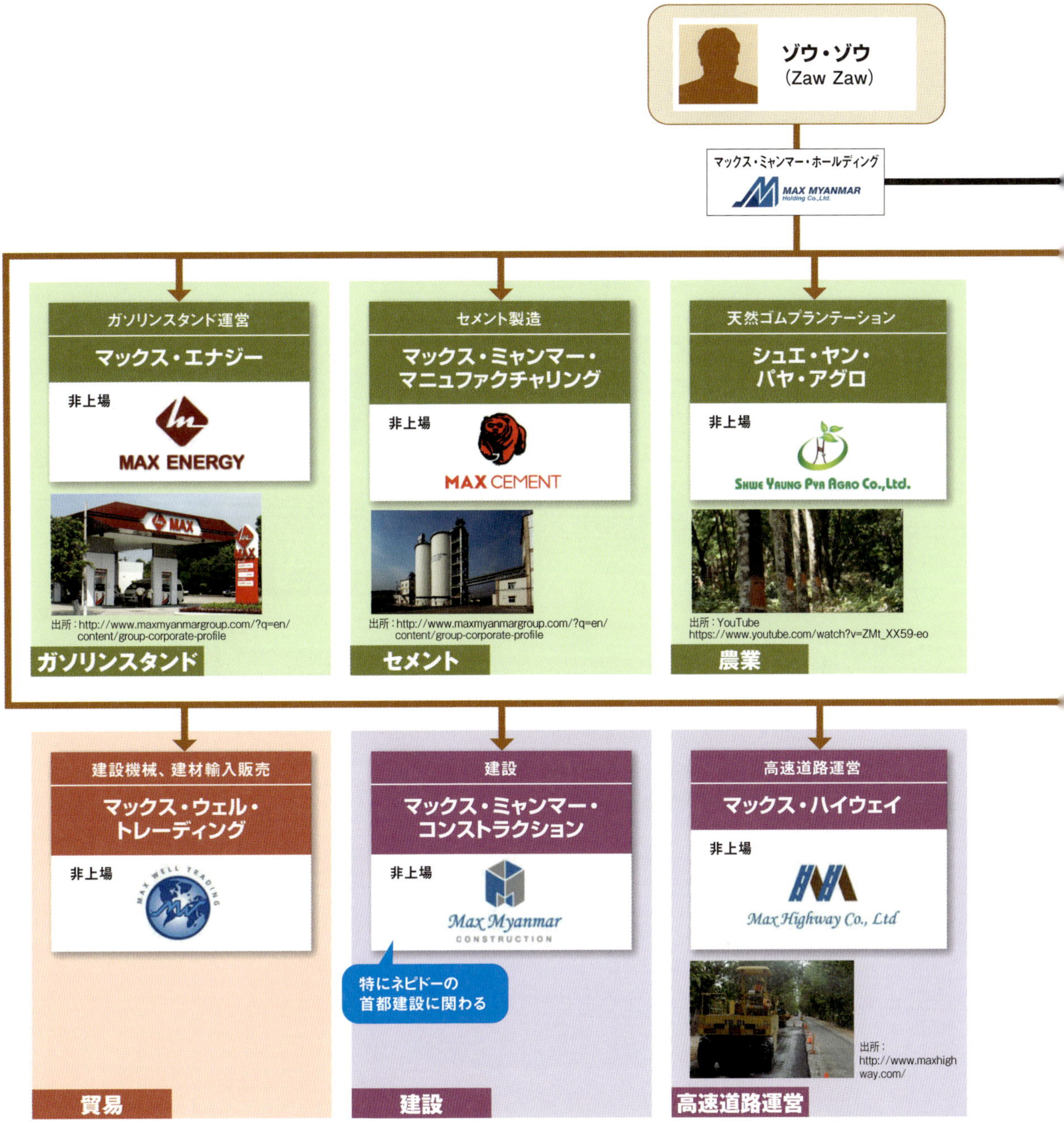

出所：http://www.maxmyanmargroup.com/?q=en/content/group-corporate-profile

出所：http://www.maxmyanmargroup.com/?q=en/content/group-corporate-profile

出所：YouTube https://www.youtube.com/watch?v=ZMt_XX59-eo

出所：http://www.maxhighway.com/

た象徴的なビジネスは、コカ・コーラとの合弁会社設立だ。ライバルのペプシコーラは、ミャンマー・ゴールデン・スター・グループとの間で合弁を作り、すでにミャンマー参入を果たしていた。ゾウ・ゾウと組むことで、コカ・コーラは2013年に現地生産を開始した。アメリカから自身に対する経済制裁が解除されて、アメリカを代表する企業と組めるあたりが、ゾウ・ゾウの才覚なのであろう。日系企業との間では、みずほ銀行との業務提携を行っている。マックス・ミャンマー・グループ傘下にはアヤワディ・バンクを有するが、みずほ銀行が提携したのは持ち株会社のマックス・ミャンマー・ホールディングである。ミャンマー政府はインフラ開発やエネルギー供給に力を入れており、この分野に強みを持つマックス・ミャンマーと組む意義があると判断したようだ。

なお、ゾウ・ゾウはミャンマーのサッカー連盟の会長を務めている。Jリーグは自らのプレゼンスをアップし、有力な選手の獲得を目指してASEAN各国のサッカー協会との戦略的パートナーシップを締結している。ミャンマーにおいても2012年8月に協定が結ばれ、遠征試合やスクール開催、各種イベントなどさまざまな交流が始まっている。

Thein Tun/Myanma Golden Star Group

テイン・トゥン（フォーブス番外）

ミャンマー・ゴールデン・スター・グループ（MGSグループ）

飲料・食品製造の最大手。不動産、ホテル、銀行、新聞社と事業領域もミャンマー最大級

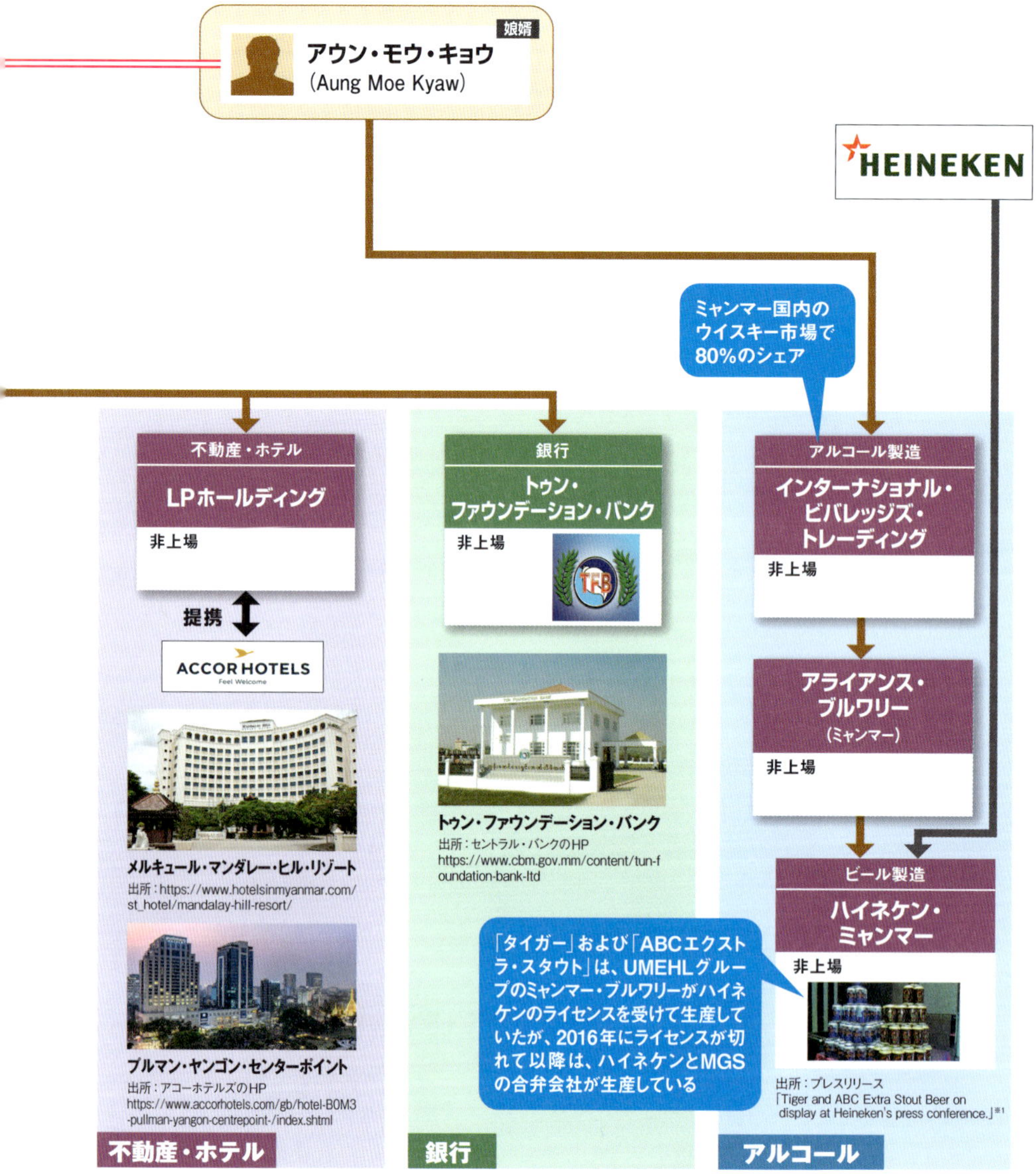

出所：※1 https://www.mmbiztoday.com/articles/tiger-and-abc-extra-stout-brands-return-heineken-after-two-decades

概要

ペプシをミャンマーに導入した男

ペプシ・テイン・トゥンのニックネームを持つのは、ミャンマー・ゴールデン・スター・グループ（MGSグループ）の創業者テイン・トゥンだ。1937年生まれのテイン・トゥンがMGSを立ち上げたのは1989年。飲料生産が事業の嚆矢だ。飛躍となったのは1991年のアメリカのペプシコとの合弁会社の設立である。1990年に成立した軍事政権が後に外資排除を鮮明にしたため、ペプシコは1997年に撤退したが、それまでの間、ミャンマー全土におけるペプシコーラの販売を独占することで、大きな利益を得た。現在はロッテとの合弁で自社ブランドを含む飲料製造を手掛けている。製品ラインアップにはペプシも含まれているが、ロッテとの合弁でペプシを製造していることは興味深い。

テイン・トゥンの娘婿は、ミャンマーのウイスキー市場の80％を握

主要業種
飲料・食品

今後の重点業種
飲料・食品

評価シート	
規模	A
注目度	A
成長性	B
日系企業との提携可能性	B

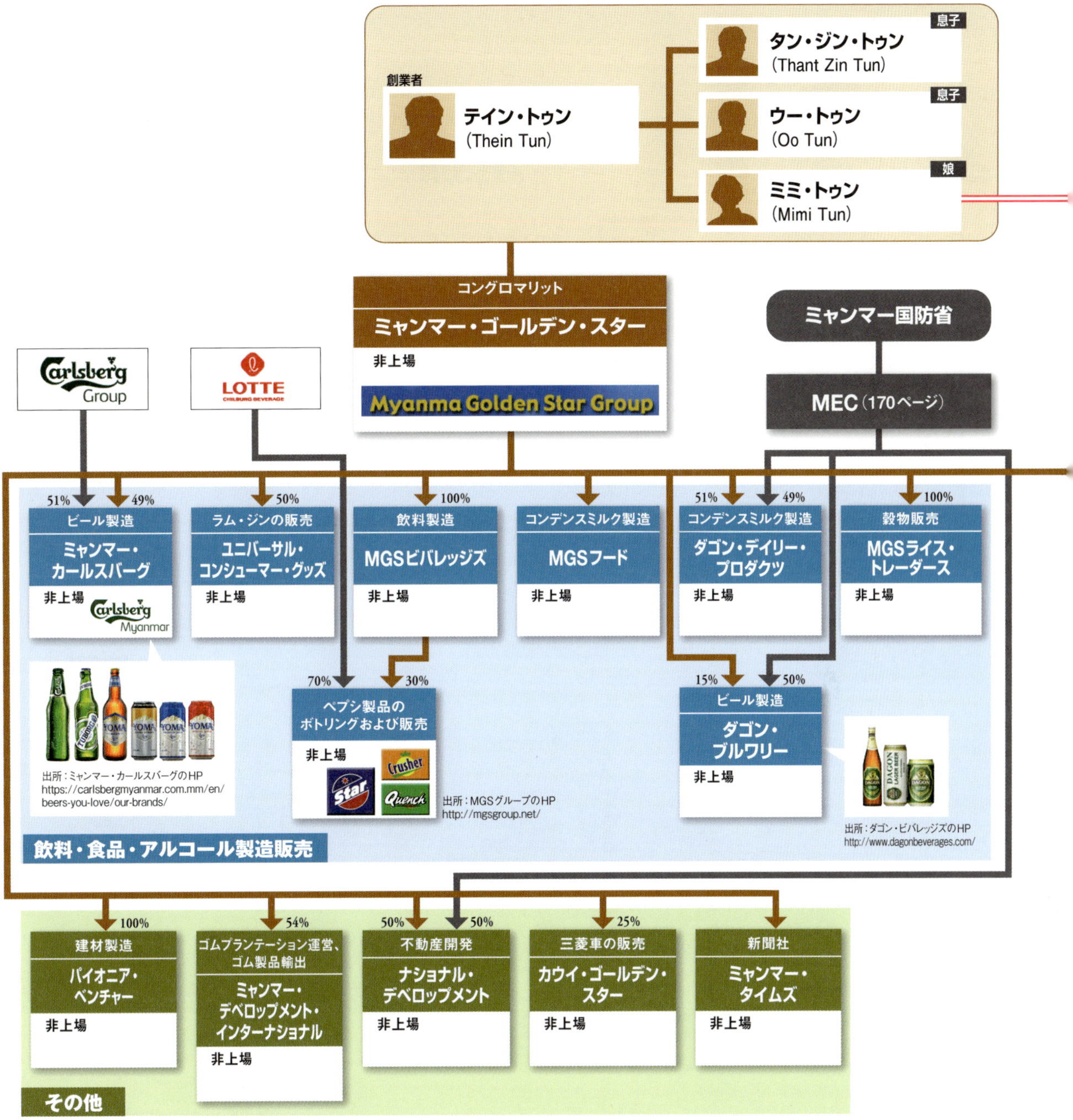

るとされるインターナショナル・ビバレッジズ・トレーディング（ＩＢＴ）のオーナーである。ＩＢＴはハイネケンと合弁会社を立ち上げている。一方、ＭＧＳはカールスバーグの生産を行っているため、タイクーンの第２世代の結婚によって、ヨーロッパの２大ブランドがＭＧＳに取り込まれるかたちとなった。大手飲料メーカーは競業避止に非常にセンシティブであるが、婚姻におけるグループ化を法的にどう対処したのか興味深い。タイクーンの子弟は別のタイクーンのファミリーと姻戚関係を持つものであり、これが財閥の最も基本的なエコシステムだとも言える。

またテイン・トゥンの息子は、ホテル事業を管轄している。ＭＧＳが運営するのは、フランス資本のノボテルホテルである。

テイン・トゥンおよびＭＧＳはアメリカの経済制裁リストの対象外で、それゆえクリーンなグループとして外資からの提携依頼が多い。ただし軍のトップを務め、後に商務大臣を務めたトゥン・キー将軍と非常に近く、その縁もあってか、コンデンスミルク製造事業と不動産開発事業において、ミャンマー国防相が運営する企業集団ＭＥＣとの間で合弁事業を有している。

Sai Sam Htun/Loi Hein Company

サイ・サム・トゥン（フォーブス番外）

ロイ・ヘイン・カンパニー・グループ

清涼飲料製造の最大手。アサヒ・グループ・ホールディングスと提携

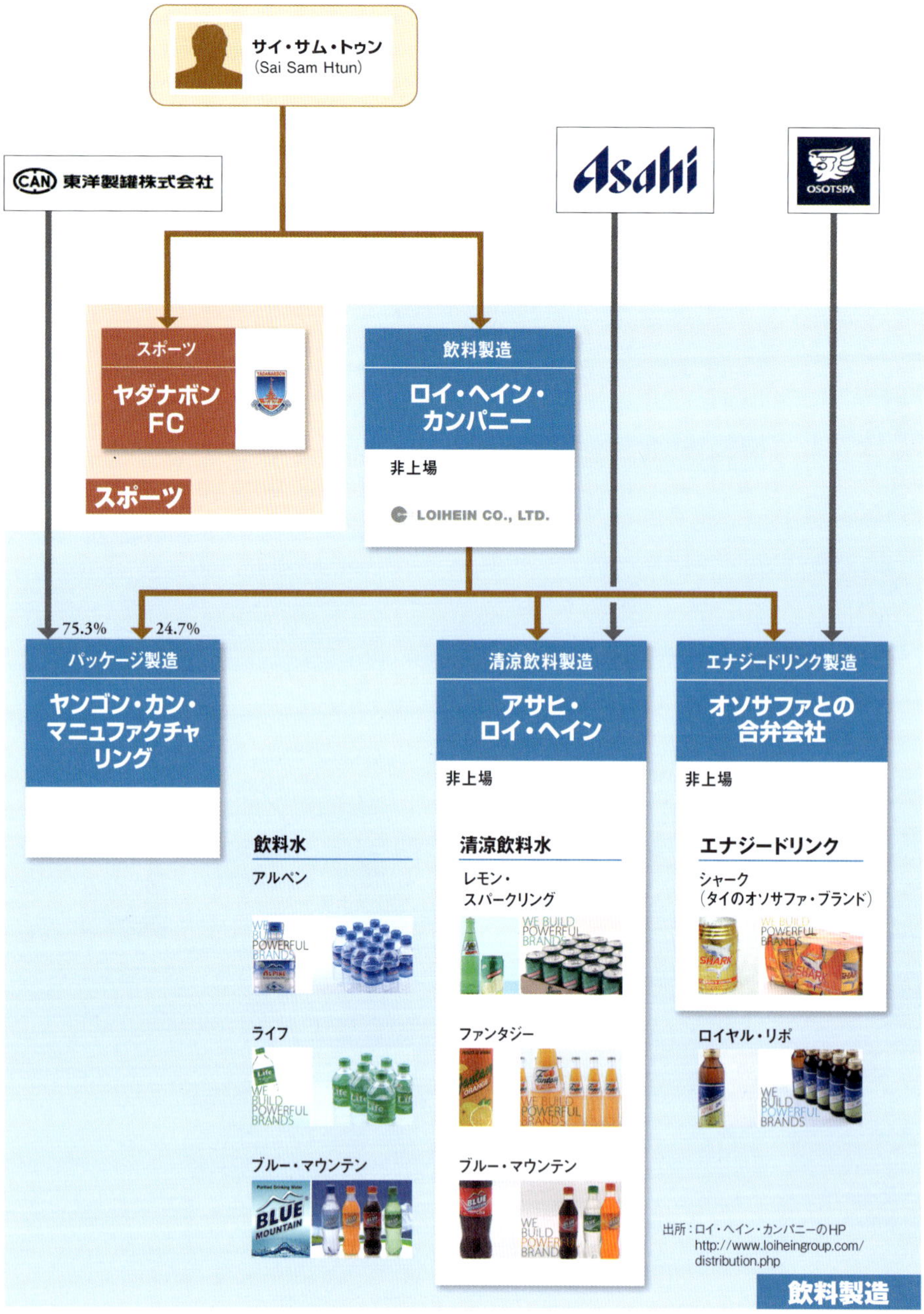

概要

外資との提携で国際化を図る

創業者のサイ・サム・トゥンは1946年生まれ。アメリカの大学の医学部を卒業し、MBAも保有する俊英だ。ロイ・ヘインの設立は1993年。自社ブランドのフルーツジュース、炭酸飲料、水などを製造販売してきた。転機は2000年にタイの飲料大手オソサファ社と合弁会社を立ち上げたことだろう。オソサファはアサヒ、ハウス食品、大正製薬などと提携しているタイの有力メーカーだ。この合弁において、オソサファの看板商品であるシャークブランドのエナジードリンクをミャンマーで製造販売するようになった。また2014年にはアサヒ・グループ・ホールディングスと炭酸飲料を製造販売する合弁会社を立ち上げた。

　サイ・サム・トゥンはサッカープレミアリーグに属するヤダナボン・フットボールクラブのオーナーでもある。

主要業種

飲料・食品

今後の重点業種

飲料・食品

評価シート	
規模	C
注目度	B
成長性	B
日系企業との提携可能性	B

Ne Aung/IGE Group of Companies

ネ・アウン（フォーブス番外）

IGEグループ

木材ビジネスが事業の嚆矢。エネルギー・通信インフラ事業主体のコングロマリット

主要業種	
建設・インフラ	
今後の重点業種	
通信	

評価シート	
規模	B
注目度	B
成長性	B
日系企業との提携可能性	B

概要
韓国財閥と提携

創業者はネ・アウン。父は経済大臣を担ったこともある実力政治家だ。事業の嚆矢は木材ビジネスと言われ、今でも大きなシェアを持つ。またコメの輸出などのアグリビジネスにも関わってきた。やがて国の発展に歩調を合わせるように、セメント、インフラ建設、エネルギーなど事業を拡大している。

ミャンマーにおける通信インフラは未だ整備途上だが、携帯電話の加入者は指数関数的なスピードで伸びている。傘下のアマラ・コミュニケーションズは通信インフラの設営を担っている。

外資との提携はまだ進んでいないが、唯一ホテル事業で韓国・大宇と組んでいる。日系企業との提携にも関心を示しており、KBZグループで述べる経産省JETROのイベントに参加し、日系企業との情報交換を行っていた。

Union of Myanmar Economic Holdings/ Myanmar Economic Corporation

ユニオン・オブ・ミャンマー・エコノミック・ホールディングス（UMEHL）ミャンマー・エコノミック・コーポレーション（MEC）

ミャンマー国防省が支配するコングロマリット

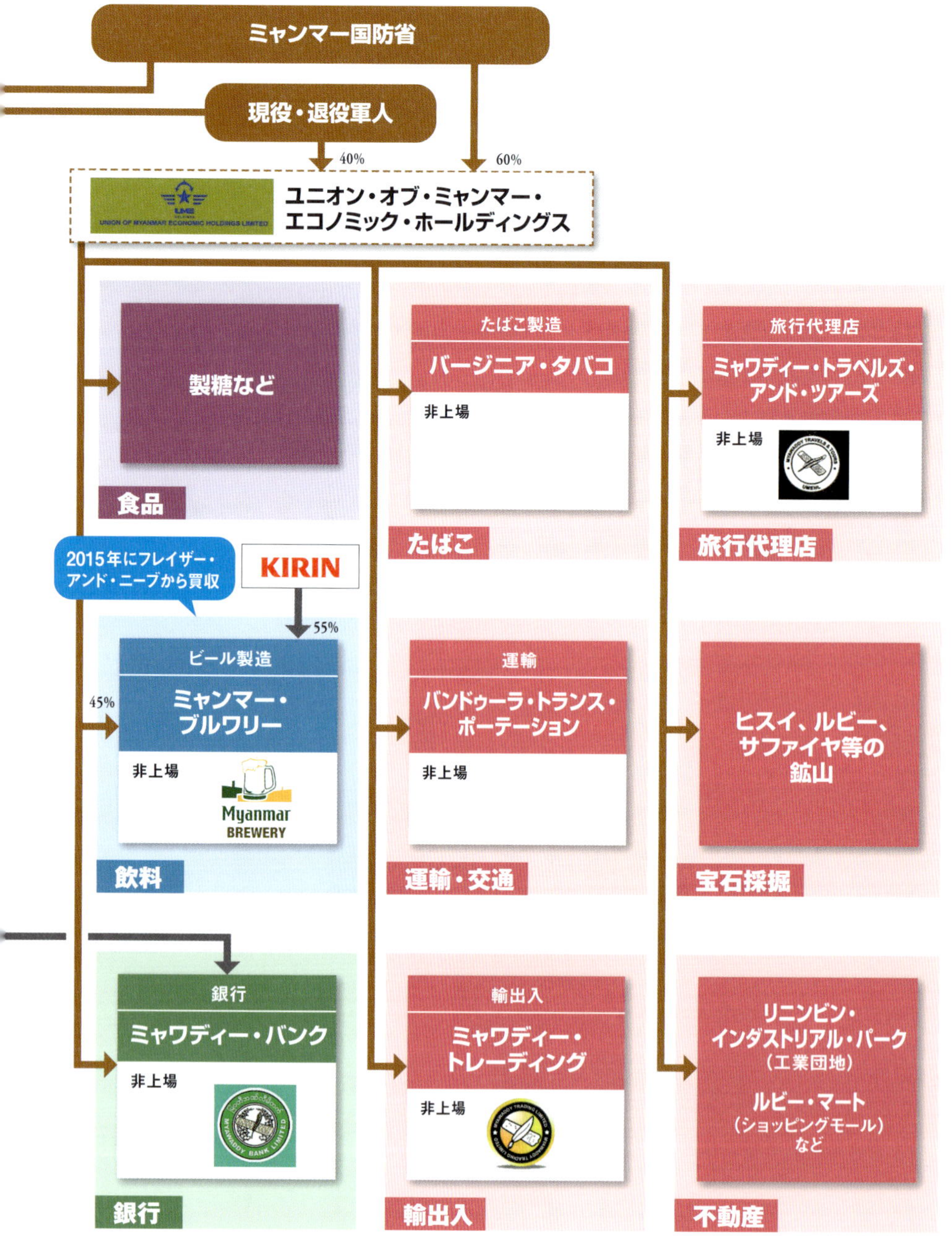

主要業種
貿易・建設・インフラ

今後の重点業種
建設・インフラ

評価シート	
規模	A
注目度	B
成長性	B
日系企業との提携可能性	B

概要

長らく経済を支配してきた国営企業群

ユニオン・オブ・ミャンマー・エコノミック・ホールディングス（UMEHL）およびミャンマー・エコノミック・コーポレーション（MEC）は、ミャンマー国防省が支配するコングロマリットである。

UMEHLの設立は1990年。1988年に社会主義政権が崩壊したのを受け、国（軍）主導で経済再建を図る目的で設立された。製造業、貿易、サービスなどのセクターに属する企業を傘下に有する。一方のMECの設立は1997年。ミャンマーの一層の工業化を目指し、重厚長大系の企業の設立を目指した。また工業省傘下にあった企業群の民営化の受け皿としても機能した。いずれも国防省が株主という立て付けであるが、タン・シュエなど有力軍人が個人的に株式を保有していると言われている。

傘下の企業群は軍事政権そのもの

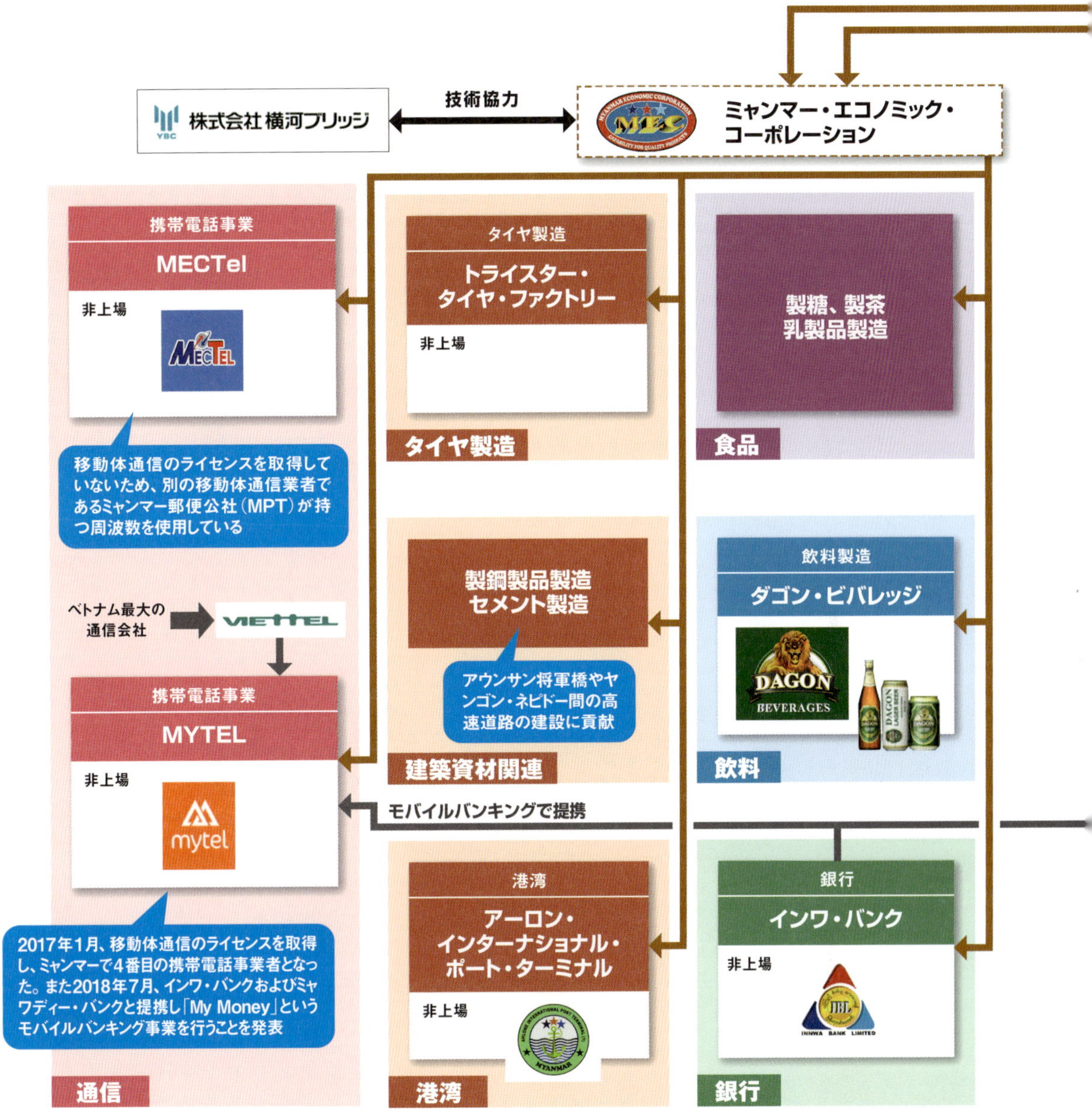

を表象するだけに、長らく経済制裁の対象となってきたが、2016年10月に全面解除となった。UMEHLとMEC傘下には重複している業種があるため、外資系企業を巻き込んだ再編が進むものと思われる。

そのような中でのビッグ・ディールは、キリンによるミャンマー・ブルワリーの買収であろう。元々はシンガポールの飲料大手フレイザー・アンド・ニーブ（F&N）が、1995年にUMEHLと合弁でビール会社を設立したものである。しかし合弁会社におけるF&Nの権利を巡って対立し、法的闘争に陥るなど関係が悪化。TCC（78ページ）傘下となったF&Nが持ち分の売却を決断し、これをキリンが買収するかたちとなった。55%の株式の買収金額は約700億円であり、ミャンマーのM&A史上最大の買収劇となった。ミャンマーではビール市場のさらなる成長が見込まれるが、ベトナムでも大型の買収を実施しているTCCは、F&Nによるミャンマー再エントリーを模索していると伝えられている。

その他の日系企業の動きとしては、横河ブリッジがMECとの間で2015年に技術供与の覚書を交わしている。今後、どのような協業がなされるか注目したい。

Aung Ko Win/The Kanbawza Group

アウン・コー・ウィン（フォーブス番外）
カンボーザ・グループ（KBZグループ）

ミャンマー最大と言われるカンボーザ銀行をコアにしたコングロマリット

出所：カンボーザ・グループの会社概要資料（2017年）
https://www.asean.or.jp/ja/wp-content/uploads/sites/2/2017/11/KBZ-Group-Brief-Profile_JPN_B.Matching.pdf

インフラ
- インフラ　40%　カンボーザ・パスファインダー・インダストリーズ　非上場

貿易
- 貿易、石油製品販売　ニラー・ヨマ・トレーディング　非上場

製造
- 靴製造　インレイ・シューズ・マニュファクチュアリング　非上場　InLay
- セメント製造　カンボーザ・インダストリーズ　非上場　KBZI

ASIASAT
提携

テクノロジー
- 衛星ビデオサービス　KBZゲートウェイ　非上場　KBZGATEWAY Bridging The Digital Divide

ヘルスケア
- 病院　シュエゴンダイン・スペシャリスト・センター　非上場　SSC

不動産、その他
- 不動産　ストランド・スクエア　非上場　STRAND SQUARE

ストランド・スクエア
出所：会社概要資料（2017）
https://www.asean.or.jp/ja/wp-content/uploads/sites/2/2017/11/KBZ-Group-Brief-Profile_JPN_B.Matching.pdf

スポーツ
- シャン・ユナイテッドFC　SHAN UNITED FC 2003

概要
軍政とまさに昵懇の関係で成長

カンボーザ（KBZ）グループは、銀行、航空、ホテル、メディアなど多様な事業構成を持つコングロマリットである。支配するのはアウン・コー・ウィン。もともとは教師をしていたアウン・コー・ウィンであるが、2011年まで国家平和発展評議会（SPDC）の副議長を務めていたマウン・エイの知己を得て、急速に軍内部にリレーションを構築していった。SPDCで20年近く議長を務めたのはタン・シュエであるが、マウン・エイはそのタン・シュエの最大のライバルと目された人物である。またSPDC上層幹部の姪を妻にめとるなど、公私ともに軍政との関係を深めた中でビジネスを開始した。サファイヤ・ルビー鉱床の採掘権を確保し、宝石採掘事業をこの時期に開始しているが、軍との関係があってこそのコンセッションの取得であろう。

主要業種
金融

今後の重点業種
金融

評価シート	
規模	B
注目度	B
成長性	B
日系企業との提携可能性	A

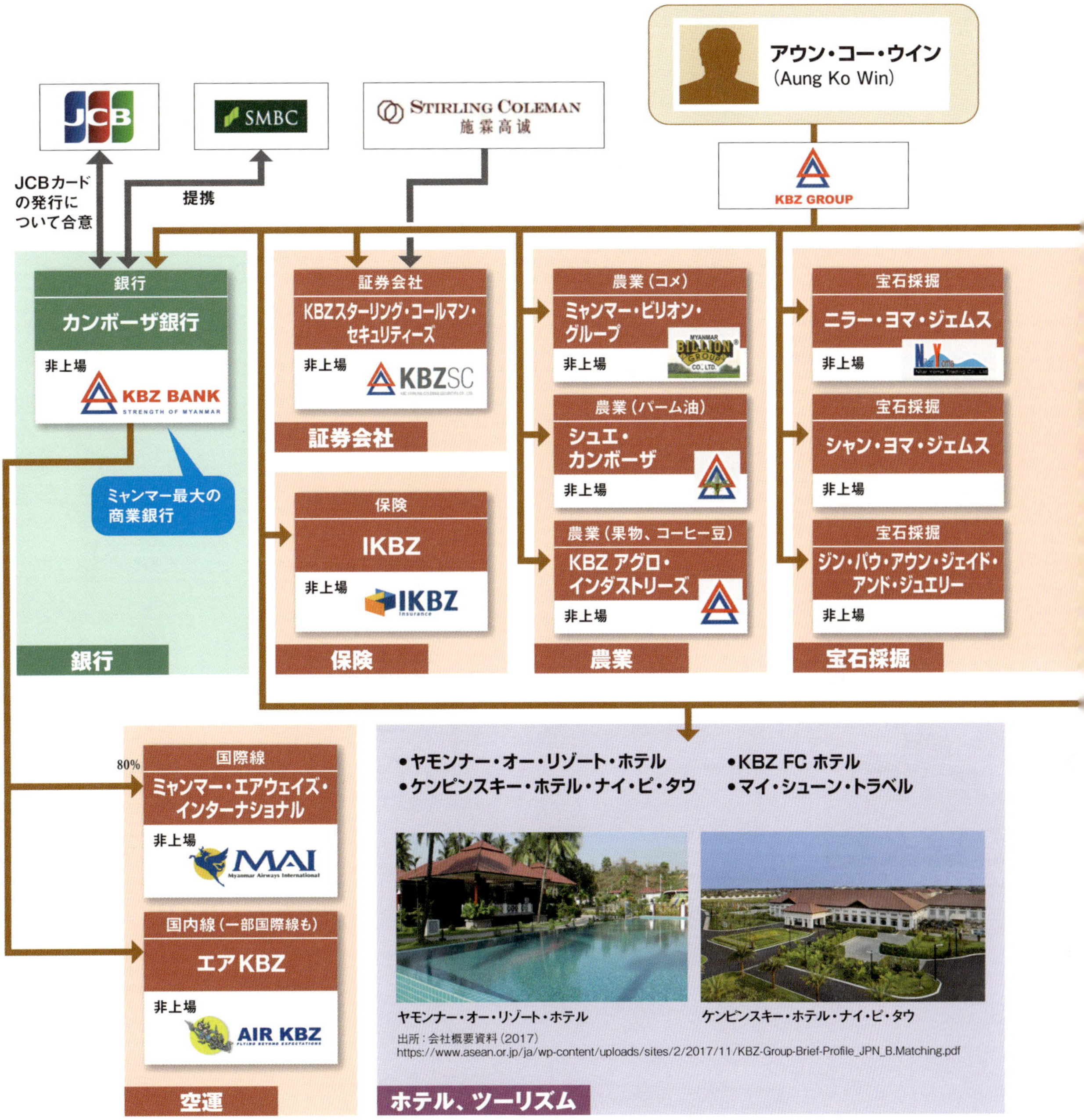

グループの中核事業は銀行で、創業は1994年である。現在は支店数500超、ATM数880、行員1万7700名を擁するミャンマー最大の商業銀行に成長している。会社の資料によると、貸出資産におけるマーケットシェアは42％に上る。日系企業との関係では、2012年に三井住友銀行と、そして2016年にJCBとそれぞれ提携を果たした。新興メコン地域での商機を狙う日系金融機関と、金融機能の強化を果たしたいミャンマーの最大手銀行との思惑が一致して、提携につながったかたちだ。

また航空ビジネスにおいては、フラッグシップであるミャンマー・ナショナル・エアラインと合弁し、ミャンマー・エアウェイズを運営。広州、シンガポール、バンコクなどの国際路線の運航を行っている。またエアKBZというLCCも運行。こちらは国内の各都市を結んでいる。

ところで、2017年はASEAN設立50周年の記念年であったが、経産省JETRO主催で多くのスタートアップを含む、日本-ASEAN企業間のビジネスマッチングイベントが開催された。KBZグループはこれに参加して、来訪したさまざまな日系企業と情報交換を果たした。

Aik Htun/Shwe Taung Group of Companies

アイク・トン（フォーブス番外）
シュエ・タン・グループ

不動産開発、建設、発電、自動車販売などを手掛けるコングロマリット

ジャンクション・シティ

ユニオン・ビジネス・センター

ユニオン・フィナンシャル・センター

出所：シュエ・タン・グループのHP
https://www.shwetaunggroup.com/overview/real-estate/

バンコク・エキスプレスウェイ、住友商事、IHIとのタイ・日本・ミャンマー連合体で、ヤンゴン市高架道路の建設計画（第1期）に応札。2018年12月、一次審査を通過

建設

シュエ・タン・インフラストラクチャー・インベストメンツ

非上場

ダム、高速道路などの建設および投資

イェイワダム

ヤンゴン・マンダレー間の高速道路

出所：https://www.shwetaunggroup.com/overview/engineering-construction/

インフラ

ライフスタイル

シュエ・タン・ライフスタイル

非上場

BreadTalk®
CRYSTAL JADE
IPPUDO

飲食店、フードコートなどの展開

ブレッドトーク ミャンマープラザ店
（シンガポールのベーカリーショップブランドをフランチャイズ展開）

出所：https://www.myanmore.com/2018/06/breadtalk-opens-in-myanmar-plaza/

フードコートの運営

出所：https://en-mm.drecomejp.com/restaurant/food-streat

ライフスタイル

主要業種	
不動産・インフラ	
今後の重点業種	
不動産・インフラ	

評価シート	
規模	B
注目度	B
成長性	B
日系企業との提携可能性	B

概要

ミャンマー最大の建設会社が母体

シュエ・タン・グループは、建設業を祖業とし、今では不動産開発、エネルギー・インフラ、セメント、自動車販売、ライフスタイルなど多様な事業を手掛けるコングロマリットである。

創業者はアイク・トン。1948年生まれのミャンマー人である。1970年頃から、企業勤めも含めてさまざまな事業に携わり、1990年にグループの前身となるオリンピック・コンストラクション・カンパニーを設立した。同社はミャンマーで最も成功した建設会社と言われるが、成長の陰には政府とのコネクションを活用した住宅整備事業への食い込みがあったようだ。建設事業での実績を見込んだのか、2014年に東急建設がシュエ・タンと合弁会社を立ち上げた。インフラ需要の伸びを予測してのミャンマー参入であったが、早々にODA関

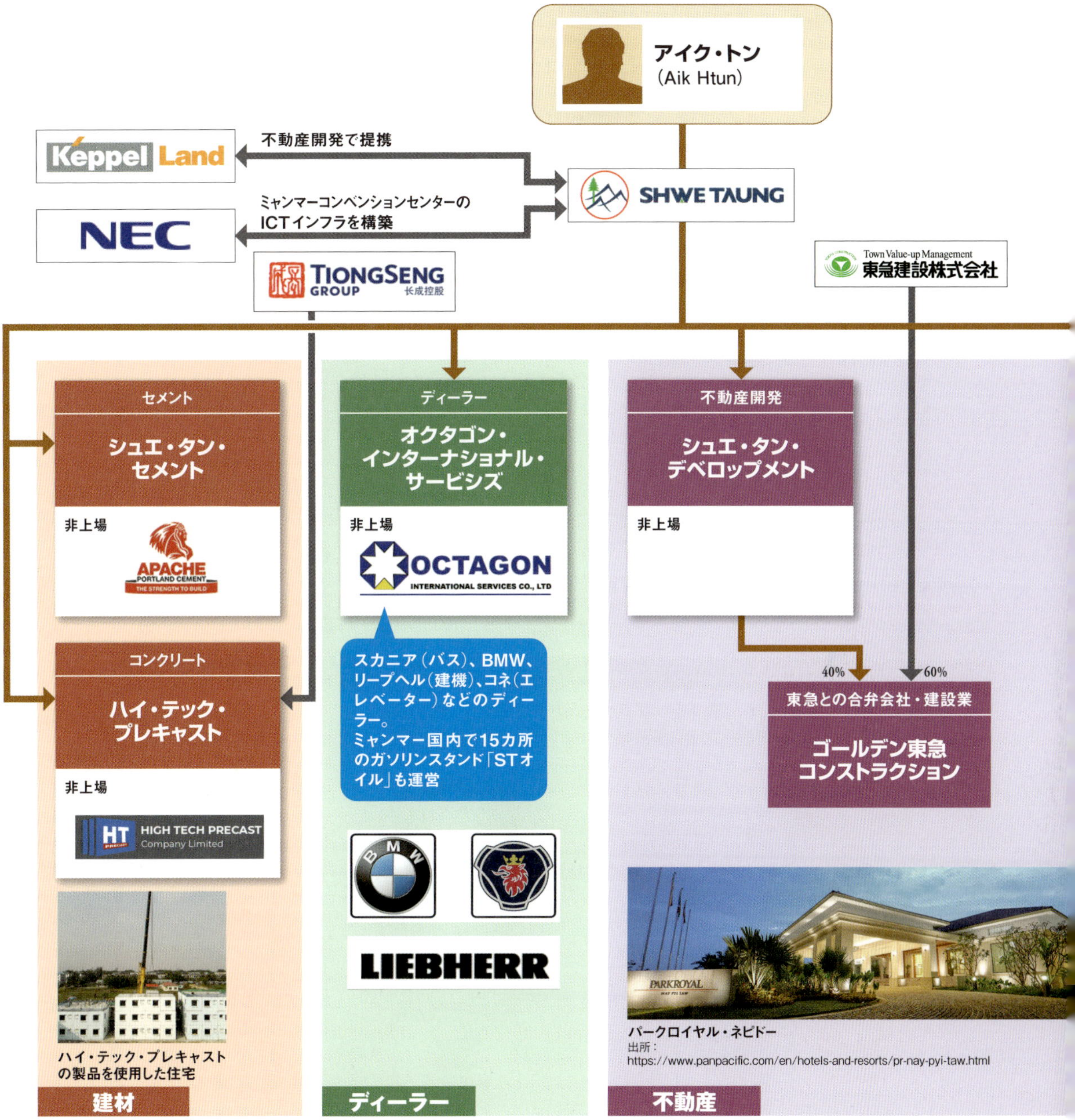

出所：ハイ・テック・プレキャストのHP　https://www.hightechprecast.com/

連でヤンゴンの橋梁工事を受注している。

　ODA関連では、シュエ・タンが運営するバルーチャン第2水力発電所にも支援が充てられている。発電能力は331MWで、ミャンマー最大規模の水力発電所である。ミャンマー東部のカヤ州に位置している。この発電所はミャンマー初のBOT(Build Operate & Transfer)方式によるもので、シュエ・タンが建設・運営している。ミャンマーでは恒常的に電力が不足し、大都市においてもかなりの頻度で停電するようであるが、環境に対する意識が高まる中、新たな水力発電所や化石燃料の発電所は作りにくい。再生エネルギー系の発電施設を、シュエ・タンのようなコングロマリットがどのように手掛けていくか注目したい。

　不動産開発においては、2016年にシンガポールの不動産開発大手のケッペルランドと提携した。共同開発したジャンクション・シティは、オフィス、ホテル、商業の複合施設で、ケッペルが得意とする開発形態だ。飲食施設の中には、ケッペルがシンガポールから誘致したと思われるブレッドトーク(ベーカリー)やクリスタルジェイド(高級中華料理)が出店している。日系では一風堂が進出している点が注目だ。

COLUMN

JリーグのASEAN戦略とタイクーン

図1 Jリーグと ASEAN各国リーグの提携協定

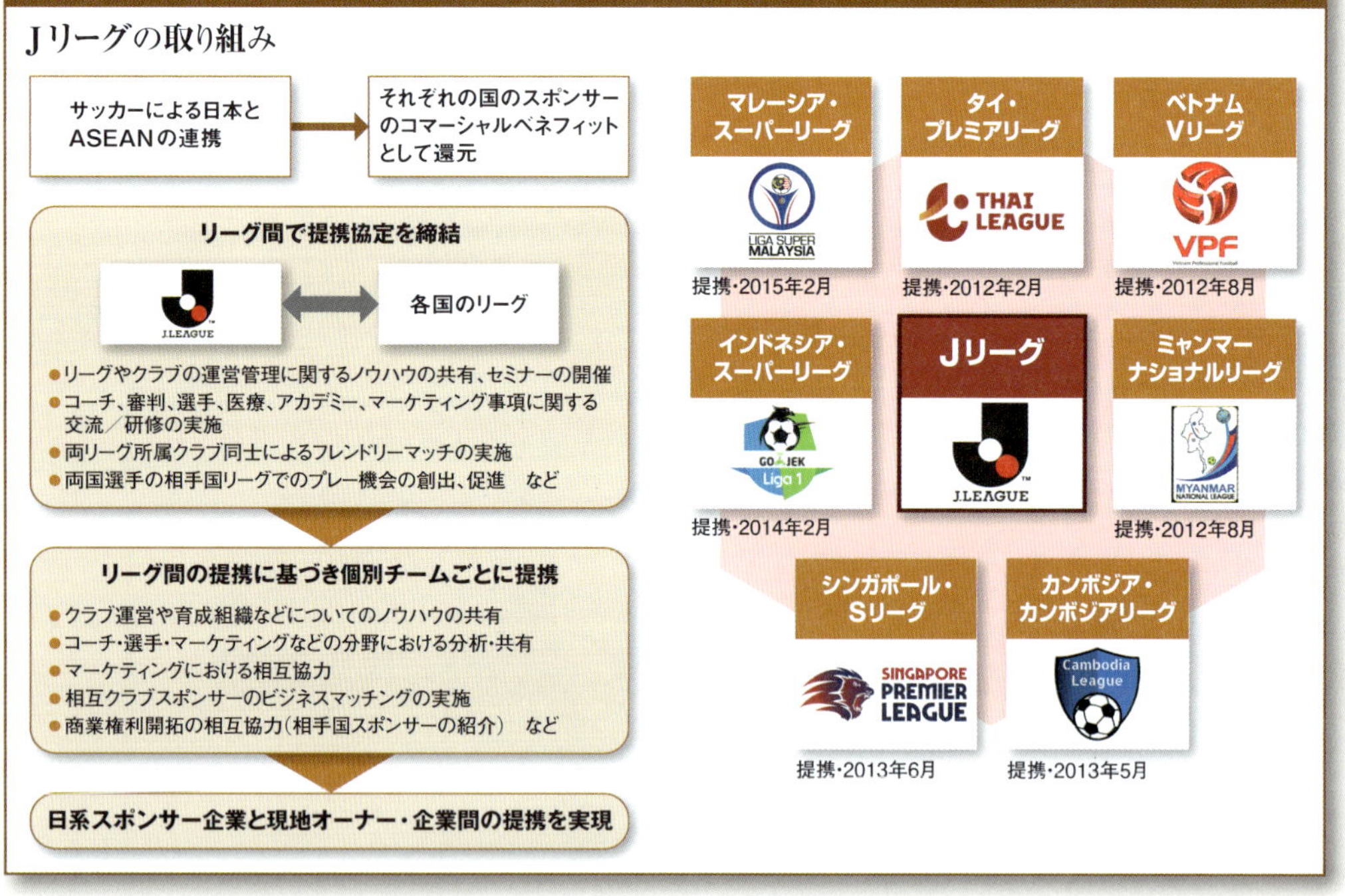

図2 セレッソ大阪の取り組み

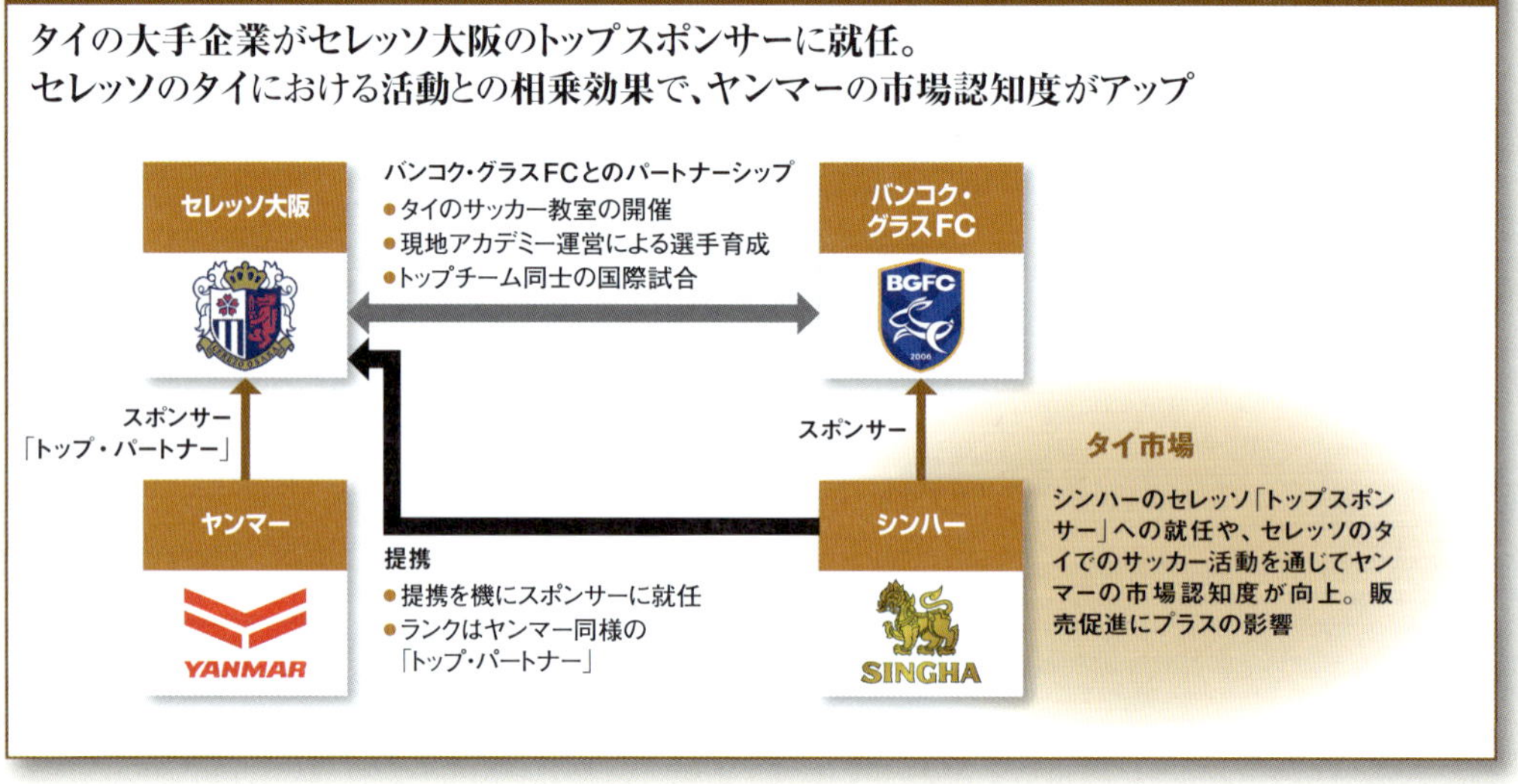

2018年のサッカーワールドカップ・ロシア大会。下馬評の低かった日本代表であるが、いざ蓋を開けてみれば、コロンビア、セネガルなど競合ひしめく予選リーグを見事突破。決勝トーナメントでは、優勝候補のベルギーに惜敗してベスト8進出を逃したが、この善戦に日本国中が大いに沸いた。

1998年のワールドカップ・フランス大会を皮切りに、これで5大会連続のワールドカップ出場を決めている日本代表。かつてはアジア内でも弱小国だった日本がW杯の常連国になったのは、1993年にJリーグが開幕したことで選手がレベルアップを果たしたことと、全国的にジュニアの育成環境が整って、国レベルでのスキルの底上げがなされたことが大きい。

ヨーロッパ・南米諸国が何世代にもわたって積み上げてきたサッカーのノウハウを、たかだか25年で身に付けた日本に対して、ASEAN各国から熱い視線が注がれている。ASEANでもサッカーは人気で、スポーツバーではヨーロッパ各国のサッカーリーグの試合が常に流れ、プロのサッカーリーグも存在する。ただ実力

図3　横浜F・マリノスの取り組み

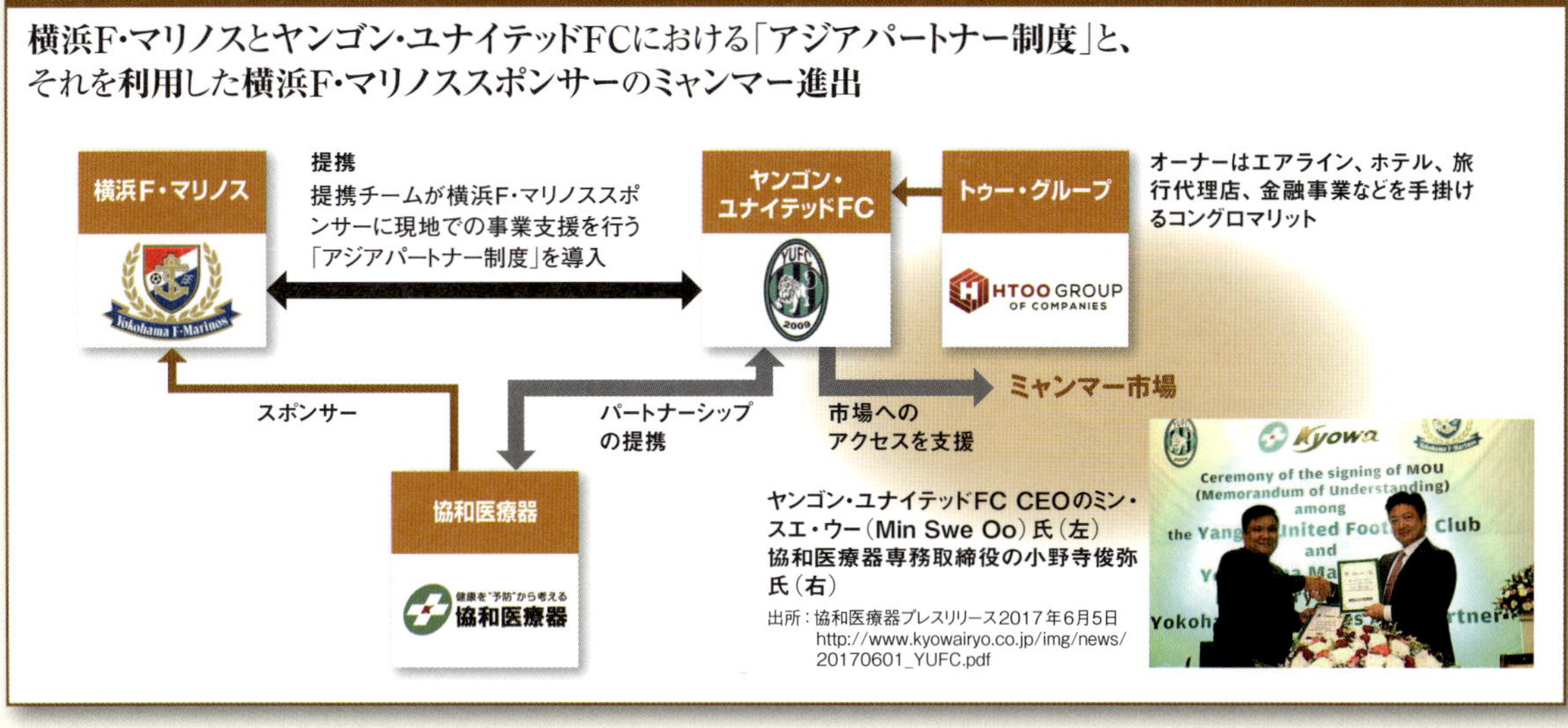

横浜F・マリノスとヤンゴン・ユナイテッドFCにおける「アジアパートナー制度」と、
それを利用した横浜F・マリノススポンサーのミャンマー進出

図4　川崎フロンターレの取り組み

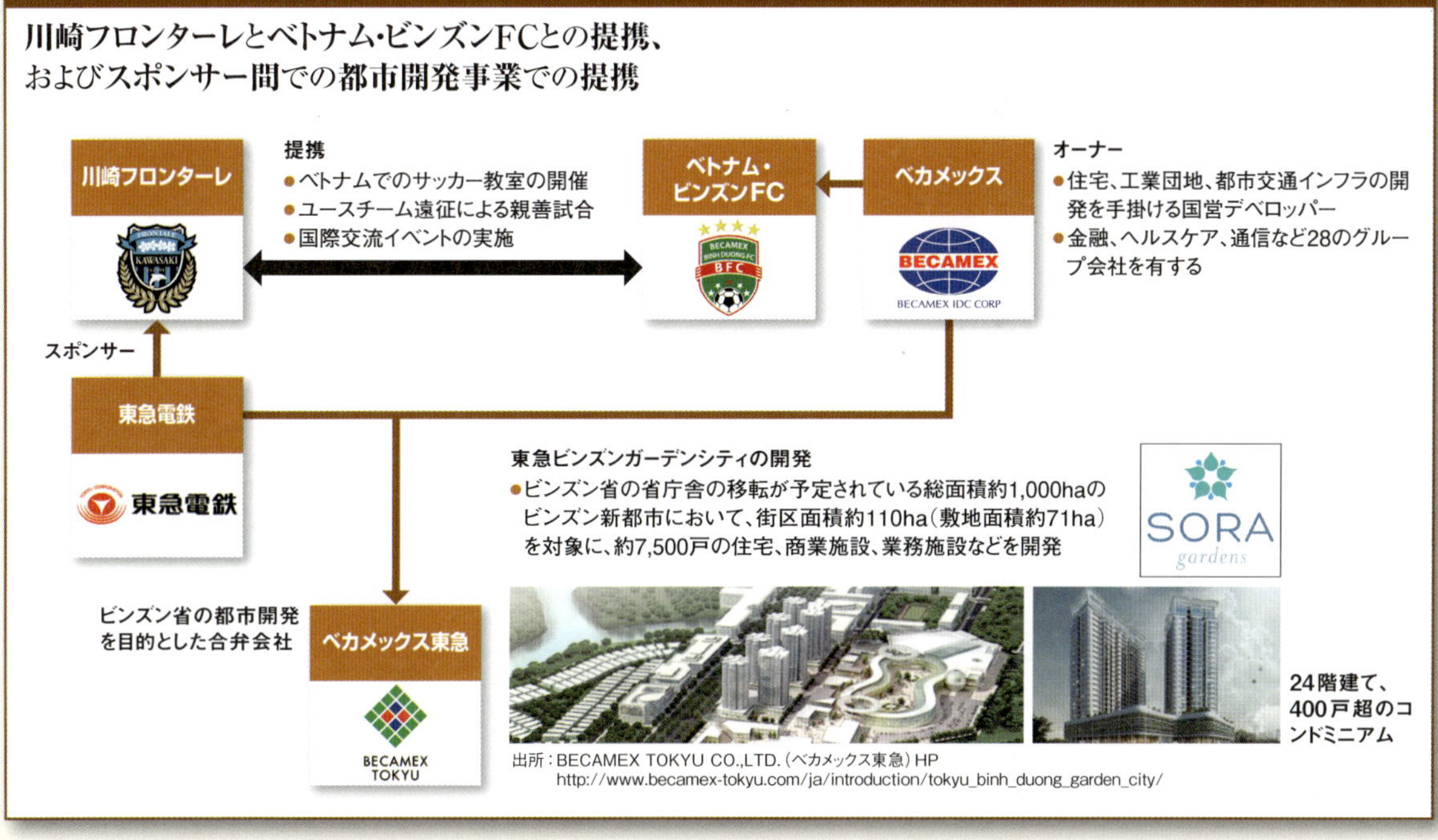

川崎フロンターレとベトナム・ビンズンFCとの提携、
およびスポンサー間での都市開発事業での提携

はというと、FIFAランキングで最高位のベトナムでも100位前後、インドネシアやシンガポールで160位前後と世界との差は大きい。従って、日本がW杯の常連国となった背景に非常に興味を持っているのだ。

　Jリーグは、これを日本サッカー界のさらなる発展の好機と捉え、ASEAN各国のリーグとリーグ間でのパートナーシップを模索。具体的には、図1にあるように、運営管理ノウハウ、育成、相手国リーグでのプレー機会の創出などの面での協力をうたっている。かかるアプローチはASEAN側リーグとしても願ったり叶ったりであり、JリーグはこれまでにASEAN7カ国のリーグと提携を果たしたのである。

　Jリーグのクラブでも、ASEANと積極的に提携を模索している先がある。リーグ間のハイレベルでの合意事項を、より具体的なかたちに落とし込んでいるのである。すなわち、Jクラブ側はクラブ運営、マーケティング、選手育成の面でのノウハウを提供。一方で相手側のスター選手の獲得や、選手・スタッフの相手側チームでの出場・雇用機会の確保などのメリットを享受しているのだ。

　この取り組みによって、タイのメッシと言われるチャナティップ選手が北海道コンサドーレ札幌に入団。スポンサーの赤城乳業は、タイにおける製品ＰＲにチャナティップを起用して効果を上げている。またフェイスブックのフォロワー数２００万人というベトナムのスーパースター、グエン・コンフォンが水戸ホーリーホックに加入。コンフォン追っかけによるインバウンド需要が茨城県に発生している。

　このような取り組みからもう一段進化したのが、図２～４にあるようなクラブのスポンサー間での事業提携だ。ＡＳＥＡＮのクラブはタイクーンによって所有されていることが多く、日系企業とタイクーンがサッカーをご縁に提携を実現している状況が発生しているのである。相手がタイクーンであれば市場の支配力も大きく、日系企業にとっては新規市場への参入で大きな味方を得ることができるのである。このように、サッカーの底上げを本題としつつも、きっちりエコノミクスの果実を実現しているところに、ＪリーグのＡＳＥＡＮ戦略の面白さと素晴らしさがある。

　そもそもＡＳＥＡＮに進出する際に、どの国で、誰と、どのように組んだら良いか、というのが日系企業側の悩みである。だから私のようなアドバイザリーを生業とするものに役割が回ってくるわけであるが、サッカーを通じ、特定国の優良企業を紹介できるというアドバイザー顔負けの役割をＪリーグが果たしていることが非常に興味深い。日系企業がＡＳＥＡＮで活躍できる舞台装置を作るという観点で、ぜひＪリーグと協業できたらと願う次第である。

　Ｊリーグの取り組みには今後も注目していきたいが、近い将来、サッカーの本場ヨーロッパ市場も取り込んだ大きな仕掛けをぶち上げてくれることと期待している。

2018年度のJリーグベストイレブンに選出されたチャナティップ選手

チャナティップ選手×赤城乳業

現地でのサッカー教室

水戸への観戦ツアー

出所：北海道コンサドーレ札幌、公益社団法人日本プロサッカーリーグ提供

【本章の主な参考文献】

外務省のHP　ミャンマー連邦共和国　https://www.mofa.go.jp/mofaj/area/myanmar/index.html

JETROのHP　ミャンマー　https://www.jetro.go.jp/world/asia/mm/

JETRO：2017年の経済見通し（世界56カ国・地域）（2017年5月）　https://www.jetro.go.jp/world/reports/2017/01/86316a1635568bc9.html

JETRO：2018年の経済見通し（世界54カ国・地域）（2018年5月）　https://www.jetro.go.jp/world/reports/2018/01/55b33e7af57031de.html

JETRO：ミャンマーの新興企業事情民主化の恩典、新たなビジネスチャンスをつかむ　2018年4月5日　https://www.jetro.go.jp/biz/areareports/2018/e2dc769ed89bd99a.html

OKB総研 調査部：2018年東南アジア主要国経済の見通し　2017年11月22日　https://www.okb-kri.jp/_userdata/pdf/report/168-focus1.pdf

大和総研　納税ランキングに見るミャンマーの企業活動　2017年7月6日　https://www.dir.co.jp/report/research/economics/emg/20170706_012125.pdf

あずさ監査法人：海外赴任前研修　ミャンマー　2018年3月6日

あずさ監査法人：ミャンマーアップデート　2016年2月1日

社団法人日本プロサッカーリーグ　Jリーグアジア戦略進捗レポート

川崎フロンターレ：川崎フロンターレのアジア展開～ベトナムにおける取組紹介～　2013年-2016年

JETRO：ティラワSEZ通信

その他、各社のHP、各社アニュアルレポート、各社報道、ウィキペディアなど幅広く参照した。

第7章

ベトナム

ビン・グループ

マサン・グループ

ビナキャピタル・グループ

ベトナム

人口約1億人。ホーチミン、ハノイという大都市を中心に消費市場が拡大を続けるベトナムは、日系企業に大変有望なビジネスフロンティアだ。地場企業も成長を続けており、M&Aや戦略的提携を狙う日系企業の視線は熱い。

スマホ、SNS、オンラインショッピングは日常の光景
（©Alamy Stock Photo/amanaimages）

国名	ベトナム社会主義共和国 Socialist Republic of Viet Nam
面積	33万1,690km^2 （日本の0.88倍）
人口	9,270万人 （2016年）
首都	ハノイ 人口 732万8,000人（2016年）
言語	公用語 ベトナム語 他に少数民族語
宗教	仏教（約80%）、その他にカトリック、カオダイ教、ホアハオ教 など

出所：JETRO
https://www.jetro.go.jp/world/asia/vn/basic_01.html

歴史

長きにわたって戦火にまみえた歴史を有する

年齢がばれてしまうが、1975年4月のサイゴン陥落の際、私は10歳。小学校4年生であった。戦争開始は1965年。10年という長い期間アメリカと闘い続け、ついには勝利したベトナムという国に対して感嘆の気持ちを抱いたことを今でも覚えている。中国に接していることから、古くから時の中国王朝の興亡に巻き込まれ、近代では列強の侵略の対象になり、ごく最近まで近隣国と戦争をしてきた国だ。

建国の父はホー・チ・ミン。1945年、日本の敗戦を受けてハノイにおいて独立宣言を発表し、ベトナム民主共和国を建国。ホー・チ・ミンは初代の国家主席兼首相に就任したが、旧宗主国のフランスを始め、連合国側はベトナムの独立を認めなかった。独立を主張するベトナムとフランスの交渉は難航し、ついには戦争状態に陥る。ホー・チ・ミンは『全国民に抗戦を訴える』を発表して徹底抗戦し、装備に勝るフランス軍をゲリラ戦で圧倒。1954年のディエンビエンフーの戦いでフランス軍に致命的な打撃を与えた。その後のジュネーブ協定により、フランス軍は70年に及ぶ植民地支配の末にインドシナ半島から撤退した。

フランスが撤退した後にベトナム進出を企図していたアメリカはジュネーブ協定に調印せず、南部に親米的なベトナム共和国が成立すると積極的な経済的・軍事的支援を開始した。それに対する抵抗運動から南ベトナム解放民族戦線（通称：ベトコン）が結成された。解放戦線はベトナム労働党の支援の下、アメリカ軍と激しく戦い、ここにベトナム戦争が始まった。アメリカは50万もの大軍を投入したことでベトナム戦争は全面戦争に広がったが、国際世論もアメリカに批判的となり、ついには75年に終戦を迎えた。その後もカンボジアとの戦争や、カンボジア侵攻を非難する中国との間での中越戦争など戦火が続き、国民経済は疲弊した。

この事態を打開すべく、1986年におけるチュオン・チン国家評議

ベトナム歴代指導者

代	氏名	就任	退任	国家主席（国家評議会議長）
初代	ファム・ヴァン・ドン	1976年	1981年	トン・ドゥック・タン
2	ファム・フン	1981年	1987年	チュオン・チン
		1981年	1987年	ヴォー・チ・コン（国家評議会議長）
代理	ヴォー・ヴァン・キエット	1987年	1988年	
3	ドー・ムオイ	1988年	1988年	
4	ヴォー・ヴァン・キエット	1991年	1997年	レ・ドゥック・アイン
5	ファン・ヴァン・カイ	1992年	1997年	チャン・ドゥック・ルオン
6	グエン・タン・ズン	1997年	2006年	グエン・ミン・チェット
7	グエン・スアン・フック	2016年	―	チャン・ダイ・クアン（2018年9月死去） グエン・フー・チョン（2018年10月就任）

出所：外務省のHPなどを参照して著者作成

会議長体制は、社会主義型市場経済を目指す「ドイモイ政策」を提唱し、改革・開放路線に踏み出した。これを商機と捉えた日系企業により、1990年頃にはベトナムへの進出ブームが起こった。以降、国際社会への復帰を目指し、1991年に中国（当時の指導者は江沢民総書記）、1993年にフランス（同ミッテラン大統領）と相次いで和解を実現。また長きにわたり銃を向けあったアメリカとも、1995年のクリントン政権下で和解を果たした。

経済

大都市の購買力は上昇基調。いきなりEコマース市場が立ち上がる可能性も

ベトナムの1人当たりGDP額は2017年度において2389ドルである。1人当たりGDPは耐久財の普及率との相関が高く、3500ドルを超えると家電製品や家具などの耐久消費財が普及し、5000ドルを超えると自動車などの普及が進むと言われている。JETROのデータによると、ハノイに限定した1人当たりGDP水準は3500ドル、ホーチミンに至っては5500ドルと推計されている。これらの大都市においては、耐久消費財を含めた消費活動が活発化しているものと思われる。

「小売業の市場規模（総売上）と成長率」のグラフを見ると、人口1億人を要するベトナムの小売市場は、総額においてタイに匹敵する規模となっている。「外食産業の市場規模（総売上）と成長率」では成長していることがうかがえるが、日系大手の吉野家、牛角、その他居酒屋チェーン店などが進出し、日本人のみならず、ベトナム人にも人気となっている。個人経営まで含めると、日系飲食店はハノイに100〜150店舗、ホーチミンに300〜350店舗ほど進出していると言われている。

また近時においてはインターネットおよびスマートフォンの普及で、Eコマースが立ち上がりつつある。ASEAN最大手のラザダ（Lazada）は2012年から事業を開始しており、1日の訪問者数ベースでベトナム最大のシェアを獲得していると言われる。固定電話を持たない人が、一気にスマホユーザーになったように、小売りに関してもリアル店舗が整備される前にEコマースが普及する可能性がある。そうなると宅配を含めた物流の充実が鍵となるが、ヤマトホールディングスや佐川急便は現地企業を買収し、宅配事業を開始している。気温が高いベトナムにおいて日系企業が得意とするコールドチェーンが定着すれば、小売産業のさらなる拡大に貢献する。注目の領域である。

小売業の市場規模（総売上）と成長率

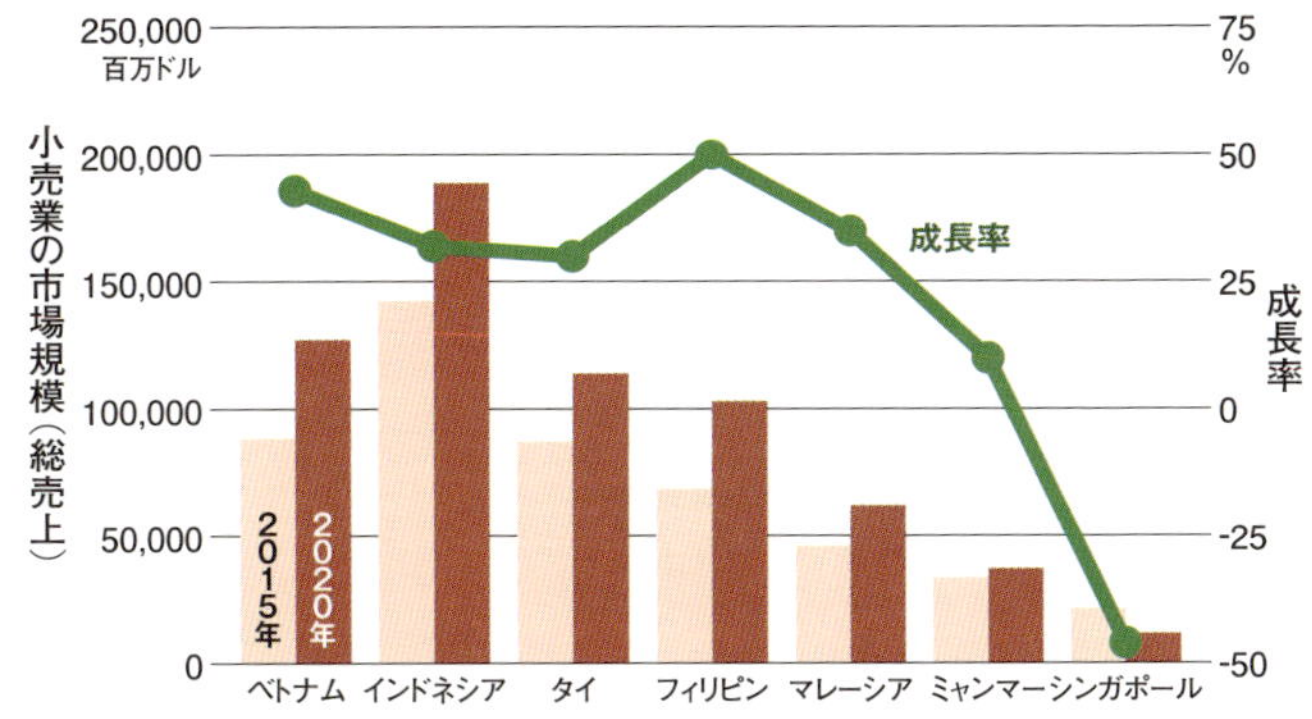

外食産業の市場規模（総売上）と成長率

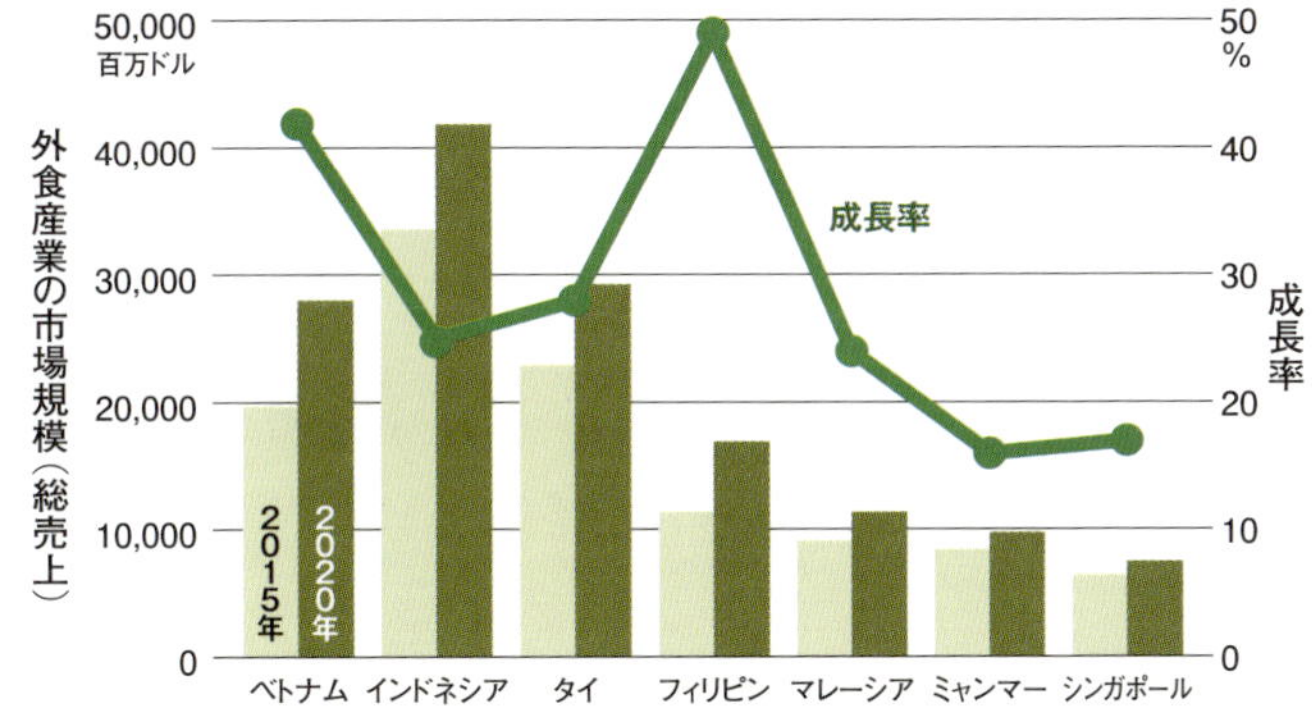

出所：JETRO「拡大するASEAN市場へのサービス業進出」（2017年9月）を参照し著者作成

ベトナムの基礎的経済指標

対象年月	2013年	2014年	2015年	2016年	2017年
実質GDP成長率（単位：%、2000年基準）	5.4	6.0	6.7	6.2	6.8
名目GDP総額（単位：10億ドル）	171	186	193	205	224
1人当たりのGDP（名目）＝ドル	1,907	2,052	2,109	2,215	2,389
消費者物価上昇率（前年比、単位：%）	6.6	4.1	0.6	2.7	3.5
失業率（都市部、単位：%）	3.6	3.4	3.4	3.2	3.2
為替レート（期中平均値、対米ドルレート）	20,933	21,148	21,677	21,932	22,370

（現地通貨：ドン）

出所：JETRO「基礎的経済指標」（2018年10月24日）

注：ベトナムは、「GDP産業別構成」の有効データがないので、割愛している

Pham Nhat Vuong/Vin Group

ファム・ニャット・ブオン（フォーブス第1位・純資産額7370億円）
ビン・グループ

不動産、小売りを中心に数多くの事業を手掛けるベトナム最大のコングロマリット

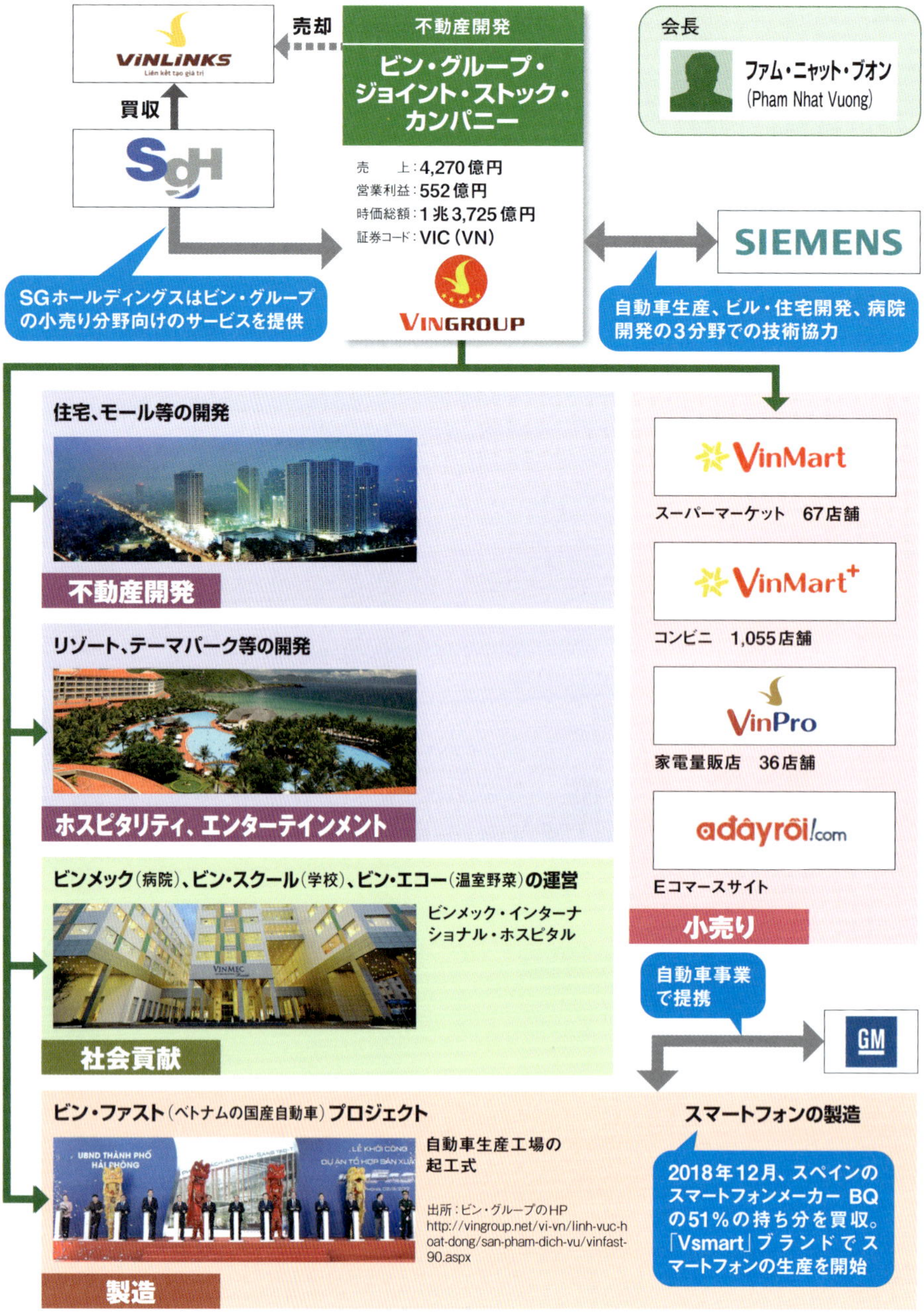

概要
ベトナム初の国産車製造を目指す

ファム・ニャット・ブオン氏は1968年生まれ。1代でベトナム最大のコングロマリットを築いた若きタイクーンだ。7000億円を超える資産を有し、フォーブス2018年の世界長者番付でも499位につけた。もちろんベトナム最高位の富豪である。若くして旧ソ連で学び、ウクライナで食品会社を立ち上げたのがビジネスの嚆矢だ。これをネスレに売却してベトナムに凱旋。政府とのリレーションを活用して好立地における不動産開発事業で収益を上げ、さらにそれを別の不動産投資に振り向けるやり方でビジネスを一気に拡大した。

不動産以外では、スーパー・コンビニ、Eコマース、ホテル、テーマパーク、学校・病院の運営と幅広い事業を展開。近時では自動車の生産にも乗り出し、ベトナム初の国産車作りを目指し、体制を整えている。

主要業種
不動産

今後の重点業種
小売（Eコマース）

評価シート

規模	A
注目度	A
成長性	A
日系企業との提携可能性	B

Nguyen Dang Quang/Masan Group

グエン・ダン・クアン（フォーブス番外）
マサン・グループ
ベトナム最大級の総合食品メーカー

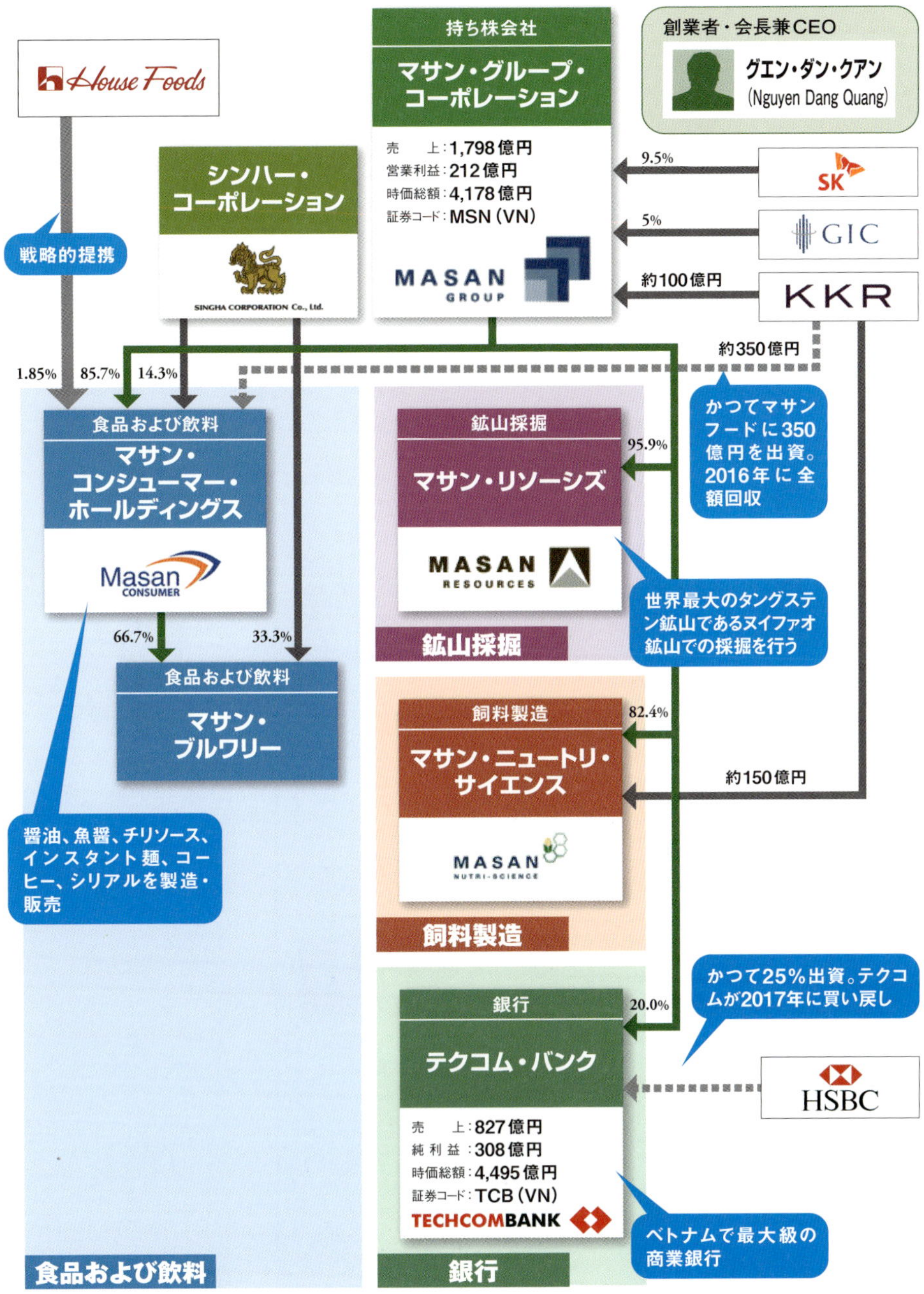

概要

タイ企業との大型の提携を実現

マサン・グループは、食品、銀行、資源開発などを手掛けるコングロマリットだ。創業者はグエン・ダン・クアン氏。1953年の生まれで、旧ソ連の大学に学んだ。マサンの創業は1996年。事業の中心は食品で、魚醤やチリソースなどの調味料、即席麺の分野で大きなシェアを持つ。ハウスとは戦略的提携関係にあり、ハウスがマサン・コンシューマーの1・85％の株式を保有している。

近時の大きな動きは、タイの大手シンハー・グループに、傘下のマサン・ブルワリーの株式33・3％を約1200億円で譲渡したことである。ビールではサイゴンビールのような国営企業の後塵を拝しているが、タイ大手との提携でどこまでシェアを伸ばせるか。またGIC、KKRという大手ファンドが数百億円単位の出資をしており、マサンの成長への期待の大きさを表したものと言える。

主要業種	
食品・飲料	
今後の重点業種	
食品・飲料	

評価シート	
規模	B
注目度	B
成長性	B
日系企業との提携可能性	B

Don Lam/VinaCapital Group

ドン・ラム（フォーブス番外）
ビナキャピタル・グループ

ベトナム最大のプライベート・エクイティ・ファンド

不動産

ビナランド（VNL）

時価総額：49億円
（2018年9月末時点）
証券コード：VNL（GB）

THE POINT
ゴルフ場

AZURA
高級住宅

リゾート型都市開発

MỸ GIA
住宅開発

THE OCEAN VILLAS
高級住宅

不動産

ベトナム・リアル・エステート・スペシャル・オポチュニティー・ファンド（VRSO）

コアラ・プロジェクト（ハノイのオフィスビル）※1

ナイン・サウス・エステイツ（ホーチミンの住宅開発）
出所：http://www.ninesouth.com.vn/tien-do-xay-dung-den-dau-thang-32018-16-227.html?lang=vi

ホテル

ロジス

ビナ・キャピタルとウォーバーグ・ピンカスとの合弁会社によるファンド

ソフィテル・レジェンド・メトロポール・ハノイ※2

フーコック島　フュージョンリゾート※3

出所：※1〜※3はいずれもビナキャピタルのアニュアルレポート（2018年6月）より取得

主要業種
投資ファンド
今後の重点業種
ベンチャーキャピタル

評価シート	
規模	A
注目度	A
成長性	A
日系企業との提携可能性	A

概要

さまざまな業種にリスクマネーを提供

ベトナムの経済成長が始まったのは1986年に提唱されたドイモイ政策以降である。戦争をしてきた中国、フランス、アメリカとの和解が1990〜95年であるので、これらの国との交流を含むグローバル経済下での成長が始まってからたかだか20年である。にもかかわらず、前述したビン・グループ、マサン・グループのような有力グループが登場してきている。そして資本主義そのものを体現していると言っていいプライベート・エクイティ・ファンドも数多く立ち上がってきている。ビナキャピタルは、投資の総額とポートフォリオの大きさで他を寄せ付けない圧倒的規模を誇るファンドである。

これを率いるのはドン・ラム。トロント大学を卒業後、母国に戻りPwCに勤務。コーポレートファイナンスとマネジメントセクションのパートナーを務めたのち、2003年

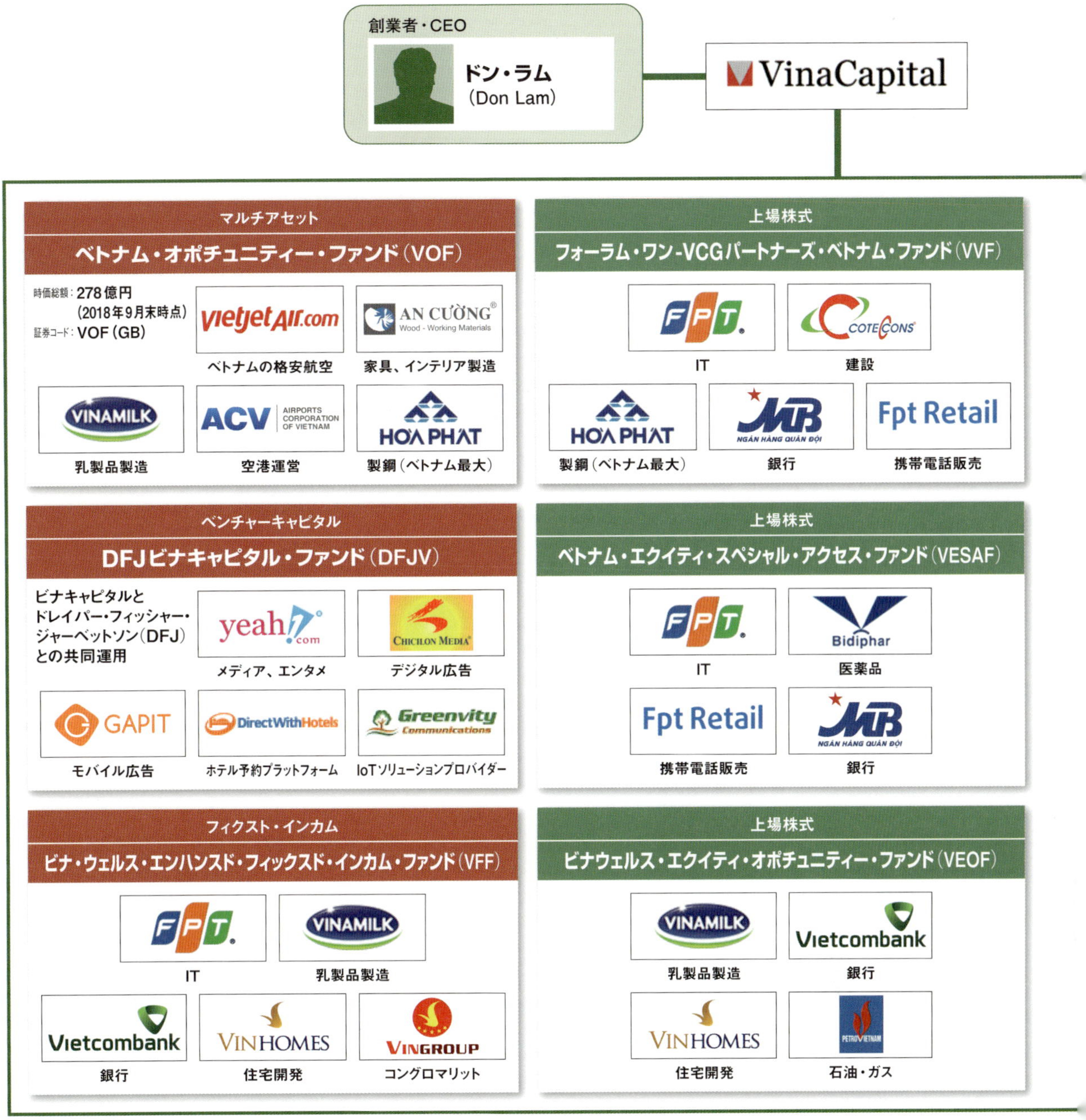

注：ロゴおよび写真は、ファンドによる主要な投資先を表す

にビナキャピタルを創設した。立ち上げ時の資金は約10億円。それを投資総額2000億円の巨大ファンドに育て上げた。

主要なファンドは3つ。まずベトナムの不動産投資を行うファンドだ。経済成長が加速する時点では、インフラ整備が進み、オフィス、商業施設などの開発が進む。ここに成長機会を見出して投資を行ったのが事業の始まりだ。このアプローチは開発途上にある国における鉄板の投資手法で、182ページのビン・グループの成功体験と重なる。

国内の上場企業に投資するファンドも2本有する。1つは成長企業に投資するもの、もう1つは長期的に成長すると見込まれる銘柄をセレクトして投資するものだ。前者にはビナミルクやベトジェットなど近時大きく成長した銘柄が含まれている。シンガポールにはテマセク、GICとそれぞれプロファイルの異なるファンドがあるが、この主要3本のファンドを見るに、シンガポールのテマセク、GICを合わせたような投資方針を持っているようだ。

また近時は、アーリーステージのテクノロジー企業に投資するファンドも立ち上げている。投資先からユニコーンが出てくるか、その投資の目利き力が試される。

COLUMN

ベトナム人の繊細な味覚

世の中にパンの種類は数多くあれど、なんといってもバゲットが好きだ。堅く、しかし香ばしい表皮。しっとりもっちり柔らかい中味。口に含むと小麦の香りが鼻腔に広がり、ほのかな塩気と共に口中に幸せが広がる。バターやジャムで味を変えてしまうのがもったいなく、そのままで味わうか、新鮮なオリーブオイルで食すのが私の好みだ。美味しいバゲットがあれば、それをつまみに白ワインが何杯も進んでしまう。日本には美味しいパン屋が多いので、クオリティーの高いバゲットに出会うことができる確率は高い。しかしこれがアジアの出張先となると意外にハードルが高い。出張中のローカルフードは楽しみの1つだが、朝食はシンプルにフルーツとパンで済ませることが多い。しかし、美味しいバゲットにはなかなか出会えない。表皮が柔らかすぎたり、中がぱさぱさだったり、香りもなく口に入れても幸福感からは程遠い。

ところが、先日ベトナムに出張したときのこと。ホーチミンとハノイに宿泊したが、どちらのホテルで食したバゲットも素晴らしかった。日本で私が贔屓にしている店のものと遜色なく、いやそれ以上の香りと食感を持っていたかもしれない。これは新鮮な驚きであった。バゲットは別名フランスパン。歴史的にフランスとの因縁が深いベトナムには、本場の味が根付いているということかと1人で得心したのであった。

そもそもベトナム料理は繊細だ。フレンチの薫陶もそこかしこに感じる。ベトナム料理の代表にフォー（現地ではファーと発音する）があるが、そのものは無味なライスヌードルを、チキンベースのスープで食する。薬味にミントとパクチーを加え、最後にライムを搾る。個性の異なるアイテムが混合されることで、なんとも複雑な味のストラクチャーを構成するのだ。このような味覚を有するベトナム人には、美味しいバゲットを焼くことなどまさに朝飯前なのかもしれない。

ベトナムの1人当たりのGDP水準は2400ドルほど。日本の10分の1にも満たない。しかし昨今、大都市部での購買力の向上著しく、ハノイにおける1人当たりGDP水準は3500ドル、ホーチミンでは5500ドルまで達していると言われている。3500ドルで家電・家具などの小型耐久消費財の購入が始まり、5000ドルを超すと車・家という大型の耐久消費財の購入に火が付く。銀行口座を持てるようになり、クレジットカードで消費を楽しめるようになる。購買力の増大に伴い、多様な業態の外食ビジネスが広がっていく。ベトナムの大都市はまさにそういうステージにある。

ベトナムで外食事業を展開する知人がいる。ベトナム料理から始まり、タイ料理、中華、韓国焼肉、そして日本料理とマルチブランドを展開し、若者を中心に現地で支持を集めている。非常に勉強熱心で、新しい業態開発のためにASEAN各国、ヨーロッパ、そして日本に足を運ぶ。ベトナム人が求めている外食ニーズに合う商材は何か、ベトナム人が未だ知らない商材で即受け入れられるものは何か、それを考えながら視察を繰り返すという。彼の視察にお付き合いした際、デパ地下の総菜売り場、デパート内のレストラン街、街中の繁盛店などを精力的に歩き回った。小料理屋のカウンターで大皿に盛られた総菜について聞きながらカメラに収める。オリジナルのドレッシングをレジで販売していたレストランでは、その商品ディスプレーが面白いとパチリ。日本人には見慣れていて、「これは日本的ですよ」と必ずしも思わないものに興味を示すのが新鮮であった。

「餅のデザートを導入するよ」と視察後に彼は言う。餅の食感をベースに、ベトナム人好みの「日本風デザート」のアイデアが浮かんだそうだ。素晴らしい味覚だなと感心しつつ、次の視察では美味しい日本のベーカリーを複数店回ってもらうことにしよう。

【本章の主な参考文献】

外務省のHP　ベトナム社会主義共和国　https://www.mofa.go.jp/mofaj/area/vietnam/index.html

JETROのHP　ベトナム　https://www.jetro.go.jp/world/asia/vn/

JETRO：2017年の経済見通し（世界56カ国・地域）（2017年5月）　https://www.jetro.go.jp/world/reports/2017/01/86316a1635568bc9.html

JETRO：2018年の経済見通し（世界54カ国・地域）（2018年5月）　https://www.jetro.go.jp/world/reports/2018/01/55b33e7af57031de.html

OKB総研 調査部：2018年東南アジア主要国経済の見通し　2017年11月22日　https://www.okb-kri.jp/_userdata/pdf/report/168-focus1.pdf

あずさ監査法人：海外赴任前研修　ベトナム　2018年6月27日

Vina Capital　会社案内　2018年6月

みずほフィナンシャルグループ　MIZUHO Research & Analysis no.12　特集 成長市場ASEANをいかに攻略するか　―多様性と変化がもたらす事業機会を探る―　Ⅵ. 台頭するASEANの地場コングロマリットとの向き合い方　https://www.mizuho-fg.co.jp/company/activity/onethinktank/vol012/pdf/14.pdf

その他、各社のHP、各社アニュアルレポート、各社報道、ウィキペディアなど幅広く参照した。

第8章

香港（番外）

長江グループ

サンフンカイ・グループ

ギャラクシー・エンターテインメント・グループ

香港

1997年に英国から中国に返還されてはや20年、「一国二制度」の下で高度な自治の保証を謳っているが、中国政府による締め付けは厳しさを増している。自由経済の象徴である香港は、今後紅く染まってしまうのだろうか。

歴史

強まる中国の支配 雨傘運動を経て民主化の行方に注目

「1840年、アヘン戦争」
「1842年、南京条約による香港割譲」

受験で世界史を選択した私だが、近現代の香港の歴史はとても暗記しきれないほど多くのイベントが目白押しだった。同じ単元で学んだ三角貿易。中国から陶器・絹・茶などを輸入するイギリスが、決済のために自国の銀を支払うのではなく、インドのアヘンを持ち込んだというもの。コンプライアンス的に、そして人道的にもとんでもない話であるが、帝国列強主義に翻弄された中国で実際に行われ、香港はその地理的窓口になっていた。アヘンを禁止していた清との間で戦争にまで発展したのがアヘン戦争であるが、清の敗戦により、1860年に北京条約が締結されて九龍半島もイギリスに割譲される。さらにイギリスは、1898年7月1日には九龍以北、深セン河以南の新界地域も租借。この地域の租借期限は99年間とされ、1997年6月30日午後12時が期限と定められた。1997年は山一證券や北海道拓殖銀行が経営破綻した年である。またポケットモンスターの大ブームが起こり、サッカー日本代表が初のワールドカップ出場を決めた年でもある。つい20年前の1997年まで、香港が帝国列強主義時代に締結された契約の中にあったというのは改めて驚きである。

主権が中国政府に移った後、引き続き香港に高度な自治を認める「一国二制度」が導入された。しかし中央政府による影響は徐々に大きくなり、自由に慣れてきた香港市民にとって大きな不満となっていった。それが爆発したのが、2014年9月に発生した反政府デモ、「雨傘運動」である。発端は同年6月に中国政府が香港への全面的な統括権を宣言し、2017年の香港特別行政区行政長官選挙に中央政府の意に沿わない候補者の出馬が不可能になったことである。雨傘運動は3カ月にわたり市内主要箇所を占拠し、一時は10万人が参加したとも言われている。ただ、

紅い都市へと変貌してしまうのか……？
(©Katsuhiko Kato/a.collectionRF/amanaimages)

国名	香港 Hong Kong 
面積	1,106.4km² (東京都の約半分)
人口	739万人 (2017年末)
言語	中国語(一般には広東語が多い)と英語
宗教	仏教、道教、キリスト教
公用語	中国語と英語

出所：JETRO
https://www.jetro.go.jp/world/asia/hk/basic_01.html

香港の行政長官

	氏名	就任	退任
初代	董建華	1997年	2005年
2代	曾蔭権	2005年	2012年
3代	梁振英	2012年	2017年
4代	林鄭月娥	2017年	

出所：外務省のHPなどを参照して著者作成

都市機能も麻痺し、疲弊した市民が徐々に離反して反政府デモは終結した。２０１７年に特別行政区行政長官に就任した林鄭月娥（キャリー・ラム）氏は社会の亀裂を修復する方針を出しているが、中央政府の意を汲んで統制強化を図るのか、その動きが注目されている。

経済

中国の経済発展に伴い物流・金融の拠点としての優位性は低下

現在の香港は、世界屈指のビジネス拠点であり、人的資本や金融資本の充実度、社会インフラの先進性、法体系の整備、税制の優遇措置、そして英語の普及などの指標で構成される都市ランキングでは常に上位に選ばれる。１人当たりGDPは４万６１０９ドルと日本を上回る水準である。金融資産１００万ドル以上を持つ富裕世帯は約21万世帯と言われ、シンガポールと並んで国民に占める富裕層の数が多い豊かな国である。

香港の経済発展の起点をどこに求めるかは諸説あるが、個人的には、１９４９年の中華人民共和国の成立だと考えている。共産主義を嫌う多くの人が香港に流入し、それが安価な労働力を形成。折しも勃興していた労働集約型の繊維産業や軽工業を後押ししたのだ。本書で紹介する李嘉誠などは、ホンコンフラワーと呼ばれるプラスチックの造花の製造販売で財産を築いたのである。香港における「希少資源」は土地である。李嘉誠を含めた多くのタイクーンたちは、不動産開発によって巨額の富を得た。だが、タイやインドネシアのように外資の製造業が根を下ろすほどの土地は存在しない。追い風は80年代の中国の経済開放政策であった。フロンティアがいきなり出現したのである。香港に近接する深セン市や東莞市に数多くの工業団地が建設され、広東省は世界の工場と呼ばれるようになった。このとき、香港はそれら地域への物理的な玄関口であり、そこに物流機能と金融を提供することで、その経済を支配するタイクーンたちは大いに成長したのだ。

しかし、１９９７年の返還以降、香港を取り巻く経済環境は大きく変わった。最大の変化は、アメリカと並んで世界最大の経済大国になった中国本土の経済成長である。経済の自由化が進み、海外企業は香港を経由せずとも中国企業と直接取引ができるようになった。実際、深センや広州の港湾の取扱高は増大し、香港の地位は相対的に低下している。

香港は、金融においても中国企業に対する重要な資金調達の窓口であった。中国が主導するアジア投資銀行に加盟し、習近平主席が主導する一帯一路政策に対して資金を提供してきた。しかしながら金融市場においても、上海や深圳市場の規模が大きくなり、ここでも香港の地位が危惧されている。元の国際化に併せて、中国の資本市場が安定し、さらなる金融市場の拡大が続けば、海運同様、金融面においても香港の存在意義は薄れてしまう。中国の政治的統制が強まる中、経済の優位性も失えば、広大な国土におけるただの紅い都市の1つになってしまうのだろうか。

経済的優位性の維持は、民主化の機運にも影響を与えるだけに、今後とも注視していきたい。

GDP産業別構成（名目）

単位：100万香港ドル

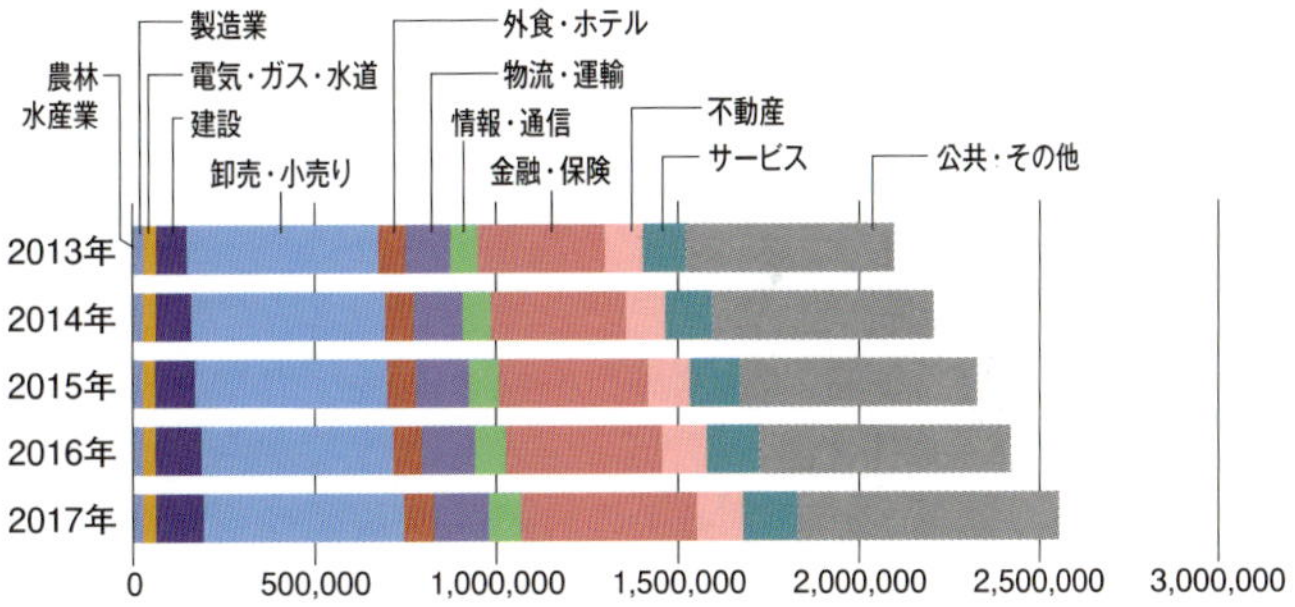

出所：Census and Statistics Department
https://www.censtatd.gov.hk/hkstat/sub/sp250.jsp?tableID=035&ID=0&productType=8

香港の基礎的経済指標

対象年月	2013年	2014年	2015年	2016年	2017年
実質GDP成長率（単位：%）	3.1	2.8	2.4	1.9	3.8
名目GDP総額（単位：10億ドル）	276	291	309	321	342
1人当たりのGDP（名目）米ドル	38,233	40,186	42,328	43,528	46,109
消費者物価上昇率（基準：2010年、単位：%）	4.4	4.5	3.0	2.4	1.5
失業率（単位：%）	3.4	3.2	3.3	3.4	3.1
為替レート（期中平均値、対米ドルレート）	7.76	7.75	7.75	7.76	7.79

（現地通貨：香港ドル）　出所：JETRO「基礎的経済指標」（2018年08月24日更新）

注目グループ

長江グループ

李嘉誠（フォーブス第1位・純資産額4兆774億円）

Li Ka-Shing/Cheung Kong Group

不動産、通信、電力、物流、小売りなどを手掛ける香港最大のコングロマリット

次男 リチャード・リー（李沢楷・Richard Li）

ING

2007年にINGの香港・マカオ・タイの生保業務を21.4億ドルで買収

国务院国有资产监督管理委员会

89.6%

不動産 パシフィック・センチュリー・リージョナル・デベロップメンツ
売上：12億円
営業利益：9億円
時価総額：791億円
証券コード：P15（SG）
PACIFIC CENTURY REGIONAL DEVELOPMENTS LIMITED

かつて八重洲の高層ビルを保有

22.7%　17.8%

通信・不動産 PCCW
売上：5,333億円
営業利益：845億円
時価総額：4,793億円
証券コード：00008（HK）

52%

通信 HKTトラスト・アンドHKT
売上：4,787億円
営業利益：1,052億円
時価総額：1兆1,808億円
証券コード：06823（HK）
HKT Here To Serve

メディア
now TV Pay-TVサービス
MOOV 音楽配信
clip ビデオ・オンデマンド・サービス

100%

ITサービス PCCWソリューションズ
PCCW Solutions

不動産 パシフィックセンチュリー・プレミアム・デベロップメンツ

パシフィックセンチュリープレイス丸の内
出所：http://www.pcpm.jp/english/images/top/pcp_pamphlet.pdf

1997年にPCCWにより建設されたが、2006年にダヴィンチ・アドバイザーズに売却

通信・不動産

三菱商事

60%　40%

航空機リース会社

航空機リース

香港のみならずシンガポールにもランドマーク多数

26.7%

不動産 CKアセット・ホールディングス
売上：8,283億円
営業利益：3,616億円
時価総額：2兆7,146億円
証券コード：01113（HK）
長江實業集團有限公司 CK ASSET HOLDINGS LIMITED

チョンコン・センター（香港）

ザ・ワンポア（香港）

ウェストゲート・モール（上海）

マリーナ・ベイ・ファイナンシャル・センター（シンガポール）

出所：CKアセット・ホールディングスのHP https://www.ckah.com/eng/

不動産

45.3%

薬品・サプリ製造 CKライフサイエンス・インターナショナル・ホールディングス
売上：676億円
営業利益：138億円
時価総額：548億円
証券コード：00775（HK）
CK Life Sciences Int'l.(Holdings) Inc.

概要

李嘉誠は引退表明。長男が事業を承継

李嘉誠は1928年広東省潮州の生まれ。若くして父を亡くし、高校を中退してプラスチック会社の営業として働き、家計を支えたという。

1949年の共産党による中華人民共和国の成立によって、共産主義の台頭に嫌忌した人たちが、大量に香港に流入。彼らは香港において安価な労働力となり、それを活用した繊維産業のような労働集約型の製造業が発達し始めた。李はそれをチャンスと捉え、1950年、22歳の時に独立して、プラスチック玩具・家庭用品の製造を始めた。欧米向けにプラスチックの造花を輸出し、これが「ホンコンフラワー」と呼ばれて大当たり。一財産を築いた。

この資金を元に李は長江実業を設立して不動産事業に参入。1960年代の文化大革命の影響で下落した香港の不動産を買い集め、不動産事業の地歩を固めた。1972年に長

主要業種
不動産・通信

今後の重点業種
資源・インフラ

評価シート	
規模	A
注目度	A
成長性	A
日系企業との提携可能性	A

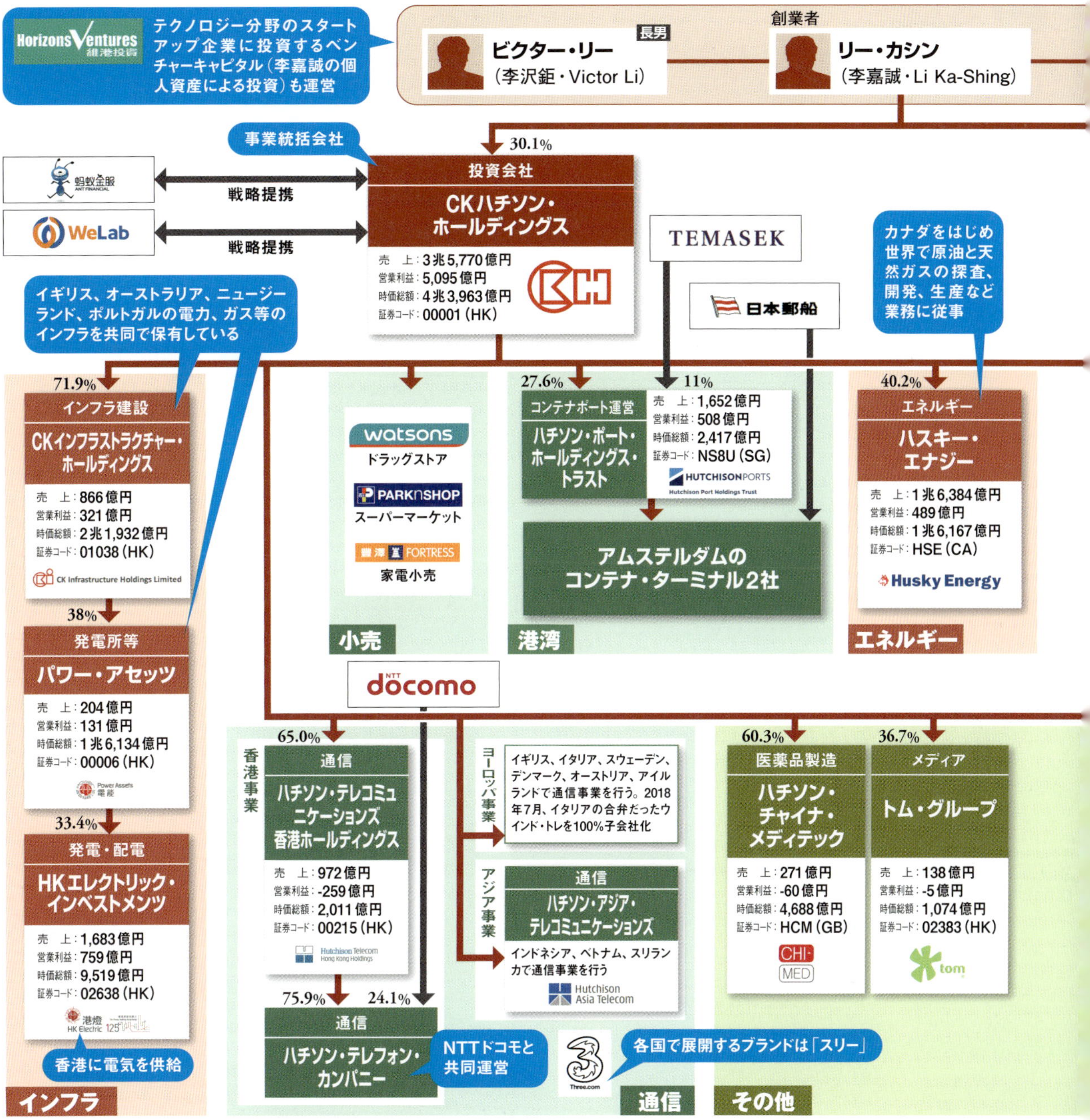

江実業が上場を果たすと調達した資金でさまざまな買収を次々手掛け、英企業ハチソン・ワンポアという時価総額が長江の10倍もある大型M＆Aを成功させ、李は「超人」と呼ばれるようになった。李嘉誠には、ビクター、リチャードという2人の息子がいる。2人ともスタンフォード大卒の俊英だ。ビクターは主として不動産関連、リチャードは主としてハチソン傘下の事業を統括している。その経営手腕に対する評価は高く、父の「超人」に対して「小超人」とのニックネームで呼ばれている。

リチャードに関しては、日本との関わりが深い。1997年、リチャードは旧国鉄が保有していた八重洲の土地を買収し、パシフィックセンチュリープレイス丸の内を建設。フォーシーズンズという高級ホテルと一体型のオフィスビル開発を行い、注目された。日本以外でも積極的に活動しており、2007年にはオランダの金融機関INGから香港・マカオ・タイの保険事業を、約2400億円で買収した。

タイクーンの代名詞でもある李嘉誠であるが、2018年5月に引退を表明。長男のビクターが事業を承継する。一時代を築いた「超人」の引退を惜しむ声が多くの投資家から挙がっている。

企業研究——
CKアセット・ホールディングス

基本情報

企業名	CK Asset Holdings Ltd
証券コード	01113
特色	A property development company
業種	不動産投資, 総合デベロッパー
住所	2 Queen's Road Central 7th Floor, Cheung Kong Center Hong Kong Hong Kong
電話番号	+852 21288888
URL	http://www.ckah.com
設立年	2015
上場年月日	2015/6/3
上場市場	香港証券取引所、OTCピンクシート、OTCピンクシート(ADR)、ミュンヘン証券取引所
資本金	471百万米ドル(2018/06期)
従業員数	19,800人(2018/06連結)

業績推移

単位：百万米ドル	2015/12期 連結決算 実績	2016/12期 連結決算 実績	2017/12期 連結決算 実績
売上高合計	7,388	8,926	7,385
EBITDA	3,259	3,684	5,251
EBITDAマージン	44.10%	41.30%	71.10%
営業利益	2,712	3,310	3,224
営業利益率	36.70%	37.10%	43.70%
親会社株主に帰属する当期純利益	2,207	2,501	3,866
親会社株主に帰属する当期純利益率	29.90%	28.00%	52.30%
資産合計	47,959	51,164	57,991
株主資本等合計	33,937	34,837	38,788
株主資本比率	70.76%	68.09%	66.89%
有利子負債	7,867	9,048	9,209
D/Eレシオ	0.23倍	0.26倍	0.24倍
ROE	9.52%	7.28%	10.51%
ROA	6.17%	5.05%	7.09%
営業活動によるCF	2,311	5,019	6,364
投資活動によるCF	1,130	-1,648	-7,075
財務活動によるCF	1,077	-974	-388

事業セグメント

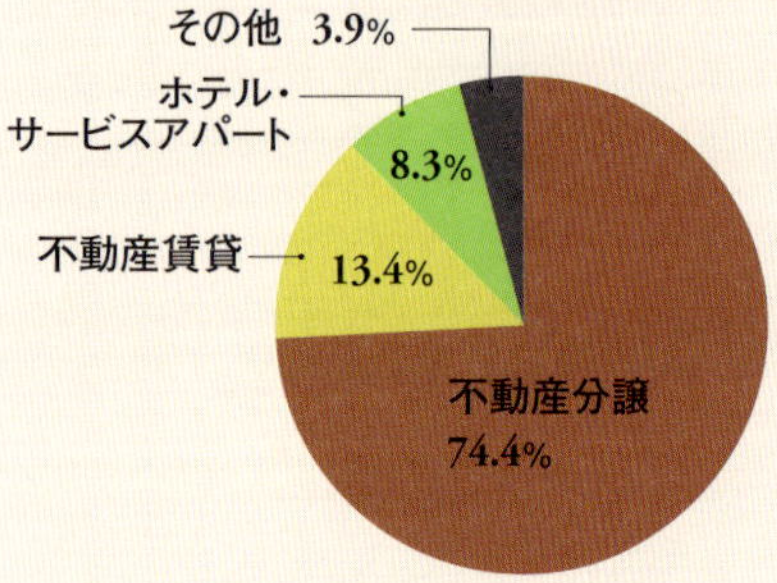

注：2017年12月期の事業セグメントの売上高

企業研究——
CKハチソン・ホールディングス

基本情報

企業名	CK Hutchison Holdings Ltd
証券コード	00001
業種	食品スーパー, 石油精製, 通信回線販売, 港湾運送
住所	10 Harcourt Road 22nd Floor, Hutchison House Hong Kong Hong Kong
電話番号	+852 21281188
URL	http://www.ckh.com.hk
設立年	2014
上場年月日	1972/11/1
上場市場	香港証券取引所、OTCピンクシート、OTCピンクシート(ADR)、スイス証券取引所、ハンブルグ証券取引所、ミュンヘン証券取引所
資本金	492百万米ドル(2018/06期)
従業員数	182,895人(2018/06連結)

業績推移

単位：百万米ドル	2014/12期 連結決算 実績	2015/12期 連結決算 実績	2016/12期 連結決算 実績	2017/12期 連結決算 実績
売上高合計	201	21,509	33,470	31,891
EBITDA	2,600	7,921	8,964	9,206
EBITDAマージン	1291.00%	36.80%	26.80%	28.90%
営業利益	129	3,184	4,762	4,542
営業利益率	64.00%	14.80%	14.20%	14.20%
親会社株主に帰属する当期純利益	6,946	15,293	4,252	4,504
親会社株主に帰属する当期純利益率	3,448.70%	71.10%	12.70%	14.10%
資産合計	59,033	133,239	130,666	140,745
株主資本等合計	51,975	55,284	54,754	58,784
株主資本比率	88.04%	41.49%	41.90%	41.77%
有利子負債	4,882	39,900	39,756	42,920
D/Eレシオ	0.09倍	0.72倍	0.73倍	0.73倍
ROE	13.94%	28.51%	7.74%	7.94%
ROA	12.15%	15.91%	3.23%	3.32%
営業活動によるCF	4,876	5,746	5,196	6,878
投資活動によるCF	-1,405	9,360	-2,322	-6,247
財務活動によるCF	-3,708	-3,274	1,647	-91

事業セグメント

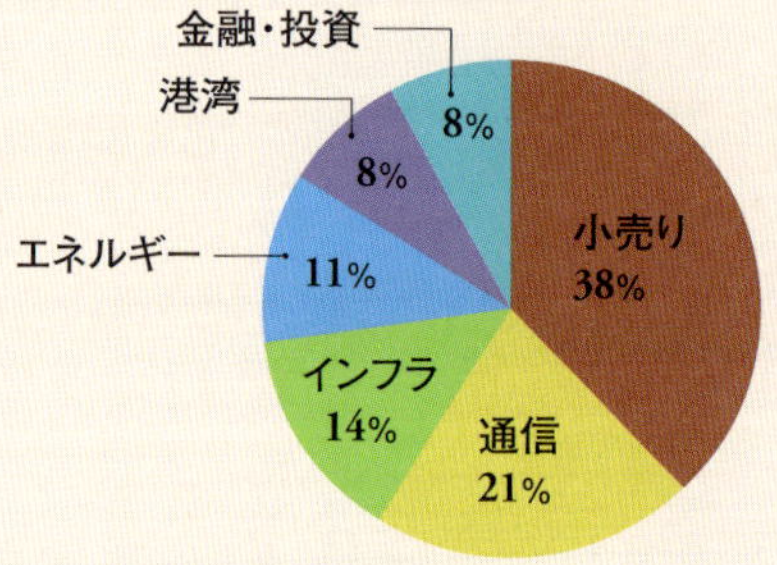

注：2017年12月期の事業セグメントの売上高
注：CKハチソン・ホールディングスアニュアルレポート2017年版より著者作成

長江グループの近時のM&Aおよび戦略的提携

2015年	3月	PCCWがアメリカのビデオ・オンデマンド・サービスを手掛けるビュークリップを買収
	10月	CKインフラストラクチャー・ホールディングスがポルトガルの風力発電会社アイバーウインド・グループの株式50%を約220億円で買収
2016年	3月	ハチソン・チャイナ・メディテックが米NASDAQにおいてIPO
	11月	CKハチソンの子会社3イタリア（トレ・イタリア）とアイバー・ウインドが合併。これによりイタリアで最大の携帯電話会社ウインド・トレが誕生
2017年	7月	CKプロパティがドイツでスマートメーター事業を手掛けるイスタを約5,500億円で買収。売り手は世界的なPEファンドであるCVCキャピタルパートナーズ
	8月	CKハチソンとアリババ傘下のアント・フィナンシャルが戦略的提携を発表。合弁会社を設立し、オンラインとリアル店舗の双方で使用可能な電子マネーを提供。ブランド名はアリペイHK
2018年	5月	CKハチソンと中国の携帯電話製造会社シャオミ（Xiaomi）が戦略的提携を締結。CKハチソンの関連会社においてグローバルベースでシャオミの携帯電話やIoTやライフスタイル関連の製品・サービスを販売する協力体制を取る
	7月	CKハチソンがイタリアの携帯電話会社ウインド・トレを100%子会社化。元々50%ずつの折半合弁の形態を取っていたが、約3,200億円で買収に踏み切った。完全子会社化にはイタリアの監督当局の承認とEUからの承認が必要
	8月	CKハチソンがイギリスの水処理企業であるニューロン（Nueron）に出資。ニューロンはスタートアップ企業で、ファイバースコープの特殊技術でパイプ内の汚水の状態をモニターするサービスを提供
	9月	CKハチソンが、HKベースのモバイル金融会社ウィラボ（WeLab）と戦略的提携。CK傘下の通信会社3や家電販売店フォートレスでウィラボが提供する分割支払いや個人ローンを利用できるようにする
	9月	ハスキー・エナジーはカナダのオイルサンド会社MEGエナジーに33億カナダ・ドル（約2,900億円）の敵対的買収案を提示。MEGの大株主である中国海洋石油（CNOOC）との間で、香港vs.中国のMEG争奪戦となる

今後の注目ポイント

- 従前より、中国の景気減速を見越して中国国内の資産売却を進める一方、ヨーロッパを中心としたM&Aを積極化させていたが、その戦略がM&Aの結果として如実に表れている。今後も通信やインフラ事業を中心にM&Aニーズは高いと思われる
- 一方アント・フィナンシャルやシャオミのような中国企業とは、資産増加を伴わないかたちでの提携を進めている。特にアリペイとの提携は、グループ内に大きな金融事業を持たない長江グループにとってどのようなプラス面をもたらすか注目したい。一方、長江グループの脱中国戦略に中国当局は不快感を示しているとも言われ、李嘉誠の後継者となったビクター氏の舵取り・調整能力にも注目だ
- ハスキー・エナジーによるMEG社への買収提案は、CNOOCとの一騎打ちのかたちとなったが、これは相手が中国政府そのものであるだけにどのように着地するのか予断を許さない

Thomas & Raymond Kwok/Sun Hung Kai Group

郭炳江・郭炳聯（フォーブス第4位・純資産額2兆160億円）

サンフンカイ・グループ

「三銃士」によって設立された香港最大の不動産会社

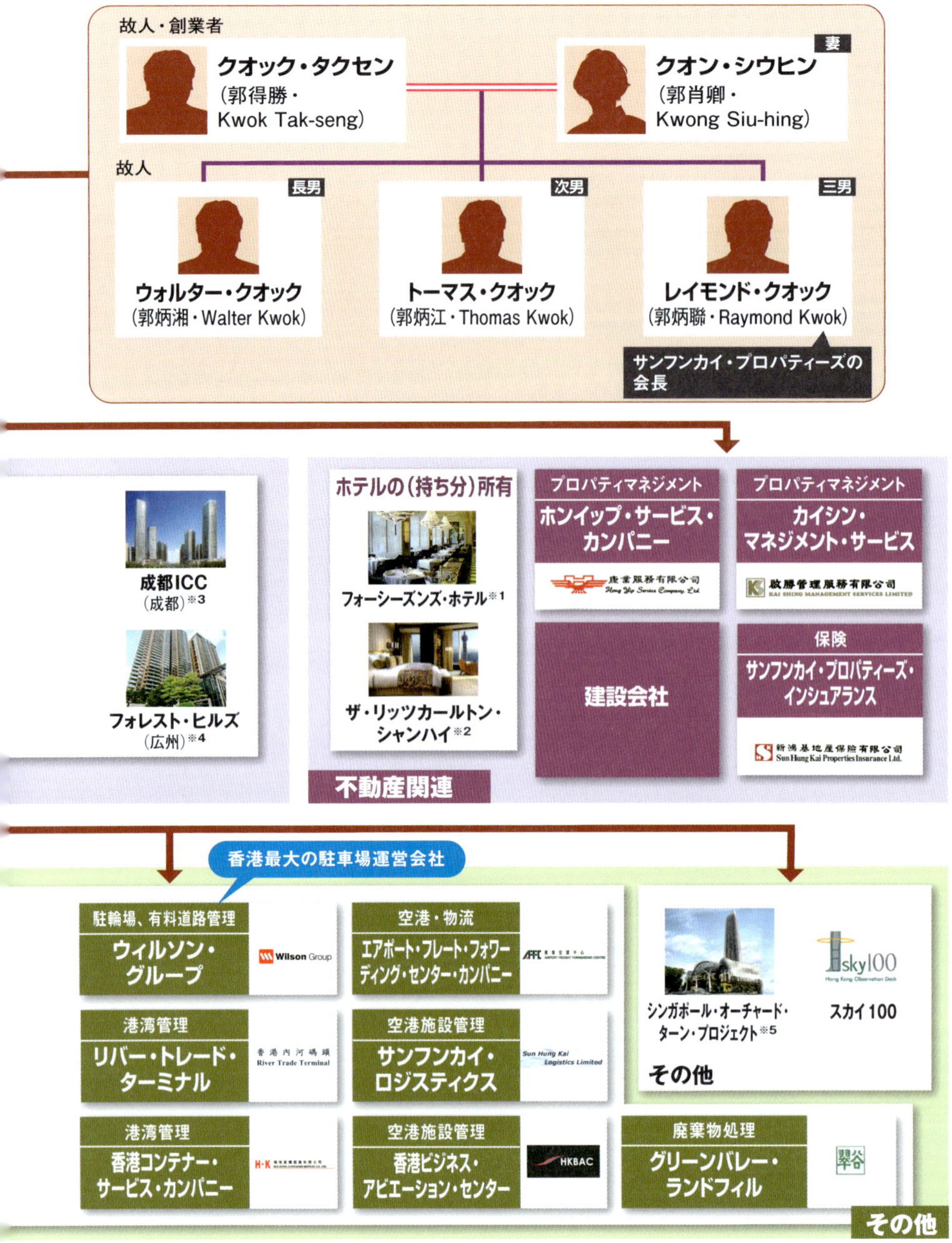

主要業種
不動産
今後の重点業種
インフラ

評価シート	
規模	A
注目度	C
成長性	C
日系企業との提携可能性	C

概要

汚職事件に巻き込まれ、今後の動向に注目

郭得勝は1911年、中国広東省・中山生まれ。第2次世界大戦中、家族でマカオに移住したが、郭自身は1946年に香港に渡り、雑貨店の経営をしていた。

1950年代、中国の共産主義政府を嫌忌した人々が香港に流入すると、労働集約型の産業が発達。郭は日本のYKKの販売代理権を獲得し、需要が高まっていたアパレル産業に対しファスナーを販売して財産を築いた。この資金を元に、郭は不動産事業に参入し、サンフンカイ・プロパティーズを設立した。1965年頃の香港は、文化大革命の影響で不動産価格が暴落。彼らはその機を捉えて、低価格で取得した不動産を市況回復時に高値で売り、巨額の利を得た。郭には炳湘（ウォルター）、炳江（トーマス）、炳聯（レイモンド）という3人の息子がいたが、1980年以降、息子たちはサンフンカイ・

ここに注目
香港の携帯電話業界

香港では携帯電話の普及率が200%を超えており、大手4社における価格競争が繰り広げられている。サンフンカイ傘下のSmarToneのシェアは4位。加入者数はわずかながら伸びてはいるが、ARPU（1ユーザー当たりの平均売上げ）が減少傾向にあり、今後、業界再編が発生してくる可能性がある。

香港の携帯電話会社のシェア

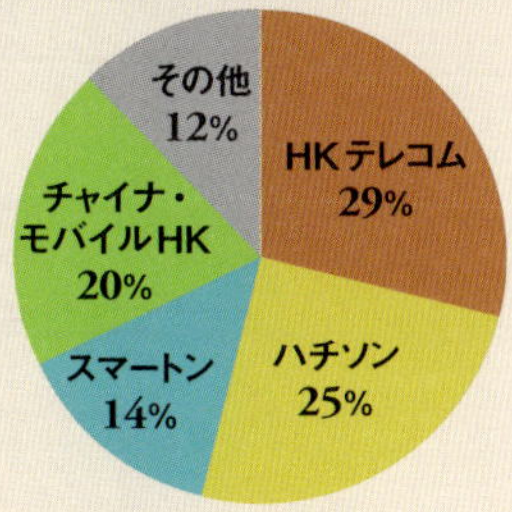

スマートンの加入者数およびARPU

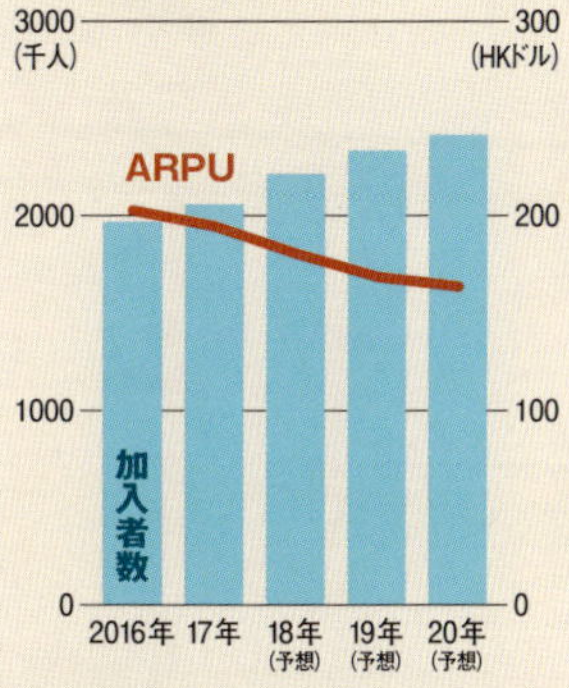

出所：DBS Bank「Hong Kong telecom Sector」

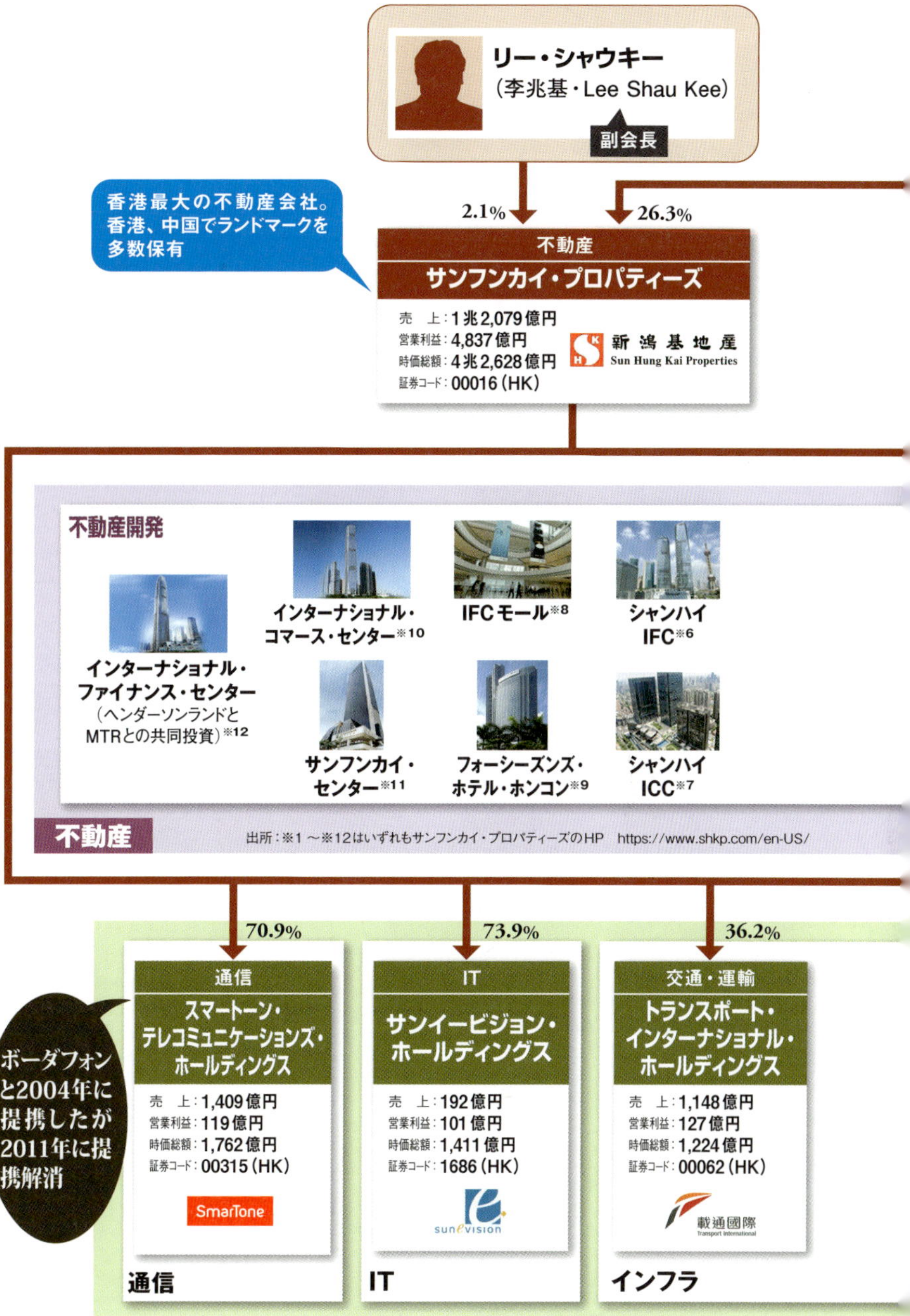

出所：※1～※12はいずれもサンフンカイ・プロパティーズのHP　https://www.shkp.com/en-US/

グループの事業を多角化。当時の最大手バス会社である九龍バスを買収し、イギリスのボーダフォンと提携して携帯電話事業にも進出した。香港第4位の携帯電話事業者のスマートーン・テレコミュニケーションズ・ホールディングスを傘下に有する。また駐車場運営、港湾管理、空港施設管理など、不動産と関連するインフラビジネスへの展開も積極的だ。

なお、2011年に次男炳江が、香港政府ナンバー2の政務長官職にあった許仕仁に対し、同社への便宜と引き換えの贈賄容疑で起訴された。許は香港政府の高級官僚として要職を歴任。アジア通貨危機に見舞われていた1998年には、投機筋に対抗して為替市場に積極介入する方針を打ち出し、香港ドルと米ドルを連動させる「ドルペッグ制」を守り抜いた人物である。検察側は再開発プロジェクトなどで有利になることを狙った賄賂だったと主張し、サンフンカイ側は許に渡したお金は「顧問料の後払いで、賄賂の意図はなかった」と反論。裁判は133日を要し、「香港史上最大の汚職事件」と評され、最終的に許に禁錮7年半、炳江に禁錮5年の実刑判決が言い渡された。炳江は控訴するも退けられ、現在服役中である。なお、長男の炳湘は2018年10月に逝去した。

Lui Che Woo/Galaxy Entertainment Group

呂志和（フォーブス第3位・純資産額2兆1519億円）

ギャラクシー・エンターテインメント・グループ

建設機材・不動産で財を成した新興のカジノタイクーン

創業者

リュー・ジーホー
（呂志和・Lui Che Woo）

嘉華集團 K.WAH GROUP

62.3%

日本人がよく利用するヒルトン・ワイキキも所有

不動産開発

ケイワー・インターナショナル・ホールディングス

売　上：1,626億円
営業利益：688億円
時価総額：1,597億円
証券コード：00173（HK）

嘉華國際集團有限公司 K. WAH INTERNATIONAL HOLDINGS LIMITED

マリネッラ（香港）

ザ・パレス（上海）

ザ・スペクトラ（香港）

ザ・ピーク（上海）

グランド・サミット（上海）

ル・パレ（広州）

出所：ケイワー・インターナショナル・ホールディングスのHP　http://www.kwih.com/en-US

不動産開発

ホテル

スタンフォード・ホテルズ

STANFORD HOTELS

Hilton HOTELS & RESORTS　Marriott　Sheraton

ヒルトン・ワイキキビーチ

ヒルトン・シャーロット・センター・シティ

ヒルトン・サンタクララ

マリオット・サンディエゴ・ガスランプ・クォーター

ヒルトン・サンフランシスコ・エアポート・ベイフロント

シェラトン・アルバカーキ・アップタウン

出所：スタンフォード・ホテルズのHP
http://stanfordhotels.com/lg/

ホテル

主要業種	
不動産	
今後の重点業種	
カジノ	

評価シート	
規模	B
注目度	A
成長性	B
日系企業との提携可能性	C

概要

日本でのカジノ事業参入を虎視眈々と狙う

呂志和は1928年、中国広東省江門の生まれ。現在、建材、不動産開発、ホテル、カジノ運営の4事業を展開している。

第2次世界大戦後、香港の人口が急増する中で、政府は住宅整備事業に注力した。建材需要が増える中で、砕石場の機械化に商機を見いだした呂は、1955年にケイワー・インターナショナル社を設立してこの需要を取り込んだ。

また当時、共産主義の台頭に嫌忌した人たちが大量に香港に流入しており、これらを安価な労働力として活用できたことも呂にとって追い風となった。

1970年代には政府がインフラ開発を推し進めたことで、取り扱う品種も建材全般に拡大。またハイエンドな住宅需要が発生すると、すかさず不動産開発にも参画し、さらにショッピング天国として香港の観光

ここに注目

IR（統合型リゾート）とは

呂志和がマカオで運営しているのはカジノである。またゲンティン（140ページ）が自国マレーシアで運営しているものもカジノである。しかしゲンティンがシンガポールで運営しているそれは、IR（Integrated Resort：統合型リゾート）と呼ばれ、カジノとは一線を画して語られる。カジノは非常に収益性の高い娯楽産業であるが、反社会的勢力によるマネーロンダリングの可能性やギャンブル依存症の発生という負の側面もあり、カジノ導入を検討する際には、その負の側面を顕在化させない仕組みをいかに作るかが大きな論点となる。ゲンティンの項でも述べたが、彼らがシンガポール・セントーサ島で運営するカジノは、ユニバーサル・スタジオ、ビーチや水族館などの観光施設、ショッピングセンターなどを組み合わせた統合型のリゾートだ。日本へのカジノ導入は長らく議論されてきたが、アベノミクスの一環としてギアが回り始め、カジノ導入に向けて議論が一気に進んだ。2014年に安倍首相がセントーサ島を視察し、これをベースに日本型のIRをいかに作り上げるかという議論が進むこととなった。

カジノへの参入は2002年

41.9%

カジノ

ギャラクシー・エンターテインメント・グループ

売　上：8,989億円
営業利益：1,418億円
時価総額：2兆6,454億円
証券コード：00027（HK）

銀娯GEG　銀河娛樂集團　Galaxy Entertainment Group

ギャラクシー・マカオ

ブロードウェイ・マカオ

スターワールド・ホテル

出所：ギャラクシー・エンタテインメント・グループのHP　http://www.galaxyentertainment.com/en

カジノ

100%

建材

ケイワー・コンストラクション・マテリアルズ

嘉華建材　K.WAH CONSTRUCTION MATERIALS

セメント工場（香港）

高炉スラグ微粉末工場（南京）

高炉スラグ微粉末工場（河北省）

生コンクリート工場（マカオ）

出所：ケイワー・グループのHP　https://www.kwah.com/en-us

建材

客が増加すると、ホテル事業にも乗り出した。

1980年代にはアメリカにも進出し、ホテル事業と住宅開発事業を拡大させた。

2000年代にはカジノに進出。マカオのカジノは、ギャンブルの帝王スタンレー・ホーが長年独占してきたが、マカオ政府は1999年の中国返還を機に国際プレーヤーを導入することを企画。入札の結果、米ウィングループとともに、呂がカジノ運営権を取得した。

カジノ事業の主体はギャラクシー・エンターテインメント社。2015〜16年にかけて、中国の習近平指導部の反腐敗運動のあおりを受けて成長が減速したが、近年また盛り返し、時価総額2兆円、売り上げも1兆円をうかがうところまで来ている。

日本においてはカジノ推進法、カジノ整備法が相次いで可決され、IR（統合型リゾート）の一部としてのカジノが2024年にもオープンする。東京、大阪、長崎などの自治体も誘致に躍起になっており、その際、どのカジノプレーヤーを担ぐのかも重要になってくる。日本という強大なカジノ市場に参入すべく、ギャラクシー・エンターテインメント社は抜かりなく準備を進めていると聞く。

日本型IRと中核施設としてのカジノを取り巻く近時の動き

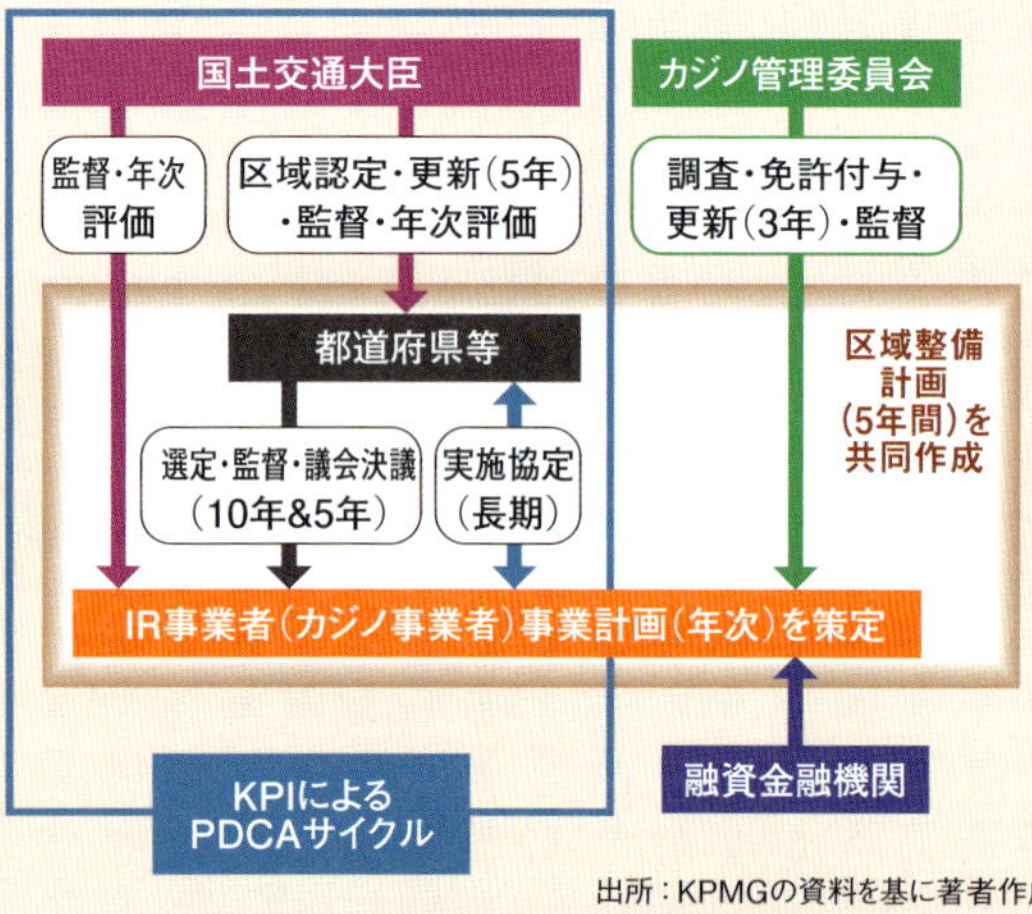

出所：KPMGの資料を基に著者作成

国土交通大臣の役割：**IR効果の最大化の実現**

- 区域認定の審査、認定、更新（初回は10年、その後は5年ごと）
- 都道府県等の監督
- IR事業者の監督
- 区域整備計画（5年計画）、事業計画（年次計画）の年次評価
- 経済効果、国際会議誘致、依存症率などKPIのモニタリングとPDCAサイクルによる改善
- これらに関する規則の制定　など

カジノ管理委員会の役割：**カジノ事業の廉潔性を担保すること**

- カジノ事業の免許の審査、交付、更新（3年ごと）、取消
- 背面調査（事業者、株主、役員等）、従業員確認
- ゲーミングの種類、方法などの決定
- IR事業者が締結する委託契約等の審査、監督
- 入場確認、規制のためのマイナンバー情報提供
- 依存症対策、反社会的勢力対策、青少年対策、マネロン対策などの責任あるゲーミングに関する規制
- カジノ事業者のカジノ関連コンプライアンスの順守状況の監督
- これらに関する規制の制定　など

【表1】日本におけるIR（Integrated Resort：統合型リゾート）開発に関するロードマップ

2016年	IR推進法可決
2018年	IR整備法可決
2019年	カジノ管理委員会（※1）発足（事業者の認定基準の設定）
2020年	カジノ誘致を希望する都道府県による事業者選定入札（1次・2次）
2021年	カジノ誘致希望都道府県から国に対する計画書提出
2021年	国によるカジノ運営地域の決定
2022-2024年	カジノの建設
2024年	免許の交付・カジノオープン

【表2】日本型IRの目指すもの

これまでにないスケールとクオリティーを有する総合的リゾート施設として世界中から観光客を集める
日本各地の豊かな自然や固有の歴史、文化、伝統、食などの魅力を紹介する
IR区域への来訪者を全国各地に送り出すことによって、世界と日本の各地とをつなぐ交流ハブ
日本型IRは他国のIRにない独自性と国際競争力を有し、幅広く世界中の観光客をひきつける

論点と期待される効果

MICE（※2）	国際会議等が誘致できるか
観光増進	インバウンド数の増加、1人当たり消費額の増加
滞在型観光の促進	インバウンド滞在日数の増加
観光や先端技術のショーケース	日本の伝統文化や技術の魅力を体現、体験を訪問
交流ハブ	閉鎖モデルでなくオープンなIR、周遊型観光の実現

世界に類を見ない日本独自の規制の数々

IR規制：カジノ管理委員会、国土交通大臣による両輪での規制モデル

依存症等への対策：日本国民を対象とした入場回数制限

マネーロンダリングに対する対策：世界初のチップ持ち出し禁止

財務のモニタリング：区分経理の公表による内部補助の見える化

反社会的勢力に対する規制：反社会的勢力を初めて法律で排除

依存症等に対して、IRの財源を活用して、IR以外のギャンブルも含めた日本全体の依存症率の低減を目指す

※1　カジノ管理委員会は各種専門家を交えて発足された政府委員会の1つで、内閣府の後援を受ける独立機関

※2　MICE（マイス）は、Meeting（会議・研修）、Incentive（招待旅行）、Conference/Convention（国際会議・学術会議）、Exhibition/Event（展示会・イベント）の4つの頭文字を合わせた言葉

動き出した日本版統合型リゾート

前ページの「ここに注目」でも書いたように、日本へのカジノ導入は長らく議論されてきたが、アベノミクスの一環としてギアが一気に回り始めた。

表1には導入に向けたロードマップを整理した。まず2016年12月28日にカジノ導入を認めるIR推進法が成立。2018年7月27日にはIR整備法も施行され、本稿を書いている2018年9月現在、IR導入を目指す自治体の動きも活発化している。東京、大阪のほか、北海道、長崎、神奈川、千葉、愛知、和歌山が候補地として名乗りを上げている。2020年に自治体ベースでの事業者選定、2021年には国によるIR開発地区の決定、2024年の開業と、これから息もつけない過密なスケジュールが待っている。

表2には日本型IRが目指す姿を取りまとめた。日本は豊かな観光資源や文化（歴史・食・ファッション・サブカルチャー）を有し、観光大国となるべく政府は海外からのインバウンド数を増やすことを目指している。IRは東京オリンピックの後も、インバウンド数を継続的に増加させ、滞在の長期化と滞在者の消費額増加

【図2】シンガポールにおけるIRの例

セントーサ島

マリーナ・ベイ・サンズ

【図3】日本版IRにおけるカジノ事業者の主要候補

Melco Crown Entertainment 新濠博亞娛樂
銀河娛樂集團 Galaxy Entertainment Group
GENTING
Metro Goldwyn Mayer
WYNN RESORTS
Sands LAS VEGAS SANDS CORP.

【表3】IR整備法にて規定される中核施設の要件（面積等のハード基準だけでなくソフトも要求される）

- ◆カジノ施設
- ◆国際会議場施設（2条1項）
- ◆展示・見本市施設（同2項）
- ◆観光魅力増進施設（同3項）
- ◆全国各地への送客施設（同4項）
- ◆宿泊施設（同5項）
- ◆その他観光及び滞在促進に寄与する施設（同6項）で政令で定める基準に適合するもの

これらが一団の土地の区域の中で一体として設置、運営される必要がある

【図1】主な国内のIR誘致検討箇所

を実現させ、しかも一度来た人を必ずリピーターにするために欠かせない重要施策なのである。

カジノにおける負の側面を顕在化させない仕組み作りにおいても、日本独自の施策を策定している。国土交通省とカジノ管理委員会が両輪になって、厳密なカジノ運営者に対する管理体制を敷いている。マネーロンダリング対策としてのチップの持ち出しの禁止や、依存症対策として日本国民のカジノへの年間入場回数の制限などはユニークな試みだ。またIRからの財源を用いて、IR以外のギャンブルも含めた日本全体の依存症率の低減を目指すとしている。

表3にはIR施設に求められる要件を取りまとめたが、かなりハードルが高いと言える。これらを満たすのに十分な実績を有するプレーヤーは限定的であり、誘致を目指す自治体の担当者は有力プレーヤーの下に毎日足を運んでいると思われる。またカジノ事業者の方も、収益性を担保するにはどの自治体と組むのが良いかのシミュレーションは行っているはずであり、双方にて激しい「恋のさや当て」が繰り広げられているはずである。本書で取り上げたギャラクシー・エンターテインメントやゲンティンが日本上陸を果たすことができるか、要注目である。

企業研究――MGMリゾーツ・インターナショナル

基本情報

企業名	MGM Resorts International
証券コード	MGM
業種	アミューズメント施設
代表者	James Joseph Murren（Chief Executive Officer,Chairman）,William Joseph Hornbuckle（President）
住所	3600 Las Vegas Boulevard South Las Vegas Nevada United States
電話番号	+1 702 693-7120
URL	http://www.mgmresorts.com
設立年	1986
上場年月日	1988/5/2
上場市場	ニューヨーク証券取引所、デュッセルドルフ証券取引所、ミュンヘン証券取引所、メキシコ証券取引所
資本金	5百万米ドル（2018/06期）
従業員数	77,000人（ 2017/12連結 ）

業績推移

単位：百万米ドル	2015/12期 連結決算 実績	2016/12期 連結決算 実績	2017/12期 連結決算 実績	2018 ― コンセンサス予想
売上高合計	9,190	9,455	10,774	12,038
EBITDA	571	2,803	2,626	3,006
EBITDAマージン	6.20%	29.70%	24.40%	25.00%
営業利益	1,048	1,261	1,529	―
営業利益率	11.40%	13.30%	14.20%	―
親会社株主に帰属する当期純利益	-448	1,101	1,942	753
親会社株主に帰属する当期純利益率	-4.90%	11.60%	18.00%	6.30%
資産合計	25,215	28,173	29,159	―
株主資本等合計	5,120	6,220	7,613	―
株主資本比率	20.30%	22.08%	26.11%	―
有利子負債	12,697	12,988	12,909	―
D/Eレシオ	2.48倍	2.09倍	1.70倍	―
ROE	-9.72%	19.43%	28.08%	―
ROA	-1.73%	4.13%	6.77%	―
営業活動によるCF	1,005	1,534	2,206	―
投資活動によるCF	-795	-2,276	-1,581	―
財務活動によるCF	-258	519	-569	―

事業セグメント

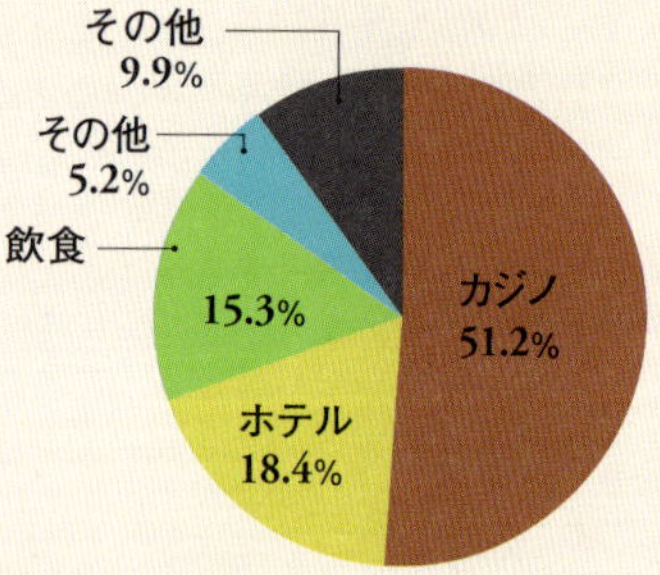

注：2017年12月期の事業セグメントの売上高

企業研究――ギャラクシー・エンターテインメント・グループ

基本情報

企業名	Galaxy Entertainment Group Ltd
証券コード	00027
業種	アミューズメント施設
代表者	Che Woo Lui（Chairman）
住所	10 Harcourt Road Room 1606, 16th Floor Hutchison House, Central Hong Kong Hong Kong Hong Kong
電話番号	+852 31501111
URL	http://www.galaxyentertainment.com
設立年	2002
上場年月日	1991/07/10
上場市場	香港証券取引所、OTCピンクシート、OTCピンクシート（ADR）、スイス証券取引所、フランクフルト証券取引所
資本金	2,783百万米ドル（2018/06期）
従業員数	20,000人（ 2018/06連結 ）

業績推移

単位：百万米ドル	2015/12期 連結決算 実績	2016/12期 連結決算 実績	2017/12期 連結決算 実績	2018/12期 ― コンセンサス予想
売上高合計	6,577	6,804	8,014	9,570
EBITDA	930	1,264	1,721	2,215
EBITDAマージン	14.10%	18.60%	21.50%	23.10%
営業利益	2,164	2,239	3,036	―
営業利益率	32.90%	32.90%	37.90%	―
親会社株主に帰属する当期純利益	537	809	1,348	1,740
親会社株主に帰属する当期純利益率	8.20%	11.90%	16.80%	18.20%
資産合計	7,140	8,543	10,722	―
株主資本等合計	5,302	5,975	7,097	―
株主資本比率	74.25%	69.94%	66.20%	―
有利子負債	182	794	1,275	―
D/Eレシオ	0.03倍	0.13倍	0.18倍	―
ROE	10.47%	14.37%	20.63%	―
ROA	7.76%	10.33%	14.00%	―
営業活動によるCF	855	1,640	2,377	―
投資活動によるCF	-742	-2,233	-1,427	―
財務活動によるCF	-154	444	190	―

事業セグメント

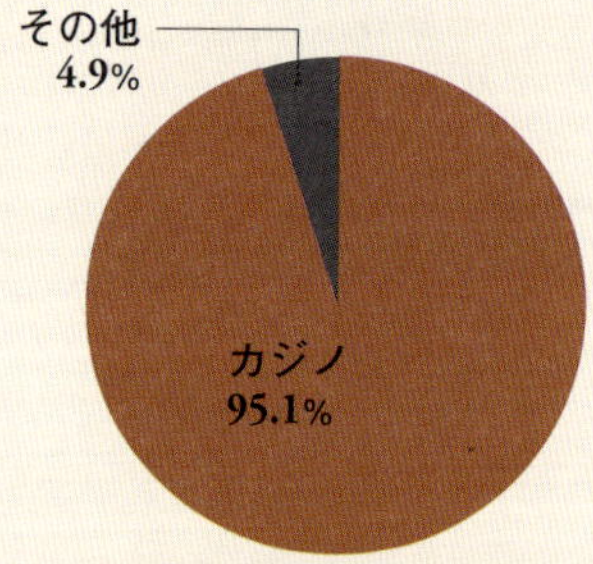

注：2017年12月期の事業セグメントの売上高

企業研究——ウィン・リゾーツ

基本情報

企業名	Wynn Resorts Ltd
証券コード	WYNN
業種	アミューズメント施設
代表者	Matt Maddox （Director, President and Chief Executive Officer）
住所	3131 Las Vegas Boulevard South Las Vegas Nevada United States
電話番号	+1 702 770-7555
URL	http://www.wynnresorts.com
設立年	2002
上場年月日	2002/10/25
上場市場	ナスダック、スイス証券取引所、デュッセルドルフ証券取引所、ハンブルグ証券取引所、ミュンヘン証券取引所、メキシコ証券取引所、ロンドンインターナショナル市場
資本金	1百万米ドル（2018/06期）
従業員数	25,200人（ 2017/12連結 ）

業績推移

単位：百万米ドル	2015/12期 連結決算 実績	2016/12期 連結決算 実績	2017/12期 連結決算 実績	2018 — コンセンサス予想
売上高合計	4,076	4,466	6,306	6,767
EBITDA	906	991	1,470	2,072
EBITDAマージン	22.20%	22.20%	23.30%	30.60%
営業利益	669	576	1,085	—
営業利益率	16.40%	12.90%	17.20%	—
親会社株主に帰属する当期純利益	195	242	747	815
親会社株主に帰属する当期純利益率	4.80%	5.40%	11.80%	12.00%
資産合計	10,459	11,954	12,682	—
株主資本等合計	-112	158	948	—
株主資本比率	-1.07%	1.32%	7.47%	—
有利子負債	9,150	10,125	9,629	—
D/Eレシオ	—	64.11倍	10.16倍	—
ROE	—	—	135.14%	—
ROA	2.00%	2.16%	6.07%	—
営業活動によるCF	573	971	1,877	—
投資活動によるCF	-1,892	-1,288	-958	—
財務活動によるCF	1,216	692	-564	—

事業セグメント

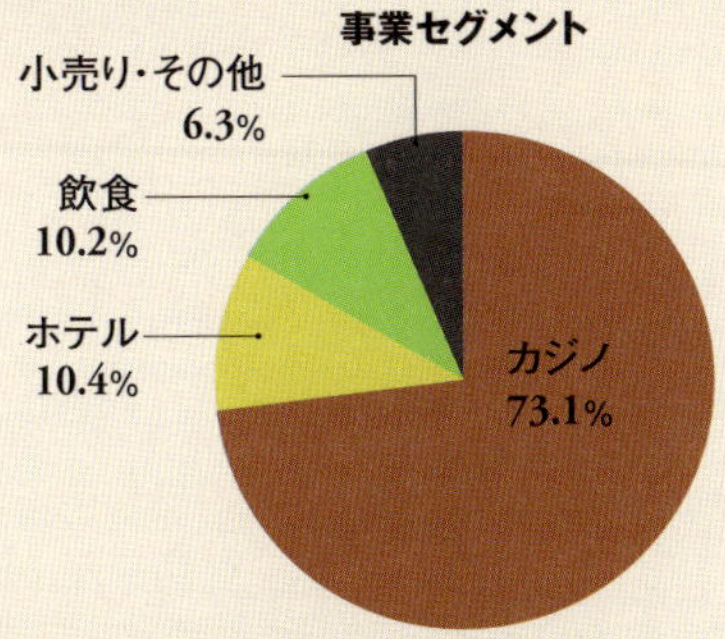

注：2017年12月期の事業セグメントの売上高

企業研究——ラスベガス・サンズ・コープ

基本情報

企業名	Las Vegas Sands Corp
証券コード	LVS
業種	アミューズメント施設
代表者	Sheldon Gary Adelson （Treasurer; Chairman of the Board and Chief Executive Officer of Company and Las Vegas Sands, Inc.）
住所	3355 Las Vegas Boulevard South Las Vegas Nevada United States
電話番号	+1 702 414-1000
URL	http://www.sands.com
設立年	2004
上場年月日	2004/12/15
上場市場	ニューヨーク証券取引所、デュッセルドルフ証券取引所、ミュンヘン証券取引所、メキシコ証券取引所
資本金	1百万米ドル（2018/06期）
従業員数	50,500人（ 2017/12連結 ）

業績推移

単位：百万米ドル	2015/12期 連結決算 実績	2016/12期 連結決算 実績	2017/12期 連結決算 実績	2018 — コンセンサス予想
売上高合計	11,688	11,410	12,882	13,778
EBITDA	3,910	3,668	4,571	5,170
EBITDAマージン	33.50%	32.10%	35.50%	37.50%
営業利益	2,876	2,572	3,482	—
営業利益率	24.60%	22.50%	27.00%	—
親会社株主に帰属する当期純利益	1,966	1,670	2,806	3,464
親会社株主に帰属する当期純利益率	16.80%	14.60%	21.80%	25.10%
資産合計	20,863	20,469	20,687	—
株主資本等合計	6,817	6,177	6,493	—
株主資本比率	32.68%	30.18%	31.39%	—
有利子負債	9,344	9,595	9,640	—
D/Eレシオ	1.37倍	1.55倍	1.48倍	—
ROE	28.02%	25.70%	44.29%	—
ROA	9.10%	8.08%	13.64%	—
営業活動によるCF	3,459	4,044	4,543	—
投資活動によるCF	-1,528	-1,442	-823	—
財務活動によるCF	-3,216	-2,631	-3,487	—

事業セグメント

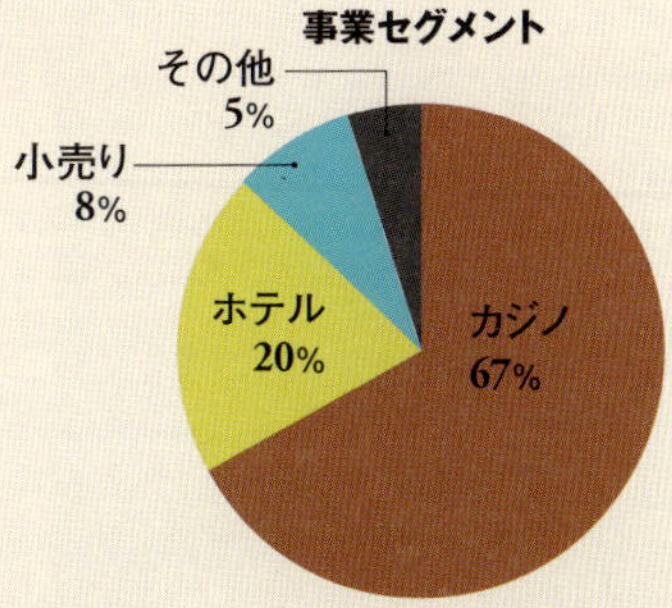

注：本セグメントはシンガポール・マリーナ・ベイ・サンズの2018年Q3の売上ブレイクダウンのみ
注：Las Vegas Sands Third Quarter 2018 Earnings Callでの資料を用いて著者作成

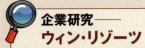

企業研究——ギャラクシー・エンターテインメント・グループ

各社の経営指標比較

証券コード	企業名	EBITDAマージン 2016年度通期（%）	EBITDAマージン 2017年度通期（%）	EBITDAマージン LTM（倍）	EBITDAマージン 当期会社予想（%）	ROE 2016年度通期（%）	ROE 2017年度通期（%）	ROE LTM（倍）	ROA 2016年度通期（%）	ROA 2017年度通期（%）	ROA LTM（倍）
00027	Galaxy Entertainment Group Ltd	18.6	21.5	N/A	N/A	14.37	20.63	23.51	10.33	14	16.57
	マルハン（非上場）	N/A	N/A	N/A	N/A	N/A	N/A	N/A	N/A	N/A	N/A
LVS	Las Vegas Sands Corp	32.1	35.5	36.2	N/A	25.7	44.29	57.96	8.08	13.64	17.63
MGM	MGM Resorts International	29.7	24.4	21.8	N/A	19.43	28.08	27.88	4.13	6.77	6.48
1928	Sands China Ltd	29.5	31.7	N/A	N/A	22.57	33.59	53.57	11.15	14.69	18.48
WYNN	Wynn Resorts Ltd	22.2	23.3	17.2	N/A	N/A	135.14	52.65	2.16	6.07	4.42
7832	バンダイナムコホールディングス	13.8	14.6	14.6	12.8	13.28	14.73	15.17	9.43	10.52	11.23
MLCO	Melco Resorts and Entertainment Ltd	18.7	20.5	N/A	N/A	4.58	11.14	14.32	1.79	3.81	4.67
200	Melco International Development Ltd	60.4	19.4	N/A	N/A	59.69	2.29	3.44	17.57	0.47	0.67
	Caesars Entertainment Inc（OLD）（非上場）	-131.3	-20.1	N/A	N/A	N/A	N/A	N/A	-22.47	-1.85	7.81
01128	Wynn Macau Ltd	16.8	21	N/A	N/A	43.8	135.7	247.64	3.37	8.61	11.89
	平均値	11	19.2	22.5	12.8	25.43	47.29	55.13	4.55	7.67	9.98
	中央値	20.4	21.3	19.5	12.8	21	28.08	27.88	6.1	7.69	9.52
	最小値	-131.3	-20.1	14.6	12.8	4.58	2.29	3.44	-22.47	-1.85	0.67
	最大値	60.4	35.5	36.2	12.8	59.69	135.7	247.64	17.57	14.69	18.48

企業価値の同業他社比較

証券コード	企業名	時価総額 直近終値 百万米ドル	企業価値 LTM 百万米ドル	PER 直近年度 倍	PER LTM 倍	PER 当社会社予想倍	PBR LTM 倍	企業価値/EBITDA 直近年度 倍	企業価値/EBITDA LTM 倍	企業価値/EBITDA 当社会社予想倍	企業価値/売上高 直近年度 倍	企業価値/売上高 LTM 倍	企業価値/売上高 当社会社予想倍
00027	Galaxy Entertainment Group Ltd	29,125	29,150	21.7	17.4	N/A	3.73	16.4	N/A	N/A	3.53	3.35	N/A
LVS	Las Vegas Sands Corp	47,138	54,915	16.8	12.4	N/A	6.59	12.1	11.2	N/A	4.31	4.04	N/A
MGM	MGM Resorts International	14,846	31,079	7.6	8	N/A	2.17	11.5	12.9	N/A	2.81	2.8	N/A
1928	Sands China Ltd	36,933	40,735	23	19.4	N/A	10.55	16.4	N/A	N/A	5.2	4.88	N/A
WYNN	Wynn Resorts Ltd	14,305	21,220	19.1	27.4	N/A	8.35	14.3	18.3	N/A	3.34	3.15	N/A
7832	バンダイナムコホールディングス	8,682	7,242	18.1	17.7	22.8	2.58	8.1	8.1	9.8	1.17	1.19	1.26
MLCO	Melco Resorts and Entertainment Ltd	10,482	13,232	30.2	25.5	N/A	3.53	12.3	N/A	N/A	2.51	2.52	N/A
200	Melco International Development Ltd	3,178	9,659	52.3	37.9	N/A	1.29	9.4	N/A	N/A	1.83	1.85	N/A
1128	Wynn Macau Ltd	12,402	15,579	26.2	18.8	N/A	43.7	15.8	N/A	N/A	3.32	3.09	N/A
	平均値	19,677	24,757	23.9	20.5	22.8	9.17	12.9	12.6	9.8	3.11	2.99	1.26
	中央値	14,305	21,220	21.7	18.8	22.8	3.73	12.3	12	9.8	3.32	3.09	1.26
	最小値	3,178	7,242	7.6	8	22.8	1.29	8.1	8.1	9.8	1.17	1.19	1.26
	最大値	47,138	54,915	52.3	37.9	22.8	43.7	16.4	18.3	9.8	5.2	4.88	1.26

【本章の主な参考文献】

JETROのHP　香港　https://www.jetro.go.jp/world/asia/hk/

JETRO：2017年の経済見通し（世界56カ国・地域）（2017年5月）
https://www.jetro.go.jp/world/reports/2017/01/86316a1635568bc9.html

JETRO：2018年の経済見通し（世界54カ国・地域）（2018年5月）
https://www.jetro.go.jp/world/reports/2018/01/55b33e7af57031de.html

OKB総研 調査部：2018年東南アジア主要国経済の見通し　2017年11月22日
https://www.okb-kri.jp/_userdata/pdf/report/168-focus1.pdf

あずさ監査法人：海外赴任前研修　香港　2017年3月15日

あずさ監査法人　IR整備法の概要と論点

DBS Group Research：Hong Kong Telecom Sector　2017年12月8日

『徹底検証　アジア華人企業グループの実力』（朱炎編著／ダイヤモンド社）

『一目でわかる　アジアの財閥と業界地図』（藤原弘・田中恒雄編著／日本実業出版社）

その他、各社のHP、各社アニュアルレポート、各社報道、ウィキペディアなど幅広く参照した。

巻末特集

ASEAN進出に必須の「情報力」と「交渉力」

企業情報に関する情報収集に強みを発揮するオンライン情報プラットフォーム「SPEEDA」。SPEEDAを運営する株式会社ユーザベースの川端隆史氏は、東南アジア情勢の調査に20年以上携わってきた。ASEAN市場で韓国・中国企業が情報ツールを積極的に活用して急成長し、日系企業が激しい競争環境に置かれる中、近年は日系企業も情報への感度が高まっていると川端氏は語る。ASEAN情勢を深く知る川端氏との対談で、日系企業の取るべき進路を明らかにする。

情報に疎い日系企業が新興分野で手痛い出遅れ

桂木　この『ＡＳＥＡＮ企業地図』を最初に刊行したのは４年前、２０１５年のことです。今回、財閥に関する情報をアップデートさせる中で、改めてはっきりしたことがいくつかあります。まず、コンシューマーエリアにおいては、ローソンやファミリーマート、山崎製パンなど日系企業との提携が進んでいるということ。一方で、急拡大しているＥペイメント分野では、アリババやテンセントといった中国の巨人の影に隠れて、日系企業は存在感が薄い。中国企業の動きの速さに、日系企業が追いついていない。その原因の１つは、日系企業が情報収集を苦手としていることです。

川端　ベトナムではサムソンやロッテといった韓国企業が非常に強いのですが、彼らは日常使う情報サービスにかなりの金額を使っています。韓国・中国企業、特にＩＴ系は日本と比べて歴史の浅いものも多いですが、情報ツールをテコとして猛烈に日系企業にキャッチアップしようとしています。抜き去ろうとしている、抜き去っている分野も存在します。

桂木　Ｅペイメントに代表される新

川端 隆史×桂木 麻也

川端 隆史（かわばた たかし）

ユーザベースアジアパシフィック
チーフアジアエコノミスト 兼 NewsPicks編集部

東京外国語大学東南アジア課程卒。1999年に外務省に入省し、在マレーシア日本国大使館勤務など東南アジア関連業務に従事。2010年、SMBC日興証券ASEAN担当シニアエコノミストに転じ、2015年にNewsPicks参画。翌年にユーザベースのシンガポール拠点に異動し、現職。

興分野においては、初動でどれだけの勢力を確保できるかが鍵を握ります。中国企業は、情報に対する感度が高いし、たとえ情報が不確実であってもアクションを取ります。ＡＩやＩｏＴなど、新しい産業がどんどん立ち上がっている中で、タイクーンが対応を思案しているところに真っ先にアプローチする。結果、〝陣取り合戦〟で勝っているのです。

川端　現状を表すのに〝陣取り〟以上にぴったりの言葉はありませんね。初動で出遅れたら、陣地拡大のための足掛かりすら作れません。

桂木　4年前、御社共同創業者の新野良介さんと対談させていただきました。その際、新野さんは「現地に出向している社員が、情報収集のためにコンサルを使おうとすると本社から怒られる」と話された。「現地に行かせたのは情報収集のためなのに」と。しかし、企業、あるいは業界について俯瞰的な視点を持っていないと、そもそもどんな情報を集めればいいのか、どこに情報があるのかすらわからないですよね。

川端　やみくもに話を聞いて回っても有益な情報は得られません。ツールを活用して基本知識で土台を作った上で、現地で突っ込んだ情報収集をする。これが本当の「足で稼ぐ」です。ただ、日系企業の意識も少しずつ変わりつつあります。われわれに持ち込まれるASEAN関連の情報照会は増える一方です。ネットを使えば、タダで見られる情報が転がっているのは確かですが、情報が多すぎるし、信頼性の低い〝ノイズ〟が目立つ。情報過多だからこそ、その中で本当に必要な情報、光る情報に対価を払うという意識が高まっているのではないでしょうか。

桂木　日系企業同士の銀行や商社、懇意にしている取引先を回ったとしても、それだけで必要な情報が得られるわけではありませんからね。

俯瞰するためにはツールの活用が必須

川端　タイやベトナムでは、現地の財閥が積極的に事業ドメインを拡大させるだけでなく、日系企業も現地で横展開するなど、市場の動きは活発で、なおかつスピーディーです。そのため、いただくお問い合わせもより高度化、複雑化しています。

桂木　現状では、ASEANの現場において、SPEEDAはどのように活用されているのでしょうか。

川端　新規事業開発のためにインダストリーレポートを利用されているケースが増えてきました。すでに現地に根を張った日系企業には、サービスやプロダクトなど、独自の強みがあります。次の課題は、それをさらに汎用化させ、他の国や地域、場合によっては、他の業種・業態にも進出していくことです。

桂木　しかし、現地の状況を知っていても、そこから一歩踏み出そうとすると、また情報収集から始めなければいけませんね。

川端　そうです。そこで「国内のこの市場はどんな状況なのか」「タイではなくインドネシアでは？　マレーシアでは？」と俯瞰して、どんなプレーヤーがいるのかを調べて、新しくお客様を探すのです。

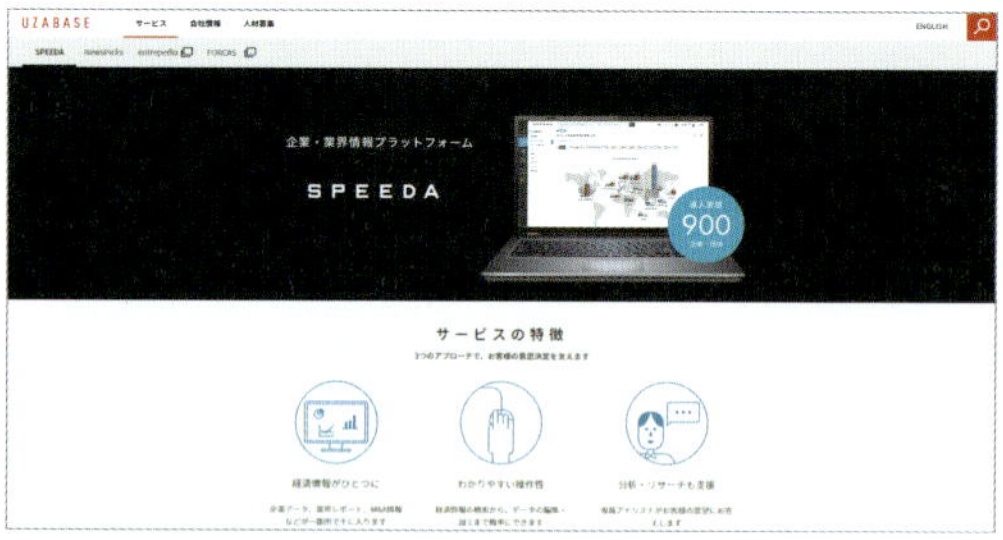

企業・産業情報プラットフォームSPEEDAを開発したユーザベースのHP

桂木　国外での利用も増えているのでしょうか。

川端　現在、SPEEDAのアカウントのうち、約12％は海外のものです。日本でお使いいただいていた方が現地に転勤になり広めていただいたこともあり、コンサルや金融関連の現地法人はかなり契約が進んでいます。現地法人だけで契約いただく企業もあります。政府機関やASEANの現地企業の契約も増えています。製造業など業種の幅も広がっています。

桂木　ASEANにおいてはSPEEDAが情報ツールのスタンダードになりつつあります。駐在員のスラング「OKY」（「おまえがここでやってみろ」）ではありませんが、情報ツールがないと戦えませんからね。

川端　最近では同じ「OKY」でも、「おれがここでやってやる」という、ポジティブな意味でも使われていますが、存分に力を振るうための武器としてSPEEDAを活用していただきたいですね。

企業の動向予測にはメディア活用が欠かせない

川端　2018年、ニュース検索機能を大幅に強化し、海外主要メディアをはじめとし、多岐にわたるメディアの記事をワンストップで取得できるようにしました。ASEANの情報が真っ先に上がる現地日本語ビジネス誌をはじめ、日英で2000を超える媒体、億単位の記事に検索をかけられます。

桂木　現地情報へのアクセスが容易になった。これはありがたいですね。よりすばやく動くことを考えたときに、業界レポートでは押さえきれないこともあります。それに、私がクライアントに企業を紹介するときは、記事検索で見つかった代表的な記事の見出しを一覧にしてお渡しします。見出しを見るだけでもどんな企業かわかりますし、どんな方向性で動いているかもわかりますからね。

川端　未来予測という意味では、やはりメディアは必要です。デイリーのニュース以外にも、リサーチ的な要素が強い媒体も入っています。

桂木　M&Aについても、記事になったものをながめていれば、一定の方向性が見えてきます。成約すれば広く情報が出回るのは当然ですが、観測記事が含まれるのもSPEEDAのニュース検索機能の利点ですね。日本にいながら情報が取れるし、現地にいれば、出てきた会社にすぐにアポイントをかけられる時代になった。やはり情報ツールの出現と浸透

により、ゲームのルールは変わりましたね。

川端　まだ国内企業限定ですが、ターゲットリスト機能もリリースしました。以前から「こんな感じの企業はないか」というお問い合わせを相当いただいていましたが、われわれのほうでシナリオを一定用意していて、例えば都道府県で指定したり、「BtoC」や「海外進出をしている」など、いろいろなくくりで企業をリストアップすることができます。海外に進出すると、現地での日系企業との取引も重要ですが、「インドネシアに進出していて、うちと同じ都道府県にある企業はないかな」というのも、一瞬で探せます。

桂木　私も「こんな会社ないの」というクライアントからの問い合わせには散々苦労させられました。お客様自身もまだ漠然としたイメージしかないことが多く、こちらが仮説を立ててリストアップしても、「そういうことじゃないんだけど」と。

川端　ターゲットリスト機能を使えば、そのリストを見ながら、イメージを徐々に固めていくこともできるでしょう。先日は、「スムージーを扱っている企業はないか」というお問い合わせをいただいたんです。結果を見れば「ああ、たしかに」と感じるのですが、この機能がなければ、回答までに相当時間がかかったと思います(笑)。

財閥の変化やグループ内シナジーを見極めた提案でなければタイクーンには響きません

財閥が求めているのは未来予想図に沿った提案

桂木　さて、全体的に、ASEAN財閥は拡大傾向にあります。この『ASEAN企業地図』でも、例えば、シナルマスは3年前の版では2ページに収まっていました。それが今回は3ページ必要になっています。

川端　事業セグメントは確実に拡大していますよね。コア事業で儲けた利益を、さらに外へ外へと拡大させるのに使っています。

桂木　定点観測と分析によって、財閥ごとの動きの方向性が見えてきます。それを踏まえて、売り込み方を考えることが肝心でしょう。財閥というのは、たしかにいろいろな事業を抱えていますが、ある事業単体で伸ばすことだけを考えているわけではありません。グループとしてどうやって成長していくかという、グループ内シナジーについて、彼らはかなり重要視している。だから彼らに自分たちの事業を売り込むときは、拡大の傾向から見える、彼らが狙うシナジー、いうなれば未来予想図について仮説を立ててアピールをしなければ刺さらないんです。

川端　近年、地場の会社も力を付け

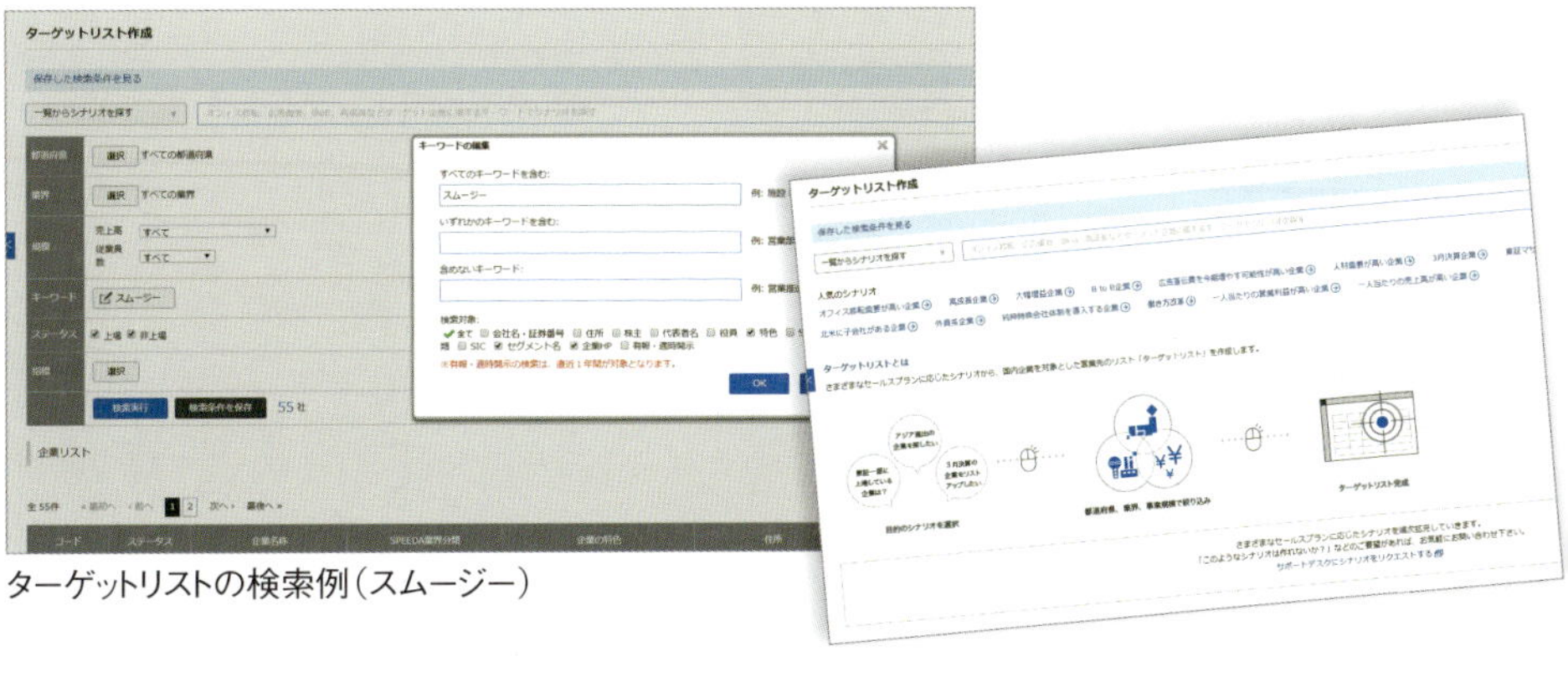

ターゲットリストの検索例（スムージー）

ていて、マレーシアやタイも投資国になりつつある。日本からの投資に特別感が減っていますし、ネガティブなイメージすらあります。ちょっと前にはミャンマーで、最近は中国の深センで、「日系企業は3Lだ」と言われています。「Look・Learn・Leave」。「日系企業は見て、学んで、去るだけで、投資はしない」と。軍政が終わって、日系企業がミャンマーに殺到しました。ミャンマー政府も企業関係者も最初は大喜びだったのですが、見て、学んで、去るだけの日系企業に失望して深センでも同じようなことが起こっています。最近はビジネス案件がないと訪問を断られたり、数万円の訪問コストを支払う必要があることもあります。そうした中で果敢に判断する日系企業はポジティブに捉えられるでしょうね。

桂木　かつては日系企業がインベスターになる可能性が高く、魅力的ではあった。だから訪ねるだけでも厚遇してもらえたかもしれません。しかし、ASEANもグローバル化しているので、欧米企業も入ってきた。地場も力を付けてきた。コンペティターの台頭によって、日系企業というだけでちやほやされる時代は完全に終わりましたね。そして、ASEANでも買収はほとんどなくなり、提携やジョイントベンチャーばかりになってきた。以前であれば証券会社や投資銀行が持ってくる案件を検討するだけでよかったのが、現在では自分たちから提案していかないと、事業を拡大できず、待っているだけでは、どんどん競合に持っていかれてしまう。

川端　提案のためには、確かな情報と分析が必要ですね。

桂木　相手の実力はどうか、相手は今何をやっていて、どういうディレクションで動いているか。それと、自社の能力を照らし合わせて、自分たちがどんな提案をすれば、相手にメリットがある話になるかを考えなければ。

情報ツールを適切に活用することで、日系企業の強みを活かした提案が可能になります

独自の強みを生かし タイクーンに刺さる提案を

桂木　中国企業がスピード感と圧倒的な自国でのプレゼンスを武器に、ASEANのタイクーンを続々と口説き落としている。日系企業にとってなかなかに厳しい状況ですが、日系企業にはまだ強みがあります。お金はかかるけど、高品質であったり、決断のスピードは遅いけれど、そのかわり長期的な付き合いを前提としていたり。だから、「安くて低品質」「それなりの値段で、それなりの品質」が求められる状況では負けるでしょうが、同じ金額を積んだとしても、他国の企業では提供できない高品質なサービスやプロダクトで勝負すればいいんです。

川端　「高品質・高価格」は日系企業の強みですが、逃げ口上的に依存して逆にうまくいかない企業もあります。しかし、本当に必要なら買ってもらえる。例えば新幹線のような交通インフラにしても、単に「日本の技術は安心・安全ですよ」というのではなく、なぜそのスペックが必要なのかを、財閥やタイクーンの立場を理解して納得されるように説明しなければいけません。

桂木　その国や社会、その会社の未来予想図とマッチさせてサービスを提案すれば、勝つ余地はまだまだあります。インダストリーレポートを作成するために50時間を使っていたとしたら、SPEEDAを使うことでその50時間を1、2分に短縮できます。浮いた時間で、より深い情報を手に入れ、プレゼンを練って、中国企業にも負けない、刺さる提案ができるようになってほしいですね。今日はお忙しい中、本当にありがとうございました。

インドネシア（2018年）

順位	氏名	業種	純資産額（100万ドル）	該当ページ
1	ロバート&マイケル・ハルトノ	コングロマリット	$35,000	50
2	スシロ・ウォノウィジョジョ	たばこ	$9,200	
3	エカ・チプタ・ウィジャヤ	コングロマリット	$8,600	36
4	スリ・プラカシュ・ロヒア	化学	$7,500	
5	アンソニー・サリム	コングロマリット	$5,300	28
6	タヒール	コングロマリット	$4,500	
7	ハイルル・タンジュン	コングロマリット	$3,500	52
8	ベンジャミン・セティアワン	製薬	$3,200	
9	ジョジ・ヘンドラ・アトマジャ	消費財	$3,100	
10	プラジョゴ・パンゲツ	コングロマリット	$3,000	54
11	ロー・タッククウォン	石炭	$2,500	
12	モフタル・リアディ	コングロマリット	$2,300	42
13	プテラ・サンポエナ	投資	$1,750	
14	ピーター・ソンダ	コングロマリット	$1,700	56
15	マルツア・シトラス	プランテーション	$1,690	
16	ガリバルディ・トヒール	石炭	$1,670	
17	セオドール・ラフマット	コングロマリット	$1,600	
18	クンコロ・ウィボウォ	小売り	$1,580	
19	アレクサンダー・テジャ	不動産	$1,500	
20	フセイン・ジョジョネゴロ	消費財	$1,460	
21	バヒタール・カリム	プランテーション	$1,450	
22	ムルダヤ・プー	コングロマリット	$1,400	
23	エディ・カツアリ	消費財	$1,350	58
24	ジョコ・スサント	小売り	$1,330	60
25	スカント・タント	コングロマリット	$1,300	
26	エデイ・クスナディ・サリアトマジャ	メディア	$1,290	
27	チプトラ	不動産	$1,200	
28	チリアンドラ・ファンジオノ	プランテーション	$1,190	
29	フソド・アンコスブロト	農業、不動産、保険	$1,150	
30	ハルジョ・スタント	消費財	$1,100	
31	ハリー・タヌスディビヨ	メディア	$980	62
32	サドハメック	食品・飲料	$920	
33	リム・ハリヤント・ウィジャヤ・サーウォノ	プランテーション	$910	
34	オスバート・ライマン	不動産	$900	
35	ハシム・ジョジョハディクスモ	コングロマリット	$850	
36	ジャムスル・ヌルサリム	タイヤ・小売り	$810	
37	クスナン&ラスディ・キラナ	エアライン	$800	
38	ダニー・ヌグロホ	金融	$790	
39	スエジアルト・アジコソエモ	化学	$780	
40	アクサ・マフムード	セメント	$775	
41	イルワン・ハジヤット	製薬（漢方）	$750	
42	アフマッド・ハマミ	製造業	$725	
43	ジョコロサプトロ・ベニー	不動産	$670	
44	アリニ・スビアント	石炭	$665	
45	エドウィン・スルヤジャヤ	投資	$660	64
46	アリフィン・パニゴロ	石油	$655	
47	サバナ・プラウィラウィジャヤ	飲料	$640	
48	カルジャ・ラハルジョ	海運	$625	
49	カルティニ・ムルヤディ	製薬	$610	
50	アブドゥル・ラシード	材木、プランテーション	$600	

注1：各国の見出しに記載の総資産額は1ドル＝113.26円（2018年10月時点）で計算した
注2：業種はフォーブスランキングを参考にしながら著者作成。実態に合わせた表記にしている
注3：一部タイクーン名やファミリー名が本書の表記と違うものがある
出所：https://www.forbes.com/indonesia-billionaires/list/

タイ（2018年）

順位	氏名	業種	純資産額（100万ドル）	該当ページ
1	チャラワノン・ファミリー	コングロマリット	$30,000	74
2	チラティワット・ファミリー	コングロマリット	$21,200	88
3	チャレム・ユーウィッタヤ	飲料	$21,000	
4	チャロン・シリワダナバクディ	飲料・不動産	$17,400	78
5	ピチャイ・スリバダナプラバ	小売り	$5,200	
6	クリット・ラタナラック	コングロマリット	$3,700	90
7	サラス・ラタナバディ	エネルギー	$3,400	
8	プラサット・プラサトン・オソス	病院	$3,350	
9	アローク・ロヒア	化学	$3,300	
10	バニッチ・チャイヤワン	保険	$3,000	
11	サンティ・ピロムパクディー	飲料	$2,400	92
12	オサタングラ・ファミリー	飲料	$2,300	
13	リット・チラコメン	外食	$2,200	
14	プラチャック・タンカラバクーン	貿易	$2,100	
15	スパラック・アンプジュ	小売り	$2,050	
16	チュチャット&ダナパ・ピパンパイ	金融	$2,000	
17	ウイリアム・ヘイネック	ホテル	$1,940	
18	ソンポート・アフナイ	資源	$1,930	
19	タクシン・シナワトラ	投資	$1,900	
20	ウィチャイ・トングタン	投資	$1,850	
21	ハラルド・リンク	投資	$1,800	
22	プラユ・マハギシリ	海運	$1,700	
23	キーリー・カンジャナパス	運輸	$1,650	
24	トンマ・ビジットポンプン	不動産	$1,550	
25	イサラ・ボンソルキット	砂糖	$1,500	
26	チャートリ・ソーポンパニット	銀行	$1,470	94
27	アナン・アサバボキン	不動産	$1,450	
28	ソンポーン・ジャングーングランキット	オートパーツ	$1,300	
29	バンスーン・ラムサム	保険・銀行	$1,200	
30	ポンテープ・ポンプラパー	自動車	$1,150	96
31	チャチャイ・カウブータ	金融	$1,100	
32	ニシータ・シャー・フェレルブッシュ	海運、製薬	$1,060	
33	ピート・ボダラミック	通信	$935	
34	スラン・プレンプリー	メディア	$920	
35	サチエン・セタシット	飲料	$915	
36	ウィトゥーン・スリヤリワナクル	小売り	$910	
37	ジラポーン・ジャルコーンサクル	物流	$820	
38	ブーンチャイ・ベンチャロンクル	通信	$800	
39	チヤレム・ハルンパニッチ	病院	$730	
40	スーウィン&タンヤポーン・クライハブ	化粧品	$715	
41	ピリヤパン・ファミリー	保険	$710	
42	クライソーン・チャンシリ	食品	$700	
43	ウォラウィツト・ウィーラボンウォンポン	エネルギー	$695	
44	ピチャイ・マリーノン	メディア	$680	
45	サラウット・ポーンパタナラック	化粧品	$675	
46	プラニーシルパ・パチャラポル	メディア	$670	
47	ウィナイ・ティーソンブーンジ	食品	$665	
48	パーパン・シリピリヤクル	精糖	$660	
49	ヌチャマイ・タノームブーンチャロン	飲料	$640	
50	イティパット・ピーラドチヤパン	食品	$600	

注1：各国の見出しに記載の総資産額は1ドル=113.26円（2018年10月時点）で計算した
注2：業種はフォーブスランキングを参考にしながら著者作成。実態に合わせた表記にしている
注3：一部タイクーン名やファミリー名が本書の表記と違うものがある
出所：https://www.forbes.com/indonesia-billionaires/list/

フィリピン（2018年）

順位	氏名	業種	純資産額（100万ドル）	該当ページ
1	ヘンリー・シー	コングロマリット	$18,300	114
2	マニュエル・ビラー	不動産	$5,000	
3	ジョン・ゴコンウェイ	コングロマリット	$4,400	116
4	ハイメ・アウグスト・ゾベル・ド・アヤラ	コングロマリット	$4,000	104
5	エンリケ・ラゾン・ジュニア	港湾	$3,900	
6	トニー・タン・カクチョン	外食	$3,850	
7	ルシオ・タン	コングロマリット	$3,800	118
8	ラモン・アン	コングロマリット	$2,850	110
9	ジョージ・ティ	銀行	$2,750	120
10	アンドリュー・タン	コングロマリット	$2,600	
11	イニゴ&メルセデス・ゾベル	コングロマリット	$2,500	
12	イシドロ・コンサンジ&ファミリー	建設	$2,450	
13	ルシオ・&・スーザン・カンパニー	小売り	$1,500	
14	エドアルド・コファンコ	食品・飲料	$1,400	110
15	ロバート・コユート・ジュニア	発電	$1,300	
16	ロベルト・オンピン	コングロマリット	$1,250	
17	メルセデス・ゴシアナム	不動産	$1,150	
18	リカルド・ポー	食品	$1,050	
19	ディーン・ラオ	化学	$950	
20	ベアトリス・カンポス	製薬	$700	
21	カルロス・チャン	食品	$650	
22	ウイリアム・ベロ	不動産	$600	
23	オスカー・ロペス	コングロマリット	$480	122
24	エドガー・シア	外食	$475	
25	ホセ&ロビー・アントニオ	不動産	$400	
26	フレドリック・ディ	銀行	$390	
27	アルフレッド・イェオ	飲料	$380	
28	ジョージ・アラネタ	不動産	$315	
29	ジャシント・ンー	コングロマリット	$310	
30	マリアノ・タン・ジュニア	製薬	$300	
31	ビビアン・キュー・アズコナ	ドラッグストア	$290	
32	ベティ・アン	食品・飲料	$270	
33	ジョン&マイケル・アボイテス	コングロマリット	$265	
34	エリック・レクト	コングロマリット	$260	
35	エドガー・サベドラ	建設	$245	
36	マイケル・コジクエン	建設	$240	
37	マニュエル・ザモラ	鉱山	$235	
38	ウィルフレッド・スティーブン・ユテングス・ジュニア	飲料・乳製品	$230	
39	ホセ・マー・コンセプション	サービス	$215	
40	ウォルター・ブラウン	鉱山	$200	
41	ネシスト・サイテンゴ	NA	$180	
42	アルベルト・ビラロサ	NA	$170	
43	PJ・ルヒラー	消費者金融	$160	
44	ラファエル・シンパオ・ジュニア	NA	$155	
45	ジョジ・ナトリ	NA	$150	
46	ジェリー・リュー	半導体検査	$145	
47	ジュリエット・ロムアルデス	銀行	$140	
48	ギルベルト・デュアビット	メディア	$135	
49	メナード・ジェミネス	メディア	$130	
50	フェリペ・ゴゾン	メディア	$125	

注1：各国の見出しに記載の総資産額は1ドル＝113.26円（2018年10月時点）で計算した
注2：業種はフォーブスランキングを参考にしながら著者作成。実態に合わせた表記にしている
注3：一部タイクーン名やファミリー名が本書の表記と違うものがある
出所：https://www.forbes.com/indonesia-billionaires/list/

マレーシア（2018年）

順位	氏名	業種	純資産額（100万ドル）	該当ページ
1	**ロバート・クオック**	コングロマリット	$14,800	134
2	**クエック・レンチャン**	コングロマリット	$7,200	136
3	**アナンダ・クリシュナン**	通信、メディア	$7,100	138
4	**テー・ホンピヨウ**	銀行	$6,000	
5	**リー・シンチェン**	プランテーション、不動産	$5,600	
6	**リム・コクタイ**	カジノ	$4,700	140
7	**チェン・リップ・キョン**	カジノ、不動産、エネルギー	$3,300	
8	**コーン・プーキョン&プーミン**	資源	$3,000	
9	**ラウ・チョークン**	プランテーション、不動産	$2,600	
10	**クアン・カムホン**	消費財	$2,500	
11	**フランシス・ヨー&・ファミリー**	コングロマリット	$2,400	142
12	**サイド・モクタール・アルバッカリー**	コングロマリット	$1,900	
13	**ジェフリー・チア**	不動産	$1,300	
14	**リム・ウィーチャイ**	消費財	$1,200	
15	**リム・ペンチョン&ペンジム**	製造業	$1,190	
16	**ティオン・ヒューキン**	通信・保険	$1,100	
17	**リー・オイヒアン&リー・ハウヒアン**	コングロマリット	$1,050	
18	**スーリン・ウパットクン**	コングロマリット	$1,000	
19	**ダニー・タン・チーセン**	不動産	$990	
20	**ヨー・テックセン&ヨー・チーミン**	木材	$980	
21	**G・ガナナリンガム**	港湾	$950	
22	**デビット・コン**	葬儀	$920	
23	**デズモンド・リム・シューチューン**	不動産	$910	
24	**ゴー・ペンオイ**	IT	$900	
25	**ヴィンセント・タン**	コングロマリット	$820	130
26	**ガウ・ブーンキート**	資源	$810	
27	**リム・カンホー**	不動産	$800	
28	**ニニアン・モーガン・ロダナディン**	不動産、小売り、金融	$770	
29	**ウォン・セアンスーン**	サービス	$755	
30	**トニー・フェルナンデス**	エアライン	$745	
31	**カマルディン・メラナン**	エアライン	$735	
32	**イブラヒム・サイイド・アズマン**	物流	$700	
33	**アマユディン・ビン・アーマド**	港湾	$580	
34	**アズマン・ハシム**	銀行	$520	
35	**コン・チョンスーン**	不動産	$510	
36	**リョン・コックワー**	不動産	$480	
37	**パトリック・グローブ**	Eコマース、メディア	$440	
38	**チェー・チェンハイ**	投資	$435	
39	**ヨン・パンチャム**	小売り	$430	
40	**テオン・テックリーン**	サービス	$425	
41	**リム・ハンウェン**	資源	$420	
42	**フレディ・リム**	パームオイル	$380	
43	**モクザニ・マハティール**	資源	$370	
44	**オン・リョンフアット**	金融	$365	
45	**タン・チンナム**	不動産	$355	
46	**ウォン・テックソン**	消費財	$320	
47	**リョン・ホイクム**	不動産	$315	
48	**モハメド・アブドゥル・カリム・アブダラ**	資源	$310	
49	**ノラエシャ・モハマッド**	投資	$305	
50	**アンソニー・タン**	配車サービス	$300	

注1：各国の見出しに記載の総資産額は1ドル＝113.26円（2018年10月時点）で計算した
注2：業種はフォーブスランキングを参考にしながら著者作成。実態に合わせた表記にしている
注3：一部タイクーン名やファミリー名が本書の表記と違うものがある
出所：https://www.forbes.com/indonesia-billionaires/list/

シンガポール（2018年）

順位	氏名	業種	純資産額（100万ドル）	該当ページ
1	ロバート&フィリップ・シー	不動産	$11,900	148
2	エヂュアルド・サベリン	IT	$11,800	
3	ゴー・チェンリアン	化学・塗料	$8,500	
4	クエック・レンベン	コングロマリット	$7,600	150
5	キュー・ファミリー	ホテル	$6,700	
6	ウィー・チョーヨー	コングロマリット	$6,400	152
7	クィー・ファミリー	不動産	$5,400	
8	リチャード・チャンドラー	投資	$3,150	
9	ラジ&キシン・クマール	不動産	$2,700	
10	チュー・チョングエン	ホテル	$2,600	
11	クオック・クーンホン	食品	$2,500	
12	ピーター・リム	投資	$2,450	
13	アービンド・ティク	資源・投資	$2,300	
14	サム・ゴイ	食品	$2,100	
15	チャン・ユンチャン	海運	$2,050	
16	オン・ベンセン&クリスチーナ・オン	コングロマリット	$1,850	154
17	リム・オーンクイン	オイルトレーディング	$1,750	
18	ホー・ファミリー	金融	$1,720	
19	ジョン・シェンジャン	不動産	$1,700	
20	リー・ファミリー	金融	$1,680	
21	アソック・クマール・ヒラナンダニ	不動産	$1,600	
22	オイ・ホンリョン	投資	$1,500	
23	チュア・ティアンポー	不動産	$1,450	
24	タン・ウィーキット	小売り	$1,440	
25	チュー・ゲックキム	コングロマリット	$1,400	
26	テイ・ファミリー	小売り・不動産	$1,300	
27	コー・ウィーメン	不動産	$1,290	
28	リエン・ファミリー	金融	$1,250	
29	ロン・シム	小売り	$1,160	
30	ピーター・フー・チョン・チェン	コングロマリット	$1,150	
31	ロバート・フリードランド	鉱山	$1,100	
32	ゴードン・タン	不動産	$1,000	
33	マイケル・クム	ホテル	$930	
34	モハメッド・アジズカン	エネルギー	$910	
35	リム・チャプフアット	不動産	$895	
36	リム・ホックチー	小売り	$830	
37	プリマス・チェン	食品	$785	
38	ジョン・リム	不動産	$780	
39	ルー・チューン・ヨン	ヘルスケア	$760	
40	サウラブ・ミッタル	金融	$750	
41	チェン・ワイケン	不動産	$740	
42	フォレスト・リー	ゲーム	$738	
43	クイック・アーハン	不動産	$733	
44	タン・ボイティー	海運	$713	
45	タン・ミンリャン	ゲーム	$690	
46	ヤオ・シャオトゥン	製造業	$650	
47	ダニー・ヤン	金融	$610	
48	ショー・ビーメン	メディア・不動産	$585	
49	チン・チアットクウオン	不動産	$545	
50	ホー・キアングアン	不動産	$535	

注1：各国の見出しに記載の総資産額は1ドル＝113.26円（2018年10月時点）で計算した
注2：業種はフォーブスランキングを参考にしながら著者作成。実態に合わせた表記にしている
注3：一部タイクーン名やファミリー名が本書の表記と違うものがある
出所：https://www.forbes.com/indonesia-billionaires/list/

香港（2018年）

順位	氏名	業種	純資産額（100万ドル）	該当ページ
1	**リー・カシン**	コングロマリット	$36,000	190
2	**リー・シャウキー**	コングロマリット	$32,900	195
3	**リュー・ジーホー**	カジノ、不動産	$19,000	196
4	**トーマス&レイモンド・クオック**	コングロマリット	$17,800	194
5	**ジョセフ・ラウ**	不動産	$17,000	
6	**ピーター・ウー**	不動産	$13,000	
7	**ポリヤナ・チュー**	金融	$12,000	
8	**イェン・キンマン&ラム・ワイイン**	NA	$11,100	
9	**ジョセフ・ツァイ**	Eコマース	$10,400	
10	**ウォルター・クオック**	コングロマリット	$8,700	
11	**リー・マンタット**	食品	$8,500	
12	**マイケル・カドゥーリ**	コングロマリット	$7,600	
13	**フランシス・チョイ**	不動産	$6,500	
14	**パン・スートン**	不動産、金融	$5,700	
15	**パンシー・ホー**	カジノ、不動産	$5,500	
16	**パトリック・リー**	製紙	$5,200	
17	**トンチェンホワ&チー・チェン**	運輸	$5,100	
18	**ラウ・カーポー**	不動産	$5,000	
19	**リチャード・リー**	コングロマリット	$4,400	190
20	**ロバート・ミラー**	小売り	$4,300	
21	**サミュエル・タックリー**	不動産	$4,000	
22	**アンジェラ・リョン**	カジノ、不動産	$3,700	
23	**エドウィン・リョン**	不動産	$3,500	
24	**リー・ジーリム**	不動産	$3,450	
25	**リタ・トンリュー**	不動産	$3,400	
26	**ロナルド・マコーレー**	エネルギー	$3,350	
27	**ビクター&ウイリアム・フン**	製造、小売り	$3,300	
28	**ホルスト・ジュリアス・パドウィル**	製造業	$2,800	
29	**ローレンス・ホー**	カジノ、不動産	$2,650	
30	**フォン・ユーワー**	不動産	$2,600	
31	**オー・ワイシェウン**	不動産	$2,500	
32	**ウォン・マンリー**	家具製造	$2,450	
33	**マーチン・ラウ**	Eコマース	$2,400	
34	**ビンセント・ロー**	不動産	$2,370	
35	**チャン・タンチンフェン**	不動産	$2,360	
36	**ビビアン・チェン**	不動産	$2,350	
37	**タン・ユー**	小売り	$2,300	
38	**マイケル・イン**	小売り	$2,300	
39	**ケネス・ロー**	繊維	$2,280	
40	**タン・シンボー**	不動産	$2,000	
41	**アルバート・ユン**	不動産・小売り	$1,700	
42	**ジーン・サラタ**	金融	$1,650	
43	**トーマス・ラウ**	百貨店	$1,610	
44	**タン・シャンチェン**	繊維・電子部品	$1,600	
45	**ヘルマット・ソーメン**	海運	$1,590	
46	**アラン・ウォン**	エレクトロニクス	$1,550	
47	**ジム・トンプソン**	物流	$1,500	
48	**ゴードン・ウー**	不動産	$1,370	
49	**ヘンリー・チェン**	不動産・小売り	$1,300	
50	**ロー・カスイ**	不動産	$1,250	

注1：各国の見出しに記載の総資産額は1ドル=113.26円（2018年10月時点）で計算した
注2：業種はフォーブスランキングを参考にしながら著者作成。実態に合わせた表記にしている
注3：一部タイクーン名やファミリー名が本書の表記と違うものがある
出所：https://www.forbes.com/indonesia-billionaires/list/

あとがき

『ASEAN企業地図』を初めて世に出したのは2015年12月。4年前のことだ。当時、アドバイザリー業務を生業とする私のところには、ASEAN進出を企図する多くの日系企業からさまざまな照会が寄せられていた。どの国で、誰と、どう組んだらいいのか、と。新興国に進出する場合、さらにその国内の新興企業と提携をするのは勇気がいる。やはり業歴が長くて地場での信用が厚く、日系企業とも提携経験のある企業が優先される。ASEANにおいては、タイクーンが率いる有力企業集団が数多く存在するので、そのような中からパートナー候補を選ぶのが順当であろう。

食品メーカーがインドネシアに展開したい場合、販売ルートを持ったパートナーと組むことをまず一義的に考えるであろう。まさに1万7000店舗のコンビニを有するサリム・グループのような存在だ。サリム・グループのことを調べてみると、自身がインドフードという食品メーカーを傘下に持ち、日清オイリオ等いくつかの日系企業と提携していることがわかる。生産ラインの構築に協力してくれるかもしれないと希望が持てる。物流ではセイノーと提携していることも調べればすぐにわかる。日本クオリティーの配送が可能かもしれない。また王子製紙との合弁会社で紙おむつも製造販売している。ベビーを中心にした若年人口動態についても明るいだろう……。ASEANの有力企業を深掘りすることで、他の日系企業との提携関係を含めたさまざまなプロファイルが見えてくる。これをまとめて相関図にし、クライアントに渡していたら感謝されることが多々あった。それならいっそ本にしてみよう、と思ったのがこの本が生まれるきっかけである。今までなかった情報本であり、おかげさまで旧版に対しては「有益である」とありがたい言葉を数多くいただいた。

3年という月日が経過し、情報本としての鮮度が落ちてきた。よってここに改訂版を出すことになった。改訂版は旧版の構成を踏襲しつつも、有力財閥の近時の動き、特にM&Aの動向については旧版以上に考察にページを割いた。その財閥を率いるタイクーンにも、アンソニー・サリム氏のような深い思いがあるのか想像しながら読んでいただくと興味深いであろう。また旧版でリクエストの多かったベトナムとミャンマーのコングロマリットについても掲載した。これらの国においてもデジタルテクノロジーの勃興は見て取れ、現地のタイクーンがどのような動きをしているか感じていただければと思う。

さて旧版同様、株式会社ユーザベース様には書中で対談する機会をいただいた。ASEANの地場企業が力をつけ、また中国企業がプレゼンスを増す中、日系企業がどのような戦略を立てて行動していくか、深い議論ができたと考えている。ここに心より御礼を申し上げたい。

最後に、筆の遅い筆者を、いつも叱咤激励してくれた株式会社翔泳社の大久保遥さんと長谷川和俊さんにも、心からの謝意を送りたい。ありがとうございました。

【著者プロフィール】

桂木 麻也(かつらぎ まや)

インベストメント・バンカー。慶應義塾大学経済学部卒、カリフォルニア大学ハーススクールオブビジネスMBA保有。

メガバンク、外資系証券会社、国内最大手投資銀行等を経て、現在は大手会計会社系アドバイザリーファームに勤務する。

クロスボーダーのM&Aへの造詣が深く、特にアジアでの駐在経験は通算7年に及ぶ。

著書に『「選択肢」を持って「人生を経営」する』(ウェッジ)がある。

デザイン　梶 真絵・森下 千晶・佐藤 奈歩(株式会社エステム)
対談協力　唐仁原 俊博(株式会社タニックアーツ)
DTP　株式会社エステム

ASEAN《アセアン》企業地図 第2版

2019年 1月30日　初版　第1刷発行

著　者　桂木 麻也
発行人　佐々木 幹夫
発行所　株式会社 翔泳社(https://www.shoeisha.co.jp/)
印刷・製本　株式会社 シナノ

ISBN 978-4-7981-5672-9　Printed in Japan